Le Siècle.

LES

MARTYRS DE LA POLOGNE

PARIS
BUREAUX DU SIÈCLE
RUE DU CROISSANT, 16.

A. VIALON DEL.   J. GUILLAUME SC.

On trouve encore dans les bureaux du Siècle

HISTOIRE DES DEUX RESTAURATIONS (DE 1813 A 1830), par M. ACHILLE DE VAULABELLE.
Huit volumes in-8º. — Prix : 40 fr., et 20 fr. seulement pour les abonnés du journal *le Siècle*.

HISTOIRE DE LA RÉVOLUTION DE 1848, PAR M. GARNIER-PAGÈS.
Huit volumes in 8º. — Prix : 40 fr., et 20 fr. seulement pour les abonnés du journal *le Siècle*.
Ajouter 50 c. par volume pour recevoir *franco* par la poste.
Afin de faciliter aux abonnés l'acquisition de l'un ou l'autre de ces ouvrages importants, il leur sera loisible de se les procurer par parties de deux volumes chaque, au prix de 5 fr. pris au bureau, et de 6 fr. par la poste.

Louis Noir.

LES MARTYRS DE LA POLOGNE

PROLOGUE.

OU LE LECTEUR FAIT CONNAISSANCE AVEC JEAN LE DOGUE, TÊTE-DE-PIOCHE ET NICOLAS LE LOUP.

Le bal de la Boule-Noire est certes l'un des plus curieux établissements en ce genre que l'on puisse observer à Paris.

Toutes les classes de la société viennent s'y mêler chaque soir pour quelques heures, au milieu des danses folles et échevelées que les Rigolboche et les Mimi-Bamboche ont mises à la mode.

Ouvriers et boutiquiers, jeunes commis et vieux rentiers, employés et artistes, accourent chercher à la Boule-Noire les plaisirs faciles ou les distractions banales, l'oubli d'une misère ou la surexcitation factice, la fantaisie bizarre ou l'inspiration capricieuse.

Certains soirs d'ennui, les lorettes les plus pimpantes descendent de leur équipage pour venir écraser les petites grisettes et les femmes de chambre de Montmartre par leur luxe et la hardiesse de leur chahut; les ouvrières encore sages se laissent entraîner par des amies qui ne le sont plus à risquer un premier faux pas dans les enivrements d'une polka. La cuisinière, Vénus du fourneau, qui cultive les lauriers de Mars dans la personne d'un troupier français, favorise à travers les enchaînements du quadrille les timides amours d'un conscrit et d'une bonne d'enfants nouvellement arrivée de la campagne.

Quand l'orchestre donne le signal des ritournelles, tout ce monde s'élance, se coudoie, se pousse et se heurte, oubliant les préjugés et les distances.

L'élégance et la misère, le bourgeron et le paletot, la vieillesse et l'adolescence tournent, bondissent et s'enlacent avec fureur dans les méandres des danses passionnées. Mais aussitôt que le bal est fini, les classes se séparent et la vanité reprend ses droits.

Aussi soupe-t-on ou se rafraîchit-on, à la Boule-Noire, dans quatre salles différentes.

L'une, élégante, coquette, est destinée aux parties fines des gandins et des vieux beaux; une autre aux repas comfortables des bourgeois en bonne fortune; la troisième est un *caboulot*; la quatrième, un bouge.

Par extraordinaire, à la suite d'un des premiers bals masqués de cet hiver, trois hommes, que sous leur costume de Pierrot on reconnaissait pour des ouvriers, entrèrent dans le grand salon du restaurant de la Boule-Noire, déjà rempli de masques richement costumés. Tous trois semblaient avinés. Ils s'assirent à une table encore libre et appelèrent le garçon. Celui-ci parut surpris du ton et des manières des ouvriers; il les toisa avec impertinence, voulant leur faire sentir qu'ils n'étaient pas à leur place.

— Que désirent ces messieurs? — demanda-t-il d'un ton goguenard. Les ouvriers froncèrent le sourcil en s'apercevant du peu de cas que l'on semblait faire d'eux.

— J'attends, — dit le garçon, — et je suis pressé.

Et il prit une pose ironique.

L'un des ouvriers l'interrompit en frappant la table de son poing avec colère:

— Nom d'un tonnerre! — s'écria-t-il, — je crois que tu te moques de nous.

— Si vous êtes venus pour jurer et faire du train, — dit le garçon, — il valait mieux aller dans l'autre salle, d'autant plus que les consommations y sont moins chères qu'ici, et que vous y seriez plus à votre aise.

— Tais-toi! — s'écria l'ouvrier qui avait parlé, — tais-toi! ou je vais te donner des *calottes*.

Et il allongea le bras, saisit le garçon à la gorge, et le serra si fort que le pauvre diable en devint tout blême.

Les deux camarades de l'ouvrier se mirent à rire de la mise piteuse du patient. Cependant, comme le visage de celui-ci passait du blanc au cramoisi et du cramoisi au violet, l'un d'eux dit à son compagnon:

— Lâche-le ! tu l'étoufferais...

L'ouvrier desserra les doigts. Le garçon chancela sur ses jambes comme un homme ivre, aspira bruyamment une bouffée d'air, puis fit mine de se sauver.

— Ici ! — dit d'une voix brutale et menaçante celui qui avait failli l'étrangler. Le garçon n'osa pas désobéir.

— Regarde-moi bien en face, — gronda l'ouvrier, — je suis Jean le Dogue ; tu dois avoir entendu parler de moi.

Cette révélation épouvanta le garçon, il eut un frisson de terreur.

— Monsieur Jean, si j'avais su que c'était vous, — murmura-t-il, — croyez que je n'aurais pas plaisanté.

— A la bonne heure... Maintenant, ouvre-moi tes oreilles toutes grandes. Y es-tu ?

— J'écoute attentivement.

— Tu vas nous servir du vin, puis tu ne feras plus attention à nous. Tout à l'heure il y aura du *grabuge* ici, arrange-toi à n'aller chercher les sergents de ville que quand j'aurai décampé Sinon, gare à ton échine ! — Un regard farouche accompagnait cet ordre. — Va, maintenant ! — dit l'ouvrier.

Le garçon s'éloigna au plus vite et murmura en s'en allant :

— Je plains celui qui va tomber sous sa coupe ; quelle poigne !

En effet, Jean le Dogue était un colosse. Épaules massives, épaisses, énormes ; bras puissants et nerveux, torse d'Hercule, jambes solides et carrure d'athlète : telle était la charpente de l'homme. Quant à sa tête, elle ressemblait si bien à celle d'un dogue, qu'elle lui avait valu le surnom qu'il portait ; farouche, brutale et fendue du sommet du front au bas du menton par une ligne qui coupait le nez en deux, cette tête était effrayante. Deux gros yeux teintés de sang lui donnaient une redoutable expression de férocité dans la colère.

Jean le Dogue était l'effroi des bals de sa barrière. Ouvrier carrier de son état, il *bûchait* pendant quatre jours de la semaine avec acharnement et gagnait beaucoup d'argent, après quoi il se mettait *en noce*. Il apportait au plaisir la même ardeur qu'au travail. A jeun, il était brusque et emporté, mais assez juste et point agressif. Quand il avait bu, quand l'ivresse fouettait son sang, Jean devenait une bête fauve.

Il avait eu maintes mésaventures avec la police ; mais peu lui importait. Condamné à la prison pour rixe, il se résignait sans se corriger. A la première occasion il recommençait.

Lorsque, dans les environs de la barrière Blanche, on voyait passer un habitué de la Boule-Noire et des Folies-Robert avec un œil *poché* ou une jambe meurtrie, on disait :

— C'est Jean le Dogue qui l'a *marqué*.

Tous cédaient devant lui quand il élevait la voix. Seulement, les surveillants des bals ne le quittant plus des yeux les derniers temps, il était difficile pour Jean le Dogue de se battre dans les salles de danse. — Alors il attendait dehors ceux dont il prétendait avoir à se plaindre, et les frappait brutalement au détour d'une rue écartée.

Les camarades de Jean le Dogue étaient des carriers comme lui. Tapageurs et ivrognes, ils sympathisaient avec cette nature fougueuse, dont ils subissaient néanmoins l'ascendant.

L'un se nommait le Loup, encore un surnom bien mérité, comme le peuple sait en décerner. Le Loup !... Ce mot le peignait d'un trait. Il avait l'allure inquiète, sournoise et sauvage de cet animal ; des yeux d'un jaune brun phosphorescent, une barbe fauve.

L'autre carrier s'appelait Tête-de-Pioche ; il avait un crâne pointu, un air niais, un sourire stupide. En argot, *tête de pioche* se dit d'un homme qui a l'air ahuri ; cette fois, comme toujours, le peuple avait eu raison en baptisant ainsi le carrier. Ce qu'on voulait, il le voulait ; ce qu'on faisait, il le faisait. Têtu, du reste, comme les idiots, il suivait une idée avec acharnement, une fois qu'on lui en avait suggéré une. Le tout était de lui donner l'impulsion.

Comme l'avait dit Jean le Dogue, il devait y avoir du *grabuge* ce soir-là, car il se croyait insulté.

— Avez-vous vu, — disait-il à ses camarades, — ce méchant gandin, comme il m'a reçu quand j'ai invité à danser la femme qu'il avait au bras !

— Il t'a un peu rudoyé, celui-là ! — fit le Loup en ricanant.

— Oui, mais patience ! il va venir ici sans doute, et je vais lui régler son compte. — Et, en disant cela, Jean le Dogue crispait ses poings avec rage. — Sans les municipaux qui m'ont arrêté, — reprit-il, — *j'estourbissais* (assommais) ce moucheron-là. Enfin, il n'aura rien perdu pour attendre.

— Qui sait ! il n'avait pas l'air d'avoir peur.

— Mille millions de tonnerre ! le Loup, si je savais qu'un homme se *croie* capable de me tenir tête, je le pulvériserais.

Et le carrier, étreignant un verre, le cassa entre ses doigts.

Dans la salle, deux personnages seulement s'occupaient des ouvriers ; ils n'étaient point costumés. Très-convenablement vêtus du reste, ils semblaient appartenir à une classe aisée de la société. De la façon dont ils étaient placés, il était difficile de distinguer leurs traits.

En entendant tomber sur la table les éclats du verre brisé par le carrier, l'un d'eux dit :

— Voilà un rude gaillard !

— Trop massif, — fit l'autre.

Et ils se mirent à causer.

Un éclat de cristal avait légèrement coupé la main du carrier.

— Tu finiras par te blesser, Jean ! — dit le Loup avec un intérêt réel.

— Non, *ma vieille !* Vois-tu, quand je suis invectivé sans pouvoir répliquer, ça me met à feu et à sang. Si le gandin arrivait en ce moment, je le mettrais en charpie...

Comme Jean le Dogue proférait sa menace, la porte s'ouvrit, et un jeune homme, déguisé en marquis, parut, tenant sous son bras une petite grisette costumée en Pompadour.

— Sang Dieu ! — dit le carrier à cette vue, — voilà mon gandin !

Le jeune homme, en apercevant les ouvriers, pâlit un peu.

— Allons-nous-en, monsieur, — lui dit la jeune fille avec terreur ; — vous ne connaissez pas les bals de la barrière, vous avez eu tort d'y venir. Jean le Dogue va nous chercher querelle.

Le jeune homme, en effet, ne semblait pas au fait des habitudes du lieu où il se trouvait. C'était un joli garçon, au teint mat, aux cheveux blonds, aux traits fins et distingués, aux yeux bleus et tendres. Il pouvait avoir vingt ans.

Avec sa jolie tournure, il avait conquis dans une seule soirée le cœur de mademoiselle Finette, une habituée de la Boule-Noire. Elle avait consenti à souper avec lui.

Mademoiselle Finette, une brune piquante, donnait souvent de ces consentements-là ; elle aimait le champagne, la fine bouche ! elle adorait la matelotte d'anguille, la gourmande ! Mais, il faut l'avouer, cette fois elle s'occupait assez des beaux yeux de son cavalier pour oublier de songer au menu du souper. C'était donc avec une inquiétude et une émotion sincères qu'elle lui avait conseillé de se retirer.

Mais le jeune homme repartit bravement :

— Précisément parce que cet homme me menace du regard, je dois rester.

Et il alla s'asseoir avec mademoiselle Finette à une table voisine de celle des carriers.

— Eh ! Jean, — dit le Loup, — il a l'air de nous narguer, le petit moucheron. Qu'en penses-tu ?

— Je vais le jeter par la fenêtre,—dit le carrier.—Laissez-moi faire.

Il se leva, le visage empourpré par la colère, et vint à la table du jeune homme.

— Vous voilà, mon petit, — lui dit-il ; et il le toisa en se croisant les bras ?

— Que me voulez-vous? — fit le jeune homme.

— Ce que je veux ! Voilà une bonne farce ! — s'écria le carrier, en poussant un ricanement de mauvais augure.

— Ce que je veux, mirliflor ! que tu me demandes pardon de m'avoir insulté !

— Je ne vous ai pas insulté. Vous avez invité mademoiselle à danser ; elle était à mon bras, retenue par moi pour tous les quadrilles de la soirée. Je vous en ai prévenu. De quel droit pouviez-vous me forcer à en agir autrement?

— Et toi, de quel droit gardes-tu une danseuse pour toi tout seul ?

— Tenez, monsieur, — dit le jeune homme sans discuter davantage, — toute explication est inutile. Je vois que vous me cherchez dispute. Je vous préviens que je ne vous céderai en rien.

— Ah ! c'est comme ça, — dit Jean le Dogue, en poussant un véritable rugissement de taureau, — Eh bien ! à genoux devant moi, et pardon... ou tu vas passer par la fenêtre.

— Je ne me mettrai pas à genoux, — répondit le jeune homme en se levant.

— Prends garde ! Si tu n'étais pas un astèque, je t'aurais déjà aplati comme une mouche contre la muraille.

— Vous êtes un misérable et un lâche, — s'écria le jeune homme; — parce que vous vous sentez fort, vous m'insultez grossièrement.

— Ah ! — hurla Jean le Dogue,— tu m'appelles lâche ! Alors, tu vas danser une drôle de danse ! — Et il saisit le jeune homme par le milieu du corps, le tira à lui d'une seule main au-dessus de la table, et le tint suspendu à bout de bras. Finette voulut intervenir pour supplier. Le carrier la repoussa rudement. — Une dernière fois, veux-tu demander pardon ?... — dit-il.

— Tiens !... dit le jeune homme, dont les mains restaient libres.

Et il le frappa au visage.

Finette poussa des cris de détresse.

Tout le monde dans la salle s'était levé, et plusieurs personnes courageuses et indignées voulurent se précipiter au secours du jeune homme.

— A moi ! mes *coteries* (camarades), — cria Jean le Dogue, — faites faire de la place!

Les deux carriers s'élancèrent pour ouvrir un passage, et Jean, tenant toujours sa victime, s'avança vers la fenêtre.

Mademoiselle Finette se lamenta d'une façon déchirante. Décidément elle tenait au joli blondin.

Soudain les deux personnages dont nous avons parlé plus haut vinrent se camper en face des carriers d'un air déterminé.

L'un était dans toute la force de l'âge, mais il avait conservé l'épanouissement de la jeunesse. Il était grand et admirablement fait; sa taille cambrée avait une souplesse et une élégance extrêmes ; son buste était à la fois gracieusement et vigoureusement dessiné ; son cou surtout était superbe de développement. Chez lui, la force s'unissait à la beauté ; on eût dit un Hercule de Farnèse dont les muscles eussent été modelés et arrondis comme ceux de l'Apollon du Belvédère. Et sur ce corps magnifique une tête imposante, au front large, majestueux, creusé d'un pli impérieux comme celui du lion ; au nez aquilin fièrement accentué, avec une bouche aux lèvres frémissantes et un menton d'un ovale parfait. Puis, courant d'une tempe à l'autre, les sourcils s'unissaient, formant une seule ligne noire, étroite, d'un effet étrange, qui donnait à la physionomie un cachet en quelque sorte fatal et mystérieux. Et, sous ces sourcils, deux yeux magnétiques d'un éclat foudroyant.

Le second personnage qui intervenait dans cette querelle était petit, fluet, alerte. Il avait une tête malicieuse, un regard sardonique et d'une vivacité extraordinaire ; il ne semblait pas robuste, mais devait être très-nerveux. Il y avait dans toute sa personne quelque chose de remuant, de frétillant, qui lui donnait un faux air du chattigre. Il marchait par petits bonds saccadés ; on aurait dit que ses membres étaient mus par des ressorts d'acier trempé; ses moindres mouvements se faisaient par secousses. Son compagnon était magistralement campé devant Jean le Dogue, mais lui il ne se tenait plus en place.

— Sandious! Pierre,—dit-il avec un accent gascon très-prononcé, — allons-y ! ces drôles méritent une leçon, et, foi de Jacques Bidou ! nous allons la leur donner bonne.

— Silence ! — dit celui qu'il avait appelé Pierre ; — laisse-moi parler à ces hommes. — En présence des antagonistes qui menaçaient de l'arrêter, le carrier avait déposé à terre le jeune homme qu'il tenait. Celui-ci se rangea près de ses défenseurs. — Monsieur, — lui dit Pierre, — ne vous mêlez plus de rien.

— Mais, — dit le jeune homme, — je voudrais vous aider...

— Vous me gêneriez. Je vous en prie, quoi qu'il arrive, tenez-vous tranquille. Vous me le promettez, n'est-ce pas ?

— Soit, monsieur ; je sais que je suis faible et je ne vous embarrasserai pas.

Une larme de regret perla dans l'œil du jeune homme. Finette pleurait de tout son cœur.

Un instant Jean le Dogue se sentit intimidé à l'aspect de Pierre. Mais il eut bientôt honte de cette faiblesse.

— Que veux-tu, toi ? — demanda-t-il ; — pourquoi te mêles-tu de mes affaires ?

Pierre fronça son sourcil léonin, et un éclair jaillit de sa prunelle ; néanmoins il se contint.

— Vous avez agi comme un bandit, — dit-il d'une voix sonore et calme ; — vous devez des excuses à ce jeune homme et vous allez lui en faire, sinon...

— Sinon, quoi ?...

Pierre étendit les bras, montra la croisée et dit :

— Sinon, ce sera vous qui passerez par là et non lui.

— C'est toi qui te charges de cela, mon bonhomme?

— Oui...

— Alors, à nous deux !

Et le carrier prit une garde de savate, prêt à s'élancer.

— Bidou, — dit tranquillement Pierre, — mets les deux autres à la porte s'ils bougent; moi, je vais envoyer celui-ci dans la rue.

Alors s'appuyant légèrement sur ses jambes, presque droit, le pied gauche effacé, l'autre en arrière, les poings croisés, Pierre attendit impassible le choc de son adversaire. C'était la garde de la boxe française, garde bien supérieure à celle de la savate, garde savante et raisonnée, qui rend invulnérable.

La galerie faisait cercle, chacun suivait avec anxiété les péripéties de cette scène. On comprenait que la lutte serait sérieuse et le spectacle curieux.

Jean le Dogue semblait en proie à un furieux délire.

— Gredin ! — grondait-il, — si je ne te pile pas sous mes pieds, je veux mourir...!

Et, comme un buffle, il bondit, la lèvre écumante, l'œil sanglant, la face convulsive.

Pierre fit une passe en arrière et le poing du carrier retomba lourdement dans le vide.

Avant qu'il se fût remis en garde, le colosse recevait entre les deux yeux un coup terrible, qui l'assommait à moitié. Il tournoya sur lui-même et resta étourdi pendant quelques secondes.

— Bravo ! — s'écria-t-on dans la salle.

Mais le Loup et Tête-de-Pioche ayant voulu secourir

leur camarade, Bidou fit signe à la galerie d'agrandir le cercle qu'elle formait, et, avec une merveilleuse adresse, il coucha sur le sol, d'un seul coup de pied, Tête-de-Pioche qui l'attaquait ; puis, par une volte d'une légèreté inouïe, il enveloppa le Loup, lui ramassa les jambes et le culbuta sur son camarade. Les spectateurs éclatèrent de rire.

Cependant Jean le Dogue s'était rapidement remis. La honte d'un échec lui inspira une rage aveugle.

— Tu m'as *marqué*, scélérat, — s'écria-t-il, — il faut que *je te mange le cœur*.

Et il s'élança encore.

Pierre, toujours impassible, le laissa bondir, para le coup de poing par un mouvement presque imperceptible, le toucha *à plein* sur les mâchoires et l'envoya rouler à trois pas.

Le sang du carrier coulait en abondance ; il cracha deux dents. La galerie applaudit à outrance.

De son côté, Jacques Bidou s'était fait un jeu de démonter ses deux adversaires, en leur coupant la respiration par des coups de pied dans l'estomac. Une fois hors de combat, il les avait traînés dehors... Cela avait pris à peine une minute, après quoi il était venu se mettre au rang des spectateurs.

Quand le carrier fut en état de recommencer la lutte, Pierre, le voyant accourir encore, lui cria :

— Garde à toi ! Cette fois, je ne réponds pas de ta vie.

Jean le Dogue poussa un cri de fureur insensé ; ce n'était plus un homme, mais une bête fauve. Il aperçut sur une table un couteau à découper, s'en empara, et, ainsi armé, il voulut revenir à la charge. Il y eut une exclamation de terreur parmi les spectateurs, qui s'écartèrent aussi loin que possible. Bidou seul riait...

Le carrier, ivre de vengeance, le couteau au poing, courut sur Pierre ; celui-ci, cette fois, se mit hors de son atteinte par plusieurs bonds successifs ; puis soudain il s'accroupit, enlaça son adversaire à la taille avec une promptitude foudroyante, et le renversa en le désarmant. La chose fut si vite terminée que l'on ne put se rendre compte de la façon dont elle s'était faite. Pierre saisit le carrier à la gorge, le tint cloué au sol et brandit son couteau... Une seconde encore, et Jean le Dogue était mort.

Heureusement pour lui, Bidou arrêta son ami en lui saisissant la main.

Un instant la figure de Pierre prit une expression si sauvage, si effrayante, qu'un frisson involontaire courut parmi les spectateurs.

Il semblait ne plus reconnaître son compagnon. Mais celui-ci prononça un seul mot :

— Rita !...

Aussitôt Pierre s'arrêta. On eût dit qu'un nuage passait sur son front ; il lâcha le carrier, promena un regard étonné sur toute la salle, et dit :

— C'est vrai, en voilà assez. Tu as raison, Bidou, je m'oubliais... Jette cet homme par la fenêtre et qu'il n'en soit plus question.

Le carrier était incapable d'opposer la moindre résistance ; on eût dit que l'étreinte de Pierre l'avait étouffé.

Bidou en eut pitié.

— Lève-toi, et va-t-en, — lui dit-il.

— Je ne peux pas, — murmura le carrier d'une voix sourde, — il m'a brisé les reins.

— Allons, je vais t'aider...

Le carrier se souleva en s'appuyant sur Bidou ; le colosse ressemblait à un chêne déraciné.

En cet instant, la police parut.

. . . .

II

OU TÊTE-DE-PIOCHE FAIT DES SUPPOSITIONS SUR PIERRE ET SUR JACQUES BIDOU.

Trois sergents de ville pénétrèrent dans le salon. Le garçon les conduisait. Celui-ci tenait rancune à Jean le Dogue de la façon dont il l'avait traité. Au début de la rixe, la crainte l'avait empêché de contrevenir à ses ordres ; mais, quand il comprit que le carrier ne serait pas le plus fort, il pensa à se venger ; il courut chercher des agents.

— Par ici, par ici ! — leur criait-il ; — tenez, le voilà, le bandit, le scélérat, l'assassin ! — Et il montrait Jean le Dogue. — Empoignez-le, — continua-t-il ; — il a voulu donner des coups de couteau... Ah ! brigand,—ajouta-t-il, — tu vas passer en cour d'assises !

Et du poing il menaçait le carrier, qui était enfin parvenu à se dresser sur ses jambes.

Pierre avait repris tout son sang-froid ; il jugea d'un coup la situation déplorable dans laquelle allait se trouver Jean le Dogue, en faveur duquel les sergents de ville semblaient du reste mal disposés. La chose pouvait avoir des conséquences déplorables pour l'ouvrier ; il intervint.

— Ce garçon exagère, messieurs, — dit-il ; — l'homme que vous voyez a été trop vif ; nous avons eu une discussion un peu orageuse, suivie de quelques coups de poing, voilà tout...

— Allons donc ! — cria le garçon, — il a voulu vous tuer...

— Tais-toi et prends ceci, — murmura Pierre à l'oreille de ce braillard. Et il lui glissa une pièce d'or dans la main. Néanmoins les agents, qui connaissaient le carrier pour un mauvais et dangereux garnement, voulaient l'emmener au poste. — Je vous assure, — continua Pierre, — qu'il y a eu moins de bruit et de scandale que vous ne le supposez. N'est-ce pas, messieurs ?—ajouta-t-il en s'adressant à la galerie.

On comprit son intention généreuse et l'on s'y associa.

—Eh ! capi-de-biou —fit Bidou,—nous sommes en carnaval et il est permis de rire. Nous sommes maintenant les meilleurs amis du monde ! Pas vrai ? camarade !

Et il tendait la main à Jean le Dogue, qui la serra avec reconnaissance.

Les agents allaient se retirer devant ces déclarations réitérées, quand l'un d'eux, envisageant Pierre, s'écria tout à coup :

— Pardon, monsieur, je crois vous reconnaître. N'avez-vous pas été militaire ?

— Oui, — répondit Pierre.

— En Afrique ?

— Oui.

— N'avez-vous pas sauvé une colonne en Kaoylie ? — Pierre sourit. — Oh ! c'est vous ! c'est vous ! — s'écria l'agent avec une vive émotion ; et il porta instinctivement la main à son tricorne, faisant le salut militaire. Cette déclaration causa une grande impression sur la foule, qui regarda Pierre avec une vive curiosité. Celui-ci, pour mettre fin à cette scène qui le gênait, fit un signe de tête amical à l'agent, salua gracieusement la foule, passa devant elle avec une dignité princière, et quitta la salle. Chacun le regarda s'éloigner avec un sentiment d'admiration. — Vous venez de voir, — dit l'agent, — le *premier zouave* de l'armée d'Afrique, comme La Tour d'Auvergne était le *premier grenadier* de France.

— Il paraît que vous avez trouvé votre *maître*, l'ami Jean, — dit un autre sergent de ville. — Espérons que ça vous profitera. Filez vite et souvenez-vous de cette soirée.

Le carrier, confus, se retira en boitant.

— Cré nom ! quel homme ! — murmurait-il ; — enfin, s'il avait voulu, j'allais faire un tour à Mazas. Je lui dois une fière chandelle, malgré tout. — A la porte de la Boule-Noire, il se rencontra nez à nez avec Tête-de-Pioche et le Loup. — Eh ! mes coteries ! vous avez reçu votre compte, aussi, — dit-il.

— Oui, ma vieille, — répondit le Loup. — Ce diable de petit homme nous a défoncé les côtes.

— Quels peuvent donc être ces gens-là ? — reprit Jean le Dogue.

— C'est probablement des forts de la halle, — fit observer Tête-de-Pioche.

— Abruti ! va ! — s'écria le Loup. — Des forts de la halle ! faut-il que tu sois niais pour croire ça ?

— Dame ! — fit Tête-de-Pioche d'un air stupide.

— Mais, jobard, est-ce que les forts de la halle portent des habits aussi fins que ceux de ce Pierre ?

— Alors ce sont des *hercules de foire*.

— Tiens ! tu es trop bête.

Et le Loup tourna le dos à son ami, qui murmura entre ses dents :

— *Pour lors, c'est des bouchers*; il y a des crânes lapins dans ce métier-là !

Le Loup haussa les épaules. Il est de fait que la niaiserie de Tête-de-Pioche dépassait toutes les bornes imaginables.

Jean le Dogue était pensif :

— Il faudra je sache *qui c'est ?* — dit-il ; — tonnerre ! il le faut !

D'un coup de poing il enfonça son chapeau sur sa tête.

— Tu veux donc ta revanche ? — demanda le Loup.

— Non. Je veux dire merci à ce monsieur Pierre. Car, vois-tu ? outre que c'est un brave, la crème des braves, il a été bon pour moi.

— Tu trouves ?

— C'est que tu n'as pas vu tout, toi ! Sur la fin, j'avais pris un couteau et je voulais le *suriner*. Nom d'un tonnerre ! s'il avait été méchant, il aurait pu me faire *tirer* deux ans de détention... Au lieu de cela, il a empêché les sergents de ville de me conduire au poste.

— Tu as raison, c'est un vrai cœur d'or, s'il a agi ainsi ! — s'écria le Loup.

Quant à Tête-de-Pioche, il se contenta de dire :

— Si *c'est pas des bouchers*, *c'est des boulangers*; il y a des gaillards corsés dans cette partie-là !

— Nom d'un chien ! qu'il est idiot, ce Tête-de-Pioche ! — fit le Loup.

Et, tous trois, ils s'en retournèrent dans leur *garni*, mécontents de leur soirée.

Avant de s'endormir, Tête-de-Pioche, entêté dans ses suppositions, murmura encore :

— Si c'est pas des boulangers, ça ne peut être que des forgerons ; il y a de rudes gars dans cette partie-là.

Et comme le Loup, qui ne l'entendait plus, ne le contredit pas, le carrier pensa enfin avoir deviné juste. Il s'endormit, heureux de savoir à qui il avait eu affaire.

Pauvre Tête-de-Pioche, malheureux prolétaire, il vivait au milieu des carrières à plâtre, ignorant tout : les hommes et les choses, le bien comme le mal ! Que de misérables comme lui, au cerveau obscurci, végètent dans les bas-fonds de la société, prêts à servir d'instruments aveugles, mais terribles, à qui voudra exploiter leurs appétits brutaux ! O crasse ignorance du malheureux mercenaire, que de malheurs, que de crimes, que de désastres n'as-tu pas causés ! Quand donc luira pour tous le flambeau de la science ?

On verra plus tard quel grand cœur peut battre dans la poitrine d'un être presque idiot.

III

LE PREMIER SOLDAT DU MONDE.

Pierre avait quitté le salon, mais son compagnon y était resté. Le jeune homme qu'avait si brutalement attaqué Jean le Dogue vint presser avec effusion les deux mains de Bidou. Il lui exprima chaleureusement sa reconnaissance.

— Je regrette, — dit-il, — que votre ami soit parti ; mais j'espère bien me présenter chez lui demain, et lui dire combien j'éprouve de gratitude pour le service qu'il m'a si généreusement rendu. En attendant, si vous voulez me faire l'honneur de souper avec moi, je vous en saurais beaucoup de gré.

— Monsieur, — dit Bidou, — j'accepte avec d'autant plus de plaisir que j'éprouve une certaine sympathie pour vous. — Sandious ! jeune homme, vous n'êtes pas robuste, c'est incontestable, mais vous avez du cœur. — Ce compliment fit rougir de plaisir celui auquel il était adressé. — Nous ne pouvons causer ici, demandons un cabinet, — dit Bidou.

— C'était mon intention, — fit le jeune homme.

— Garçon !

— Voilà, monsieur !

Et le garçon accourut avec un empressement qui prouvait sa haute estime pour Jacques Bidou.

— Y a-t-il un cabinet de libre ? — demanda ce dernier.

— Hum ! ça dépend de ce qu'on veut y faire.

— Comment l'entendez-vous ?

Le garçon sourit d'un air d'importance en clignant de l'œil du côté de Finette.

— Une supposition ? — dit-il en entraînant Bidou à part. — Après une soirée comme celle-ci, vous éprouveriez l'envie de *batifoler un brin* avec des fillettes, je vous répondrais : « Tout est pris, pas un coin de libre ! »

— Il ne s'agit pas de cela, — dit Bidou en souriant ; — nous voudrions tout simplement souper et causer.

— Ah ! dame ! c'est différent. Je vais tâcher de vous caser. Finette, qui avait assisté à toute cette scène, n'était pas femme à abandonner un cavalier qui lui plaisait. Elle se cramponna au bras du sien. Le garçon conduisit ces trois clients dans un réduit transformé en cabinet pour les besoins du moment. — Vous serez un peu gênés, — dit-il, — mais le souper sera bon. Je dirai au chef, — il accentua le mot avec emphase, — que c'est pour l'ami du monsieur qui a *tombé* Jean le Dogue, le bourreau des crânes...

Et il fallait voir de quel air le garçon lança cette phrase. Il avait une pose digne d'un empereur romain ou d'un suisse de cathédrale.

Le jeune homme commanda le menu du souper ; mademoiselle Finette y fit ajouter quelques entremets sucrés, et Bidou, qui paraissait connaître les bons crus, recommanda quelques bouteilles d'un certain *thorins* qu'il affectionnait.

— Monsieur Bidou, — dit le jeune homme, — vous ne me connaissez pas, permettez-moi de me présenter à vous. Je suis Polonais et je me nomme Stanislas Voloski.

Bidou tressaillit.

— Voloski ! — s'écria-t-il, — alors vous appartenez à une famille illustre en Pologne comme les Chevreuse ou les Montmorency en France. C'est que mon ami Pierre, qui est fort sur le blason, que je sais cela, Cap-de-diou ! ce soir encore, à propos de l'insurrection polonaise, il me racontait l'histoire d'un certain Voloski qui s'est conduit d'une jolie manière.

— Il s'agissait sans doute de celui qui a battu six cents Russes avec une trentaine de paysans ?
— Précisément.
— C'était mon grand-père...
— Corne-de-bœuf ! je vous en félicite ; mais vous êtes comte, en ce cas ?
— Oui, monsieur.
— Oh ! oh ! — fit Bidou, — mes compliments, mon gentilhomme !
— Mon Dieu ! — dit le jeune homme, — vous me complimentez sur un titre auquel je ne tiens que parce qu'il rappelle le beau fait d'armes de mon aïeul.

Bidou paraissait doué d'une forte dose de philosophie et d'un coup d œil observateur ; il examina attentivement le jeune Polonais et sourit d'un air satisfait.

— Vous ferez quelque chose, — dit-il. — Pardonnez à un vieux soldat le sans-façon dont il vous parle ; mais j'aime la Pologne, et je suis heureux quand je rencontre un de ses enfants, brave, intelligent et modeste comme vous.

— Monsieur Bidou, — s'écria Finette, — je vous remercie pour lui. — Et, avec le sang-façon des fillettes de sa classe, elle embrassa Stanislas. Celui-ci fut un peu décontenancé de ce sang-gêne. Mais comme Bidou souriait d'un air paterne, il se remit bien vite. — J'ai une toquade pour les Polonais en général, et pour lui en particulier, — s'écria Finette.

— Ne vous attachez pas trop à moi, — dit Stanislas, — vous auriez bientôt des regrets.
— Eh ! pourquoi ?
— Dans quelques semaines je partirai pour me joindre aux défenseurs de mon pays.

Bidou tressaillit.
— Êtes-vous bien décidé à vous aller faire tuer là-bas ? — demanda-t-il.
— Oui, — répondit Stanislas.
— Seriez-vous disposé à rendre un service à Pierre, ainsi qu'à moi ?
— Oh ! certes ! de tout cœur !
— Eh bien ! jeune homme, il s'agirait de nous emmener avec vous.
— Quelle heureuse chance ! — s'écria Stanislas avec joie. — Monsieur Pierre veut donc se battre dans nos rangs ?
— Oui. Il m'en parlait ce soir encore.
— Qu'il soit le bienvenu ! d'après ce que je sais déjà, il a servi d'une façon brillante aux zouaves.
— Pendant dix ans. Sa vie est une légende que je vous raconterai au dessert... — La curiosité du jeune homme était vivement excitée ; il eût désiré ardemment faire parler de suite son convive, mais Bidou semblait disposé à faire trop honneur au souper pour commencer son récit. Finette était triste depuis que son cavalier avait parlé d'un départ prochain. De temps en temps elle le regardait avec le plus tendre intérêt. Bidou buvait comme un Suisse et mangeait comme un Anglais. — Puisque vous allez être soldat, — disait-il, — laissez-moi vous donner un conseil excellent. Ne perdez jamais l'occasion de faire un bon repas. Croyez-en un homme qui en a été réduit une demie ration pendant le blocus de Sebdou. La vie est courte, il faut en profiter de son mieux. — Et Bidou décoiffait les bouteilles de thorins.

Singulier homme, singulier type, que Jacques Bidou... Le jeune Polonais le regardait avec une grande curiosité. Sa petite figure anguleuse était tannée, jaune et sèche comme du parchemin. Une fière moustache redressait ses pointes orgueilleuses jusques au sommet des oreilles ; son œil noir, percé en vrille, allait chercher la pensée jusqu'au fond du cœur. Les pommettes saillantes annonçaient la ruse ; le sourire dénotait la bonté. En résumé, maître Bidou offrait un bizarre mélange d'astuce et de bonhomie, d'expansion et de retenue, d'audace et de prudence ; le tout assaisonné du sel piquant de l'esprit gascon. Sa conversation faisait deviner un homme qui a reçu peu d'éducation, mais qui a fréquenté des gens instruits.

Au dessert, impatiemment attendu par lui, Stanislas rappela à Bidou la promesse qu'il avait faite. — Ah ! ah ! — fit celui-ci, — vous êtes fortement intrigué, n'est-il pas vrai ? Les façons princières, le grand air de mon ami vous ont frappé. Vous devinez qu'il n'est pas un homme comme un autre. Vous ne vous trompez pas. Pierre, voyez-vous, est une énigme vivante, une énigme que moi, son vieil ami, je n'ai pu encore déchiffrer. Cependant, pour vous faire plaisir, et à titre de futur frère d'armes, je consens à vous raconter ce que je sais sur son compte. Il est bon de se connaître entre braves gens ; on ne s'en aime que plus vite.

— Une histoire ! — s'écria Finette, — bravo ! j'adore les histoires, moi !
— Et la crème fouettée, — fit observer Bidou.
— Monsieur Bidou, vous êtes méchant, — dit Finette.
— Du tout, mon enfant, je constate avec plaisir, et à votre honneur, que vous faites preuve d'un très-bon goût. Quand je vois une petite femme qui raffole de crème fouettées et autres friandises de ce genre, je me dis : Voilà une personne délicate dans ses sentiments, et d'un esprit fin et distingué. Je juge par analogie. « Dis-moi ce que tu aimes, je te dirai ce que tu es. »
— Je n'aurais pas cru que vous auriez pu deviner mon caractère aussi facilement, — répondit Finette avec une vanité naïve.
— Ma recette est infaillible. Tenez, je parie que votre vin de prédilection est le champagne.
— C'est vrai ! — s'écria Finette.
— J'en étais certain. — Et Bidou fit sauter le bouchon d'une bouteille d'aï. Stanislas riait des saillies de son convive. Celui-ci se leva : — A la Pologne ! — dit-il. Stanislas redevint grave, un nuage passa sur son front.
— A mon pays, à sa délivrance ! — répondit-il.
— Mon cher comte, — s'écria Bidou, — je comprends votre tristesse, mais, sachez-le, la cause de votre patrie excite les plus vives sympathies parmi nous, et je crois que l'heure de la délivrance va sonner. Plus d'un Français prendra les armes pour affranchir une nation sœur de la nôtre. Demain, Pierre vous confiera une partie de ses projets pour la formation d'un corps de volontaires. En attendant, je vais commencer le récit de sa vie passée ; vous pourrez juger ensuite de la valeur du secours qu'il vous apporte.
— Il y a-t-il des aventures d'amour dans votre histoire ? — demanda Finette.
— Le début pourrait justement s'intituler un *dépit amoureux*.
— Alors j'écoute.
— Figurez-vous qu'en 1854 j'étais zouave depuis quatre ans déjà. Enfant du port de Bordeaux, je m'étais engagé dans ce corps célèbre, dont l'uniforme brillant m'avait séduit. Nous revenions d'une colonne, et mon premier soin en entrant à Oran fut de rendre une visite à une petite Espagnole que j'aimais fort. Je trouvai ma place prise par un tout jeune homme, dont la beauté avait séduit ma maîtresse. Ce jeune homme, c'était Pierre. Je le rencontrai au bal de la Mosquée, tenant ma infidèle sous son bras. La femme est un être charmant, mais volage ; il faut s'attendre à son inconstance. Prétendre la fixer, c'est folie. Mieux vaudrait essayer d'empêcher le papillon de voltiger de fleur en fleur, comme dit monsieur Florian. Aujourd'hui je vois les choses comme elles sont, et ne suis plus jaloux. Alors, je l'étais furieusement.

« J'eus une querelle avec Pierre, où je fus violent et lui très-calme. Je voulus le souffleter, mais il me jeta hors du bal. Cet affront rendait un duel nécessaire.

« — Je suis prévôt, blanc-bec ! — m'écria-je ; — je te couperai la gorge demain.

« — Bah ! nous verrons bien, — répondit-il.

« Le lendemain matin nous allâmes nous *aligner* dans les fossés du fort Saint-Philippe. Comme je passais pour une fine lame, beaucoup de zouaves voulaient voir comment le conscrit se comporterait. C'était déjà de l'audace de se mesurer avec moi ; il excitait de vives sympathies. La moitié du bataillon nous suivit et garnit les remparts, on eût dit qu'il s'agissait d'un spectacle. On me criait :

« — Ménage-le, Bidou ! il a du cœur, ce gamin-là !

« Et je répondais avec fatuité :

« — Soyez tranquille ! Une piqûre au bras, une saignée à la cuisse, et ce sera tout. Je ne veux pas le tuer, ce moutard !

» Pierre arriva... Vous l'avez vu ce soir ; c'est un garçon superbe, n'est-ce pas ? Eh bien ! en zouave, il est splendide. Il a un faux air d'un prince des *Mille et une Nuits* ; le costume oriental lui va à ravir.

« Il prit son fleuret et se mit en garde avec une sûreté et une élégance qui excitèrent mon étonnement. Du haut des remparts j'entendis que l'on disait :

« — Il a l'air de connaître l'escrime, ce conscrit !

« Le cœur me battait un peu ; j'étais surpris ; il était ferme comme un roc. Dès les premières passes, je compris que mon adversaire était d'une force étonnante. Il se contentait de se défendre, mais il parait mes meilleurs coups d'une merveilleuse façon.

« — Bravo ! — criait-on des remparts.

« — Tiens bon, Bidou, tiens bon !

« Je suis agile, mais ce Pierre a un poignet d'acier et un coup d'œil infaillible. Il me fut impossible de le prendre en défaut ; il parait toujours sans riposter. Tout à coup il lia mon fer et me désarma. Alors il ramassa mon fleuret et me rendit en me disant :

« — Mon cher camarade, vous n'êtes pas de force avec moi. Nous ferions bien de cesser un combat qui n'aboutira à rien. J'étais furieux, je répondis par une injure. — Prévôt, — me dit-il tranquillement, — tenez-vous bien ; je vais vous toucher au front, au flanc droit et au cœur.

« Et il le fit comme il l'avait dit, me piquant légèrement aux trois endroits indiqués. La dernière fois qu'il me toucha, le fleuret pénétra de quelques millimètres dans ma poitrine ; un peu plus il me perçait le cœur. Pierre alors baissa son arme. — Messieurs, — dit-il à nos témoins, — voilà un brave homme qui va me forcer à le tuer, si vous n'intervenez pas ! Sur les remparts on poussait des hourras en l'honneur du conscrit. J'étais exalté, je ne voulais rien entendre. Alors mon adversaire s'écria : — Sacrebleu ! puisqu'il est si têtu, qu'il reprenne sa maîtresse et que cela finisse !

« Je ne pus tenir devant une pareille générosité, et je sautai au cou de Pierre en lui jurant une amitié fraternelle. Depuis dix ans nous ne nous quittons pas. Après ce duel, qui fit grand bruit, Pierre devint le lion du régiment et la coqueluche des jolies femmes d'Oran. Mais il n'aima qu'une femme, et cette passion ne fut pas heureuse.

« Il faut vous dire qu'il touchait tous les mois un revenu de deux cents francs, qui lui venaient on ne sait d'où. Son livret portait : « Fils de père et mère inconnus. » Ni supérieur, ni ami, ni maîtresse, personne ne put savoir de lui qui il était. Nous partîmes pour la Crimée. A l'Alma, Pierre fit sa main un major russe prisonnier. Le colonel Cler, qui nous commandait, lui dit :

« — Je te nomme caporal sur le champ de bataille.

« — Merci, colonel, — répondit-il ; — je veux rester simple zouave.

« On insista, il tint bon. Cela parut singulier.

« Au Mamelon-Vert, Pierre passa le premier par une embrasure. On voulut encore le récompenser par de l'avancement ; comme auparavant, il refusa les galons. On parla beaucoup, dans le régiment, de cette persistance à rester simple soldat. Pierre eût fait un si bel officier ! Toutefois, le colonel le médailla.

« A l'assaut des batteries Noires, Pierre arriva le premier dans les embrasures, et il tua cinq artilleurs sur leur pièce. Notre général de division, qui avait remarqué ce fait d'armes, fit mander Pierre le soir même. Il eut avec lui un long entretien, dans le but de vaincre sa résistance obstinée à ne pas monter en grade. Que se passa-t-il ? On ne le sut pas. Pierre fut décoré.

« On remarqua que depuis ce moment notre colonel invitait souvent Pierre à dîner et le traitait à sa table avec une déférence extraordinaire. Un sapeur prétendit même avoir entendu le colonel saluer Pierre du titre d'altesse.

« Le combat de Traktir eut lieu. Pierre y déploya une intrépidité qui fit l'admiration de toute notre brigade. Il parvint à toucher du bout de sa baïonnette le grand étendard russe ; mais celui qui le tenait fut renversé par un boulet et tomba en lançant le drapeau derrière lui. On ne put s'en emparer. Quoi qu'il en soit, Pierre fut cité à l'ordre de l'armée pour sa belle conduite, et le sultan lui envoya l'ordre du Medjidié.

« On retourna en Algérie. Nous eûmes deux expéditions dans l'Atlas, Pierre y fit des prodiges de valeur, quoiqu'il eût toutes les décorations qu'en ce moment il pouvait espérer. Dans toute l'armée, on parlait de lui. Un trait d'audace inouï mit le comble à sa gloire ; dans une retraite, un de ses camarades tomba blessé près de lui. Le reste du bataillon était déjà loin... Pierre défendit son camarade, seul au milieu d'une bande de Kabyles. On s'aperçut de ce qui se passait, on accourut à son secours... Quand on arriva, il avait tué dix-sept Kabyles... Avec sa force herculéenne, il accomplit des prodiges sur les champs de bataille.

« Les zouaves ont été proclamés par le maréchal Saint-Arnaud les meilleurs soldats de l'univers. Ce jour, Pierre fut porté en triomphe devant toute l'armée, qui le salua comme le plus brave des zouaves. Il est donc le *premier soldat du monde*...

« Ce soir-là, il vint me voir à l'ambulance. »

— Vous étiez donc le blessé qu'il sauva ? — demanda Stanislas.

— Oui.

— Quel honneur d'avoir combattu auprès d'un héros comme celui-là !

Jacques Bidou sourit.

— « J'étais à l'ambulance, reprit-il, et Pierre m'y vint trouver. Il apprit avec plaisir que je me tirerais d'affaire ; ma blessure n'était pas très-grave.

« — Mon cher Jacques, — me dit-il avec effusion, — ne va pas mourir. J'aurai trop besoin d'un aide de camp, plus tard.

« — Tu as donc consenti à accepter de l'avancement ? — lui demandai-je.

« — Non ! — me dit-il, — quant à présent, du moins. — je parle pour l'avenir, je serai général au service de ma patrie, quand j'aurai une armée sous mes ordres, pour délivrer mon pays opprimé, et venger la mort de mon père.

« C'est là tout ce que je sais sur la naissance et la famille de Pierre. A coup sûr il n'est pas Français, et il pourrait se faire qu'il fût votre compatriote, comte Voloski... Et maintenant, — dit Jacques Bidou, — je vais vous quitter en vous laissant mon adresse et celle de Pierre.

— Déjà ! — s'écria Stanislas.

— Il est trois heures du matin. Venez nous trouver à deux heures de l'après-midi, et je suis sûr que Pierre sera très-heureux de vous revoir. J'oubliais de vous dire qu'il est aussi chevalier des ordres piémontais. Vous pouvez remarquer aux Invalides un canon qu'il a pris pendant la bataille de Magenta.

— Monsieur Bidou, — demanda Finette, — que signifie donc le mot Rita, qui a suffi pour arrêter votre ami au plus fort de sa colère ?

— C'est un nom de femme.

— Une femme qu'il aime ?

— Ma chère enfant, ce nom cache un secret, un secret

terrible ; nous sommes deux à le garder : Pierre et moi. Je ne puis vous en dire plus long.

Et Bidou se leva pour partir. Stanislas lui exprima de nouveau sa reconnaissance et promit de ne pas manquer au rendez-vous indiqué par le zouave.

— Quel que soit monsieur Pierre, — lui dit-il, — fils de prince ou de paysan, croyez que je serai heureux de servir sous ses ordres pour la délivrance de notre patrie.

Ils se séparèrent.

IV

UN MIRACLE D'ADRESSE.

Stanislas Voloski était l'unique rejeton d'une antique maison polonaise, illustre dans les annales du martyrologe de cette malheureuse nation. Son aïeul avait été tué dans un des derniers combats qui précédèrent le partage opéré par Catherine, la féroce impératrice. Son grand-père avait péri les armes à la main pendant le soulèvement de 1832 ; son père avait succombé à la suite d'une blessure reçue pendant l'insurrection de 1848 ; et lui, héritier des glorieuses traditions de sa famille, il allait bientôt exposer sa vie pour déchirer le funèbre linceul sous lequel, depuis un siècle, agonise la Pologne expirante.

Frêle enfant de l'exil, au cœur ardent, à la tête poétique et rêveuse, Stanislas s'exaltait en songeant à cette Pologne bien-aimée. Il ne l'avait entrevue dans ses rêves qu'à travers les lueurs sinistres et la fumée sanglante des combats sans espoir que racontaient les derniers survivants des légions de Kosciusko. Il avait des vertiges de gloire, une soif ardente de dévouements sublimes.

Une seule fois, avant de courir au-devant de la mort, il avait voulu connaître les joies de la vie. Ces joies lui avaient semblé grossières, et, au milieu des folies du carnaval, il avait éprouvé comme un remords ; les fanfares du bal sonnaient lugubrement à son oreille ; il allait le quitter quand s'enchaînèrent les incidents que nous avons racontés. L'orgueil de race l'empêcha de déserter une partie de plaisir où un danger le menaçait.

Il avait entendu Pierre le Dogue murmurer : *Je le retrouverai au souper* ; et, sûr d'être le plus faible, Stanislas avait eu le courage presque outré de venir braver un colossal et farouche enfant du peuple, lui chétif et délicat enfant de l'aristocratie.

Dieu sait ce qui serait arrivé sans l'intervention de Pierre.

Après le départ de Jacques Bidou, il avait accompagné Finette, la jolie brune, jusqu'à sa porte. Là, au grand dépit de la petite grisette, il avait pris congé d'elle. Il s'en alla seul, au milieu de la nuit, par les rues désertes, songeant au singulier hasard qui l'avait jeté sur le chemin de Pierre.

Pierre...! Ce mot éveillait mille pensées, mille suppositions dans son cœur. Il éprouvait pour lui une admiration et une sympathie profondes. Quel illustre nom se cachait sous ce nom modeste ? Quel grand personnage abritait l'uniforme de simple zouave ? Pierre exerçait sur Stanislas une espèce de fascination.

Cet homme, qui était allé tremper son courage au feu de toutes les batailles, qui avait appris la guerre au milieu des plus grands périls, sous le plus glorieux drapeau du monde ; qui depuis dix ans se préparait, par des faits d'armes éclatants, à commander les futurs défenseurs de la Pologne ; ce héros, enfin, prenait dans son esprit des proportions fantastiques.

Il rentra dans sa chambre au petit jour et se jeta tout habillé sur son lit ; il rêva que Pierre était un descendant de Jean Sobieski et qu'il rétablissait le royaume de Pologne.

Vers deux heures de l'après-midi, Stanislas arrivait au rendez-vous.

A la porte de l'hôtel meublé où logeait Pierre, il se rencontra avec deux chasseurs d'Afrique et trois zouaves, qui sortaient.

— Nom d'un tonnerre ! — disait l'un des chasseurs, — j'aurai du plaisir à *retaper* encore une fois sur les cosaques.

— Mille bombes ! — répondait un autre, — quand je serai là-bas, sous les ordres de Pierre, je chargerai les Russes avec autant de cœur que quand nous étions devant Sébastopol.

— Quel crâne officier nous aurons, hein ! — fit un zouave en tiraillant sa moustache. — J'aime toujours faire la guerre, c'est mon état. Avec Pierre, on va s'en *donner à mort*. Je le connais. Ce sera amusant.

Et ils s'éloignèrent d'un air allègre, en continuant à causer de la future campagne qu'ils allaient entreprendre.

— Il paraît qu'il lève des recrues, — pensa Stanislas.

Il entra, se fit indiquer la chambre de Pierre et sonna. Bidou vint ouvrir.

— Sandious, vous êtes d'une exactitude militaire, — dit-il. — Je vous en félicite. — Et Bidou serra cordialement la main du jeune Polonais. Le Gascon avait l'air plus frétillant que jamais ; ses yeux pétillaient, ses jambes semblaient avoir des velléités d'entrechats, ses moustaches grisonnantes étaient belliqueusement retroussées. La perspective de prochains combats rendait l'ex-zouave radieux. — Entrez donc et asseyez-vous, monsieur le comte, — reprit-il, — je suis ravi de vous revoir.

— Voulez-vous me faire un vif plaisir ? mon cher monsieur Bidou, — demanda Stanislas.

— Corpô-di-Bacco ! si je le veux ! Vous n'avez qu'à parler.

— Je désirerais être traité par vous en camarade. Mettez, je vous en prie, mon titre de côté dans nos conversations.

— Cap-de-diou ! si mademoiselle Finette vous entendait, elle ne vous accuserait plus de fierté. — Bidou jeta un coup d'œil par la fenêtre, qui donnait sur la rue. — Voilà Pierre qui revient, — dit-il.

En effet, Stanislas l'aperçut à une trentaine de pas de la maison. En attendant, il examina la pièce où il se trouvait.

C'était une chambre d'hôtel garni, c'est tout dire ; meubles communs, papier de mauvais goût, gravures prétentieuses ; mais une magnifique panoplie étincelait au-dessus de la cheminée. Une peau de lion formait la descente de lit ; un petit coffret de chêne admirablement sculpté était déposé sur une commode.

Le coffret était ouvert...

Stanislas y aperçut deux médaillons ornés de brillants : l'un encadrait une tête de femme merveilleusement belle, l'autre faisait ressortir le profil énergique d'un guerrier du moyen âge.

Stanislas n'osa pas regarder de trop près les deux miniatures ; mais il lui sembla que la jeune femme portait un diadème, qu'une couronne entourait le casque du guerrier.

. . . .

— Mon rêve serait-il vrai ? — se demanda-t-il.

Pierre entrait. En le voyant au grand jour, Stanislas ne put douter de sa haute naissance ; ses mains étaient mignonnes et charmantes, des mains de grande dame. Il avait un petit pied cambré qui eût fait envie à une Andalouse.

— Monsieur le comte, — dit Pierre, de sa voix grave et sympathique, — je suis en retard de cinq minutes. Vous m'excuserez, je l'espère, quand vous saurez que je

travaillais pour notre cause. Je dis notre, parce que j'aime la Pologne et je suis prêt à me dévouer pour elle.
— Comme un de ses enfants... — fit Stanislas.
— Adoptifs, — ajouta Pierre.
— Je croyais cependant que vous étiez mon compatriote ?

— Je sais, — répondit Pierre, — que Bidou s'est plu à bâtir sur mon compte un roman qui prouve en faveur de son imagination. Il profite de ce que je n'ai jamais connu ni mon père, ni ma mère, pour me fabriquer une généalogie de fantaisie. Je l'ai toujours dit, Bidou, avec sa tête ardente et ses exagérations méridionales, aurait fait un dramaturge habile. C'était là sa véritable vocation. — Le Gascon souriait d'un air malicieux qui démentait les paroles de son ami. — Croyez-moi, — reprit Pierre, — je suis un pauvre diable qui, n'ayant rien de mieux à faire, désire mettre son bras au service de votre pays. C'est comme tel que je vous prie de me présenter au général Lazinski, qui dirige le mouvement polonais. J'ai entendu dire que les insurgés manquaient de chefs. Mon but est de former un noyau de volontaires français ayant l'expérience de la guerre.

— Il sera fait comme vous le désirez, — répondit Stanislas s'inclinant. — Permettez-moi, maintenant, de vous remercier du service que vous m'avez rendu.

— Oh ! ceci n'est rien.
— Cependant...
— Tenez, parlons d'autre chose, si vous voulez bien. Je m'aperçois que vous regardez ma panoplie ; elle est assez complète. Voilà une carabine russe ramassée à la Tchernaïa, un mousqueton hongrois trouvé à Solferino, un moukala arabe qui vient du champ de bataille d'Ichériden, un flissa, un yatagan, des pistolets...
— Et ceci ? — demanda Stanislas.
— C'est l'arme dont je me servirai en Pologne.
— Une carabine d'honneur, un prix de tir ! — fit observer Bidou. — Pierre a mis une balle dans une mouche de deux centimètres, à mille pas. Lord Raglan était présent à cette joute ; c'est lui qui a fait ce cadeau à mon ami.

— A propos, tirez-vous bien ? — demanda Pierre.
— Pas trop, — répondit Stanislas.
— En ce cas, nous allons prendre une voiture ; nous ferons un tour au bois, et, avant de dîner, nous passerons chez Devisme. Je vous donnerai quelques conseils sur le maniement des armes à feu. J'emporte ma carabine et mes balles. Je tiens à vous faire voir quel résultat l'on peut obtenir avec une arme que l'on a étudiée.

— Cette fourrure fait sans doute à vous ? — demanda Stanislas, en montrant la descente de lit.

— Oui, — répondit Pierre, — elle vient d'un lion que Bidou a tué.

— Quelle plaisanterie ! — s'écria le Gascon. — Un jour, nous chassions tous deux : Pierre était à cent pas de moi. Tout à coup il tire ; j'entends un rugissement, j'accours... J'aperçois un lion qui se débat au fond d'un ravin. Je lui envoie une balle, qui sert tout au plus à terminer son agonie. Voilà ce que Pierre appelle tuer un lion !

— Je ne sais ce qu'il faut admirer le plus, — s'écria Stanislas, — de vos faits d'armes ou de vos exploits cynégétiques.

Bidou avait envoyé chercher une voiture découverte, les deux nouveaux amis s'y installèrent.

— Voici les projectiles que je préfère, — dit Pierre, en montrant une petite balle cylindrique conique et armée d'une pointe d'acier. — Je vous donne tous ces détails, car un soldat ne doit rester étranger à rien de ce qui concerne la guerre.

— C'est bien léger, — fit observer Stanislas.
— L'expérience m'a prouvé que ces balles tuent aussi bien et plus sûrement que les autres. C'est aussi l'avis de Jules Gérard.

— Quelle charge mettez-vous ?

LE SIÈCLE. — XXXI.

— Ceci.

Pierre déchira une cartouche, et en versa e contenu dans le creux de sa main.

— C'est peu.
— Cela suffit. Au fait, je vais utiliser cette cartouche. Nous autres soldats, nous n'aimons pas à perdre notre poudre.

Et Pierre chargea sa carabine.

Quand on arriva au bois, la glace était rompue ; Pierre et Stanislas s'étaient compris. Il ne faut pas longtemps à deux natures d'élite pour s'apprécier.

— Quand voulez-vous que je vous présente au général? — demanda Stanislas.

— Le plus tôt possible, — répondit Pierre.
— Après demain, si cela vous convient.
— C'est parfait. — En ce moment des cris se firent entendre. La voiture longeait le lac, et de l'autre côté l'on apercevait une calèche qui courait avec une rapidité effrayante. — Voilà des chevaux emportés. — dit Pierre.

— Mordious ! — s'écria Bidou, — si le cocher n'est pas adroit, au détour de l'avenue il sera précipité dans le lac.

— Est-il profond en cet endroit ? — demanda Pierre.
— Mais oui, — répondit Stanislas, ému du danger que couraient les personnes renfermées dans la calèche. — Mon Dieu ! s'écria-t-il, — un malheur est imminent !

— C'est vrai. On peut sauver un homme qui se noie, — dit Bidou ; — mais quand il s'agit de retirer deux ou trois personnes d'une voiture ensevelie sous l'eau, un sauvetage est presque impossible.

— Tu as raison, — dit Pierre ; et il sauta rapidement à terre. La calèche roulait sur le sable de l'avenue. Il n'y avait pas un garde, pas un promeneur sur son chemin ou aux alentours ; personne enfin pour arrêter l'attelage qui courait droit au lac. — Pourvu que les chevaux me présentent le flanc !— dit Pierre.— Vite, ma carabine, Bidou !

Le zouave obéit.

— Que va-t-il donc faire ? — demanda Stanislas stupéfait.

— Vous le voyez bien, — répondit Bidou, — il veut foudroyer un cheval.

— Est-ce possible ?
— Aux grands maux les grands remèdes. C'est une affaire de sept ou huit cents francs pour le propriétaire de l'animal ; après tout, il serait noyé, ce cheval, et son maître avec.

La distance se raccourcissait de seconde en seconde.

Soudain Stanislas pâlit.

— Ma mère !... C'est ma mère ! — s'écria-t-il, en reconnaissant la calèche.

Et il voulut s'élancer pour arrêter Pierre, qui épaulait son arme. Bidou le retint.

— Sandious ! ne bougez pas ! — dit-il ; — vous lui feriez manquer son coup.

Le jeune Polonais se tordait les mains avec désespoir.

Pierre, immobile, semblait enraciné sur le sol. Il éleva lentement sa carabine, et attendit, tenant le but au bout du canon. Au détour de l'avenue, le cocher fit un violent effort pour maîtriser ses chevaux. L'un se cabra. Un coup de feu retentit.

Deux cris déchirants se firent entendre et vinrent épouvanter Stanislas, en se répercutant sur l'eau.

— Mon Dieu ! mon Dieu ! — s'écria-t-il ; — il a tué ma mère !...

V

OU L'ON A DES NOUVELLES AUTHENTIQUES DE L'INTROUVABLE JUD !...

Après avoir tiré son audacieux coup de carabine, Pierre laissa retomber son arme avec le plus grand sang-froid. Les deux cris qui avaient épouvanté Stanislas ne l'émurent point. Il regarda derrière lui ; la voiture avait disparu. Il la chercha des yeux ; il l'aperçut au tournant du lac.

— Ils auraient pu m'attendre ! — se dit-il ; — quelle impatience !...

Pierre ignorait que Stanislas eût reconnu la calèche. Toute son attention s'était concentrée sur le point qu'il visait. Son *âme était passée dans ses yeux*, selon l'expression pittoresque des tireurs de chamois.

En quelques secondes, Stanislas et Bidou étaient arrivés auprès de la calèche.

Au bord du talus, l'un des chevaux gisait à terre, immobile et couché sur le ventre ; l'autre frémissait de tous ses membres, et, l'œil hagard, les oreilles dressées, les naseaux fumants, il s'arc-boutait, essayant de reculer à la vue de l'eau qui s'étendait devant lui.

Le cocher, sur son siège, était frappé de stupeur.

La détonation qui avait retenti, la balle qui avait arrêté son attelage, le sang dont la terre était rougi, le péril auquel il venait d'échapper d'une manière si incompréhensible, et enfin l'imprévu, l'étrangeté de cet événement, lui avaient causé une telle commotion qu'il restait cloué à sa place.

Stanislas ouvrit les portières de la calèche et aperçut sa sœur, évanouie dans les bras de sa mère. En respirant l'air vif, la jeune fille reprit connaissance.

— Où sommes-nous ? — fit-elle encore épouvantée.

— En sûreté maintenant, — répondit Stanislas. Et il prit avec tendresse ses deux mains dans les siennes. — Es-tu blessée ? Alexandra, — lui demanda-t-il avec anxiété.

— Je ne crois pas, — répondit-elle.

— Et vous ? ma mère, — dit Stanislas en sautant au cou de la comtesse.

— Grâces à Dieu, non ! mon cher enfant, — répondit-elle ; — mais je suis si effrayée que je ne puis me rendre compte de ce qui s'est passé.

— Un miracle ! ma mère, un véritable miracle ! — s'écria Stanislas. Il offrit son bras à la comtesse et à sa fille Alexandra pour les aider à descendre de la calèche. Il les conduisit toutes auprès du cheval abattu. Maître Bidou, après avoir assez rudement secoué le cocher abruti par la peur, l'aidait à dégager la voiture. Quand il aperçut les dames, il les salua d'une fort galante façon et s'effaça pour les laisser passer. — Tenez, ma mère, — dit Stanislas en montrant la tête du cheval tué, — voyez ! il a été touché à la tempe... — Les deux dames reculèrent en poussant une exclamation de dégoût. La vue du sang leur fit une impression pénible. Les curieux commençaient à accourir de toutes les directions ; il est toujours fâcheux de se donner en spectacle à la foule et de se livrer à ses commentaires. Stanislas voulut échapper aux regards des badauds. — Vous conduirez la calèche à l'hôtel, — dit-il au cocher, — et vous nous enverrez un coupé, que vous prendrez chez Cadot. Il attendra à la porte Dauphine.

— Oui, monsieur, — répondit le cocher.

— Nous allons tous reprendre à pied la promenade que vous aviez commencée en voiture, — dit le jeune homme aux deux dames.

— Et tu nous expliqueras, je l'espère, comment nous avons été sauvées ? — demanda la comtesse.

— Voici justement celui à qui vous devez la vie, — répondit Stanislas.

Et, se tournant vers Pierre qui arrivait, il le présenta à la comtesse.

Celle-ci, d'un seul coup d'œil, jugea le jeune homme.

— Voilà un parfait gentleman ! — pensa la grande dame.

Elle ne se trompait pas.

Stanislas invita Pierre à offrir son bras à Alexandra ; il prit celui de la comtesse, et ils s'enfoncèrent sous les arbres qui bordaient un sentier. Pierre s'était auparavant débarrassé de sa carabine et de ses cartouches.

Les badauds cependant commençaient à entourer la voiture ; les allées, désertes un instant auparavant, furent sillonnées par des gens qui accouraient, les uns à pied, les autres à cheval, plusieurs en équipage. Le coup de carabine avait retenti fort loin, mettant les promeneurs en émoi ; la calèche fut bientôt environnée.

Bidou, impassible, dirigeait les efforts que faisait le cocher pour dessangler les chevaux. Les commentaires allaient leur train. On aurait bien voulu questionner maître Bidou, mais celui-ci avait une allure cassante qui intimidait les curieux.

Le Gascon, voyant que le nombre de ceux-ci allait toujours croissant, résolut de s'en débarrasser. Il s'approcha du cocher et lui glissa ces mots à l'oreille :

— Fais semblant de me considérer comme un agent de police.

— Bien, monsieur, — répondit le cocher en clignant de l'œil.

C'était un fin matois, un bas Normand.

Bidou tira de sa poche un calepin, y prit un crayon, détacha une page blanche, et d'un ton solennel demanda :

— Votre nom ?

— Jean, — répondit le cocher en affectant une certaine frayeur.

— Votre âge ?

— Trente-six ans.

— Votre profession ?

— Cocher.

— Y a-t-il longtemps que vous étiez au service de l'homme que les gendarmes viennent d'emmener ?

— Quatre jours seulement.

— Saviez-vous qu'il était armé ?

— Non, monsieur.

— C'est bien. Tenez-vous prêt à vous rendre à l'appel de la justice. En attendant, conduisez la voiture en fourrière.

— Bien ! monsieur le commissaire...

Inutile de dire que la foule écoutait avidement.

— Messieurs, — dit alors Bidou en se tournant vers les badauds, — le redoutable Jud vient enfin d'être arrêté par la gendarmerie de Saint-Cloud, qui le conduit à la prison de cette ville. Le misérable a blessé un brigadier, presque assommé un gendarme ; il était armé d'un *revolver* à dix-sept coups, d'une hache et d'un casse-tête. Si vous voulez le voir, hâtez-vous. C'est de ce côté. — Et il indiqua la route de Saint-Cloud. En un clin d'œil les badauds se dispersèrent dans cette direction. Tous voulaient rattraper les prétendus gendarmes et le célèbre Jud.

— Sandious ! — s'écria le Gascon, — voilà un *canard* qui ira loin, où on ne lui coupera pas les ailes.

— On dit *comme ça*, dans mon pays, que les Parisiens sont des *malins*, — fit le bas Normand.

Et il éclata de rire. Bidou lui fit signe de se taire.

Un seul homme était resté auprès de la voiture : c'était un Anglais. Il lorgnait la carabine de Pierre.

— Je vôlais acheter ce flousil, — disait-il.

— Impossible, — répondit Bidou. — Si vous payiez bien, on pourrait vous céder la boîte à cartouches.

— Je vôlais aussi le flousil.

— Sandious ! milord, ne perdez pas votre temps inutilement. Je dois garder la carabine ; mon devoir m'y

force. Tout ce que je peux faire, c'est de vous vendre la boîte à cartouches.
— Combien ?
— Cent francs.

La somme parut mesquine à l'Anglais ; il tira deux billets de banque de cent francs et les remit à maître Bidou en disant :

— Cé n'est pas tröop pour pôosséder oune petite saûveûnir de vôotre illoustre Joude.

— Vite, vite, milord, partez !—fit Bidou en empochant.

— Voilà mes agents, et ils reprendraient à vôo le petite saûveûnir.

L'Anglais se retira avec toute la rapidité que comportaient ses grandes jambes, fendues comme les branches d'un compas.

En effet, des gardes se montraient à quelque distance.

— Tiens ! — dit Bidou au bas Normand, qui se pâmait de rire, — voilà deux cents francs.

— Mais, monsieur... — fit celui-ci stupéfait.

— Va donc, animal ! on ne refuse jamais une bonne aubaine.

Et Bidou lui mit les billets dans la main, puis il se dirigea du côté par où Pierre avait disparu.

VI

UNE FUTURE PRINCESSE.

Jacques Bidou était un garçon d'esprit et de tact. Il se fit ce raisonnement en quittant l'endroit où Pierre avait accompli son exploit.

— Bidou, mon ami (dans ses monologues, le Gascon se montrait plein d'aménité envers lui-même), tu veux ne pas perdre ton camarade de vue? Ceci est fort bien, attendu qu'il aura peut être besoin de toi. Mais en ce moment Pierre donne le bras à une jolie fille, qui a une haute naissance, et par conséquent des préjugés. Donc ta présence ferait mauvais effet. Aujourd'hui un ex-simple zouave qui a reçu des leçons de savoir-vivre peut tenir honorablement sa place dans une réunion d'hommes du monde, que la fréquentation des cercles a façonnés au sans-gêne ; mais il serait mal à l'aise en face de grandes dames qui attachent une grande importance à l'étiquette et aux manières élégantes. Donc, mon vieux Bidou, tu vas te promener dans les environs de la porte Dauphine, où dans une demi-heure les dames fatiguées seront reconduites par leurs cavaliers. — Et après ce monologue le Gascon alla s'asseoir sur un banc, dans un sentier qui courait parallèlement à la contre-allée. Il alluma un cigare, s'installa commodément et regarda passer les promeneurs à travers les arbres et la fumée du tabac. — Sandious ! — murmurait il, — il fait un temps superbe. La petite brise un peu piquante qui souffle du nord-est, on se croirait à Alger. Faisons la sieste... — Une demi heure s'écoula dans des rêveries agréables ; maître Bidou ne s'ennuyait jamais. Son imagination galopait quand ses jambes étaient en repos. Un bruit de voix vint fixer son attention au bout d'une demi-heure.—Les voilà, — pensa-t-il. Il ne se trompait pas ; Pierre s'avançait donnant le bras à la jeune Polonaise.—Corpo-di-Baccho ! — murmura le Gascon entre ses dents, — quelle jolie fille ! — Et maître Bidou admira. Mademoiselle Alexandra Voloski avait seize ans. Pour les femmes du Nord, c'est le printemps de la beauté. Son charmant visage avait une douceur angélique ; ses grands yeux bleus, voilés par les franges soyeuses de ses cils dorés, brillaient discrètement, *comme le ver luisant sous l'herbe des prairies ou l'étoile scintillant dans l'azur du ciel*, eût dit un poète arabe. Ses longs cheveux, d'un blond cendré et d'un velouté admirables, s'harmoniaient de la façon la plus heureuse avec la fraîcheur de son teint et la blancheur de son col légèrement incliné en avant. Ses épaules s'arrondissaient avec une grâce ravissante, et les contours de sa taille étaient modelés avec une suavité exquise. Il y avait en elle un mélange indéfinissable de tendresse et de chaste ignorance. C'était l'enfant devenue femme et n'en ayant pas conscience : un cœur candide où s'épanouissait la fleur du premier désir ; une âme virginale qui venait de s'éveiller aux aspirations passionnées de l'adolescence... Elle marchait avec une moelleuse souplesse, naïvement suspendue au bras de son cavalier. Elle écoutait les mots qui tombaient de ses lèvres. Pierre parlait de sa patrie ; il peignait son ardente sympathie pour la nation martyre, avec des mots si touchants que la jeune fille se sentait bercée comme par une mélodie enchanteresse. Elle comprenait d'instinct que, comme il aimait la Pologne, Pierre aimerait une femme ; sans s'en douter, elle eût désiré être cette femme. Ils passèrent... Bidou s'était un peu effacé pour n'être point reconnu. Il avait, comme nous l'avons dit, admiré d'abord... examiné ensuite. Il résulta de cet examen que Pierre n'était pas insensible à la beauté d'Alexandra. — Sandious ! — murmura le Gascon, — nous verrons tôt ou tard un mariage entre mon ami Pierre et mademoiselle Alexandra Voloski.—Et, corpo-di-Bacc ho ! je n'en suis pas fâché. Ils sont bien dignes l'un de l'autre. Pauvre garçon... il a bien souffert ! Mais cette Rita maudite n'a pas encore pu étouffer tout amour dans son cœur, heureusement. Quoi qu'il en puisse dire plus tard, à partir de ce soir il est épris de cette ravissante Polonaise. J'ai surpris un de ses regards, et je le connais assez pour ne point me tromper. Eh bien ! tant mieux ; toutes les femmes ne sont pas des pécores, que diable ! — Et Bidou se frotta les mains en chantonnant :

Tu seras princesse, etc., etc.

VII

OU L'ON REVOIT JEAN LE DOGUE, NICOLAS LE LOUP, TÊTE-DE-PIOCHE, ET OU L'ON FAIT CONNAISSANCE AVEC LE JUIF JACOB.

Maître Bidou attendit pour se montrer que les deux dames fussent remontées dans la voiture que leur avait amené leur cocher.

— Eh ! mon cher monsieur Bidou, qu'étiez-vous donc devenu ? — lui demanda Stanislas.

— Je cherchais des pâquerettes dans le bois,—répondit Bidou.

— La saison n'est guère avancée, — fit Pierre. — Ah çà ! est-ce que tu serais devenu sentimental, mon vieux camarade ?

— Sandious ! je l'ai toujours été. Tu le sais bien. Témoin le duel que nous avons eu à cause d'une amourette.

— Alors tu étais jaloux. Depuis, tu es devenu d'une tolérance exemplaire pour les infidélités du beau sexe. Sans dédaigner les femmes, tu as à leur sujet des idées peu platoniques. Il me souvient même de certaines théories matérialistes qui consistent à prendre une maîtresse comme un vêtement, c'est-à-dire comme une nécessité.

— C'étaient des principes à mon usage personnel. Mais on peut être sentimental pour le compte d'autrui. Ainsi, j'ai découvert dans un coin du bois, exposée au midi, une pâquerette à laquelle j'ai demandé :

L'aime-t-il ?
L'aimera-t-il? etc., etc.

Il s'agissait d'un de nos amis que tu connais, Pierre, et qui ferait bien d'oublier les déboires du passé pour se livrer aux espérances de l'avenir.

D'un regard sévère, Pierre arrêta Bidou. Il avait compris.

— Prends donc garde, — murmura-t-il tout bas, — Stanislas nous entend. Tu pourrais le froisser en parlant légèrement de sa sœur.

— De la susceptibilité ! — pensa Bidou ; — bravo ! j'ai touché juste.

Pierre reprit tout haut :

— En fait de sentiment, je préfère un bon dîner. Si nous allions à la Boule-Noire ?

— Avec vous, — dit Stanislas, — on n'a rien à redouter des rancunes que pourraient nourrir Jean le Dogue et ses compagnons.

Pierre sourit sans répondre.

Une heure après, les trois futurs champions de la Pologne dînaient dans le salon où ce drame a débuté. Le garçon servait avec un empressement enthousiaste le *monsieur qui avait tombé Jean le Dogue*. Il avait prévenu le *chef;* celui-ci s'était distingué. Au dessert, le garçon, d'un air mystérieux et satisfait, vint prévenir Pierre que plusieurs personnes désiraient lui parler.

Avec sa permission, il les amenait quelques instants après.

— Mordious ! — dit Bidou à la vue des nouveaux venus, — je reconnais l'homme de l'autre soir.

C'était en effet Jean le Dogue, suivi de Nicolas le Loup et de Tête-de-Pioche.

Les carriers s'approchèrent en blouse de travail et la casquette à la main.

— Monsieur, — dit Jean le Dogue, — nous vous demandons pardon de vous déranger, mais nous tenions à vous voir.

Pierre invita les ouvriers à s'asseoir ; ils n'y consentirent qu'après bien des difficultés. Bidou avait d'abord froncé le sourcil ; mais il avait bien vite deviné, à la contenance des ouvriers, qu'ils n'étaient animés d'aucune mauvaise intention.

— Je vous écoute, messieurs, — fit Pierre avec bienveillance.

Jean le Dogue parut faire un effort pour rassembler ses idées et commença ainsi :

— Il faut vous dire que, après l'affaire de l'autre soir, j'ai pensé en moi-même que je vous devais une fameuse chandelle, vu que vous auriez pu me faire arriver beaucoup de peine. On est brutal quand on a bu ; mais on a de ça, tout de même. — Et il se donna sur la poitrine un coup de poing qui résonna sec et fort. Il reprit : La preuve, c'est que je demande pardon, excuse, à monsieur que voilà, pour lui avoir cherché des raisons sans motifs.

— Stanislas s'inclina. — Pour lors, — continua le carrier, — je reviens à mon histoire ; il y avait un homme qui m'avait suivi et qui avait pris le numéro de mon garni. Il est revenu le lendemain et m'a dit : « Mon brave, voulez-vous gagner dix mille francs ?—Dame ! oui ! » ai-je répondu. « Qu'est-ce qu'il faut faire ? — Vous venger de celui qui vous a vaincu hier. — Comment ? — En l'attaquant et en l'assommant, s'il y a moyen ; vous vous feriez aider. — Mais si je le tuais, on me condamnerait à mort. — Non. Vous échapperiez à la justice. On vous cacherait pendant plusieurs mois dans un hôtel où personne ne vous viendrait chercher. Puis une grande dame vous prendrait à son service jusqu'au moment où elle aurait pû vous faire passer la frontière. — Qu'est-ce que je ferais hors de la frontière ? — Mon garçon, on vous donnerait des terres et une ferme en Russie. Ça va-t-il ? » J'allais jeter mon homme à la porte ; mais Nicolas le Loup, qui est un malin, me fit signe de me tenir tranquille, et il me dit en argot : « Accepte ! » Alors je dis à l'homme : « On verra ! Repassez. » Quand il fut parti, Nicolas le Loup me fit compendre qu'il fallait vous prévenir, amuser votre ennemi et le faire *pincer* par la police, si vous le jugiez à propos. Mais nous n'avions pas votre adresse. Nous avons expliqué nos intentions au garçon d'ici, qui est une vraie crème de garçon et qui vous estime parce que vous m'avez *flanqué une danse* ; alors il nous a indiqué votre domicile. Nous y sommes allés. J'ai vu là des zouaves qui désiraient aussi vous voir. Vous étiez absent. Il paraît que vous allez lever des soldats. Nous recauserons de tout cela. Comme vous ne reveniez pas, nous sommes remontés à Montmartre, en nous promettant de retourner demain chez vous. Mais le garçon nous a avertis que vous étiez ici en train de dîner. Pour lors, nous sommes venus. Maintenant vous n'avez qu'à nous ordonner ce qu'il faut faire : nous vous obéirons. Voyez-vous, plus j'y pense et plus je me dis : Ce monsieur est le roi des braves ; s'il avait été méchant, Jean le Dogue serait en prison.

Et le carrier se tut.

Bidou était devenu très-pâle ; Pierre semblait atterré ; Stanislas ne savait que penser.

— C'est elle !... — murmura le Gascon.

— Je la croyais pourtant bien morte ! — dit Pierre. — La maudite est encore vivante.

Quelle pouvait être cette femme qui faisait trembler deux hommes comme ceux-là ? C'est ce que se demandait Stanislas.

— Sandious ! — s'écria Bidou, — si jamais elle retombe en mon pouvoir, je jure Dieu qu'elle n'en réchappera pas.

— Silence ! — fit Pierre. Bidou se tut. — Mon garçon, — dit Pierre à Jean le Dogue, — vous venez de me rendre un service immense, je vous en remercie. J'accepte l'offre que vous me faites. Quand attendez-vous l'homme que vous avez vu ?

— Ce soir.

— Où cela ?

— Chez le marchand de vins, ici près.

— C'est bien. Vous le recevrez avec l'apparence de la plus entière franchise ; vous demanderez vingt mille francs au lieu de dix, un à-compte de cent francs. Bref, vous traînerez la conversation en longueur. Pendant ce temps, l'un de vous ira chercher une voiture à cette adresse en disant que c'est pour moi ; il l'amènera ici sans cocher. Voici ma carte et mille francs pour le cautionnement, si on en exige un. Voici aussi l'adresse du loueur. Votre autre camarade accourra me prévenir quand l'homme en question sera arrivé. Je puis vous promettre que vous serez richement récompensés.

— Monsieur Pierre, — dit Jean le Dogue en se redressant,—nous sommes des ouvriers et nous avons du cœur. Nous n'avons pas agi dans le but de recevoir de l'argent. Si vous voulez nous acquitter envers nous, il faut nous emmener en Pologne. Les zouaves que nous avons vus cette après-midi nous ont avertis que, pour délivrer ce pays-là, vous cherchiez des volontaires. En voici trois, et des bons.

— Mordious ! vous êtes des braves gens, — s'écria Bidou.

— Jean le Dogue, — dit Pierre en se levant, — voici ma main. A partir d'aujourd'hui tu as mon estime et mon amitié.

— Oh ! merci, monsieur Pierre, — s'écria le colosse, — ce que vous faites-là me fait plus de plaisir qu'un billet de *mille*.

— Garçon ! — s'écria Bidou, — des verres ! — Et quand il fut servi, le Gascon remplit six verres bord à bord, en saisit un et dit : « Cap-de-Diou ! nous allons trinquer ensemble. Vous êtes tous les trois des cœurs d'or ». — Les carriers hésitaient. — Allons ! — fit Pierre en souriant, — buvons donc ; ne sommes-nous pas de futurs camarades de combat !

— Non, non, — fit Jean le Dogue,— pas tout à fait, camarades. J'ai entendu causer les zouaves ; ils vous connaissent ; je sais que vous êtes prince. Quant à monsieur, il est comte... et vous serez au moins lieutenant, monsieur Bidou !

— Je ne suis pas plus prince que toi, mon ami, — dit Pierre un peu embarrassé.

— *Sufficit!* Je n'en parlerai plus, vu que cela a l'air de vous contrarier ; mais on a des oreilles. Puisque vous le voulez, trinquons donc, et comptez sur nous à la vie, à la mort! La Pologne, voyez-vous, c'est la sœur de la France.. Quoique ignorants, nous savons ça.

— Qui la touche nous touche! — s'écria Nicolas le Loup.

— Ça, c'est vrai! — fit Tête-de-Pioche, qui ne comprenait que vaguement, mais dont les yeux étincelaient.

— A la Pologne!—reprirent les carriers en élevant leur verre.

— A la Pologne! — répondit Pierre.

Tous étaient debout pour porter ce toast. Les verres furent vidés d'un trait.

Pierre et Stanislas étaient profondément touchés de cette scène.

— Et maintenant, à notre poste! — dit Nicolas le Loup ; — je vais chercher la voiture, si on le veut. Tête-de-Pioche préviendra de l'arrivée de l'homme.

— C'est entendu.

Une dernière fois Pierre échangea une cordiale poignée de main avec Jean le Dogue. Le colosse était ému.

— Ne m'en veuillez plus, monsieur le comte, — dit-il à Stanislas.

— Oh! je vous ai pardonné de tout mon cœur, — s'écria le jeune homme.

Et, lui aussi mit sa main délicate dans la main robuste du carrier.

Depuis quelques instants Tête-de-Pioche semblait tourmenté par une idée. Il s'approcha de Bidou, qui lui était sympathique.

— Pour lors, — lui dit-il, — *il faut dire que je ne suis pas malin.* J'ai cru que vous étiez des *bouchers ou des forts de la halle,* vu qu'il y a des *crânes lapins* dans ces métiers-là; mais Nicolas le Loup, qui est plus éduqué que moi, m'a appris que vous étiez des zouaves d'Alger. Ça m'a fait plaisir. Il y a de rudes gars dans cette partie-là. Donc, j'ai voulu en être. Voilà !...

Et Tête-de-Pioche tourna les talons, radieux d'avoir fait un aussi long discours.

— Tête-de-Pioche, — dit Nicolas le Loup, — tu est moins bête que je ne croyais.

— Ah! ah! — fit-il en riant niaisement.

— Oui! tu as bien causé!

Tête-de-Pioche se frotta les mains joyeusement.

C'était le premier compliment de ce genre qu'il recevait depuis qu'il était au monde. Pauvre diable!...

VIII

UNE HYÈNE.

Jean le Dogue, installé dans une salle basse, chez un marchand de vin du boulevard Rochechouart, attendit son homme, qui ne tarda pas à arriver.

Il exécuta consciencieusement les instructions que Pierre lui avait données.

L'homme qui venait lui proposer un assassinat était petit, mais de complexion assez vigoureuse: il avait un visage de chouette, à l'œil glauque, des favoris roussâtres, une perruque pelée, des lunettes vertes et une canne plombée. Il était mis comme un intendant de bonne maison; mais il avait la tournure d'un recors ou d'un prêteur à la petite semaine.

— Eh bien! — demanda-t-il en s'installant, — avez-vous réfléchi, maître Jean le Dogue?

Et il s'assurait qu'on ne l'observait pas.

— Mais oui, — répondit le carrier.

— Et vous acceptez, n'est-il pas vrai?

On voyait que cet homme croyait à la toute-puissance de l'or.

— A moitié, — répondit le carrier.

— C'est-à-dire...

— Que dix mille francs ne suffisent point.

— Combien donc vous faudrait-il?

— Vingt mille.

— Vous êtes exigeant.

— L'affaire est grave. Je risque ma tête.

— Allons donc, c'est une plaisanterie ; vous avez un asile sûr.

— Sûr... sûr... on ne sait pas... Comment donc s'appelle-t-il, cet asile?

Le moment était venu de jouer cartes sur table. L'homme examina le carrier avec une attention extrême ; il parut satisfait.

— Maître Jean le Dogue, vous tenez à prendre vos précautions?

— Ça se comprend.

— Écoutez bien alors : je vais vous dire où vous vous réfugierez le soir même du *coup* que vous allez faire. Je ne crains pas que vous me trahissiez ; voici pourquoi : si vous me dénonciez à la police, vous perdriez non pas vingt mille francs, mais cent mille. La terre que l'on vous donnera vaut au moins cela. Ensuite une trahison n'aboutirait à rien; mes patrons sont très-puissants. Donc, si vous vous présentiez à l'hôtel que je vais vous désigner avant d'avoir expédié ce Pierre, vous ne seriez pas reçu. Impossible de compromettre ceux qui m'envoient. Quant à moi, je file ce soir même pour l'étranger. Voilà mille francs d'à-compte. Songez que si, dans huit jours, Pierre vit encore, on trouvera le moyen de vous expédier vous-même. N'oubliez pas que vous êtes entre la fortune d'une part et un coup de couteau de l'autre, Sur ce, adieu. Prenez ces mille francs et méditez cette devise : *Fidélité et discrétion.*

— Et l'adresse? — demanda le carrier.

— La voici au crayon. Savez-vous lire?

— Non.

— Écoutez donc : Se présenter chez le général Toujourskoff, rue du Faubourg-Saint-Honoré.

— Bien, — dit le carrier. — Ne nous reverrons-nous pas?

— En Russie, dans un mois.

L'homme se leva, paya la consommation et partit. Il faisait nuit noire. Il s'engagea le long des boulevards extérieurs et arriva près du parc Monceaux. Tout à coup deux hommes s'élancèrent. Au même instant, il reçut un coup de poing formidable sur le crâne; il perdit connaissance. L'un des deux hommes le retint debout et l'appuya contre la grille. L'autre fit signe à une voiture d'avancer.

Dressé sur ses jambes, accoudé à la grille, l'homme évanoui ressemblait à un promeneur qui se repose. Ses deux agresseurs passèrent chacun un bras sous un des siens et, le plus tranquillement du monde, le portèrent dans la voiture. On aurait pu croire qu'il marchait. Quand il ouvrit les yeux, il reconnut Pierre.

— Le prince, — murmura-t-il, — et son damné Gascon !

— Eh bien ! noble enfant d'Israël, — demanda Bidou en ricanant, — nous voulions donc faire assassiner nos meilleurs amis? Il paraît, maître Jacob, que nous sommes toujours au service de mademoiselle Rita? Sandious ! Il y a des gens qui ont la vie dure.

Jacob, dont Bidou venait de révéler le nom, tremblait de tous ses membres. Nicolas le Loup conduisait la voiture où maître Jacob était renfermé, Tête-de-Pioche et Jean le Dogue la suivaient de loin Ils devaient rejoindre Pierre à son domicile. On y arriva bientôt.

— Tu peux essayer maintenant de faire du bruit, — dit Pierre au prisonnier. — Seulement, tu me connais, je te préviens que tu es perdu si tu cries ou si tu résistes.

Jacob poussa un gémissement.

C'était un juif d'Alger. On saura plus tard dans quelles circonstances il s'était rencontré avec les héros de ce drame. Il monta sans mot dire.

— Restez dans la voiture, — dit Bidou à Nicolas le Loup ; — quand vos amis viendront, prévenez-les que nous les appellerons au moment où nous en aurons besoin.

Et il suivit Pierre. Celui-ci, une fois dans sa chambre avec le captif et Bidou, leur fit signe à tous deux de s'asseoir. Il alluma une bougie, la disposa de façon à éclairer la face hypocrite du juif, et fit peser son regard sur lui.

— Vous avez voulu m'assassiner, maître Jacob ? — dit-il.

— Monseigneur, — répondit celui-ci en balbutiant, — j'ai... je...

— Ne vous défendez pas, c'est inutile.

— Pitié ! monseigneur, pitié ! — s'écria le juif en tombant à genoux.

— Ah ! vieille hyène ! — gronda Bidou, — tu as de l'audace... On n'a été que trop généreux pour toi !

Pierre imposa silence à Bidou par un signe impérieux.

— Lève-toi ! — dit-il au juif. Celui-ci obéit. Pierre reprit : — C'est Rita qui t'a engagé à me faire assassiner, n'est-il pas vrai ?

— Oui.

— Tu sais que j'ai des amis puissants en France. Quelle que soit la position de la protectrice, rien ne pourrait te sauver si je te livrais à la justice. Du reste, outre le crime que tu as proposé à Jean le Dogue, tu es coupable de deux empoisonnements. J'eh ai la preuve. — Le juif était blanc comme un linceul. — Te sens-tu perdu ? — demanda Pierre.

— Oui, monseigneur ; mais vous serez clément ; je vous en conjure, laissez-moi vivre ! Jamais vous n'entendrez plus parler de moi.

— Drôle ! — s'écria Pierre. — Te figures-tu par hasard que je te crains ? Toi, mort ou vivant, que m'importe ! Un misérable de ton espèce ne peut rien contre moi.

— Alors, monseigneur, ne me tuez pas.

— Soit. Mais si je ne t'écrase comme une vipère que tu es, c'est à une condition.

— Parlez, monseigneur, je suis prêt à vous obéir.

— Comment se nomme Rita, maintenant ?

— Madame la baronne de Touïourskoff.

— Elle est la femme du général russe qui porte ce nom ?

— Oui, monseigneur.

— Tu ne mens pas ?

— Je suis entre vos mains, je n'oserais pas vous tromper.

— Est-elle bien légitimement mariée ?

— Le notaire y a passé.

Malgré la gravité de la situation, Bidou se mit à rire, et Jacob lui-même sourit.

— La drôlesse ! — murmura Pierre, — quelle adresse ! Comment a-t-elle réussi à se tirer d'affaire ? — demanda-t-il.

— Monseigneur, après le coup de poignard, elle a été jetée à la mer ; mais, grâce à ses robes, elle a surnagé. Des contrebandiers l'ont recueillie quelques instants après ; cachés dans une crique, ils avaient tout vu. Elle fut conduite par eux en Espagne. Là, elle mena une vie de courtisane. Plus tard, elle gagna Paris. Le général Touïourskoff la vit, en devint amoureux fou et l'épousa.

— Quel genre d'homme est-ce ?

— Il est vieux, sot, orgueilleux et féroce. Mais elle le plie comme un gant.

— Je la reconnais bien là, — pensa Pierre. — A-t-elle un amant ? — demanda-t-il.

— Deux, monseigneur.

— Et son mari ?

— Ne s'en doute pas.

— T'attend-elle ce soir ?

— Oui.

— A quelle heure ?

— A minuit.

— Comment arrives-tu jusqu'à elle ?

— Par une porte qui donne sur les Champs-Elysées, derrière le jardin de l'hôtel.

— Décris-moi bien l'endroit. — Le juif obéit. — Tu as une clef ?

— La voilà.

— Et Pierre prit la clef. — Maintenant, — dit-il, — explique-moi avec soin le chemin que je dois suivre, une fois dans le jardin. — Le juif obéit encore. Quand il eut fini, Pierre prit un poignard, le glissa sous son paletot et s'enveloppa dans un manteau. — Garde cet homme, Bidou, — dit-il ; — il sera libre à mon retour, s'il a dit vrai.

— Monseigneur, — s'écria le juif, — n'oubliez pas que la chambre du général n'est pas loin de celle de sa femme.

— C'est bien. Tu auras mille francs pour ce détail.

— Quelle sollicitude vous montrez à l'égard de vos ennemis ! — dit Bidou. — Mordious ! vous êtes bien changé, maître Jacob !

— Il sait que, s'il m'avait trompé, il irait faire un tour à Toulon, — dit Pierre ; — voilà la cause du vif intérêt qu'il prend à ma personne. — Pierre sortit. A la porte, il trouva Jean le Dogue. — Suis-moi, — dit-il. Et il monta dans la voiture avec le carrier.

— Que faut-il faire ? — demanda Tête-de-Pioche, qui était là aussi.

— Va tenir compagnie à Bidou, — répondit Pierre. — Et vous, Nicolas le Loup, menez-nous rapidement aux Champs-Elysées. Je vous avertirai quand il faudra vous arrêter.

Jean le Dogue remarqua avec un vif plaisir que Pierre le tutoyait et disait vous à son camarade.

— Preuve qu'il a un faible pour moi, — pensa-t-il.

La voiture partit au galop.

IX

UNE PANTHÈRE.

La baronne de Touïourskoff était nonchalamment couchée sur un sofa, dans son boudoir. Minuit venait de sonner ; elle attendait. Le juif n'avait pas menti. La baronne était une femme de vingt-cinq ans, brune, et d'une beauté imposante. Il était facile de reconnaître son origine castillane.

Ses yeux noirs lançaient des éclairs, son visage altier respirait l'orgueil, son front impérieux dénotait une volonté de fer ; son regard exerçait une fascination irrésistible, il devait galvaniser certains hommes ; ses lèvres avaient un pli suprêmement dédaigneux, leur sourire était écrasant parfois.

La jeune femme regardait une petite miniature : c'était le portrait de Pierre. Son sourcil était froncé ; il y avait en elle une lutte pénible.

— Est-ce que je l'aimerais maintenant ? — murmura-t-elle. — Quelle étrange folie ! Quand je songe que Jacob va le faire tuer, j'éprouve comme un frisson. Ce n'est pas la peur, serait-ce de l'amour ? Autrefois, je n'avais pour lui que de l'indifférence, alors il était à mes pieds. Et cependant il m'a humiliée, il s'est vengé, il a été cruel. Je pensais l'exécrer, il y a une heure encore. Je doute à présent. Ce Pierre, il est vraiment beau ! Quelle tête énergique ! quel cœur bouillant ! Je n'avais pas compris cette étrange nature ; elle s'est révélée trop tard. N'importe ! peut-être est-il temps encore de le ramener à mes genoux. Quand Jacob va revenir, je lui ordonnerai de ne pas donner suite à nos projets. Oui, mais réussirai-je ? Il a tant de fierté !... Après tout, je n'ai que vingt-cinq ans, et il m'a adoréé !... Nous verrons. Voici le juif ; j'entends des pas étouffés. — Et la baronne se leva pour ouvrir elle-même la porte de son boudoir. — Entrez ! — fit-elle. Un homme enveloppé dans un manteau pénétra dans le boudoir et découvrit son visage ; c'était Pierre. La baronne pâlit et reçut une telle commotion qu'elle tomba sur le divan. — Lui !... lui !... — murmura-t-elle. Et elle cacha son visage dans ses deux mains.

— Oui, moi, Rita ! — dit Pierre. — Et il croisa ses bras, examinant avec curiosité la femme qui était devant ses yeux. — N'ayez pas peur ! — dit-il, — je ne suis pas un revenant. Vous pourriez supposer que c'est l'âme de celui que vous avez voulu faire assassiner qui vient vous reprocher votre crime. Vous êtes superstitieuse, Rita, comme toutes les Espagnoles. Mais, détrompez-vous, c'est Pierre vivant, bien vivant, qui vous parle.

La baronne leva les yeux ; ils étaient pleins de larmes.
— Ecoutez, — dit-elle, — et croyez ce que je vais vous dire. Vous m'avez punie avec une rigueur terrible d'une faute grave. Depuis dix ans je désire me venger ; pendant dix ans je vous ai détesté.

— Vous aviez tort ! — dit Pierre en l'interrompant. — Quand on a traîné dans la fange un nom honorable, on doit s'attendre à mourir. La loi donne au mari outragé le droit de punir l'épouse adultère. Voudriez-vous donc que celui qui a subi l'outrage fût plus généreux que le législateur ?

— Pierre, je vous en prie, laissez-moi vous parler. Jusqu'à ce soir, je vous ai maudit. Je ne veux pas discuter avec vous le droit que j'avais de vous haïr ; ce serait inutile.

— Pourquoi ?
— Parce que maintenant je n'éprouve plus contre vous ni rancune ni colère. — Pierre eut un sourire d'incrédulité. — Vous doutez ?
— J'en ai le droit.
— Vous me savez hautaine et fière, n'est-il pas vrai ?
— Je chercherais en vain à vous démentir. L'orgueil est un de vos vices.
— Vous êtes cruel, Pierre ! Mais vous allez vous en repentir. Tout à l'heure je tenais devant mes yeux le portrait que voici : c'est le vôtre. J'ai senti un étrange sentiment envahir mon âme... Devinez-vous ?
— Non, madame.

La baronne s'était levée ; elle fit un pas vers Pierre, l'enveloppa d'un regard brûlant, tomba à ses genoux, et, dans un sanglot, elle s'écria :
— Maintenant je t'aime !...
Mais lui fit un pas en arrière.
— Madame, — dit-il froidement, — il est inutile de continuer cette scène. Je vous ai pardonné depuis le jour où je me suis vengé, et je suis venu pour vous proposer la paix.
— Oh ! merci, Pierre, tu as une inspiration généreuse ! Merci !

Et elle attendit toujours à genoux. Pierre reprit :
— Je vous sais superstitieuse et je connais votre foi dans un certain reliquaire. Si donc vous consentiez à me jurer sur ce reliquaire que vous n'attenterez plus à mes jours, je vous laisserais de mon côté parfaitement libre de vos actions. Autrement, je vous dévoilerais aux yeux du monde. Si je vous propose cela, c'est que je vais avoir une mission périlleuse à remplir ; je tiens à n'être pas distrait de mon but par le besoin de vous surveiller.
— Ne me menace pas, Pierre. A quoi bon ? Je jurerai tout ce que tu voudras. Je veux t'aimer comme tu m'aimais autrefois.

Et la baronne s'était relevée, et elle s'avançait, frémissante d'espérance et d'amour.
— Parbleu ! madame, — lui dit Pierre, reculant toujours, — si vous croyez que je suis la dupe de vos comédies, vous vous trompez fort. Je vous demande froidement : Jurez-vous sur le reliquaire que vous vénérez, et qui est la seule chose au monde que vous respectiez, ou ne jurez-vous pas ?

— Tu n'as donc pas confiance dans ma tendresse ? — demanda la jeune femme avec des larmes dans la voix.

— Allons donc ! Vous êtes folle, Rita ! Est-ce que les prostituées comme vous ont du cœur ?

Cette sanglante insulte fit bondir l'Espagnole ; tout son orgueil lui revint, et avec l'orgueil la rage d'avoir été dédaignée. Cependant elle hésita encore :
— Réfléchis, Pierre ! — s'écria-t-elle. Mais lui se contenta de répondre à cette dernière prière par un rire insultant. Alors une colère furieuse s'empara de la hautaine Castillane. Elle s'élança sur le cordon d'une sonnette, le brisa en l'agitant et cria au secours. Des laquais accoururent. — Empêchez cet homme de sortir et appelez mon mari ! — leur dit-elle.

Les valets firent mine de s'avancer. Mais Pierre, d'un seul coup d'œil, les cloua à leur place,

En ce moment, le général Touïouskoff entra dans le boudoir de sa femme, dont les cris l'avaient éveillé.

Le général Touïouski était un homme de cinquante ans, grand, maigre, sec. Il portait sa petite tête de vipère avec la majesté d'un saint-sacrement.

Jacob l'avait bien défini en trois mots : sot, vaniteux et féroce.

Il avait conquis sa position militaire en faisant mitrailler les Polonais dans une émeute. Ce qui le rendait plus odieux, c'est qu'il avait voulu tuer de sa main deux des principaux meneurs, faits prisonniers.

— Mon ami, — lui dit la baronne, pâle et l'œil étincelant, — voilà un misérable qui s'est introduit chez moi par surprise et m'a forcée d'appeler à l'aide.

Elle fit mine de s'évanouir.
— C'est une rusée coquine, — pensa Pierre.

L'accusation lancée par sa femme contre Pierre le fit devenir pourpre de colère. Un instant il se crut encore en Russie.

— Emparez-vous de ce drôle ! — hurla-t-il ; — qu'il périsse sous le knout ! — Mais les laquais ne bougèrent pas ; ils n'oubliaient point qu'ils étaient à Paris. — M'entendez-vous ? — s'écria le général.

Mais personne ne fit un pas en avant.

Il aperçut deux domestiques russes ; il leur répéta son ordre en langue slave. Alors ses anciens serfs voulurent s'élancer sur Pierre ; ils étaient dressés à l'obéissance passive. Mais tout à coup un homme bondit dans le boudoir et se plaça devant Pierre. C'était Jean le Dogue.

— Ne touchez pas à ces lardins ! — s'écria-t-il d'une voix tonnante ; — n'y touchez pas, monseigneur ! Je m'en charge.

Et il saisit chaque Russe d'une main, les souleva et les lança dehors.

Pierre s'approcha du général, lui tendit sa carte et lui dit :
— Demain, monsieur, je serai à vos ordres.

Et il se retira lentement, avec Jean le Dogue, par où il était venu.

Le général, stupéfait, fut longtemps à se remettre de sa surprise. Les deux laquais russes hurlaient de douleur dans l'escalier. Les autres n'étaient point disposés à affronter les redoutables poings de Jean le Dogue. Pierre gagna donc sa voiture sans être inquiété.

. . . .

Deux heures plus tard, la baronne congédiait l'aide de camp de son mari, un beau jeune homme de vingt-deux ans.

— Mille fois pardon de vous avoir dérangé si tard, monsieur, — lui disait-elle. — J'étais inquiète de l'issue de ce duel. Vous m'assurez donc que mon mari saura se défendre ?

— C'est une des plus redoutables épées de Paris, madame, — répondit le jeune homme en s'inclinant.

— Adieu! monsieur, —dit la baronne avec un sourire enchanteur.
— Est-ce qu'elle m'aimerait?— pensa le jeune homme.
— Oh! cette femme! Je donnerais tout mon sang pour elle.

Rita était retombée sur son canapé. Elle méditait :
— Si mon mari le tue, je suis vengée,— pensa-t-elle.
— S'il tue mon mari, je suis débarrassée. Je serai libre et riche, je lui ferai une guerre acharnée. Il veut aller en Pologne, j'irai aussi. Il sera du côté des insurgés, moi du côté des Russes. Ah! Pierre, tu m'as dédaignée, malheur à toi! Si tu aimes une femme, malheur à elle! Si tu as des amis, malheur à eux!

X

COMMENT BIDOU S'Y PRIT POUR VEXER LE COLONEL HOFFMANN.

Pierre, s'attendant à un duel, fit porter de bon matin une lettre à Stanislas. Il le priait de se rendre chez lui le plus tôt possible.
Le jeune Polonais arriva vers neuf heures. Il trouva Pierre et Bidou en train de faire des armes. Le Gascon était pourpre ; des gouttes de sueur perlaient sur son front. Pierre était calme et souriant.
Après avoir échangé les politesses d'usage, Stanislas s'informa du motif pour lequel Pierre l'avait fait mander.
— Jeune homme!— s'écria Bidou avec sa vivacité méridionale,— une question, d'abord?
— A vos ordres, monsieur Bidou, — répondit Stanislas.
— Ayez donc la bonté de me dire si vous aimez la chair fraîche?
— Je ne crois pas. Cependant je dois avouer que je n'en ai jamais goûté.
— Ça n'est pas désagréable, je vous assure. Les sauvages et les animaux carnassiers sont loin de la dédaigner. Demain nous en mangerons.
— Bah! — fit Stanislas étonné.
— Oui, jeune homme,— reprit le Gascon, — et je vous prédis que vous la trouverez excellente.
— Vous plaisantez toujours agréablement, monsieur Bidou.
— Rien n'est plus sérieux. Il s'agit d'un certain général russe que vous connaissez sans doute.
— Je comprends! — s'écria Stanislas. — Il s'agit d'un duel...
— Précisément. Mordious! voilà vos yeux qui s'allument. Quel cannibale vous faites!
Et le Gascon se mit à rire.
— Est-ce vous qui vous battez, monsieur Pierre? — demanda Stanislas avec le plus vif intérêt.
— Oui, — répondit Pierre.
— Et vous me prenez pour témoin?
— Sans doute. N'êtes-vous pas mon ami?
— Que vous êtes bon! — s'écria le jeune homme.
Et il serra avec effusion la main que Pierre lui tendait.
— J'ai pensé, — reprit celui-ci, — que vous auriez du plaisir à me voir l'épée à la main en face d'un Russe.
— J'aimerais encore mieux vous servir de second actif. Jadis les témoins se battaient entre eux. Mais quel est votre adversaire?
— Un ennemi à vous.
— Il se nomme?
— Le baron de Touïourskoff.
Stanislas pâlit.
— Monsieur Pierre, — dit-il, — cet homme a fait fusiller un de mes oncles...

— Je le sais.
— J'ai souvent pensé à le venger, — reprit Stanislas ;— mais la Pologne n'a pas trop de bras à son service. Tous ses enfants doivent se regarder comme des soldats, comme des soldats à la veille d'une bataille. J'ai cru devoir faire à la patrie le sacrifice momentané de ma vengeance. J'ai pensé qu'un duel ne m'était pas permis en ce moment; mais puisque, sans qu'il y ait de ma faute, un Polonais doit se mesurer avec mon ennemi, je désire le remplacer. Je vous supplie donc de me céder le droit de tuer cet homme.
— Quand je disais, — s'écria Bidou, — qu'il prendrait goût à la chair fraîche! Ne voilà-t-il pas qu'il veut nous disputer le Touïourskoff? Sandious! jeune homme, vous êtes féroce!
— Monsieur Bidou, — répondit gravement Stanislas,— j'ai un devoir à remplir.
Pierre était devenu sombre. Il réfléchissait en pressant vigoureusement la garde de son fleuret. Plusieurs fois son regard se porta sur le jeune Polonais, et celui-ci sentit à chaque fois les rayons magnétiques de sa prunelle dilatée pénétrer sa pensée. Enfin Pierre se décida :
— Venez, — dit-il. Stanislas le suivit à l'embrasure de la fenêtre.—Vous m'en auriez toujours voulu, n'est-il pas vrai, si j'avais croisé le fer avec le baron sans vous en prévenir?
— C'est vrai. Vous me l'abandonnez donc?
Et Stanislas eut un éclair de joie dans les yeux.
— Non,— reprit Pierre, — je ne vous l'abandonne point. Vous allez juger de mes droits sur lui : il a tué mon père...
Pierre était devenu livide. Un souvenir poignant le torturait.
— Je n'ai plus rien à réclamer,— dit Stanislas, auquel cette révélation causa une surprise extrême. Puis, après quelques instants de réflexion, il s'écria : — Je savais bien, moi, que vous étiez Polonais!
— Silence! — fit Pierre. — Vous avez maintenant une partie de mes secrets...
— Je saurai les garder.
— Je me trompe rarement, et je vous crois loyal et discret,— dit Pierre.— Je dois encore vous faire une autre confidence. Notre duel a une cause, une cause que je n'ai pas cherchée, vous le pensez, et cela par le même motif que vous.
— Oh! je n'en doute pas.
— Vous saurez donc que je me suis marié jadis avec une Espagnole.
— Rita? — dit Stanislas en souriant.
— Quoi! vous savez?...
— Je suppose... Votre ami a prononcé ce mot pour arrêter votre colère, l'autre soir.
— Oui, je m'en souviens. Cette Rita est aujourd'hui la femme de notre ennemi commun.
— Mais alors, cela...
— Bigame?... Pas positivement. Notre mariage n'était valable qu'à moitié. Un prêtre espagnol nous avait bénis, mais le maire d'Oran ne nous avait pas unis. N'importe, j'avais des droits que je considérais comme très-sérieux. Mais peut-être plus tard connaîtrez-vous tout ce qui s'est passé. Pour le moment il vous suffira d'apprendre que j'ai voulu revoir Rita, cette nuit, parce qu'elle cherchait à me faire assassiner. Je venais lui proposer quelque chose comme un armistice. Elle a appelé son mari, a fait semblant de ne pas me reconnaître, et m'a accusé de violences dont je suis incapable, envers elle surtout. Comme témoin, vous deviez savoir cela, afin de remplir consciencieusement votre mission.—En ce moment, l'on frappait à la porte. Deux hommes vêtus de noir entrèrent. Pierre alla au-devant d'eux et les salua avec une politesse pleine de dignité. — Vous êtes sans doute, messieurs, — leur demanda-t-il,—les témoins du général baron de Touïourskoff? — Les nouveaux venus s'inclinèrent en signe d'assentiment. — Eh bien! messieurs, — reprit Pierre, — je

vais vous éviter une course inutile. Voici mes deux témoins qui sont prêts à s'entendre avec vous. Permettez-moi de vous les présenter. — Et Pierre fit les présentations. De leur côté, les témoins du baron remirent leur carte. L'un était le colonel Hoffmann, un Allemand au service de la Russie ; l'autre, aide de camp du général, était le jeune homme que nous avons vu la veille si follement amoureux de Rita. C'était un cadet de la branche aînée des Nouradoff. — Messieurs, — dit Pierre après toutes les formalités voulues, — je me retire pour vous laisser discuter plus librement.

Et il sortit.

Bidou profita de ce moment pour glisser ces mots à l'oreille de Stanislas :

— Voulez-vous vous battre ?

— Oui, — répondit le jeune homme.

— Alors laissez-moi faire. — Dès que Pierre fut sorti, Jacques Bidou prit une allure aussi provocante que la politesse le permettait : — Messieurs, — dit-il, — je crois que nous nous entendrons en quelques mots : l'affaire est inarrangeable et demande du sang !

— Il n'y avre aucune rébaration pôozible, — dit le colonel Hoffmann, gros homme ventru et d'esprit étroit, et assez fat pour porter un faux toupet. — Nodre ami, il avre édé inzoulté !

— Si toutefois on peut appeler une insulte l'agression dont madame la baronne a été l'objet, — fit de Nouradoff.

— Voilà que nous ne nous entendons pas ! — s'écria Bidou en se renversant sur sa chaise. — La chose est claire, pourtant. A la suite d'une querelle d'amour, madame la baronne de Toufourskoff a eu la malheureuse idée de vouloir se venger de monsieur Pierre, son amant. — Le Gascon souligna le mot. — Elle a appelé son mari, fait du scandale, une scène enfin, dont une maîtresse jalouse est seule capable... De là le duel. Le mari a cru sa moitié sur parole...

— Assez, monsieur — s'écria de Nouradoff, pâle de colère ; — madame la baronne est au-dessus d'un pareil soupçon.

— Mordioux ! — répondit Bidou avec un sang-froid magnifique, — vous êtes vif ! « mais la colère nuit au jugement. » Ne vous formalisez pas. Ceci est un vers du poète arabe Mustapha-Ben-Sadou, qui fut un homme très-sensé, quoique poète. Voici le colonel Hoffmann, un homme grave et sage, qui médite au lieu de s'emporter, et trouve que j'ai raison.

— Fous âvre dord ! — dit l'Allemand.

— Sacrebleu ! c'est trop fort, — s'écria Bidou. — J'ai tort !... Mais alors je me demande comment vous vous expliquez la présence de notre ami, à minuit, dans le boudoir de la baronne. Si elle ne l'y avait pas un peu aidé, d'une façon ou d'une autre, monsieur Pierre aurait eu du mal à arriver jusqu'à elle, avouez-le !

— C'èdre mon afis, — ajouta le colonel Hoffmann.

— Sandious ! — fit le Gascon, — la position devient scabreuse. Nous ne pouvons laisser insulter Pierre, n'est-il pas vrai, monsieur le comte ?

— Je ne souffrirai pas plus longtemps le ton agressif et les insinuations malveillantes de ces messieurs, — répondit Stanislas d'un air résolu.

— Vous le prenez bien haut ? — dit Nouradoff.

— Pas encore assez, si j'en juge à la façon dont vous élevez la voix.

— C'est une leçon de politesse que vous donnez ?

— Il le faut bien ; vous criez si fort !

— Brisons là ! monsieur. Je compte vous revoir, non pas comme témoin, mais comme adversaire.

— Vous venez au-devant de mes désirs.

— Ah çà ! mais nous allons avoir deux duels au lieu d'un, — s'écria Bidou. — Ces enfants-là ne sont pas sages. Ce n'est pas comme vous, colonel, qui avez des cheveux gris et l'embonpoint de l'âge mûr. Le calme vient avec les années.

— Che n'âvre bas de chefeux cris, — protesta l'Allemand, froissé de cette remarque.

— Mordioux ! — s'écria Bidou, — je crois que vous me donnez un démenti. C'est peu courtois de votre part, d'autant plus que le fait est patent. Votre faux toupet est de travers et l'on aperçoit parfaitement ce qui reste de votre vénérable chevelure ; j'en appelle à monsieur de Nouradoff.

Et le Gascon prit une glace qu'il présenta au colonel. Il avait dit la vérité.

Le jeune cadet ne put s'empêcher de rire. La perspective de se battre pour l'honneur de la baronne l'avait mis en bonne humeur. Il espérait avancer par là ses affaires auprès d'elle.

— Mein terteifle ! — s'écria le colonel, rouge comme un homard et rajustant sa perruque, — fous êdre oune bôlisson.

— Corne-de-bœuf ! c'est mal reconnaître mes soins, — riposta le Gascon d'un air pénétré. — Vous venez de me froisser dans mon amour-propre en repoussant le miroir que je vous tendais. Sandious, je vous demande raison de ce procédé.

— Che fous agorderai rébaration les armes à la main, monsieur le maufais blaisant.

— Comme vous l'entendrez, alors. Fixons donc le jour et l'heure.

— Demain, à six heures du matin, si cela vous va, — dit de Nouradoff.

— C'est impossible.

— Pourquoi ?

— C'est que je connais un endroit délicieux pour se couper la gorge, un endroit qui vous plaira, j'en suis convaincu, et il est trop éloigné pour y être rendus si matin.

— Quel est cet endroit si charmant ?

— L'île de Chatou.

— Ah ! bravo ! Voilà qui me réconcilierait presque avec vous, — s'écria de Nouradoff en riant. — Quelle heure fixons-nous donc ?

— Neuf heures, si l'on veut. Cela nous permettra de déjeuner après le combat.

— Parfait ! parfait ! — Et de Nouradoff se frotta les mains avec satisfaction. — Quelle arme choisissons-nous ? — demanda-t-il.

— Celle que vous préférerez, — répondit Bidou.

— L'épée, alors !

— Très-bien ! Voilà une affaire entendue.

— Franchement, — reprit le Gascon, — je crois que nous allons nous amuser beaucoup. Trois contre trois... c'est presque une bataille. Au revoir, messieurs ! Sans rancune, colonel !

— Che avre de la rangûne, — dit l'irascible Allemand ; — che feux fous duer.

— Sandious ! vous avez bien tort. Je suis plus votre ami que vous ne croyez ; et la preuve, c'est que je vous conseille de ne pas mettre votre corset demain ; ça vous gênerait sur le terrain.

Le gros homme avait un corset pour maintenir autant que possible sa bedaine énorme. La plaisanterie du Gascon l'exaspéra ; il devint violet, roula deux gros yeux menaçants, et murmura des menaces terribles entre ses dents.

De Nouradoff, sentant le ridicule que son compagnon se donnait, se hâta de l'emmener, après avoir salué poliment ses adversaires.

Bidou lui rendit ce salut avec une amabilité charmante, et il se prosterna jusqu'à terre devant le colonel Hoffmann.

Celui-ci soufflait comme un buffle en descendant l'escalier, le Gascon riait aux éclats.

— Etes-vous content ? — demanda-t-il à Stanislas quand ils furent seuls.

— Charmé ! — répondit le jeune homme.

— Est-ce votre premier duel ?

— Oui.

— Diable ! Nous avons commis une imprudence alors. Tirez-vous *proprement* l'épée ?

— Je suis un des meilleurs élèves de Pons.

— Vous me rassurez. Voyons, prenez ce fleuret, que je juge de votre force. — Stanislas se mit en garde et fit quelques passes. — Bravo ! — s'écria Bidou. — Pas trop mal ! — Vous avez un défaut, vous vous engagez trop. Ne vous fendez pas ainsi à fond, c'est excellent à la salle, dangereux sur le terrain. Soignez les ripostes. Tenez ! ainsi...

— Et Bidou, joignant l'exemple au précepte, toucha le jeune homme à l'épaule. — N'oubliez pas que les coups droits sont les meilleurs. En voilà un bon, usez-en demain. — Et le Gascon porta une botte en pleine poitrine à Stanislas. — Avez-vous compris ? — demanda-t-il.

— Non, — répondit celui-ci.

— Précisément parce que c'est très-simple.

Et il démontra le coup théoriquement.

— C'est merveilleux ! — s'écria Stanislas.

— Il est de l'invention de Pierre. Chut ! le voilà ! Pas un mot, qu'il ne se doute pas que nous aussi nous nous battons.

— Quel est ton adversaire, Bidou ?

Telle fut la première parole de Pierre en arrivant.

— Comment ? — s'écria Bidou, — tu sais...

— Parbleu ! — répondit Pierre, — ce n'est pas étonnant. J'ai remarqué que tu échangeais quelques mots avec notre ami Stanislas et j'ai deviné que tu sondais ses dispositions. Allons, mon vieux camarade, ne ronge pas les poils de ta moustache et réponds-moi. Avec qui te bats-tu ?

— Avec le colonel Hoffmann.

— Tant mieux, — fit Pierre. — Ne le ménage pas surtout. Ces Allemands vendus à la Russie sont plus féroces que les cosaques ; mais méfie-toi, le colonel est une fine lame.

— C'est bien ! on jouera serré.

— Quant à vous, comte, — reprit Pierre, — je suis très-contrarié de vous voir lancé dans un duel. De Nouradoff sait manier un fleuret ; je crains que vous ne soyez pas de sa force.

— Mon cher, rassure-toi, — dit Bidou, — monsieur Stanislas se tirera d'affaire.

— Vraiment.

— Oui. Il a une garde excellente.

— C'est déjà beaucoup.

— Puis je lui ai démontré un coup droit que tu m'as expliqué ce matin même.

— Le possédez-vous bien ? — demanda Pierre à Stanislas.

— Je le crois, du moins, — répondit le jeune homme.

— Bravo ! Je vous laisse en compagnie de Bidou ; il vous montrera des *dégagements* superbes, c'est son fort. Exercez-vous. Il s'agit de l'honneur de la Pologne ! Je viendrai vous prendre pour dîner.

Et Pierre ouvrit un secrétaire, prit une liasse de billets de banque, serra la main à ses amis et sortit.

Bidou et Stanislas échangèrent un sourire.

— Pour un orphelin abandonné, monsieur Pierre me paraît bien riche, — dit le jeune Polonais.

— Bah ! — répondit le Gascon, — je l'ai toujours soupçonné d'avoir des revenus considérables. Il a déjà expédié à ses frais, pour la Pologne, plus de six cents hommes avec armes et bagages.

— Six cents hommes !...

— Oui. Un bataillon complet... Nous aurons même une cantinière.

— Française ? — demanda Stanislas en riant.

— Bien mieux ! Parisienne... Vous la connaissez, du reste, c'est mademoiselle Finette.

— Vraiment ?

— Elle m'a quitté il y a une heure à peine, après m'avoir proposé de nous accompagner en Pologne. A propos, il paraît que vous avez agi un tant soit peu cavalièrement avec elle.

— Mais, au contraire, j'ai été d'une extrême retenue...

— Trop grande, précisément. Elle en est cruellement vexée, et en pleurait de dépit. Mais elle n'abandonne pas la partie, au contraire. Cette fillette vous suivrait jusqu'en Sibérie, elle me l'a juré. En attendant, elle vient en Pologne avec nous.

— Quelle folie ! Ce n'est pas sérieux.

— Vous croyez ? C'est qu'alors vous ne connaissez pas les Parisiennes. Comme leurs frères, les enfants des faubourgs, elles ont une cervelle romanesque et du goût pour les aventures ; elles sont familiarisées avec le canon... du Cirque impérial ; elles ont même quelque peu bivaqué... au camp de Saint-Maur. Qu'une amourette contrariée se mêle à l'amour des événements extraordinaires, et voilà leur imagination qui travaille. Elles se souviennent des héroïnes de notre histoire, de sainte Geneviève, de Jeanne Hachette, de Jeanne Darc ; elles veulent les imiter, et y parviennent parfois, quant à l'héroïsme, du moins, car les rosières sont un produit presque exclusif de la petite commune de Nanterre.

— Et à quand le départ pour la Pologne ?

— Aussitôt après notre duel. En attendant, refaisons-nous la main. Il serait ridicule de nous laisser blesser demain.

Et ils se mirent à ferrailler.

XI

LE DUEL.

Le lendemain, vers dix heures du matin, six voyageurs descendaient de la station de Rueil et se dirigeaient vers l'île de Chatou.

Quoiqu'on fût encore en hiver, le soleil brillait à l'horizon et dorait de ses rayons les rives de la Seine. On eût dit une matinée de printemps.

Les voyageurs formaient deux groupes séparés par une trentaine de pas. Dans l'un on cheminait vivement et en riant, Jacques Bidou en faisait partie ; dans l'autre on causait bas et l'on marchait d'un pas grave et mesuré.

Arrivé dans l'île, le premier groupe attendit le second.

Les six voyageurs se saluèrent cérémonieusement.

— Vous plairait-il, — dit l'un d'eux, — que je sois votre guide, messieurs ?

C'était Bidou.

— Très-volontiers, — répondit-on.

On se remit en marche. Presque au bout de l'île, Bidou s'arrêta en montrant un petit pré uni comme un plateau.

— Que vous semble de cet endroit ? — demanda le Gascon.

— Pour ma part, je le trouve superbe, — répondit de Nouradoff en jetant son paletot à terre.

— Messieurs, — dit Pierre, — il s'agit de régler les conditions du combat.

— On a arrêté l'épée, — fit observer de Nouradoff.

— Oui, sans doute. Mais sera-t-il permis de se porter mutuellement secours ?

— Non, — dit sèchement le baron Toujourskoff.

— Peut-on vous demander le motif de cette détermination ?

— J'ai envie de vous tuer, et je suis sûr d'y arriver si je n'ai que vous seul pour adversaire.

— Très-bien ! monsieur, — fit Pierre avec un sourire.
— Mon gôlonel, — disait Bidou à l'Allemand, — êdes-fous douchours vurieuse gondre moi ?
— Touchours ! — répondit le colonel Hoffmann en roulant des yeux féroces.
— Alors ça va chauffer ! Bigre ! vous faites bien de m'avertir. Merci.
— Che fous gouberai la langue, maufais blaizant.
— Excellent homme ! — fit Bidou en riant.
— Têbêchez-fous ; che zuis bressé !
— On y est, que diable ! le temps de mesurer les épées !
De Nouradoff et Stanislas s'étaient contentés de se saluer.
Les six adversaires se débarrassèrent de leurs vêtements, ne gardant que leur chemise et leur pantalon, puis ils tombèrent en garde.
— *Fissa!* — dit Pierre à Bidou. (*Fissa* est un mot arabe qui signifie : hâte-toi.) — Terminez vite ! — cria-t-il aussi à Stanislas.
Le jeune homme fit un signe de tête affirmatif. Il était un peu pâle, mais il semblait très-résolu.
Aussitôt le combat s'engagea. Les fers se croisèrent...
Le colonel Hoffmann était une fine lame ; mais il était lourd et facile à essouffler. Bidou s'en aperçut de suite. Le colonel se ménageait fort habilement.
— Est-ce que vous êtes encore en activité de service ? — lui demanda le Gascon en le pressant vivement.
— Ça ne fous recarte bas, — répondit le colonel en parant une botte.
— Mordioux ! vous manquez d'aménité ; je m'informe de cela par amitié pour vous. Quand je songe à votre infirmité, je me demande comment vous pouvez faire campagne. Votre ventre doit vous gêner.
— Mein terteifle ! — s'écria le colonel en grinçant des dents, — tous me baierez ger fos blaizanferies.
— Allons donc ! vous ne pouvez déjà plus bouger, gro rhinocéros !
L'Allemand, exaspéré, fondit sur Bidou qui se mit à rompre.
Bientôt le gros homme souffla comme un bœuf.
Le Gascon entendit Pierre qui criait encore :
— *Fissa ! fissa !* (Vite ! vite !)
Alors il attaqua à son tour son adversaire avec une vigueur extrême, le pressa, le troubla, et lui porta un coup d'épée qui lui traversa la poitrine. Il s'abattit tout d'un bloc.
Bidou courut à lui.
— Il est mort ! — dit-il, après l'avoir examiné. En ce moment, il entendit un cri et se retourna. De Nouradoff était tombé sur un genou ; il avait le sein droit traversé.
— Mordioux ! — pensa le Gascon, — le petit ne s'en est pas trop mal tiré. — Et il courut aider Stanislas à secourir son adversaire. Ils l'adossèrent à un peuplier. De Nouradoff perdait beaucoup de sang. Bidou l'arrêta en bandant la plaie. Il était expert en coups d'épée, et il reconnut de suite que la blessure du jeune cadet russe n'était pas dangereuse. — Vous vous en tirerez, — lui dit-il en souriant. Et il le tourna de façon à ce qu'il pût voir Pierre aux prises avec le baron, puis il lui glissa ces mots à l'oreille :
— Monsieur de Touïourskoff est un homme mort ; aimez sa veuve, si vous voulez, mais ne l'épousez jamais... Croyez-en un homme qui éprouve une certaine sympathie pour vous.
De Nouradoff rougit un peu, il s'était senti deviné. Il aurait désiré une explication plus longue, mais déjà le Gascon s'éloignait avec Stanislas.
— Ah ! vous voilà, — dit Pierre en apercevant les deux amis, — tant mieux ! je tenais à avoir une galerie. Je vais forcer monsieur à se jeter à la Seine, après l'avoir gratifié d'un coup d'épée ; cette petite scène mérite bien d'avoir des témoins. — Le baron tressaillit en entendant ces mots. C'était un spadassin, un spa... sin de la pire espèce ; un de ceux qui cherchent querelle à tout propos et hors de propos. Il avait une réputation de férocité sanguinaire, trop bien justifiée par une cinquantaine de duels où il avait été presque toujours heureux. Depuis son mariage avec Rita, il n'avait pas encore eu une affaire d'honneur. Il était trop occupé de sa femme. Avec les hommes qui ont passé la cinquantaine, la lune de miel est de longue durée... Croyant en aveugle à l'accusation de Rita il avait senti se réveiller en lui ses instincts féroces, endormis depuis deux ans par l'aveugle passion qu'il éprouvait. Il comptait bien tuer son adversaire ; mais celui-ci, dès le début du combat, montra une telle solidité de poignet et une science si profonde de l'escrime, que le baron, pour la première fois de sa vie, éprouva des doutes sur l'issue de l'affaire. Et pourtant Pierre le ménageait. — Vous plairait-il, monsieur, de m'accorder une trêve de quelques secondes ? — demanda ce dernier.
— Non, — répondit le baron.
Pierre sourit et dit :
— Je vous désarme alors. — Et il fit sauter l'épée de son adversaire, mit un pied dessus, et reprit avec le plus grand sang-froid : — Vous voilà bien forcé de me prêter toute votre attention.
Le baron se mordit les lèvres avec dépit. Pierre fit signe à ses amis d'approcher ; ils s'avancèrent.
— A quoi bon cette scène ! — demanda le baron inquiet.
— Nous nous détestons, toute explication est inutile.
— Au contraire, monsieur, — dit Pierre. — Vous croyez que j'ai voulu attenter à l'honneur de votre femme ; c'est pour cela que vous vous battez ; je tiens à vous détromper avant de vous jeter à la rivière. Il est bon que vous sachiez que, pour une lorette comme la baronne de Touïourskoff, je ne voudrais pas exposer ma vie.
— Monsieur...
— Ce mot de lorette vous offense ? Tant pis. C'est la vérité. Eh ! tenez... voici la preuve de ce que j'avance.
Et Pierre prit une lettre et un médaillon, et rendit ces objets au baron. Celui-ci parut atterré.
— L'infâme ! — s'écria-t-il. Une atroce douleur venait de le mordre au cœur. Pierre souriait ; son sourire était cruel ; il semblait savourer avec volupté la torture qu'il infligeait à son ennemi. Celui-ci devait horriblement souffrir ; il poussa un cri de rage, jeta la lettre, le médaillon, et ressaisit son épée. — Maintenant, — s'écria-t-il, — je veux vous tuer plus que jamais.
— Attendez donc, — fit Pierre. — Il ne suffit pas que vous soyez convaincu que votre épouse a d'abord été la mienne, puis ma courtisane ; il faut que vous sachiez le vrai motif de notre duel. Je suis le fils d'un homme que vous avez assassiné en 1848, à Varsovie. Voilà ce que je tenais à vous faire savoir. Et maintenant, défendez-vous, baron de Touïourskoff, le fils de la victime va punir le bourreau.
Le baron était devenu pâle comme un mort ; il murmura quelques mots entrecoupés que Pierre seul entendit. C'était sans doute quelque injure sanglante, car aussitôt, de son épée, Pierre frappa le baron en plein visage.
— Voilà ma réponse, assassin ! — dit-il.
Le baron poussa un cri rauque, ses yeux étincelèrent, son visage se crispa ; il bondit furieux contre Pierre ; la lutte recommença terrible, implacable.
Stanislas et Bidou en contemplèrent les péripéties, les bras croisés et suivant pas à pas les combattants.
Pierre, par une manœuvre habile, décrira un quart de cercle à son adversaire, de façon à mettre la Seine derrière lui. Quand il eut atteint ce but, il changea de tactique. Jusqu'alors il s'était défendu, il attaqua. Il déploya une fougue qui força le baron à rompre. En quelques minutes, une dizaine de pas seulement séparèrent celui-ci du fleuve... bientôt il fut au bord de la berge. Tout à coup il s'en aperçut, il était trop tard... !
Il voulut en vain arrêter Pierre, qui le poussait toujours. L'épée de celui-ci, à chaque instant, menaçait sa poitrine et, pour l'éviter, il fallait reculer.
Pâle, haletant, le front baigné de sueur, le baron se troublait. Il entendait couler l'eau au bas du talus... Il fit un effort suprême pour se dégager, mais il ne réussit

pas. En retombant en garde, le pied gauche faillit lui manquer...

L'instant suprême était arrivé.

Pierre, le sourcil froncé, la lèvre contractée par un rictus menaçant, le regard fixé sur sa victime, prolongeait son agonie.

Enfin il se ramassa sur lui-même, et s'apprêta à porter le coup de grâce... Mais soudain le bord de la berge, miné par les eaux, s'écroula, entraînant les deux combattants.

Les deux adversaires furent engloutis dans la Seine avec la masse de terre qui s'écroulait sous eux.

Penchés au-dessus du fleuve, Stanislas et Bidou regardèrent avec anxiété le tourbillonnement de l'eau, qui avait pris une teinte boueuse ; rien ne reparaissait.

Ils se débarrassèrent aussitôt de leurs vêtements. Mais, au moment où ils allaient plonger, un corps humain revint à la surface des flots, c'était celui de Pierre.

Bidou s'élança et le ramena sur la berge en quelques brassées vigoureuses.

Il écarta aussitôt la chemise ensanglantée de son ami, et poussa d'abord une exclamation de colère. Pierre avait une blessure à l'aine. Mais, vérification faite, c'était peu de chose.

La douleur et surtout le saisissement avaient jeté Pierre dans une prostration profonde.

Bidou appela Stanislas. Celui-ci ne répondit pas.

Le Gascon le chercha des yeux. Le jeune homme s'était, lui aussi, jeté à la nage. Il amenait à bord le baron de Touïourskoff, qu'il avait saisi au moment où le courant l'entraînait à la dérive.

Le baron avait été atteint à l'estomac par une motte de terre. Il avait perdu connaissance.

— Mordioux ! — murmura le Gascon, — vous êtes généreux pour vos ennemis !

— J'ai fait mon devoir ! — répondit noblement et simplement Stanislas.

— Hum ! hum ! — fit Bidou. Vous n'êtes pas vindicatif !

Stanislas prit la main du Gascon, le regarda face à face, et lui dit :

— Sur mon honneur ! cet homme périra par ma main, mais loyalement, dans un combat. Je l'ai d'abord abandonné à notre ami Pierre ; à partir d'aujourd'hui, il m'appartient.

En ce moment, une barque passait devant l'île, Bidou la héla. Elle était montée par deux pêcheurs.

Stanislas leur expliqua ce qu'on attendait d'eux, et leur offrit un billet de cent francs, qui aplanit toute espèce de difficulté.

Il fut convenu qu'ils emmèneraient par eau les blessés jusqu'à Chatou.

Stanislas et Bidou transportèrent d'abord le baron dans la barque. Puis ils aidèrent de Nouradoff à y descendre. Le jeune homme sourit en voyant le piteux état de son général.

— Il n'est pas mort, — dit Bidou en souriant, — mais n'importe, il mourra un jour ou l'autre, très-certainement. Alors rappelez-vous mon conseil au sujet de sa femme.

— Encore une fois, expliquez-vous ? — fit le cadet russe. Bidou courut ramasser la lettre que Pierre avait montrée au baron ; il la remit à son aide de camp. — Usez-en, et surtout n'en abusez pas, — lui dit-il.

— Décidément, — fit le cadet russe, — mon général...

— N'a pas épousé une rosière, — interrompit Bidou. De Nouradoff se mit à rire.

— Et le colonel Hoffmann ? — demanda-t-il.

— On le fera enterrer, — répondit le Gascon.

— Il n'est pas tué, — reprit le jeune homme, — je l'ai vu remuer.

Bidou s'empressa de faire transporter dans le bateau le gros Allemand, qui poussa des plaintes assez semblables à des mugissements.

Le baron reprit ses sens au moment où la barque s'éloignait. Il parvint à se dresser sur son séant.

Pierre était aussi revenu à lui. Debout et appuyé sur le bras de Bidou, il souriait ironiquement.

— Nous nous reverrons, monsieur ! — lui cria le baron.

— Quand il vous plaira, — répondit Pierre ; — et sans doute... *la terre ne nous manquera pas... cette fois.*

— Vous oubliez de remercier celui qui vous a repêché, général ! — cria Bidou en ri anant.

Le baron adressa quelques mots à de Nouradoff, pour lui demander sans doute à qui il devait la vie. La réponse de l'aide de camp parut fort le contrarier.

Stanislas s'avança sur la berge, et dit aux Russes d'une voix grave, presque solennelle :

— Nous vous donnons rendez-vous en Pologne !

— C'est accepté ! — répondit de Nouradoff.

Et la barque disparut dans les méandres du fleuve.

— Bidou, — dit Pierre, — avant que cette affaire ne s'ébruite, il faut partir en Pologne avec nos dernières recrues.

— Et toi ?

— Dans quelques jours je serai en état de vous rejoindre.

— En attendant, tu ne peux marcher.

— Ma mère possède une villa près d'ici, — fit observer Stanislas. — Par une heureuse circonstance, elle s'y trouve aujourd'hui. Elle sera heureuse de vous recevoir, et on vous y prodiguera tous les soins possibles.

Pierre hésitait ; Stanislas insista tellement qu'il finit par accepter.

Une heure plus tard, le blessé était installé chez la comtesse Voloska, qui montra pour lui une sollicitude toute maternelle. Bidou remarqua qu'en arrivant il avait entendu comme un cri de détresse poussé par une femme. Quelques instants après, Alexandra se précipitait, pâle et éplorée, vers la chambre où l'on avait conduit le blessé.

— Décidément elle l'aime, — pensa Bidou.

PREMIÈRE PARTIE.

LES ZOUAVES DE LA MORT.

Depuis un mois environ les événements que nous venons de raconter s'étaient accomplis.

L'insurrection polonaise avait grandi, elle était devenue un soulèvement national.

Les Russes, sous prétexte de lever des soldats, avaient tenté une déportation en masse de la jeunesse des villes, hostile à leur tyrannie ; tous les hommes suspects d'aimer la patrie polonaise avaient été arrachés à leurs foyers, jetés dans les casemates des forteresses, et de là dirigés par bandes sur la Sibérie.

Quand la Pologne vit l'élite de ses enfants partir comme un troupeau d'esclaves, sous le knout des cosaques, pour les déserts glacés d'où l'on ne revient pas, elle se sentit émue jusqu'au fond des entrailles, elle frissonna de colère et de honte.

Un cri de douleur et d'indignation retentit d'un bout à l'autre du royaume, et tous les hommes valides coururent aux armes.

Quelle que fût l'issue d'une lutte désespérée, ne valait-il pas mieux le glorieux trépas des champs de bataille que l'opprobre de la servitude?

Une fois encore, la nation martyre voulut signer de son sang sa protestation à la face des peuples, affirmer son droit, en secouant le funèbre linceul sous lequel elle agonise depuis un siècle; un siècle pendant lequel les bourreaux, acharnés sur leurs victimes, n'ont pu lui arracher son dernier souffle; un siècle pendant lequel la nation martyre s'est débattue sous le talon des oppresseurs qui l'écrasaient sans pitié, un siècle de tortures sanguinaires et de supplices atroces! Et le cœur de la Pologne palpite encore.

Les générations, ensevelies sous la poussière des champs de bataille, ont été remplacées par d'autres générations qu'anime l'amour de l'indépendance, ce feu sacré qui ne s'éteint pas... Le sang des martyrs n'arrose jamais en vain le sol de la patrie; des sillons qu'il arrose jaillit toujours, tôt ou tard, une armée de défenseurs. Aux héros qui sont morts succèdent des héros prêts à mourir.

Une fois encore la Pologne est debout, prête au triomphe ou au martyre!

I

FOUS PAR AMOUR.

Il était minuit.

Varsovie dormait sous le sabre des Russes levé sur elle. Un silence de mort régnait dans les rues, couvertes d'une neige épaisse sur laquelle les réverbères faisaient miroiter d'une façon sinistre leurs lueurs rougeâtres et incertaines. Des maisons closes, pas un bruit ne s'échappait; on eût dit des tombeaux.

De distance en distance se dressaient immobiles les sentinelles drapées dans leurs manteaux sombres. On les eût prises pour des spectres gardant une nécropole.

La ville avait un aspect funèbre et fantastique qui impressionnait douloureusement, comme la vue d'un cimetière par une nuit de décembre, quand le vent siffle lugubrement à travers les arbres couverts de givre.

Et cependant, au milieu de cette cité en deuil, un palais était en fête.... insultant à la douleur publique. Une illumination féerique décorait ses portiques de marbre; ils ressortaient étincelants de feux au milieu des ténèbres qui enveloppaient les maisons voisines.

Dans chacune de ces maisons, auprès du foyer vide, des femmes pleuraient un mari absent... un fils mort en combattant... Et dans le palais on dansait aux sons des instruments de cuivre, qui lançaient comme un défi leurs fanfares insolentes.

Les sanglots des mères avaient pour écho les rires des bourreaux; car ce palais abritait des Russes étalant une joie de commande pour narguer Varsovie en larmes!

Une femme avait eu l'initiative de cette fête odieuse... Cette femme était Rita.

Le mari de cette courtisane, plus follement épris d'elle que jamais, avait formé volontairement les yeux sur le passé. Avec la lâcheté des vieillards amoureux, il avait accepté les explications mensongères que la baronne avait consenti à lui donner. Il lui avait demandé pardon à genoux des soupçons que la lettre de Pierre avait fait naître... Elle avait daigné pardonner!

Éternelle et ignominieuse comédie que donnera toujours l'homme assez fou pour mettre ses cheveux blancs dans la poussière aux pieds d'une jeune femme.

Et désormais, sûre de ce vieux tigre vaincu qu'elle tenait en lesse, Rita allait en faire un des instruments de sa vengeance.

Elle était revenue en toute hâte, avec son mari, à Varsovie. Elle avait sollicité pour lui les plus hautes fonctions de la police occulte du royaume de Pologne; elle les avait obtenues.

Elle était trop belle et faisait trop bon marché de l'honneur pour qu'un homme, si haut qu'il fût, pût résister à une demande que formulaient ses lèvres d'ange et qu'accompagnaient ses regards de sirène. Puis, affichant le plus grand dévouement pour la cause du czar, Rita s'était ostensiblement donné la mission d'aviver l'enthousiasme de l'aristocratie militaire.

Elle réunissait dans son salon, sous un patronage toutpuissant, les plus jolies femmes de la noblesse moscovite et des fonctionnaires haut gradés; puis elle conviait à ses soirées les officiers de l'armée d'occupation, et, chose triste à dire... les dames russes ne rougissaient pas de se prêter à cette odieuse manœuvre.

Voiler la galanterie sous les dehors de la politique... nouer des intrigues sous le spécieux prétexte du patriotisme... quelle bonne torture pour des femmes qui ont conservé les mœurs de notre régence!

Aussi Rita était-elle choyée, caressée, adulée au milieu de ses salons par une foule reconnaissante.

Dans les hautes sphères gouvernementales, on lui savait gré de son initiative; car elle contre-balançait l'influence de la propagande d'Hertzen, le généreux écrivain qui voudrait régénérer la Russie.

Aussi la baronne était-elle toute puissante. Elle trônait en reine au milieu de ses invités; les plus grands seigneurs se faisaient ses courtisans.

Au moment le plus animé de cette soirée, un domestique en livrée, portant un plateau, passa devant Rita et lui fit un signe imperceptible qu'elle comprit.

Elle gagna aussitôt un petit salon, congédia de Nouradoff, qui, remis de sa blessure, lui faisait une cour assidue, et passa dans son boudoir.

Jacob le juif l'y attendait.

— Eh bien? — demanda-t-elle, — qu'y a-t-il?

— Un jeune homme, venu de France, s'est mis en relation avec notre police, — dit le juif. — Il a proposé de servir d'espion. On lui a donné un sauf-conduit, et il est ici. J'ai pensé que vous seriez aise de le voir.

— Maître Jacob, vous prenez trop au sérieux votre rôle, — fit la baronne. — J'ai fait nommer mon mari ministre de la police secrète. Comme il est à la hauteur de son emploi, je vous ai chargé d'en remplir les fonctions; jusqu'ici vous avez parfaitement accompli votre tâche; grâce à vous, mon mari a été félicité ce soir par le marquis Wielopolski. C'est très-bien. Mais il ne faut pas, au milieu d'un bal, me déranger parce qu'un espion de bonne volonté se présente.

— Tu es toujours trop vive, mon enfant! — dit Jacob en souriant.

Ce ton de familiarité choqua la baronne.

— Qu'est-ce à dire, maître juif? — s'écria-t-elle le sourcil froncé.

— Tu te fâches, Rita! tu as grand tort. Je suis ton plus vieil et ton seul ami.

— Un ami qui fait payer cher ses services. J'entends être respectée à l'avenir; tâche de t'en souvenir!

Le juif haussa les épaules, et reprit:

— Cet homme n'est pas le premier venu. Il connaît Stanislas Voloski, l'ami du prince. Ce garçon a quelque motif secret de haine contre ce Voloski; il peut nous servir, et j'ai pensé bien faire en l'amenant ici.

— Comment? Il est dans l'hôtel?

— Oui.

— Amenez-le?

— Soyez adroite, Rita! — La baronne eut un orgueilleux sourire. Le vieux Jacob s'éloigna en se frottant les mains. — Nous le tiendrons peut-être un jour, le maudit! — murmura-t-il.

Dix minutes après il introduisait, auprès de la baronne un petit bossu qui pouvait avoir vingt-cinq ans au plus.

Chétif, rabougri, difforme, ce bossu n'en avait pas moins l'air distingué. Il était d'une laideur aristocratique.

Son visage souffreteux avait des traits d'une grande finesse, quoique une maigreur extrême en accusât durement les contours. Son œil gris, intelligent, était doux et féroce à la fois : un œil de bossu qui a soif de tendresse et que personne ne veut aimer ; un œil où se peint une âme capable de toutes les affections, mais irritée, ulcérée par les rebuffades et les railleries de tous.

Il est des femmes qui savent accepter l'amour des êtres contrefaits. Celles-là devinent tous les trésors de dévouement que contiennent les cœurs de ces pauvres parias. Celles-là sont souvent heureuses...

Du premier coup d'œil, Rita devina le secret du bossu.
— Il aime ! — pensa-t-elle. Elle lui fit signe de s'asseoir.
— Monsieur, — lui dit-elle, — d'après ce que j'ai cru comprendre, vous désirez servir la Russie ?
— Oui, madame, — répondit le bossu d'une voix de fausset qui impressionna désagréablement la baronne.
— Vous devez vous attendre à ce que nous vous demandions des garanties ? — reprit-elle.
— Je n'en ai pas à donner.
— Peut-être... — Et elle fixa son œil noir sur celui du bossu. — Qui êtes-vous ? — dit-elle brusquement.
— Un orphelin, né de parents russes et recueilli par la famille Voloski.
— D'où vient que vous trahissez des gens qui vous ont élevé ?
— Je vous ai dit que j'étais Russe, madame. Ils sont Polonais !
— Ceci ne suffit pas. Votre patriotisme ne saurait aller jusqu'à vous faire commettre une pareille ingratitude.
— Vous êtes sévère, madame.
— Non. Je comprends et j'excuse, — fit Rita en s'animant, — toutes les folies, tous les crimes que peut inspirer la passion ; mais je n'admets pas qu'un homme intelligent comme vous semblez l'être se fasse espion pour la cause d'un pays qu'il a quitté tout enfant et qu'il connaît à peine. Le bossu, à son tour, arrêta son œil gris sur celui de la baronne. Ils se comprirent... Froissés tous deux dans leur amour, ayant tous deux une haine au fond du cœur, ils se devinèrent, et à partir de ce moment s'entendirent. — Soyez donc franc, — dit la baronne avec un sourire engageant —Je puis vous servir. Racontez-moi votre passé. Du reste je vais vous donner une marque de confiance en vous faisant un aveu : J'ai besoin de vous pour une vengeance.

L'œil du bossu étincela.

— Je vais tout vous dire, — s'écria-t-il. — Écoutez : Je suis un misérable, quelque chose de vil, un chien dont on a pitié et qu'on nourrit pour ne pas le tuer. Voilà l'histoire de ma vie chez les Voloski. Ils ne m'ont pas maltraité, c'est vrai ; mais ils me dédaignaient. Une seule personne a été bonne pour moi, m'a consolé, m'a caressé, moi pauvre chien galeux auquel nul ne touchait ; et cette personne, c'est Alexandra Voloska, un ange de seize ans, que j'aime ! oh ! que j'aime de toutes les forces de mon âme !... Les yeux du bossu s'emplirent de larmes, et sa voix prit un accent si doux, que la baronne en fut émue. Le bossu, du revers de sa main sèche et grêle, essuya les pleurs qui avaient coulé sur sa joue, et il reprit avec une sombre amertume : — Je m'étais laissé bercer par un fol espoir. Alexandra était si douce, si charmante... elle me parlait avec des sourires enivrants, que j'ai cru... non... je n'avais jamais espéré qu'elle deviendrait ma femme, oh ! jamais ; mais je pensais qu'elle resterait ma sœur... ma sœur, comme dans les pays à esclaves où la fille légitime du blanc est la sœur du mulâtre bâtard. J'aurais accepté toutes les humiliations, si j'avais continué à obtenir ses regards en échange des humbles services que je m'empressais à lui rendre. Par la pensée, j'étais toujours à ses genoux... Mais un jour un homme est venu qui a pris le cœur d'Alexandra tout entier, sans qu'il en restât le plus petit coin pour moi. A partir de ce jour, plus un mot, plus une pensée, plus rien pour le pauvre bossu... Je sentis une angoisse terrible m'étreindre à la gorge... C'était la jalousie ! Si peu qu'Alexandra m'eût donné, j'eusse été content ; mais elle m'a sevré de toute preuve d'affection, et maintenant ce qui me suffisait jadis ne me suffirait plus. — Rita écoutait avec admiration le cœur passionné qui parlait par la bouche de cet être frêle et informe. Le bossu s'était levé ; son œil resplendissait des ardeurs qui dévoraient son âme, son front rayonnait d'audace, sa voix s'était enflée des orages qui grondaient dans sa poitrine. — Maintenant, — s'écria-t-il, — je veux qu'Alexandra soit ma femme ; je veux ses cheveux d'or et sa taille de nymphe, je veux ses mains de fée et ses lèvres vermeilles, je veux son col de cygne et ses yeux de gazelle, ses grâces virginales et ses plus doux baisers...! Je la veux pour moi seul, je la veux tout entière! Pour l'obtenir, je suis prêt à tout... S'il faut verser du sang... j'en verserai ; s'il faut boire jusqu'à la lie le calice de l'opprobre... je le boirai... Pour elle je mettrais la terre en feu, si j'étais un puissant de la terre ; je sacrifierais le monde entier à un de ses caprices. Le monde !... Qu'est-il pour moi ? Rien. Il me méprise et je le hais. Je le briserais avec bonheur comme je brise cette coupe. Alors nous serions seuls avec Alexandra... seuls...! Elle serait forcée de m'aimer.

Le bossu, pris d'un délire insensé, avait saisi un vase en cristal de Bohême et l'avait lancé contre la muraille. Rita, les bras croisés, contemplait ce fou, qu'elle trouvait sublime.

— Voilà bien l'homme qu'il me faut, — pensa-t-elle. Et tout haut elle dit : — Voyons ! calmez-vous ! Je vous promets de vous servir de tout mon pouvoir, et il est grand.

— Vraiment ? — s'écria le bossu, doutant malgré lui.
— Je vous le jure !
— Oh ; merci, — dit-il. Et il se précipita aux genoux de la baronne en couvrant ses mains de baisers. — Demandez-moi tout ce que vous voudrez, je le ferai ; pourvu toutefois qu'il y ait chance d'échapper et d'épouser Alexandra.
— Voyons d'abord ! — fit la baronne. — Avez-vous un plan ?
— Oui, — répondit-il.
— Confiez-le moi ?
— Vous feriez peur.
— Vous ne me connaissez pas ; rien ne m'effraye.
— Eh bien ! — dit le bossu avec des glapissements de voix funèbres, — je veux faire le vide autour d'Alexandra. Sa mère mourra... son frère mourra.. celui qu'elle aime mourra.. elle perdra tous ses biens, tous ses appuis. Et quand elle sera pauvre, isolée, je lui viendrai en aide. Je serai riche, alors ; je le serai, coûte que coûte ! je lui donnerai une existence brillante, je me dévouerai pour elle. Elle sera reconnaissante, je connais son cœur, elle m'aimera.
— Vous n'y allez pas de main morte, — dit la baronne.
—Mais j'aime les hommes de votre trempe. Quel est votre rival ?
— Il se nomme Pierre. — La baronne poussa un cri de surprise. — Qu'avez-vous ? — demanda le bossu.
— Nous étions faits pour nous entendre, — répondit la baronne. — Votre ennemi est le mien. Ce n'est pas un marché que nous allons conclure, c'est une alliance. Allez ! monsieur, je vous ferai riche. Vous êtes devenu mon allié. Je souhaite autant que vous la mort de ce Pierre.
— Un mot ? madame. Dans mon entraînement, j'ai oublié de vous demander qui vous étiez. J'ai eu foi en vous sans vous connaître.
— Je suis la femme du chef de la police secrète. Êtes-vous satisfait ?
— Oui, madame. Maintenant, permettez-moi de vous avertir que Stanislas Voloski et un certain Bidou, tous deux amis intimes de ce Pierre, sont en Prusse à l'heure

qu'il est, avec une demi-douzaine de volontaires français qui cherchent à passer en Pologne.

— On peut les prendre, — dit Rita. — On vient de ratifier une convention entre la Prusse et la Russie, d'après laquelle les insurgés polonais et même les étrangers suspectés de l'être nous seront livrés. Nous avons des commissaires sur le territoire prussien.

— Eh bien! voici des renseignements qui permettront de saisir dans le même endroit et en même temps la bande de rebelles que vous ai signalée. — Et le bossu tendit une lettre à Rita. — Ce sera porter à c'est Pierre un coup pénible, — reprit-il. — J'espère qu'on fusillera ces misérables!

— En Russie, quand on ne fusille pas, on pend; quand on ne pend pas, on bâtonne jusqu'à ce que la mort s'ensuive. — Le calme ironique avec lequel la baronne dit cette atrocité fit frissonner le bossu. — Eh quoi! monsieur, vous avez peur? — demanda Rita.

— Excusez-moi, madame, — répondit-il avec une pointe d'ironie; — j'en suis à ma première vengeance.

La baronne sourit.

— Et ce Pierre, où le saisirons-nous? — reprit-elle.

— Je puis vous certifier qu'il est à Varsovie, — dit-il. — Mais où et sous quel déguisement, je l'ignore.

— Nous le saurons.

— Ne l'espérez pas. C'est un homme complet; il est rusé comme un renard, brave et fort comme un lion; il a l'audace et la prudence, le sang-froid et l'énergie. C'est un rude adversaire. Il faut mettre de la prudence dans nos relations; je suis tenté de croire que déjà il se méfie de moi. Adieu! madame.

— A bientôt! monsieur. Je vous ferai prévenir par Jacob quand j'aurai besoin de vous.

— N'oubliez pas que les *amis* de notre *ennemi* sont en Prusse.

— Dans deux jours ils seront nos prisonniers.

Le bossu s'inclina et sortit.

— Ce Pierre! — murmura Rita quand elle fut seule, — tous ceux qui l'abordent lui rendent hommage. Et c'est un pareil homme que j'ai méconnu! Quelle faute!... — Il m'a repoussée, foulée aux pieds; il doit mourir! — Elle sonna, un valet accourut. — Prévenez monsieur de Nouradoff que je désire lui parler, — dit-elle. Deux minutes après, le cadet russe se présentait devant elle. — Vous prétendez m'aimer un peu? monsieur, — lui dit-elle en riant.

— Un peu n'est pas assez dire, — fit le jeune homme. — J'ose avouer que je suis amoureux fou.

— Je m'autorise de cet aveu pour vous adresser un reproche. Le permettez-vous?

— Je vous promets d'avance de n'avoir plus à le mériter plus tard. Je vous écoute, madame.

— Je vous soupçonne d'avoir lu le journal *la Cloche*, où ce fou d'Hertzen prêche la désertion aux officiers russes.

— Oh! madame, — fit le jeune homme en pâlissant, — je vous jure que vous vous trompez.

— A quoi bon mentir? je suis sûre de ce que j'avance.

— Elle se leva, et, déployant toutes les ressources d'une infernale coquetterie, elle s'avança vers l'aide de camp surpris, déconcerté. — Rassurez-vous, — dit-elle d'une voix câline; — j'éprouve pour vous une certaine sympathie. Ce n'est pas la femme du général russe qui vous parle en ce moment, c'est Rita l'Espagnole, Rita votre amie. — Elle appuya ces mots par un regard brûlant qui fascina le jeune homme. — Rêvez une Russie démocratique, — continua-t-elle; — soyez au fond de l'âme partisan de l'émancipation de la Pologne; peu m'importe! je dis même: tant mieux! Cela vous surprend, n'est-ce pas?

— Mon Dieu! madame, — dit de Nouradoff, — vous avez lu dans mon âme. Mais, par pitié! achevez votre pensée...

Et le jeune homme, palpitant d'espérance, enivré de désirs, attendit, suppliant.

— Vous avez parfois murmuré à mon oreille des mots d'amour, — reprit Rita avec cette audace souveraine dont les grandes dames et les grandes courtisanes ont seules le secret. (Elle était l'une et l'autre!)

— Je suis prêt à vous répéter mes aveux à genoux, — s'écria le jeune homme transporté.

— Un instant, monsieur. Je ne veux pas d'une tendresse banale.

— La mienne est sincère et profonde.

— Il m'en faudrait une preuve.

— Laquelle?... De grâce! parlez.

— Vous hésiteriez à m'obéir... votre hésitation serait une injure.

— Quoi que ce soit, je le ferai, — s'écria de Nouradoff, égaré par l'amour et l'amour-propre, deux sentiments qui s'unissent trop souvent pour faire perdre la tête aux hommes les plus forts.

Le jeune homme avait saisi la main de la baronne et y collait ses lèvres. Elle la lui abandonna.

— Pour que je croie en vous, — dit-elle, — il faut me sacrifier vos convictions. Pas plus que vous je ne déteste la Pologne, mais j'en suis jalouse. C'est pourquoi je lui dispute les cœurs qu'elle a conquis. Cette lutte d'une femme contre une nation vous paraît insensée, mais je suis ainsi faite. — Et, se penchant vers lui, elle ajouta, en jouant l'émotion et le trouble : — La victoire qui me plairait le plus serait celle que je remporterais sur vous-même. — Sa bouche, tiède et parfumée, touchait au front du jeune homme; ses longs cheveux caressaient ses joues. Il releva la tête, ses lèvres effleurèrent les siennes. — Consentez-vous? — demanda-t-elle.

— A tout! — répondit-il.

— Relevez-vous. Je vais vous mettre à l'épreuve. Il s'agit de porter en Prusse une lettre que vous remettra Jacob. Cette lettre va causer la mort de six hommes, et cette mort ressemblera fort à un guet-apens. Je ne vous cache rien. Vous hésitez? Je savais bien que vous reculeriez!

Ici encore l'amour-propre vint en aide à l'amour.

— Je pars, madame, — dit de Nouradoff avec fermeté.

Un éclair de triomphe fit briller le regard de Rita. Elle tendit sa main au jeune homme. Il s'en empara, et un de ses bras entoura la taille de la jeune femme, qu'il attira contre sa poitrine. Ils échangèrent un baiser.

— N'oubliez pas que j'attendrai votre retour avec impatience, — lui dit-elle.

Il répondit par une protestation enthousiaste.

Quand la porte fut retombée sur lui, Rita murmura :

— Encore un qui sait mon passé, qui croit peu ou point à mon amour, et qui s'aveugle volontairement! Encore un qui se roule dans la fange pour moi, et que j'ai le droit de mépriser! Courtisane, je n'ai plus à rougir quand je vois un de Nouradoff s'avilir pour me plaire. Oh! les hommes! Pantins qu'on manœuvre à son gré quand on sait trouver la corde de leurs passions! — Elle fit appeler Jacob. Et, quand il fut là, elle lui dit : — Il est ici; mettez les liniers les plus habiles sur sa piste, et promettez quatre milles roubles à qui le découvrira.

— C'est déjà fait, — répondit Jacob.

II

LES SOUTERRAINS DE VARSOVIE.

Cette même nuit, vers deux heures du matin, un homme enveloppé dans un long manteau marchait rapidement dans une sombre ruelle du quartier des juifs.

A Varsovie comme à Rome, comme dans les pays tyrannisés ou tyranniques, les israélites sont parqués dans un coin reculé de la ville, aussi loin que possible des chrétiens.

Si la loi qui les y maintient tombe sous les attaques d'un réformateur, le préjugé survit et les refoule au Ghetto.

Pauvres juifs !... Que la Pologne n'oublie jamais, au jour du triomphe, qu'ils ont donné pour elle et leur or et leur sang ! Que l'émancipation complète soit leur récompense !

L'homme dont nous avons parlé allait rapide, et, quand une sentinelle lui criait : Halte-là ! il marchait droit à elle, exhibait un laissez-passer, et reprenait immédiatement sa marche.

Au détour d'une ruelle, il s'engagea dans une impasse ; au fond de l'impasse, il frappa à une porte vermoulue. On ouvrit.

Il échangea quelques mots avec un vieillard en guenilles qui le reçut, une lanterne à la main, et lui fit signe de marcher devant lui.

Le vieillard obéit avec les marques du plus grand respect.

La masure où ils se trouvaient tous deux était délabrée. On eût dit bien plutôt un chenil qu'une habitation. Et quel chenil ! Un gentilhomme n'en eût pas voulu pour sa meute.

Le vieillard dérangea quelques planches formant une espèce de cloison mobile, et s'engagea dans une seconde pièce. Son compagnon l'y suivit.

Un court colloque s'établit entre eux, à voix si basse qu'à deux pas un curieux n'eût rien entendu. Le vieillard leva sa lanterne, examina, fureta, palpa les coins et recoins de la salle ; puis il prit une ficelle qui pendait au plafond, suspendue à un clou rouillé, et tira à lui comme s'il agitait le cordon d'une sonnette. Il recommença trois fois cette manœuvre et attendit.

Au bout de cinq minutes, une trappe s'abaissa dans le plancher, large tout au plus à laisser passer un homme.

— Allez ! — dit le vieillard à son compagnon en lui montrant l'étroit passage.

Pour descendre, l'inconnu écarta un peu le col de son manteau. C'était Pierre. Il prit la lanterne des mains du vieillard et s'approcha de l'ouverture béante.

Il y aperçut une échelle formée de barreaux scellés dans une muraille. Il abandonna sa lumière et se suspendit aux barres de fer. Il entendit la trappe se refermer sur lui au bout d'un instant.

La descente était longue. Enfin Pierre sentit le sol sous ses pieds, et en même temps une main se posait sur son épaule.

— Frère, — dit une voix en langue slave, — prenez ma main et venez !

Pierre se conforma à cet ordre. Il ne voyait absolument rien ; néanmoins, il lui sembla qu'on le conduisait à travers une longue galerie. Après avoir marché pendant cinq minutes, il entendit frapper trois coups contre les parois du souterrain. Une porte cria sur ses gonds, un jet de lumière éclaira la galerie. Pierre fit un pas... Un spectacle étrange se présenta à ses yeux. Une salle immense s'étendait devant lui, éclairée par des torches, une centaine d'hommes, assis autour de tables garnies de provisions, buvaient et mangeaient. Tous étaient armés, beaucoup avaient des blessures. Au fond de cette salle, une douzaine de vieillards aux cheveux blancs, et masqués, semblaient tenir conseil devant un bureau de chêne. Leur aspect était imposant. C'était le terrible comité secret qui faisait trembler les Russes et dirigeait l'insurrection. Les hommes armés étaient les courriers qui portaient leurs ordres aux bandes révoltées. De temps en temps on appelait un nom ; aussitôt un des courriers se levait et s'approchait. On l'interrogeait à voix basse, il répondait de même. On lui remettait, après une délibération plus ou moins vive, des instructions écrites, qu'il lisait, méditait et brûlait ensuite. Quelquefois on lui confiait aussi un pli cacheté ; aussitôt le courrier retournait à sa place, achevait son repas, visitait ses armes, prenait congé de ses amis et sortait.

Pierre s'avança vers le bureau de chêne, s'inclina devant les vieillards masqués qui y siégeaient, et posa une lettre devant eux. La lettre fut lue par celui qui semblait présider ; il parut éprouver une vive émotion. Plusieurs fois ses yeux, étincelant sous son masque, se fixèrent sur Pierre. Il lui fit signe de s'éloigner, Pierre obéit. Il y eut une discussion assez vive entre les vieillards ; plusieurs fois des exclamations de surprise leur échappèrent.

Pierre fut rappelé. Le président se leva :

— Le comité accepte vos propositions, — dit-il ; — vous commanderez vos zouaves à votre guise. Seulement il est nécessaire que vous nous informiez chaque jour de votre situation et de vos intentions.

— Rien de plus juste, — répondit Pierre. — Si je demande à conserver ma liberté d'action, ce n'est pas par un futile motif d'amour-propre. Pendant dix ans, j'ai obéi comme simple soldat. Mais les hommes que j'amène sont faits à la guerre ; je les destine à harceler les Russes, à les couper, à les hacher en détail. Je veux, à certains jours, surprendre des masses ennemies, les écraser sans qu'elles aient pu se mettre en défense et disparaître avant que les renforts soient venus. J'espère enfin frapper avec mes zouaves des coups de tonnerre, et l'on ne dirige pas la foudre. Je tiendrai respectueusement compte des indications générales qu'on me donnera ; je m'inclinerai devant les décisions politiques du comité, je le mettrai au courant de mes actes. Je n'ai qu'un désir : voir la Pologne triomphante ; une ambition, la servir de mon mieux.

— Bien ! — dit une voix. — Nous savons qui vous êtes ; nous apprécions votre caractère, votre conduite et vos talents. Voici un anneau d'argent qui assurera votre indépendance vis à-vis de tous les chefs avec lesquels vous pourrez avoir besoin d'agir.

Pierre prit l'anneau et remercia. Il allait se retirer quand un courrier entra précipitamment.

— J'apporte une bien mauvaise nouvelle, — dit-il ; — la Prusse s'est définitivement contre nous ; elle a livré à la douane russe cinq cents fusils qui nous étaient destinés.

— Je les reprendrai, si on le veut, — dit Pierre.

— Et comment ?

— Je ne puis encore m'expliquer à ce sujet ; mais je suis certain de conduire ces armes au camp de Langiewicz. Il me faudrait pour cela un ordre de me livrer ces fusils, signé du chef d'état-major de Varsovie. S'il est possible de fabriquer cette pièce en deux heures et de lui donner une apparence authentique, je réponds du succès.

Le président du comité dit à Pierre ces seuls mots :

— Suivez-moi ! — Ils sortirent tous deux. Pierre et le président du comité sortirent par une autre voie que celle par où l'on pénétrait dans le souterrain. Le président s'était débarrassé de son masque, mais il tenait son visage caché sous un pan de son manteau. Après avoir suivi à pied une rue qui conduisait hors du Ghetto, Pierre et son compagnon trouvèrent un équipage qui stationnait devant une porte. La sentinelle présenta les armes au moment où le président du comité passait. Pierre était un homme fort, il cacha sa surprise. Son compagnon restait muet, il imita son silence. Ils montèrent tous deux dans l'équipage, qui partit à fond de train. Il s'arrêta en face d'un hôtel. — Cachez votre figure, — dit le président du comité à son compagnon.

Et il descendit. Des laquais se pressèrent autour du maître qui rentrait ; il les congédia d'un geste. Il pénétra dans l'hôtel et s'enferma avec Pierre dans un salon. Là il prit une bougie allumée, découvrit son visage et regarda son compagnon.

— Vous ! — s'écria celui-ci.

— Oui, moi ton parent, ton seul parent ! — répondit le vieillard ; — moi que tu crois vendu aux Russes et qui travaille à la délivrance de la patrie. Si j'occupe un emploi élevé dans l'administration moscovite, c'est afin de connaître les secrets de nos ennemis, de paralyser leurs efforts, d'égarer leurs coups. Pierre, mon enfant, viens embrasser ton oncle ; il est toujours digne du nom qu'il porte.

— Je savais bien, moi, — s'écria Pierre, — que le frère de ma mère ne pouvait être un traître ! — Et il tomba dans les bras du vieillard, qui pleurait de joie. — Oh ! tenez mon oncle, — s'écria-t-il, — votre conduite est sublime ! Je croyais avoir fait quelques sacrifices à mon pays ; mais je me sens écrasé par la grandeur de votre dévouement. Tout le monde vous maudit, tous les patriotes vous exècrent, et vous bravez l'opprobre pour le salut de la patrie ; c'est une abnégation sublime !

— Va, mon enfant, — répondit le vieillard, — ton estime que je reconquiers aujourd'hui et la mienne que je n'ai jamais perdue me soutiendront jusqu'au bout de ma tâche. Je ne suis pas le seul, du reste, que la foule honnit maintenant et qu'elle bénira demain. Tous les membres du comité sont dans ma situation. A des degrés secondaires, nous comptons par centaines les employés qui restent à leur poste pour mieux tromper les Russes. Mais laisse-moi m'éloigner un instant ; il faut que je donne des ordres pour te munir de la pièce que tu demandes. Tu t'es chargé là d'une entreprise audacieuse, et j'ai pas le courage de t'en blâmer. Les tendresses égoïstes de la famille doivent se taire quand parle l'amour sacré de la patrie.

Et le vieillard sortit. Il rentra bientôt, et Pierre s'assit auprès de lui. Il prit les mains débiles de son oncle dans les siennes et ils causèrent du passé... Il était sombre pour tous deux ; seuls, ils restaient d'une famille puissante et nombreuse...

Au bout d'une heure, Pierre quittait Varsovie et se dirigeait vers la frontière de Prusse, muni de toutes les pièces nécessaires à la réussite de son entreprise.

III

LE CABARET DU DRAGON-D'OR.

Dans une petite ville des frontières de Prusse, à quelques milles mètres du territoire polonais, une dizaine de buveurs étaient assis autour d'une table, au fond d'une salle du cabaret du Dragon-d'Or, un cabaret allemand où l'on fume un tabac âcre dans des pipes immenses, où l'on boit de la bière dans des brocs gigantesques. Ce cabaret, depuis l'insurrection polonaise, avait vu quadrupler sa clientèle. Tous les volontaires venant de France y faisaient un séjour plus ou moins long, en attendant le moment favorable pour passer en Pologne.

L'hôte était un gros homme à figure réjouie, une bonne tête d'Allemand. Cependant un observateur eût remarqué que ses pommettes, saillantes sous la graisse, annonçaient l'avarice, que son regard était rusé. Il ne détestait pas la Pologne, il n'avait aucune antipathie pour la France, mais il n'éprouvait aucune répulsion pour la Russie. Du moment où un client consommait beaucoup et payait bien, il avait l'estime de maître Schiller. Or, les dix buveurs dont nous avons parlé étant Bidou, Jean le Dogue et ses compagnons, plus quelques zouaves recrutés par Pierre, tous ces bons compagnons, quoique regrettant le vin de France, ne dédaignaient pas la bière allemande ; ils y faisaient honneur. Aussi le brave homme Schiller se frottait-il les mains avec satisfaction.

Il y avait parmi les Français un petit jeune homme qui intriguait fort l'hôte du Dragon-d'Or. C'était un brun d'apparence délicate, sur le visage duquel les moustaches brillaient par leur absence, et qui tenait les propos les plus inconsidérés, ce qui scandalisait fort le brave homme Schiller. Il comprenait la langue française, ce Prussien ! Il avait commencé sa fortune comme garçon de café à Paris.

Le jeune homme à la parole trop facile était mademoiselle Finette, qui commençait son métier de cantinière en fêtant un peu trop l'eau-de-vie de cerise. Cependant il est bon de constater qu'elle n'avait pas dépassé les limites raisonnables.

Bidou avait la présidence de la réunion en sa qualité de lieutenant du capitaine Pierre. Tête-de-Pioche ne le quittait pas des yeux. De la tête il approuvait toutes les paroles du Gascon. Le pauvre diable éprouvait pour Bidou une admiration sans bornes ; il en avait fait son héros, son dieu. Il subissait tellement l'ascendant de sa supériorité qu'il se fût jeté au feu sur un ordre de lui.

— C'est aujourd'hui, — disait Bidou, — que Pierre va venir nous chercher et nous conduire à l'armée polonaise. Il a promis d'être ici à dix heures du soir ; il en est huit. Dans deux heures, nous le verrons.

— A moins d'empêchement, — fit Jean le Dogue.

— Oh ! — reprit vivement Bidou, — coûte que coûte, et quels que soient les obstacles, Pierre sera ici à dix heures précises. Il n'a jamais manqué à sa parole.

En ce moment la porte du cabaret s'ouvrit, et deux étrangers entrèrent. Bidou les regarda d'un œil distrait, puis il se leva soudain et marcha vers l'un d'eux :

— Lejars ! — s'écria-t-il.

— Oui, mon cher, moi-même, — répondit un jeune homme d'environ vingt-cinq ans.

— Tu es donc des nôtres ? — demanda Bidou.

— Parbleu ! — répondit Lejars. — Je suppose que je n'ai pas fait cinq cents lieues pour le roi de Prusse.

Tout le monde se mit à rire, y compris le cabaretier, seulement son rire sonnait faux.

— Et ton compagnon ? — demanda Bidou.

— Il se nomme Collier, — répondit Lejars. — Il a voulu venir au secours de la Pologne, et nous avons fait route ensemble.

— Messieurs, — dit Bidou en se tournant vers ses amis, — permettez-moi de vous présenter deux futurs camarades de combat, dont l'un, monsieur Déodat Lejars, m'est particulièrement connu. Il a servi avec moi au 2e de zouaves, où il a laissé les meilleurs souvenirs.

Lejars et Collier échangèrent des poignées de main avec les amis de Bidou, et ils s'installèrent à la même table qu'eux. Tout à coup on entendit comme le bruit d'un galop retentir dans les rues de la ville. Maître Schiller s'avança vers Bidou d'un air de stupéfaction béate.

— Qu'est-ce que cela ? — demanda le Gascon. — On dirait qu'une troupe de cavaliers arrive !

— Mais oui ! mais oui ! — fit le gros cabaretier.

— Mortdious ! — s'écria Bidou en fronçant le sourcil, — voilà qui n'est pas rassurant ! On dit que, depuis deux jours, les Prussiens se sont alliés aux Russes.

— C'est vrai, — répondit l'Allemand en souriant hypocritement.

— Sacrebleu ! ceci ne nous présage rien de bon. Après tout, nous n'avons rien à craindre ; nous avons des passeports comme voyageurs français. Tout ce qu'on peut faire, c'est de nous tracasser un peu. Allons, à nos santés ! — dit Bidou.

Au moment où les verres se levaient, un grand bruit se fit dans le cabaret, et la porte s'ébranla, laissant passer un magistrat, accompagné d'un piquet de soldats. Le magistrat marcha droit aux Français et leur dit :

— Au nom du roi, je vous arrête !

Lejars se leva pour prendre la parole, Bidou l'interrompit.

— Avant de nous arrêter, — dit le Gascon, — il me semble, mon cher monsieur le bourgmestre, que vous devriez constater notre identité.

— C'est bien ! — fit le bourgmestre, — montrez-moi vos papiers.

— Voilà ! — dit Bidou. — Ils sont en règle.

Et il étala sur la table les passe-ports de tous ses compagnons. Le magistrat jeta un coup d'œil dédaigneux sur les paperasses que présentait Bidou.

— Vous êtes bien les personnes désignées par ces passe-ports, n'est-ce pas ? — dit-il.
— Oui, — répondit Bidou.
— Eh bien ! messieurs les Français, je vous arrête, ainsi que j'ai déjà eu l'honneur de vous le dire.
Toute la haine des Allemands contre la France éclatait dans la façon dont cette phrase fut dite.
— Tonnerre ! s'écria Bidou, — de quel crime nous accusez-vous donc ?
— Du crime de rébellion, — fit le magistrat, — et je vous engage à vous modérer.
— De quelle rébellion voulez-vous parler ? — gronda Bidou, qui ne se contenait plus.
— Vous voulez secourir la Pologne.
— Est-ce que cela vous regarde ?
— Il faut croire que oui. D'après un traité récent, tout individu suspecté de vouloir rejoindre les insurgés sera reconduit à la frontière.
— Parbleu ! — s'écria Lejars en riant, — une fois reconduits, les volontaires passeront par l'Autriche. Vous ne ferez que reculer le moment de leur arrivée.
— Si toutefois les Russes laissent échapper leurs prisonniers, — fit le magistrat.
— Qu'entendez-vous par là ? — demanda Bidou.
— Que nous reconduisons les suspects à la frontière russe, et que là nous les remettons aux représentants du czar.
— C'est-à-dire, — s'écria Lejars d'une voix tonnante, — que vous les livrez à des ennemis qui les fusilleront !
Finette, pendant toute cette scène, avait manifesté son impatience d'une façon significative. Quand elle comprit le rôle que les Prussiens jouaient, elle fut prise d'un accès d'indignation qui se traduisit d'une façon énergique. Elle sauta par-dessus la table, vint se camper audacieusement devant le magistrat, et, le toisant avec insolence, lui lança cette apostrophe vigoureuse et faubourienne :
— Veux-tu que je te dise ? Tu n'es qu'un rien du tout, vieux serin !
Ce fut le signal d'un furieux concert d'imprécations.
Les soldats prussiens avaient fait quelques pas en avant. Aussitôt Tête-de-Pioche bondit près de Finette. Jean le Dogue et Nicolas le Loup se précipitèrent près de leur ami, Lejars et Collier tirèrent leurs poignards, Bidou s'arma d'un couteau de cuisine, les autres zouaves désarmèrent deux Prussiens en un tour de main. Le combat allait s'engager, mais un officier russe entra dans la salle et vint s'interposer ; il releva les armes des Prussiens et du geste arrêta les Français.
C'était de Nouradoff...
— Monsieur Bidou, — dit-il, — les hasards de la guerre me mettent sur votre chemin. Je veux vous épargner une lutte inutile. Il y a deux cents hommes dehors, toute résistance serait vaine.
— Je suis fâché de vous voir jouer le rôle de valet de bourreau, monsieur de Nouradoff ! — s'écria Bidou. — Mourir pour mourir, nous aimons mieux être tués les armes à la main qu'être fusillés au coin d'un bois.
— Encore une fois, rendez-vous ! — dit le cadet russe, auquel sa conscience faisait entendre la voix du remords.
— Zut !... — cria une voix claire.
C'était celle de Finette. Elle s'était glissée près du Russe et lui avait enlevé son épée.
— Chargeons ! — s'écria Lejars.
Et, tous ensemble, les Français allaient s'élancer... Mais un paysan prussien se montra à la porte du cabaret et lança comme un ordre ce seul mot du côté des Français : « Barca ! » ce qui signifie en langue sabire : Assez ! Tous les zouaves comprirent le salut. Bidou et Lejars levèrent la tête. « Barca ! » répéta la voix du paysan.
Dix heures sonnaient à la pendule.
— C'est Pierre ! — pensa Bidou ; et aussitôt il ordonna aux siens de mettre bas les armes. Lejars et Collier firent quelque résistance. — Nous avons dehors un ami qui nous délivrera, — leur glissa Bidou à l'oreille. Ils comprirent et remirent leurs poignards au fourreau. — Nous nous rendons, messieurs ! — dit Bidou.
— Et vous prenez le meilleur parti, — fit observer de Nouradoff.
— Trêve d'observations, — répondit fièrement le Gascon.
— Je vous croyais plus de cœur. Se battre pour son pays, bien, mais traquer comme des malfaiteurs des adversaires loyaux, faire le métier de pourvoyeur du knout, c'est ignoble.
Le cadet russe baissa la tête ; les Français sortirent du cabaret. Le bourgmestre les remit à de Nouradoff, qui avait amené un peloton de cosaques avec lui. On désarma les prisonniers, et, sous l'escorte d'une trentaine de cosaques, ils sortirent de la ville, se dirigeant vers la frontière russe.
Le cabaretier avait accompagné ses anciens clients pendant quelque temps. Lorsqu'il fut bien sûr qu'ils marchaient à une mort certaine, il leur lança une lâche insulte.
— Allez vous faire pendre, canailles ! — leur cria-t-il
Personne ne répondit. Seulement, un quart d'heure après, un paysan, le même qui avait crié Barca ! donnait une volée de coups de bâton à l'hôte du Dragon-d'Or.
Les prisonniers avaient à peine fait une lieue quand une voix, que Bidou reconnut pour être celle de Pierre, cria : « Chouia ! chouia ! » ce qui, en arabe, veut dire : Patience !
Bidou se mit à siffloter entre ses dents.

IV

UNE ATTAQUE NOCTURNE.

Depuis quatre heures les prisonniers marchaient sous la conduite des cosaques ; ils étaient entrés en Pologne. De temps en temps, ils interrogeaient les ténèbres pour tâcher de découvrir si ce secours espéré, promis même, ne venait pas enfin ; mais rien ne leur faisait présager l'intervention prochaine de Pierre.
Bientôt, dans l'ombre, se dessina une masse sans cesse grandissante ; c'était une ville. Une fois entrés dans ses murs, ils ne devaient plus en sortir que pour aller s'agenouiller devant le peloton funèbre qui les fusillerait ; et la distance se raccourcissait de plus en plus, et chaque pas les rapprochait davantage de la mort.
Pierre ne se montrait pas ; la nuit épaisse gardait ses mystères, ne laissant entrevoir à l'horizon que la cité sombre.
— Nous avons eu tort de ne pas nous battre jusqu'au dernier souffle, — murmura Lejars avec un regret profond ; — on va nous fusiller comme des chiens.
— J'ai envie de démonter un cosaque et de l'assommer, — gronda Collier ; — au moins, j'aurai eu la consolation de m'être défendu.
— Allons-nous donc marcher longtemps comme cela ! — s'écria Finette ; — c'est bête de se laisser conduire en prison tranquillement. Je vais me faire traîner.
— Chut ! — fit Bidou, — le moment approche ; tenons-nous prêts.
Le silence se fit.
Sous peine de perdre l'occasion de sauver ses amis, Pierre ne pouvait différer plus longtemps de leur venir en aide ; mais on marcha encore pendant cinq minutes sans que rien n'indiquât son voisinage.
Le clocher byzantin d'une église commençait à se dessiner distinctement au milieu des mille toits de la ville, Lejars et Collier, à bout de patience, allaient s'élancer ; tout à coup une voix tonnante cria :
— A plat ventre, les Français !

Presque aussitôt, vingt coups de fusil retentirent ; une dizaine de cosaques tombèrent et plusieurs chevaux s'abattirent. A la fusillade succéda un feu nourri de revolvers. Plus de deux cents balles furent tirées en moins d'une minute.

L'escorte, ahurie, épouvantée, ne tenta même pas de résister ; les survivants cherchaient à fuir, mais ils étaient cernés. Il fallut se rendre...

Quatre cosaques seulement n'avaient pas été touchés ; la moitié de l'escorte avait péri, le reste était hors de combat.

Les prisonniers avaient suivi la recommandation de se jeter contre terre ; pas un n'avait été atteint.

Ils furent stupéfaits en reconnaissant que leurs libérateurs portaient des uniformes russes ; ils étaient au nombre de trente seulement. Un colonel en grande tenue se trouvait parmi eux.

Bidou lui-même ne revenait pas de sa surprise.

— Eh bien ! — cria l'officier russe, — j'ai tenu la promesse que j'ai faite au cabaret. Ne viens-tu pas me serrer la main, Bidou ?

— Pierre ! — s'écria le Gascon. — Mordious ! je ne te reconnaissais plus ; mais pourquoi ce déguisement ?

— Je t'expliquerai cela plus tard, — répondit Pierre. — Fais surveiller les cosaques, qu'aucun n'échappe. Qu'on trouve monsieur de Nouradoff, surtout.

— Le voici ! — cria une voix.

Pierre courut de ce côté.

Le cadet russe était blessé.

— Je suis fâché d'agir de rigueur avec vous, monsieur, — dit Pierre ; — mais les circonstances m'obligent à vous faire transporter, malgré votre état, assez loin d'ici.

— A votre aise, monsieur, — répondit le cadet russe avec une résignation pleine de dignité ; — nous fusillons nos prisonniers, vous avez le droit d'user de représailles et d'être sans ménagements pour les vaincus.

— Nous ne faisons pas la guerre en sauvages. Sans une nécessité impérieuse, je vous épargnerais les douleurs d'un transport. — Pierre fit au plus vite placer les blessés sur des chevaux ; il ordonna à ceux qu'il venait de sauver d'endosser les uniformes des morts, exceptant toutefois Tête-de-Pioche, Nicolas le Loup et Jean le Dogue, puis il fit porter les cadavres loin du chemin. Il confia ensuite à Lejars dix cavaliers, parmi lesquels se trouvait un guide ; il lui enjoignit de conduire les blessés et les prisonniers dans une forêt qu'il désigna au guide.

— Partez vite, — dit-il à Lejars, — nous n'avons pas une minute à perdre. Je connais votre intelligence et votre courage depuis la campagne de Kabylie, je compte sur vous ; vous pouvez avoir confiance dans votre guide.

Lejars s'éloigna au plus vite avec tout son monde.

— Et nous ? — demanda Bidou.

— Nous allons entrer dans la ville, — répondit Pierre, — et nous en emparer. En route !

Confiants dans leurs chefs, déguisés en Russes, montés sur d'excellents coursiers de l'Ukraine, tous les volontaires se dirigèrent vers la cité, Tête-de-Pioche et ses deux amis jouant le rôle de prisonniers.

— E plique-moi donc, mon cher, — dit Bidou, — pourquoi toute cette mascarade et comment tu as pu nous sauver ? Corpo-di-Baccho ! je n'y comprends rien.

— J'ai un ordre signé de l'état-major de l'armée russe, pour me faire livrer les armes qui sont dans les dépôts de cette ville, — répondit Pierre.

— Bravo !

— J'ai pris trente hommes au camp de Langiewicz, pour me former une escorte respectable, je les ai affublés de défroques cosaques ; ils m'attendaient cette nuit, non loin de cette route.

— Et Stanislas, comment n'est-il pas avec toi ?

— Il a été capturé par les Russes.

— Tonnerre ! tu ne m'avertis pas ; je l'aime, moi, ce jeune homme.

— Moi aussi, mais il est imprudent ; il avait besoin d'une leçon. Pourquoi n'avait-il pas attendu patiemment avec vous au Dragon-d'Or ?

— Que veux-tu, il entendait parler à chaque instant de rencontres entre les bandes de Langiewicz et les Russes ; son sang bouillonnait dans ses veines au récit des victoires de ses compatriotes. Quand le dernier courrier que tu m'as envoyé est reparti, Stanislas l'a accompagné sans me prévenir.

— Il est tombé dans une embuscade à laquelle son compagnon a échappé ; ne s'est-il pas avisé de perdre cinq minutes en répondant au feu des cosaques ?

— Et où est-il, maintenant ?

— Dans les cachots de la ville que nous allons surprendre afin de délivrer Stanislas.

— Bravo ! Mais à combien s'élève la garnison ?

— Trois cents hommes.

— Mordious ! c'est beaucoup et nous ne sommes pas nombreux.

— Comptes-tu pour rien les trois mille habitants qui sont Polonais et se joindront à nous.

— En es-tu sûr ?

— S'il en était autrement, il faudrait désespérer de la Pologne.

— Mais la garnison est protégée par un fort ?

— Elle en sortira... elle en est même sortie, écoute ! On entendait le bruit d'une troupe qui s'avançait au pas de course. — Pas un mot, — dit Pierre aux siens ; puis il cria en russe : Qui vive ! au détachement qui s'avançait. La reconnaissance se fit entre les deux troupes selon les règles ordinaires de la guerre ; les deux chefs se portèrent ensuite l'un au-devant de l'autre. Celui du détachement était un commandant ; il s'inclina devant Pierre.

— Vous avez sans doute entendu la fusillade et vous accouriez ? — lui dit ce dernier.

— Oui, mon colonel.

— Je suis porteur d'un ordre pour le commandant supérieur de l'état-major, et je n'ai qu'une trentaine de cavaliers pour escorte. Nous avons été attaqués par cent cinquante insurgés environ ; nous les avons mis en déroute. Malheureusement, ma mission ne me donne pas le temps de les poursuivre. Combien avez-vous d'hommes avec vous ?

— Deux compagnies.

— Vous pouvez atteindre encore les fuyards ; ils se sont retirés dans un chemin que vous trouverez sur votre droite, à mille pas d'ici. En faisant diligence, vous les aurez rejoints au jour.

— Merci de votre renseignement, mon colonel ; je ne perds pas une minute.

— Votre nom, commandant ?

— Mikaloff, mon colonel.

— Je vous recommanderai en bons lieux. Bonne chance ! et tâchez de châtier ces drôles.

— Si je les atteins, je vous jure qu'il n'en échappera pas un.

Et le commandant partit au galop.

— Mordious ! — dit Bidou, — voilà un homme bien renseigné, ma foi !

Une demi-heure plus tard, Pierre, entré dans la ville, présentait au colonel commandant la place l'ordre de lui remettre les armes capturées quelques jours auparavant.

Devant la signature du ministre de la guerre et le timbre de l'état-major, le colonel n'hésita pas un instant.

— Mon cher collègue, — dit-il, — je suis à votre disposition. Dans vingt minutes, vous pourrez emmener les chariots, qui sont encor tous chargés ; il n'y a qu'à les faire atteler.

— A propos, j'ai rencontré un de vos commandants à la tête d'une partie de la garnison, — dit Pierre.

— J'allais vous en parler. Savez-vous pourquoi l'on a entendu une fusillade assez vive, il y a une demi-heure environ ?

— Personne ne saurait mieux vous renseigner que moi.
— Ah! vraiment, je suis heureux de cette circonstance, j'étais inquiet. Que s'est-il donc passé?
— Les insurgés m'ont attaqué.
— Ah!
— Je les ai culbutés.
— Bravo!
— Votre détachement les poursuit en ce moment.
— Très-bien!
— J'amène trois prisonniers.
— De mieux en mieux! Nous allons les diriger sur le camp du prince B..., qui est sur le point de livrer bataille à Langiewicz.
— A quoi bon les envoyer là-bas?
— C'est l'ordre. On fusille les prisonniers devant les troupes; c'est un exemple pour ceux qui seraient tenté de déserter. Ainsi, j'avais dans les casemates du fort un certain comte Voloski.
— Qu'en avez-vous fait? — s'écria Pierre en pâlissant.
— Mais, — répondit le commandant surpris, — je l'ai fait conduire au camp du prince; il est peut-être mort à cette heure. Lui porteriez-vous quelque intérêt, par hasard?
Pierre se maîtrisa.
— Je le hais, — fit-il en composant son visage. — De là mon exclamation.
— Eh bien! mon cher collègue, puisque vous avez à vous en plaindre, vous serez bientôt vengé, si vous ne l'êtes déjà. Le prince est expéditif.
Pierre était très-inquiet, il voulait au plus vite s'occuper de Stanislas.
— Vous plairait-il de descendre dans la cour? — demanda-t-il. — Nous interrogerions mes prisonniers; peut-être auront-ils de bons renseignements à vous donner?
— Excellente idée! — dit le colonel.
Il descendit le premier, pour montrer le chemin. L'escorte était dans la cour. Les chevaux de l'escorte mangeaient l'avoine, attachés au mur par des courroies passées dans des anneaux; les cavaliers avaient mis pied à terre, mais ils avaient conservé leurs armes.
— Il doit vous rester peu de monde ici? — dit Pierre.
— Cinquante hommes dans le fort, autant dans les postes de la ville.
— Si une révolte éclatait...?
— J'ai trois canons de siége et deux mortiers, qui vomiraient feu et flammes sur les insurgés; derrière mes remparts, je suis à l'abri de toute attaque.
Pierre sourit.
— La garnison dort dans ce pavillon à gauche, sans doute? — demanda-t-il.
— Oui, — répondit le colonel.
— Supposez, collègue, qu'au lieu de la force on emploie la ruse... — continua Pierre.
— Je me défie, — fit le colonel d'un air capable.
— A votre place, je redoublerais de surveillance. Les Polonais sont capables de tout. Dernièrement, une de leurs bandes a pénétré dans une citadelle, tenez, comme celles-ci, à peu près.
— Bah!
— Ils étaient vêtus en Russes.
— Les gredins...!
— Leur chef, en se promenant, a saisi l'officier qui commandait, comme cela, tenez.
— Ne serrez pas si fort.
— Puis il l'a fait garrotter.
— Lâchez donc...
— Du tout, — dit Pierre, et il serra si fort que le colonel étouffait, ne pouvant crier. Il se débattait, mais Jean le Dogue l'enlaça aux jambes pendant que Pierre l'étreignait au cou.
Bidou, au même moment, s'emparait du poste; Tête-de-Pioche et Nicolas le Loup jetaient une à une les sentinelles dans les fossés; Lejars et Collier, avec le reste de l'escorte, faisaient main-basse sur les soldats endormis, et les sommaient de se rendre, ce qu'ils firent sans résistance.

On les enferma dans les casemates. De là l'escorte fit le tour de la ville et enleva tous les postes sans éprouver de difficultés.

Alors Pierre fit sonner le tocsin. Les habitants, effarés, se levèrent et se précipitèrent dans les rues. Tous les cavaliers les parcouraient, une torche à la main, en criant:
— Aux armes! Vive la Pologne!

Deux mille patriotes se rassemblèrent en tumulte sur la grande place. La population entière accourut les rejoindre, et la place présenta un aspect étrange. Les femmes, les enfants, les vieillards, les ouvriers et les bourgeois, toute une cité entière était réunie autour d'une trentaine de cavaliers au milieu desquels se trouvait Pierre, qui haranguait la foule. Un délire d'enthousiasme agitait la multitude, qui acclamait ses libérateurs.

Au milieu des ténèbres, une illumination féerique s'était faite comme par enchantement. Des branches de résine étincelaient dans toutes les mains, jetant de fauves reflets sur les hommes et sur les édifices, dessinant des groupes bizarres et des scènes pittoresques. Après trente ans d'esclavage, une cité se réveillait une nuit espérant enfin voir luire l'aurore de la liberté. Les cœurs bondissaient dans toutes les poitrines.

La voix de Pierre parvint à couvrir le tumulte; il commanda le silence. La foule se tut.

Il ordonna d'éteindre les torches; aussitôt les ténèbres se firent.

— Il faut, — dit Pierre, — que les deux cents Russes sortis d'ici y rentrent pour devenir prisonniers. Que cent hommes endossent les uniformes des Russes que l'on trouvera dans les logements du fort, et qu'ils occupent les postes; que le reste des patriotes se mette en embuscade dans les rues avoisinant cette place. Quand les Russes s'y seront engagés, on fermera toutes les issues, et, s'ils ne se rendent pas, on les fusillera sans pitié jusqu'au dernier. Que l'élite des jeunes gens occupent le fort. Si vous avez du cœur, si vous êtes Polonais, cette ville tiendra au moins quinze jours contre les Russes. C'est plus qu'il n'en faut pour assurer la victoire à Langiewicz. Et maintenant, suivez-moi au fort pour vous armer.

Tous les hommes valides se mirent en marche vers le fort; en un quart d'heure, tous les préparatifs étaient terminés. Il restait quatre chariots d'armes et de munitions. Pierre les fit atteler de chevaux vigoureux, donna ses dernières recommandations aux habitants, et quitta la ville avec son escorte et son convoi. Il pensait à Stanislas, qu'une minute de retard pouvait perdre, s'il n'était déjà fusillé...

Les rues étaient désertes, mais sur le passage de Pierre et des siens les fenêtres s'ouvraient et des mains blanches agitaient des mouchoirs; puis des voix de femmes saluaient les libérateurs qui passaient, au cri de: Vivent les zouaves! vivent les Français!

— Mord..ous! — murmurait Bidou en tortillant sa moustache, — s'emparer d'une ville avec trente cavaliers, c'est un joli fait d'armes; quand on apprendra cela en France, on verra que les zouaves n'ont pas dégénéré. Allons, Pierre, tu es toujours le *premier soldat du monde*. Qu'as-tu donc? tu es triste.

— Je songe que j'ai promis à la mère et à la sœur de Stanislas que je veillerais sur lui. En ce moment, son sang a peut-être coulé.

— Bah! je suis sûr qu'il n'en est rien. Nous irons délivrer ton futur beau-frère au milieu du camp russe.

— Mon cher, je n'ai nullement envie de me remarier.

— Cadedis! je mettrais ma tête à couper que tu es fou de la petite Alexandra, et tu n'as pas tort.

— On a toujours tort d'aimer les femmes; elles ont des visages souriants et des cœurs de démon.

— Pas toutes. Quand on a vu une fois cette jolie fleur du Nord que j'ai aperçue à travers les arbres du bois de Boulogne, on peut douter qu'il y ait des anges au ciel mais on est sûr qu'il y en a sur terre. — Pierre ne répondit pas; il devint rêveur. — Bon, — pensa Bidou, — voilà notre ami qui songe à ses amours; veillons pour lui sur le convoi. — Et il se plaça à côté du guide. Soudain des feux de peloton retentirent derrière l'escorte; c'étaient les habitants qui attaquaient les Russes à leur retour. En avant, au loin, un coup de canon résonna; c'était le signal d'une bataille entre Langiewicz et les Russes. — Tonnerre! — s'écria le Gascon, — voilà le pays en feu. Combat ici, bataille là-bas, la lutte partout!... Vivadiou! nos sabres auront de la besogne à tailler.

Et il éperonna sa monture.
Tous les cavaliers l'imitèrent.

V.

CONDAMNÉ A MORT!...

Depuis plusieurs jours Langiewicz et le prince B... étaient en présence.

Le prince avait cinq mille hommes aguerris sous ses ordres. Langiewicz commandait à quinze cents volontaires, dont beaucoup n'avaient jamais touché un fusil, dont la plupart n'avaient que des faux.

Plusieurs rencontres partielles avaient eu lieu.

Depuis un mois à peine, les Polonais tenaient la campagne et ils avaient fait essuyer aux Russes des échecs sérieux.

Langiewicz avait attiré à lui toutes les petites bandes éparses. Sa réputation avait grandi tout à coup; son nom avait acquis un grand prestige.

Le prince B..., une des vieilles gloires de la Russie, un des plus illustres généraux de la guerre de Crimée, voyait sa gloire se ternir de tout l'éclat dont brillait le nom de Langiewicz. Les Polonais avaient été vainqueurs dans plusieurs combats. Le prince de B.., jurait, tempêtait, faisait donner la schlague aux soldats et destituait les officiers; mais le lendemain, si les avant-postes se rencontraient, les Russes étaient encore battus. Le prince était exaspéré; il ne pouvait comprendre comment ses troupes disciplinées ne triomphaient pas de bandes irrégulières. Il ignorait que la science des généraux, l'expérience des capitaines et la bravoure des soldats sont impuissantes contre une armée qu'anime l'enthousiasme de la liberté.

Les bataillons que pousse le souffle tout puissant du patriotisme sont invincibles; tôt ou tard ils remportent la dernière victoire.

Ce qui outrait surtout le prince B.., c'est qu'on avait à signaler plusieurs cas de désertion; trois officiers même étaient passés à l'ennemi. La propagande d'Hertzen agissait sur l'armée.

Les seuls remèdes que l'on connaisse, en Russie, aux plaies sociales ou aux mauvaises situations politiques, sont la fusillade et la Sibérie. Terrifier par la mort ou l'exil éternel dans les glaces du pôle... voilà la panacée universelle de l'empire des czars. Le prince B... résolut de l'appliquer.

Il avait une dizaine de prisonniers sous la main, il en fit venir une vingtaine des villes voisines, et il donna l'ordre de les exécuter devant toute son armée rangée en bataille.

Le jour fixé pour l'exécution arriva.

Dès l'aurore, les troupes prirent les armes et se formèrent en demi-cercle. On amena les condamnés. Ils étaient au nombre de vingt-sept; Stanislas était au milieu d'eux. Ils défilèrent devant les régiments.

La plupart des soldats les insultèrent grossièrement. La férocité est le fond du caractère russe.

C'était pourtant un triste spectacle que de voir passer ces Polonais qui, nu-pieds, la tête découverte, les vêtements en lambeaux, le corps meurtri de coups, marchaient au supplice avec l'héroïque fermeté des martyrs. Sous les lâches apostrophes qui pleuvaient sur eux, ils se redressaient fièrement et regardaient en face leurs bourreaux.

Alors quelques officiers baissaient la tête... Ils avaient honte du rôle qu'on leur faisait jouer. Ceux-là étaient des hommes de cœur... D'autres excitaient leurs subordonnés à outrager les vaincus. Ceux-là étaient des misérables...

Enfin les condamnés furent au centre du demi-cercle. Ils se croisèrent les bras, se tournèrent en face des Russes et attendirent stoïquement. Pas un ne montra un signe de faiblesse ou de désespoir. Presque tous étaient si jeunes qu'on les eût pris pour des enfants.

Ils attendaient la mort comme s'ils n'étaient pas au seuil de la vie. Au fond de tous ces cœurs de seize ans bouillonnait la sève de l'adolescence, et la source en allait être tarie.

Ils allaient mourir à cet âge où l'ange des riants espoirs caresse les fronts rêveurs de son aile d'or... à l'âge des douces illusions et des charmants projets d'avenir... à l'âge où la passion fermente, où la voix d'une femme fait vibrer d'une poétique harmonie toutes les fibres de l'âme. Mourir!... Et cependant ils souriaient avec un dédain suprême.

Ils avaient dans les yeux des défis sublimes, leurs fronts rayonnaient d'audace. Pauvres enfants! Ils sentaient que l'Europe les contemplait, et ils se drapaient avec une coquetterie funèbre pour faire honneur à la patrie.

Stanislas, depuis le peu de temps qu'il se trouvait avec ses compagnons, avait acquis sur eux un grand ascendant. Il parla quelques minutes aux condamnés. Son visage pâle s'anima, ses grands yeux s'emplirent d'éclairs, sa voix eut des accents magiques. Tous les prisonniers se mirent à genoux, et ils entonnèrent l'hymne national.

Ils mirent toute leur âme à chanter ces strophes entraînantes; c'était leur dernier adieu à la terre...

Il y eut dans l'armée russe un long frémissement. Tant de courage et d'abnégation impressionnaient les soldats.

Quelques officiers commencèrent à murmurer tout haut. Mais leurs voix n'eurent pas d'écho.

Le prince B... voulut en finir. Il se tourna vers un colonel qui se trouvait près de lui. Depuis le commencement de l'insurrection, ce colonel ne cessait de blâmer énergiquement la conduite de ses compatriotes.

C'était un vénérable vieillard dont les cheveux avaient blanchi dans les camps. Homme de talent et de courage à la fois, il s'était signalé en Crimée et dans le Caucase; mais la noblesse de son caractère l'avait empêché d'obtenir le grade de général. Et c'était lui pourtant qui avait sauvé l'arrière-garde des Russes après la prise de Malakoff.

— Colonel, — lui dit le prince B..., — vous allez faire avancer trois compagnies vous-même; — il souligna le mot en le disant, — et vous ferez charger les armes vous-même, — continua-t-il. — Vous commanderez le feu vous-même contre ces drôles qui se permettent de nous insulter en chantant leur hymne à notre barbe.

— Prince, — répondit le colonel, — il n'est pas dans les usages de la guerre qu'un colonel compromette sa dignité.

— Vous dites, monsieur?
— Que je ne puis vous obéir.
— Mille tonnerres! monsieur, prenez garde! — s'écria le prince pâle de fureur.
— Toute menace est inutile.

Le prince poussa son cheval contre celui du colonel.
— Si vous refusez, — dit-il d'une voix résolue, — je suis décidé à donner un grand exemple. Je vous destitue et vous fais bâtonner.

— Essayez, — fit tranquillement le colonel.

Le prince s'avança encore, saisit une des épaulettes du colonel, l'arracha et la jeta à terre. Le colonel tira un pistolet de ses fontes, l'arma et se fit sauter la cervelle.

Il y eut un moment de stupeur et de consternation indicible Un silence de mort se fit dans les rangs de l'armée russe.

Le colonel était adoré de ses soldats ; mais les esclaves sont morts aux sentiments vigoureux et fiers, pas un homme n'osa broncher.

Les Polonais continuaient à chanter leur hymne.

— Colonel Hoffmann, prenez-moi vos grenadiers et exécutez mes ordres, — s'écria le prince.

— Afec blaizir, — répondit le colonel Hoffmann, qui avait aperçu Stanislas et l'avait reconnu. Le gros Allemand conduisit ses grenadiers à vingt pas des prisonniers. Ceux-ci se relevèrent et cessèrent de chanter. Ils se groupèrent trois par trois, les mains fraternellement enlacées. — Joue ! — cria le colonel Hoffmann.

Trois cents canons de fusil s'abaissèrent dans la direction des jeunes gens.

VI

COMBAT OÙ TÊTE-DE-PIOCHE PROUVE QU'IL EST UN FAMEUX LAPIN.

Au moment où le colonel Hoffmann allait crier Feu ! de grands cris se firent entendre dans le camp russe.

Toute l'armée se retourna pour voir ce qui s'y passait.

Quelques escadrons d'insurgés polonais y avaient pénétré et sabraient les compagnies laissées à sa garde. En même temps Langiewicz, qui avait marché toute la nuit pour tourner les Russes, les attaquait en flanc.

Le prince, pris à l'improviste, lança sa cavalerie contre celle des Polonais, et il forma les grenadiers du colonel Hoffmann en colonne pour repousser et contenir l'ennemi, pendant qu'il changerait le front de bataille de son armée, manœuvre devenue nécessaire par suite de l'habile mouvement de Langiewicz.

Les captifs furent confiés à la garde d'un peloton de cosaques.

— Nous allons faire des prisonniers et nous les joindrons à ceux-là pour les fusiller demain, — avait dit le prince.

Et il était parti au galop pour former ses bataillons.

En ce moment Lejars et ses compagnons, entendant le bruit du combat, accouraient à la lisière de la forêt pour en observer les phases.

Devant eux s'étendait une vaste plaine, bordée d'un côté par la forêt, et de l'autre par un marais. L'armée russe était au centre de cette plaine. Lejars se trouvait à l'extrémité droite de la forêt; Langiewicz à l'extrémité gauche.

Le prince croyait l'avoir acculé au marais, mais pendant la nuit Langiewicz avait levé son camp, et à l'aurore les rôles étaient changés. Le prince, à son tour, était dans une situation fâcheuse.

Les grenadiers du colonel Hoffmann chargèrent bravement ; mais ils furent si vigoureusement accueillis qu'ils durent battre en retraite.

Le but de Langiewicz était de jeter une centaine de tirailleurs dans le centre de la forêt. Leur feu aurait beaucoup gêné les Russes.

Il lança plusieurs fois des bandes d'insurgés dans cette direction ; mais les grenadiers, refoulés, s'étaient établis dans le taillis, et les Polonais durent renoncer momentanément à leur projet.

Lejars avait tout au plus dix hommes avec lui ; néanmoins il résolut de déloger les grenadiers.

Il abandonna sous les arbres ses blessés et ses prisonniers, assez solidement garrottés du reste pour ne pouvoir s'échapper, et il se glissa sous bois dans la direction des Russes.

— Ne vous montrez pas, — dit-il aux siens. — Visez bien.

— Collier et lui marchaient en avant. Ils arrivèrent à deux cents pas des grenadiers tout au plus. On les apercevait très distinctement faisant le coup de feu avec les Polonais. — Attention ! — dit Lejars à ses compagnons. — Feu !

Les dix balles allèrent trouer dix poitrines.

Les Russes, entendant une détonation derrière eux, se crurent cernés par des forces considérables. Une confusion extrême se mit dans leurs rangs. Les officiers eurent toutes les peines du monde à les empêcher de fuir.

Une seconde décharge leur jeta six hommes par terre, puis une troisième augmenta encore leur perte.

Le colonel Hoffmann ne perdit pas la tête. Il ordonna à un capitaine de fouiller le taillis avec sa compagnie. Le gros Allemand était brave et avait du sang-froid. Il devinait bien qu'il avait peu de monde sur ses derrières.

Le capitaine lança sa compagnie contre Lejars, qui battit en retraite l'espace de cinq cents pas, et se jeta sur sa droite. La compagnie continua la chasse droit devant elle, ne voyant pas le mouvement de Lejars à cause de l'épaisseur du fourré.

Le moment était décisif. Les faucheurs polonais attaquaient en ce moment les grenadiers russes. Lejars retourna sur ses pas, et, avec ses dix hommes, il donna tête baissée contre l'ennemi, en poussant de grands cris. Les grenadiers crurent que leurs camarades avaient été défaits et que leurs vainqueurs venaient leur couper la retraite. Ils jetèrent leurs armes et se débandèrent dans le plus grand désordre.

Aussitôt Langiewicz établit solidement son aile gauche contre la forêt. Désormais il tenait la position. Si les Russes l'emportaient, sa retraite était assurée.

Il avait remarqué le brillant fait d'armes de Lejars. Il courut à lui, lui serra la main et, le conduisant devant une compagnie de zouaves de la mort, il lui en donna le commandement.

Les zouaves de la mort se battaient sous les ordres de Langiewicz, en attendant que Pierre en prît le commandement.

Cependant le prince B... avait organisé son armée. Il engagea sérieusement le combat. Il avait du canon, les insurgés n'en avaient pas. Cinq cents paysans même ne pouvaient entrer en ligne, faute d'armes. Trois pièces d'artillerie commencèrent à foudroyer les Polonais, et, sous la protection de leurs canons, les Russes s'ébranlèrent. A deux cents mètres, ils engagèrent une fusillade terrible.

Écrasés par le nombre, les insurgés commençaient à plier. Tout à coup un cavalier parut et vint, bride abattue, porter une nouvelle à Langiewicz. C'était Bidou Trois chariots débouchèrent bientôt de la forêt et s'arrêtèrent derrière les insurgés. C'étaient les armes et les munitions enlevées par Pierre, qui arrivaient fort à propos.

Les paysans s'emparèrent des fusils et de la poudre. Bidou demanda à les mener au feu. Langiewicz le lui accorda.

Bidou les massa derrière les zouaves de la mort et attendit le moment de donner, les yeux fixés vers l'extrémité gauche de la forêt, là où Lejars se trouvait d'abord. Il savait que Pierre déboucherait sur ce point.

En effet, Pierre venait d'arriver en cet endroit. Avant d'entrer dans la forêt, il avait deviné la position respective des deux armées. Sa résolution fut rapidement prise. Il savait que les insurgés manquaient de fusils. Il fit faire un détour à Bidou pour qu'il leur conduisit les chariots; Puis, avec ses trente hommes et mademoiselle Finette, il mit pied à terre, attacha les chevaux aux arbres, et s'engagea sous les futaies. Il trouva les prisonniers abandonnés.

— Bon ! — pensa-t-il, — Lejars a fait son devoir Il se bat en ce moment... — Et il poussa jusqu'au bord du bois. A trois cents pas de là, les canons en batterie vomissaient la mort sur l'armée polonaise. — Nous allons gagner la bataille en nous emparant de ces pièces, — dit Pierre à ses compagnons. — Je pense commander à des braves dont pas un ne reculera. En avant et au pas de course dès qu'on nous apercevra ! — Les trente hommes sortirent du bois et s'avancèrent en se dissimulant de leur mieux. Les artilleurs, tout à leur affaire, mitraillaient les Polonais avec acharnement. Les zouaves de la mort avaient essayé une charge qui n'avait pas réussi ; le moment était critique. Encore quelques décharges, et les insurgés étaient forcés de céder. — A la baïonnette ! — cria Pierre.

Et, sans s'inquiéter s'il était suivi ou pas, il s'élança. Ses trente compagnons se précipitèrent sur ses traces, sans hésiter. Mademoiselle Finette, ne pouvant courir assez vite, saisit la veste de Jean le Dogue et s'y accrocha.

— Bravo ! ma fille ! — cria le colosse.

Il la prit dans ses bras et l'emporta comme une plume. Il la déposa à trente pas des canons.

Les artilleurs, s'apercevant enfin de cette attaque, venaient de mettre sabre au poing. Mais Pierre, Jean le Dogue et ses deux amis se ruèrent des premiers sur eux et les clouèrent sur leurs pièces ; en moins de rien la batterie fut prise. A peine si le prince de B.. s'en douta.

Mademoiselle Finette, de ses mains blanches, avait tué un artilleur.

Pierre fit braquer les canons sur les Russes, et la première décharge eut un effet terrible. Un immense cri de joie retentit dans les rangs polonais, une clameur de rage éclata parmi les Russes.

Ils se retournèrent sur les pièces pour les reprendre. Mais Bidou avait prévu ce mouvement. Il jeta ses cinq cents paysans entre les Russes et l'artillerie. Le canon continua à tonner par-dessus la tête des siens.

En ce moment s'accomplit un acte de courage qui fit l'admiration des deux armées. Tête-de-Pioche, dès qu'il avait aperçu Bidou, l'avait rejoint. Le Gascon l'attirait invinciblement. Tout à coup Tête-de-Pioche remarqua un drapeau russe. Il se tourna vers Bidou.

— C'est crâne de prendre un drapeau, n'est-ce pas, monsieur Bidou ? — demanda-t-il au milieu du bruit.

— Oui, mon garçon, — répondit Bidou ; — mais nous allons tâcher de nous en emparer tout à l'heure. Encore deux coups de mitraille et nous chargeons à la baïonnette.

Tête-de-Pioche avait son idée. Il n'attendit pas que le canon eût produit son effet. Il prit ses jambes à son cou et courut droit à l'étendard ennemi... Cet homme qui s'avançait seul, au milieu d'une grêle de balles, excita l'enthousiasme des paysans. Bidou n'eut pas de peine à les enlever et à les mener contre l'ennemi.

Mais Tête-de-Pioche avait trop avancé pour être rattrapé. Il aborda le premier le régiment ennemi. Il culbuta à coups de baïonnette tous ceux qui se trouvaient devant lui.

Et quand Bidou vint lui porter secours, déjà le pauvre idiot tenchait le drapeau. Il parvint même à le saisir. Malheureusement l'officier qui le portait déchargea sur lui son pistolet. Tête-de-Pioche tomba baigné dans son sang, les mains étendues vers le drapeau qui échappait...

L'aile droite des Russes était enfoncée. Pierre fit avancer les pièces contre le centre, les remit à un officier d'artillerie qu'envoya Langiewicz, et courut prendre le commandement de ses zouaves de la mort. Il fallut un dernier effort ; l'armée russe tenait encore. Quand Pierre parut, un tonnerre de bravos l'accueillit. C'était le salut de ses anciens compagnons d'armes d'Afrique.

Pierre monta à cheval, et, montrant les régiments russes à son bataillon, il s'écria :

— Souvenez-vous que l'honneur de la France est engagé ! En avant !...

Et, avec sa bouillante valeur, il partit au galop de son cheval. Les zouaves poussèrent leur cri de guerre et s'ébranlèrent au pas de course.

Les Russes n'attendirent pas le premier choc. Ils avaient reconnu leurs adversaires de Sébastopol. Ils tournèrent les talons et ils abandonnèrent leurs armes, leurs bivacs et leurs bagages.

La victoire était aux Polonais...

Deux hommes étaient dans les bras l'un de l'autre quelques minutes après la déroute des Russes. C'était Stanislas et Pierre. Malheureusement le jeune homme était blessé. Tous les prisonniers furent délivrés.

Les Russes battaient en retraite dans le plus grand désordre. On leur appuya une chasse vigoureuse à coups de canon. Le prince de B..., exaspéré, brûla la cervelle à deux fuyards. Il essaya, mais en vain, d'arrêter ses soldats. Il fut entraîné au milieu de la déroute générale.

Les Polonais campèrent sur le champ de bataille ; ils étaient ivres de joie et d'orgueil. On improvisa une ambulance ; les blessés y furent pansés. Bidou alla rendre une visite à Tête-de-Pioche. Il le trouva entre les mains d'un élève en médecine qui avait quitté Paris pour venir soigner ses compatriotes atteints par le plomb des Russes. On procédait à l'extraction d'une balle qui s'était engagée dans la poitrine. Nicolas le Loup et Jean le Dogue assistaient le chirurgien.

— Cré tonnerre — disait le Loup, — tu es un brave, Tête-de-Pioche ! — Un peu plus tu enlevais le drapeau.

— Vois-tu ! mon vieux, — s'écria Jean le Dogue, — tu as l'estime de tous les zouaves de la mort. Tu t'es conduit crânement.

— Vrai ! — fit Tête-de-Pioche, rayonnant de plaisir.

— Oh ! vrai...

En ce moment, le bistouri entrait dans les chairs du blessé. Mais Tête-de-Pioche ne sentait pas la douleur, il ne bronchait pas. Tout à coup il aperçut Bidou, qui le regardait les bras croisés.

— Monsieur Bidou ? — s'écria-t-il.

Le Gascon s'approcha. Tête-de-Pioche chercha à deviner, sur la figure du Gascon s'il était content de lui. La figure de Bidou était impassible. L'opération venait de finir.

— Le blessé peut-il marcher ? — demanda le Gascon au chirurgien.

— Oui, mon commandant, — répondit celui-ci. Nous avons oublié de dire que Bidou venait de recevoir de ce grade depuis une demi-heure. Langiewicz lui avait donné le titre de chef de bataillon et la direction absolue des cinq cents paysans. — Suis-moi ! — dit Bidou au blessé.

Tête-de-Pioche se leva :

— Monsieur Bidou, — dit-il d'un air désolé, — si je n'ai pas pris le drapeau, c'est à cause du coup de pistolet. Sans cela...

De pauvre diable n'acheva pas. Le Gascon paraissait pensif et ne l'écoutait pas. Appuyé sur Jean le Dogue et Nicolas le Loup, le blessé sortit de la tente d'ambulance. Bidou les conduisit tous trois au bivac. Il présentait une animation extraordinaire. Les paysans saluaient avec des cris frénétiques leur commandant et ses compagnons.

Bidou appela un tambour et lui fit battre le rappel. Les cinq cents paysans prirent les armes et s'alignèrent tant bien que mal.

Stanislas, blessé au bras, et Pierre, avec les insignes de colonel, s'approchèrent en ce moment. Ils savaient tous deux ce dont il s'agissait.

— Je vais vous servir d'interprète, — dit Stanislas.

— Volontiers, — répondit le Gascon. — Veuillez faire former le cercle. — Stanislas répéta le commandement en polonais, le mouvement s'exécuta. — Cinquante hommes de bonne volonté, toujours prêts à se faire tuer ? — demanda Bidou par l'intermédiaire de Stanislas. Tous les volontaires sortirent des rangs. — Camarades, — dit Bidou, — je ne puis vous accepter tous. Mon intention est de former une compagnie d'enfants perdus. À la fin de la campagne, il n'y en a pas beaucoup qui survivront parmi ceux qui vont entrer dans cette compagnie. J'engage donc les hommes mariés à se retirer. Que ceux-là seulement se présentent qui sont libres de tout engagement.—Deux cents jeunes gens restèrent hors les rangs. — Pierre, — dit Bidou, — fais un choix pour moi. Tu te connais en hommes.

Pierre sourit et fit l'inspection des candidats. De temps en temps il désignait un homme. Aussitôt le visage de celui-ci devenait rayonnant. Il passa devant mademoiselle Finette. Ne l'ayant vue qu'en femme, il ne la reconnut pas. Bidou ne l'avait pas prévenu qu'il avait emmené la jeune fille.

— Jeune homme, — dit-il, — vous étiez avec moi, ce matin?

— Oui, mon colonel, — répondit Finette en rougissant de plaisir, car Stanislas la regardait.

— Vous vous êtes distingué. Je vous ai vu aborder un artilleur et l'abattre très-bravement. C'est bien! Commandant, — fit-il en se tournant vers Bidou, — je vous demande une lieutenance pour ce jeune homme.

— Je ne puis vous refuser, mon colonel, — répondit Bidou en riant dans sa moustache. — Vous êtes lieutenant, mon jeune ami!

— Je vous remercie et j'accepte, — répondit Finette résolûment.

— Mordious! — murmura Bidou, — quelle gaillarde!...

Quand la compagnie fut complète, Bidou la forma en bataille et fit signe à Tête-de-Pioche de s'avancer. Le blessé obéit.

— Monsieur Bidou, — répéta-t-il, — ne sachant ce qu'on lui voulait, sans le coup de pistolet, j'avais le drapeau.

— Tais-toi! — gronda le Gascon, — et écoute. — Il éleva la voix. — Mes enfants, — dit-il à la compagnie, — je veux vous donner un capitaine digne de vous. Le voici. Vous l'avez vu ce matin à l'œuvre.

Tête-de-Pioche, ébahi, ne savait quelle contenance tenir. Les enfants perdus accueillaient sa nomination avec des hourras.

— Monsieur Bidou... — murmura-t-il, — monsieur...

— Appelle-moi commandant, — dit le Gascon.

— Commandant... je...

— Eh bien! quoi? voyons?

— Je voudrais vous serrer la main.

— Voilà, capitaine.

Tête-de-Pioche avait les larmes aux yeux.

Capitaine...! moi capitaine! — murmurait-il; — mais je ne saurai jamais comment faire manœuvrer mes soldats.

— Ce n'est pas difficile. Je te dirai : « Mon vieux Tête-de-Pioche, tu vois l'ennemi là-bas; il faut te mettre à la tête de la compagnie et lui courir sus. »

— Au fait, ce n'est pas malin. Et s'il y a des drapeaux, nous en prendrons.

Enlever un étendard était l'idée fixe de Tête-de-Pioche. Bidou se retourna vers le Loup et Jean le Dogue.

— Vous irez trouver Lejars, — leur dit-il, — et vous vous ferez donner des leçons pour pouvoir commander vos hommes. Je vous nomme capitaines aussi. — Les deux carriers manifestèrent une joie bruyante. — De la tenue, cadets! — leur dit Bidou. — Vous n'êtes plus de simples soldats, maintenant. Voyez votre camarade...

La dignité de Tête-de-Pioche l'avait transformé. Il portait la tête haute et fière.

Ses deux amis le reconduisirent à l'ambulance. En route il fit des réflexions profondes.

— Sais-tu, Nicolas le Loup, — dit-il, — que l'on va nous mettre dans les journaux?

— Tiens, je n'y pensais pas, — répondit le Loup.

— Quand les camarades de la *Boule-Noire* vont lire le *Siècle* dans les *caboulots*, — reprit Tête-de-Pioche, — ils seront *épatés*.

— Tonnerre! tu as raison.

— Et ils penseront en eux-mêmes : C'était tout de même de crânes lapins que les carriers de Montmartre!

— Mais, nom d'un chien! — s'écria Jean le Dogue, — ce Tête-de-Pioche est devenu joliment malin.

— Voilà! — fit ce dernier. — C'est la poudre.

Ce soir même, un homme, ou plutôt un nain, quittait sans bruit le camp des insurgés. C'était un bossu; il fit une demi-lieue dans la forêt, et, arrivé à un carrefour, se mit à siffler d'une certaine façon. Aussitôt un cavalier russe sortit des taillis et accourut.

— Voici deux lettres, — dit le bossu, — une pour la France, une pour Varsovie. Va. — Le cavalier partit à toute bride. — Dans six jours, Alexandra sera à Cracovie, — murmura le bossu; — dans quelques mois elle sera ma femme.

VII

UN PROJET ODIEUX.

La nouvelle de la défaite des Russes venait de parvenir à Varsovie. Elle y excitait l'enthousiasme des Polonais. Les ouvriers s'abordaient dans les rues en se serrant la main; les bourgeois, radieux sur le seuil de leurs boutiques, échangeaient des sourires et des demi-mots significatifs; les femmes berçaient dans leurs bras leurs enfants à la mamelle, en leur chantant à demi-voix des chansons patriotiques; les églises étaient remplies par la foule, qui faisait brûler des cierges en l'honneur de la victoire des insurgés. C'était un *Te Deum* muet... le seul qui fût toléré par les autorités moscovites.

Le comité secret avait fait imprimer des bulletins. Des émissaires les répandaient à profusion dans les maisons. Le matin, on en avait trouvé un grand nombre placardés aux murs.

Des détachements de cosaques parcouraient la ville en fête. Ils dispersaient brutalement les groupes, renversant sans pitié femmes, enfants et vieillards.

Le peuple attendait l'heure où il pourrait se lever en masse et écraser de son flot puissant les oppresseurs. Ceux-ci étaient atterrés.

Les soldats russes, qui se souvenaient des zouaves de Crimée, se racontaient les exploits des zouaves de la mort. Ils étaient mornes, découragés.

Dans les hautes sphères gouvernementales, l'embarras était grand. On avait dégarni autant que possible la capitale; partout les généraux demandaient des renforts; impossible d'en envoyer; la garnison de Varsovie, réduite à vingt mille hommes, suffisait à peine pour protéger la ville contre une révolte.

La police redoublait de surveillance et ne pouvait surprendre aucun membre du comité. Le marquis de Wielopolski venait de quitter le baron de Touïourskoff, chef suprême de la police occulte; il lui avait recommandé le plus grand zèle. Le général avait juré de faire tous ses efforts pour saisir les fils des conjurations qui se tramaient.

Il avait mandé Jacob; mais Jacob était en conférence avec la baronne. Le général dut attendre.

Depuis que sa femme exerçait en réalité les terribles fonctions dont il s'était chargé, il sentait chaque jour son autorité sur elle s'amoindrir. Il sentait combien il lui était inférieur en intelligence. Sans elle, il eût été écrasé par les difficultés de sa tâche.

La baronne et Jacob causaient donc seuls au fond d'un boudoir.

— J'ai reçu une lettre, — disait le juif, — une lettre du bossu.

— Donnez, — fit Rita. Elle lut avidement. — Il annonce, — reprit-elle, — que la comtesse de Voloski et sa fille seront à Cracovie dans une semaine. Nous frapperions Pierre au cœur en nous emparant de la jeune fille.

— C'est vrai. Mais que ferez-vous de cette enfant quand elle sera entre vos mains? Vous ne voulez pas la tuer, je suppose?

— Non. Je veux m'en servir pour mettre à tout jamais dans la poitrine de Pierre un serpent qui le rongera.

— Oh! oh! Quel est ce serpent?

— La honte.

— Expliquez-vous?

Rita se leva.

— Le bossu est amoureux, amoureux fou, — dit-elle. Jacob inclina la tête en signe d'assentiment. — On séparera Alexandra de sa mère; on l'enfermera dans un de mes châteaux.

— Après...

— On fera venir le bossu.

— Je commence à comprendre.

— On exaltera sa passion.

— Très-bien... — s'écria le juif, dont les yeux glauques s'allumèrent.

— On endormira Alexandra en versant un peu d'opium dans son verre.

— Superbe... Je saisis le plan... La porte restera ouverte... et le bossu... Rita, tu es toujours le démon que j'ai admiré jadis.

— C'est bien, maître juif. Modérez l'expression de votre admiration.

— Ah! ma fille, que tu es devenue fière, — s'écria le juif.

— Allons, silence! Et prenez les mesures nécessaires pour qu'on s'empare de la comtesse et de sa fille. Le vieux Jacob se retira. La baronne alla trouver son mari. — Mon bon ami, mille pardons de vous avoir fait attendre! — dit-elle, — j'étais à ma toilette.

Le baron baisa galamment la main de sa jeune femme.

— Le marquis de Vielopolski vient de me faire des reproches, — fit-il avec un accent d'humeur.

— Tranquillisez-vous, — répondit-elle. — Il vous adressera bientôt des compliments. A propos, — reprit-elle, — ce Pierre a donc été vainqueur?

— Oui, — fit le général d'un air sombre. — C'est un habile capitaine. Nous aurons bien du mal à le vaincre. Il a compris la véritable guerre que l'on doit faire au soldat russe.

— Eh bien! mon ami, — dit Rita avec confiance, — moi je vous livrerai cet ennemi de la Russie. Vous aurez toute la gloire de mon adresse, et le grand-duc vous récompensera.

— Vous êtes une femme adorable! — s'écria le baron.

— Je vous dois déjà beaucoup.

— Je vous aime tant... — fit Rita en minaudant.

Le vieillard amoureux, enchanté, tomba à ses pieds, en murmurant des serments de tendresse aussi délirants que ceux d'un jeune premier du Gymnase. Seulement il était parfaitement ridicule.

Rita riait au fond de l'âme. La comédie humaine amusait cette courtisane.

VIII

LE PIÉGE.

La lettre du bossu envoyée en France était adressée à la comtesse Voloska. Elle lui annonçait que son fils était grièvement blessé (ce qui était faux, Stanislas n'ayant qu'un coup de sabre peu dangereux au bras). Le bossu ajoutait que le jeune homme était à Cracovie, et qu'il réclamait les soins de sa mère et de sa sœur. Il engageait la comtesse à se rendre à Cracovie, où Stanislas lui enverrait un message. La lettre était anonyme; l'auteur s'excusait de ne pas l'avoir signée sur la nécessité de ne pas se compromettre, dans le cas où la lettre serait saisie.

La désolation de la comtesse fut grande. Mais elle surmonta stoïquement sa douleur. Elle fit ses préparatifs de départ. Son intention était de laisser sa fille à Paris. Alexandra voulut faire le voyage; elle insista avec tant d'énergie que sa mère dut céder. La jeune fille aimait tendrement son frère; et, certes, elle eût sacrifié pour lui sa fortune et sa vie. Mais au fond de son âme se cachait un autre amour plus ardent. Celui-là, sans qu'elle se l'avouât, sans qu'elle s'en rendît compte même, était le vrai mobile de sa détermination. Se rapprocher de Pierre, le revoir peut-être, telle était la pensée qui se présentait sans cesse à l'imagination d'Alexandra; à son insu, elle rêvait au beau zouave pendant des heures entières. Si quelqu'un fût venu lui dire : Vous aimez Pierre, elle eût été bien surprise. Si l'on avait ajouté : Vous partez en Pologne pour vous rapprocher de lui, elle eût nié. Et cependant c'était la vérité. Le bossu, lui, avait bien deviné qu'il en serait ainsi. Le cœur des femmes est un abîme, souvent un précipice au fond duquel elles-mêmes ne peuvent pas lire toujours. Chacun sonde cet abîme avec la trompeuse lorgnette de la passion. Il voit tout près des objets qui sont bien loin de lui; bien loin, des objets qui sont tout près.

. . . .

Six jours plus tard, la comtesse et sa fille arrivaient à Cracovie.

Cette ville est la capitale de la Pologne autrichienne. Pendant les premiers jours de l'insurrection, l'Autriche s'était montrée très-favorable à la Pologne, Cracovie devint le centre occulte où se préparaient les expéditions d'armes et de munitions.

Les deux dames étaient à peine descendues à l'hôtel qu'un messager se présenta de la part de Stanislas. Il le disait du moins... Il portait une lettre où l'écriture du jeune homme était parfaitement imitée. Celui-ci engageait sa mère et sa sœur à suivre le messager, qui les conduirait sans danger auprès de lui. Il annonçait se trouver dans un château non loin de Miechow.

La comtesse et Alexandra voulaient rejoindre Stanislas de suite. Le messager fit observer que la frontière était surveillée par les Russes et qu'il valait mieux attendre la nuit.

— Je me fais fort, — dit-il, — de vous faire passer la Vistule et de vous conduire à Miechow sans rencontrer âme qui vive.

Il restait encore quelques heures de jour. La comtesse se mourait d'impatience. Le messager lui avait dépeint l'état de Stanislas comme alarmant; seulement, disait-il, en sa qualité de simple domestique du propriétaire du château, il ne pouvait donner plus de détails et n'avait pas vu le comte.

Alexandra était aussi inquiète du sort de Pierre que de celui de son frère; elle n'avait de lui aucune nouvelle. Tout à coup, du haut de sa fenêtre, elle aperçut un zouave de la mort qui se promenait devant l'hôtel avec le bras gauche en écharpe. Elle le fit appeler, sans consulter sa mère auparavant; celle-ci, du reste, ne songea pas à la blâmer de son action.

Le zouave était Français. Il avait une barbe déjà grisonnante et une figure loyale; la comtesse le questionna.

— Madame, — lui répondit-il, — je ne puis guère vous renseigner; cependant j'ai entendu dire que votre fils avait été blessé.

La comtesse, pour tâcher d'obtenir plus d'éclaircissements, pressa vivement le zouave; mais celui-ci déclara, sur son honneur qu'il n'en savait pas plus long; et encore était-ce très-indirectement qu'il avait appris la blessure du comte Volo ki.

Alexandra espérait que sa mère demanderait des nouvelles de Pierre; mais l'amour maternel est égoïste. La comtesse ne songea pas à celui qui l'avait sauvée au bois de Boulogne.

Le zouave se retira. Alexandra se leva pour l'accompagner.

Les jeunes filles les plus chastes, du jour où leur cœur a parlé, ont des audaces qui étonnent ceux qui les ont toujours vues modestes et les yeux baissés. Alexandra, rougissante, glissa ces mots à l'oreille du zouave, en lui faisant une gracieuse révérence :

— Monsieur, attendez-moi, je vous en prie, quelques instants dans le corridor.

Le zouave comprit de suite. Il n'eut pas la moindre pensée injurieuse.

— Cette jeune fille a sans doute un fiancé là-bas, — se dit-il. Et il attendit.

Alexandra, sous un prétexte facile à trouver, quitta sa mère et vint retrouver le zouave.

— Par grâce, monsieur, — lui dit-elle, — ne vous étonnez pas de ma démarche. J'ai le plus grand intérêt à connaître le sort d'un de mes parents.

— Je suis prêt à vous répondre, mademoiselle, — fit le zouave en s'inclinant.—Veuillez nommer la personne dont il s'agit ?

— Son nom est Pierre.

Le zouave tressaillit.

— Il est sain et sauf. — Puis il leva son regard intelligent sur la jeune fille, et la regarda fixement ; elle devint tremblante. — Rassurez-vous, mademoiselle, — dit il en lui prenant la main ; — vous avez eu face de vous un honnête homme. Seulement, permettez-moi d'être franc. Vous êtes la fiancée de Pierre... je le devine. Eh bien ! tâchez de le rendre heureux. C'est la prière d'un Français qui vient de verser son sang pour votre pays.

Alexandra passa du plus vif embarras à une grande confiance.

— Vous le connaissez donc ? — demanda-t-elle.

— Depuis sept ans,—répondit le zouave. — C'est l'homme que j'estime le plus parmi ceux que j'ai connus. C'est un grand cœur et une intelligence d'élite. Il y a huit jours à peine, il sauvait l'armée de Langiewicz... Je l'ai vu en Crimée et en Italie à la bouche des canons ennemis. Aujourd'hui, c'est déjà le héros de la guerre qui commence. Mais...

Le zouave s'arrêta.

— Je vous écoute ; continuez, je vous en prie ! — murmura Alexandra.

— Non... Ceci ne me regarde pas, — reprit le zouave.

— Je vous en conjure ! Achevez.

— Une dernière fois je voulais vous supplier de faire le bonheur de Pierre. Il a déjà aimé, voyez-vous, et il a souffert. J'en sais quelque chose, moi. J'ai assisté au drame qui a été le dénoûment de son premier amour.

— Expliquez-vous, monsieur !

— C'est impossible. Je vous en ai trop appris déjà.

Et le zouave, portant à ses lèvres la main d'Alexandra, y déposa un baiser.

— Adieu , mademoiselle, — dit-il ; — souvenez-vous que vous épousez le premier soldat du monde, le plus noble et le plus vaillant cœur qui ait battu sous un uniforme.

Et le zouave s'éloigna.

— Mon Dieu ! — se dit Alexandra rêveuse, — voilà un événement étrange. Cet homme m'a affirmé que j'aimais Pierre, m'a parlé d'un mariage prochain. Je ne m'en suis pas défendue. Mais je désire donc que Pierre devienne mon époux ?...

Et la jeune fille écoutait la réponse que faisait son cœur. Il soupira Oui.

A partir de cet instant, Alexandra eut comme un remords de ne s'être pas inquiétée assez de son frère. Elle pressa sa mère de partir.

L'on se mit en route à la nuit tombante. Vers huit heures du soir, on passa la Vistule en bateau. Le messager se montrait empressé, respectueux et dévoué. Seulement,
quand on le questionnait sur Stanislas, il répondait évasivement.

De l'autre côté du fleuve, il conduisit les deux dames, à travers la campagne, jusqu'à une petite ferme. On y trouva une calèche tout attelée.

— Elle nous attendait et appartient à mon maître, — dit le messager. — Veuillez y monter, mesdames.

La comtesse et sa fille s'installèrent sans défiance dans cette voiture. Le messager sauta sur le siége, ramassa les guides, fouetta les chevaux et partit au galop. L'on parcourait les chemins de traverse ; la campagne était morne et silencieuse. Le cœur des deux femmes était envahi par une tristesse profonde. Au bout d'une heure de course, la comtesse crut s'apercevoir qu'une troupe de cavaliers suivait la voiture. Elle mit la tête à la portière et reconnut qu'elle ne s'était pas trompée.

— Quels sont ces hommes ?—demanda-t-elle au cocher.

— Des amis, — répondit-il en riant.

La comtesse fut étonnée du ton de cette réponse. Elle regarda Alexandra. La jeune fille s'était endormie. La calèche continuait à rouler, en faisant voler les cailloux sur son passage. Une heure encore s'écoula. La comtesse hasarda une question :

— Où allons-nous ?—demanda-t-elle encore au cocher.

— A Miechow,—répondit celui-ci d'une façon sardonique.

— Mais nous tardons bien à arriver ? La ville n'est pas éloignée de Cracovie, cependant ?

— C'est que nous faisons comme les amoureux, — dit le cocher. — Nous prenons la route la plus longue.

La comtesse, tout à fait alarmée, se rejeta au fond de la calèche.

Les chevaux dévoraient l'espace. Tout à coup ils s'arrêtèrent, les cavaliers entourèrent la portière, qui s'ouvrit, puis un officier pria les deux dames de descendre. L'officier était russe... les cavaliers étaient cosaques...

— Mon Dieu ! mon Dieu ! — s'écria la comtesse, — où sommes-nous donc ?

— Au pouvoir du czar, madame, — répondit l'officier.

Alexandra s'éveilla en ce moment, brutalement secouée par un soldat. Elle poussa un cri d'effroi. L'officier fit une observation au cosaque, lui reprochant sa brutalité ; le cosaque lui rit au nez. Depuis la guerre, la discipline s'est relâchée d'une façon alarmante dans l'armée russe. Les troupes n'obéissent plus à leurs chefs, qu'elles accusent de tiédeur pour la sainte cause des czars. Cependant l'officier, un ancien soldat d'Afrique enrôlé dans l'armée russe, était un homme énergique. Il tira de ses fontes un pistolet, et, le dirigeant contre son inférieur, il lui dit :

— Si tu recommences à murmurer quand je te commanderai, tu es mort ! — Le cosaque ne broncha plus. — Mesdames, — continua l'officier, — veuillez changer de voiture ; nous sommes arrivés au relais.

— Où nous conduisez-vous donc, monsieur ?—demanda Alexandra.

— Il m'est défendu de vous le dire.

La comtesse et sa fille se mirent à pleurer. L'officier leur offrit son bras pour les conduire à la calèche qui les attendait tout près de là. Elle repartit aussitôt qu'elles furent installées sur les coussins. On arriva au second relais vers une heure du matin. La comtesse et sa fille durent descendre encore de voiture, sur l'ordre de l'officier qui les escortait ; mais elles remarquèrent que deux calèches, au lieu d'une, les attendaient. Madame Voloska eut le pressentiment d'un grand malheur.

Un homme à figure sinistre causa pendant quelques instants avec l'officier ; celui-ci s'inclina avec déférence devant ce juif. Cet homme était Jacob, le représentant du chef de la police occulte. Il était muni d'un plein pouvoir. D'un mot il aurait pu faire destituer un colonel, d'un geste il eût fait tomber la tête d'un capitaine. Telle est la police russe. Redoutable, terrible, effrayante, elle fait courber les fronts les plus fiers devant ses agents les plus infimes. La nation entière est sous le bâton des sbires...

L'officier revint vers les deux dames. Sa contenance était embarrassée :

— J'ai une pénible communication à vous faire, madame, — dit-il en s'inclinant. La comtesse pâlit. L'officier reprit : — Vous êtes accusée, madame, d'avoir conspiré contre le czar.

— Notre justification sera facile, — répondit la comtesse ; — nous venions donner nos soins à mon fils blessé. Est-ce là un crime ?

— Je ne doute pas de votre innocence, mais il faut instruire le procès, — reprit l'officier. — L'usage, en cette circonstance, est de séparer les prévenues. — Et, comme les deux femmes se jetaient dans les bras l'une de l'autre en sanglotant, l'officier ajouta : — C'est une mesure temporaire...

Mais Jacob s'avança et, foudroyant l'officier d'un regard menaçant, il s'écria :

— Non ! ce n'est pas une mesure temporaire ; les coupables ne se reverront jamais. — En entendant ces mots, la comtesse et Alexandra s'évanouirent. — Voilà comment on donne un coup de massue, dit le juif avec un cynisme révoltant. — Maintenant qu'elles sont sans connaissance, rien n'est plus facile que de les transporter chacune dans leur voiture. On évite ainsi les larmes, les cris, les rengaines... Avis pour une autre fois, monsieur le beau parleur ! Je ne vous conseille pas d'user, à l'avenir, de tant de ménagements inutiles envers les insurgés.

— Mais ce sont des femmes.

— Qu'importe le sexe, quand il s'agit des ennemis de notre maître ! — L'officier baissa tristement la tête et ne dit plus un seul mot. Il était écrasé par la honte. Il rougissait de voir un capitaine forcé de remplir les fonctions d'argousin. Ses épaulettes lui pesaient. C'était le symbole de la chaîne dorée qu'il traînait. — Emmenez la mère, — lui dit Jacob, — je me charge de la fille.

— Si je ne craignais pas de laisser une femme évanouie aux mains de ces brutes, — pensa l'officier, — je ne rentrerais pas au château.

La voix de l'honneur dominait en ce moment le cri de l'ambition dans le cœur du Français.

L'escorte se partagea en deux troupes. Jacob fit un signe à un sous-officier qui devait accompagner le capitaine français. Le sous-officier répondit par un geste significatif. Les deux voitures partirent au galop dans une direction différente.

Le lendemain soir, Jacob entrait, avec sa prisonnière, dans un château fort situé non loin de Kielo. Presque au même moment, la comtesse arrivait devant une villa bâtie à une lieue environ de Konskie.

Seulement, le capitaine français avait disparu après avoir tué son sous-officier.

IX

PAUVRE PAULO !

Dès qu'Alexandra fut au pouvoir de Rita, celle-ci dépêcha au bossu un espion, pour l'engager à se rendre au plus vite près d'elle. Le bossu faisait partie des zouaves de la mort. Il était sous les ordres directs de Pierre, qui avait fait de Stanislas son aide de camp.

Le bossu, craignant que son absence ne fût remarquée, trouva un moyen de quitter le bivac sans exciter de soupçons. Il se rendit à la tente de Stanislas. Le jeune homme portait encore son bras en écharpe ; mais la blessure était en voie de guérison.

— Te voilà, Paulo ! — lui dit le jeune au bossu. — Que deviens-tu donc ? On ne te voit plus.

— Monsieur le comte, je fais mon service à la compagnie et j'apprends l'exercice, — répondit le bossu. — Il ne me reste pas beaucoup de temps à dépenser.

— Il est de fait que Lejars et Collier ne vous laissent pas respirer. Mais aussi quels progrès ! C'est merveilleux ! Tous les conscrits connaissent déjà le maniement d'armes et l'école de peloton ; ils savent ce qui est nécessaire pour la guerre de partisans.

— Lejars et son compagnon sont en effet des instructeurs habiles. Mais ils sont admirablement secondés par la bonne volonté des volontaires.

— C'est vrai. Nos faucheurs, par exemple, ont montré une intelligence étonnante. Le commandant Bidou a inventé pour eux une théorie particulière dont on attend les meilleurs résultats.

— Je dois vous prévenir pourtant, monsieur le comte, que, malgré mon zèle, je suis resté d'une maladresse étonnante.

— Pauvre Paulo ! — fit Stanislas avec un sourire.

Un nuage passa sur le front du bossu, mais il se contint.

— Vous avez bien raison, allez ! Pauvre, pauvre Paulo ! Je sens dans ma poitrine un feu qui me dévore. Je voudrais combattre comme les autres, prendre ma part d'honneur, m'illustrer enfin. Mais mon corps est si frêle, qu'il se refuse à la fatigue. Mon bras n'est pas fait pour porter une épée. Je suis ridicule au milieu de tous ces beaux jeunes gens qui vont gaillardement au feu, le fusil sur l'épaule et le sac sur le dos. Moi, je suis écrasé par le moindre fardeau, et une carabine pèse trop pour ma main débile. Je suis voué toute ma vie aux humiliations et aux déboires. On se moque dans les rangs du bossu avide de gloire. Je suis bon tout au plus à servir de cuisinier dans mon escouade. Je ne puis même avoir la consolation de mourir pour la patrie que j'ai adoptée...

Stanislas, ému, tendit sa main au petit bossu. Celui-ci la serra convulsivement.

— Reste avec moi, Paulo, — dit le jeune homme. — Je te donnerai un cheval, tu feras partie de l'escorte du colonel.

— Je ne sais pas manier un coursier. Et puis quelle figure ferai-je là-dessus ? J'aurai l'air grotesque, je semblerai un singe ! Non. J'ai une autre idée.

— Laquelle ?

— Je veux me faire l'espion des zouaves de la mort. J'irai parmi les Russes. J'observerai leurs mouvements. J'en rendrai compte. Je venais vous prier de me servir d'intermédiaire auprès du colonel pour obtenir cette mission.

— Tu risques ta tête.

— C'est ce que tous les Polonais font chaque jour. A chacun sa tâche : Aux forts, le trépas sur le champ de bataille ! aux chétifs, la mort sous le knout des sbires ! à tous, le martyre !

Stanislas admirait le bossu. Il était complètement sa dupe.

— Paulo, — dit-il, — je vais chez le colonel et je te présenterai à lui.

— Inutile, — fit une voix mâle.

C'était celle de Pierre.

— Quoi ! mon colonel, vous étiez là ? — demanda Stanislas.

— Oui. J'ai tout entendu. Votre dévouement est sublime, monsieur Paulo. S'il est un jour en mon pouvoir de vous récompenser, je le ferai.

Le bossu s'inclina.

— Je désirerais partir de suite, — dit-il.

— Allez ! — fit Pierre.

— Oh ! merci, mon colonel ! — s'écria le bossu. Et il s'éloigna joyeux.

— Qui croirait qu'une âme si grande a une enveloppe si chétive ! — dit Stanislas. Pierre ne répondit pas. Il se contenta de regarder le jeune homme avec un sourire railleur. — Qu'avez-vous ? — demanda Stanislas.

— Rien — fit Pierre ; — seulement, je vous engage à la défiance, à la circonspection. C'est la première vertu d'un chef de troupes.

— Pourquoi me dites-vous cela, mon colonel ?

— Parce que vous êtes un enfant, un enfant que je désire former au plus vite. Si je suis tué, il me faut un successeur aux zouaves de la mort. Ce serait vous. Retenez cette règle de conduite, mon cher ami : Supposer toujours le mal plutôt que le bien, et se prémunir en conséquence.

Et là-dessus, Pierre sortit laissant Stanislas stupéfait.

X

VIERGE ET VAMPIRE.

Le bossu mit huit jours à gagner le château de la baronne. Quand il y arriva, Jacob le reçut avec mauvaise humeur.

— Que de retard ! — dit-il. — Madame la baronne est furieuse.

— Introduisez-moi près d'elle, — répondit le bossu, sans s'inquiéter davantage.

Il était couvert de boue. Ses vêtements déchirés le faisaient ressembler à un mendiant. Il portait sur son dos une besace et à la main un bâton de voyage.

— Venez, — lui dit Jacob. — Le piteux état où vous vous trouvez servira à votre justification. Vous avez sans doute une excuse à donner à la baronne ?

— Oui, — dit le bossu ; — et une bonne ! — ajouta-t-il avec un sourire diabolique.

Jacob lui ouvrit la porte d'un petit salon et se retira. Le bossu attendit. Bientôt la baronne entra.

— Ah ! vous voilà, monsieur ! — s'écria-t-elle. — Vous vous faites désirer !

— Et j'ai grand tort, n'est-ce pas, madame ? — répondit le bossu. — Il n'appartient qu'aux jolis garçons de se faire attendre.

Et Paulo ricana aigrement.

— J'ignore, monsieur, — reprit la baronne avec raideur, — si vous avez souvent des bonnes fortunes. Je sais seulement que vous feriez preuve de mauvais goût en négligeant celle qui vous est offerte en ce moment. Beau ou laid, vous avez commis une faute en n'accourant pas plus vite.

— Que voulez-vous dire ?

— Vous ne nierez pas, je suppose, que Pierre ne soit un cavalier superbe.

— Mais enfin, madame, expliquez-vous ?

— Eh bien ! si votre rival avait une occasion semblable à celle qui se présente, il en profiterait.

— *Elle* est donc ici ? — demanda le bossu, pâle et tremblant d'émotion.

— Oui, monsieur, depuis le jour où vous avez reçu mon avis. Si vous aviez su...

— Hélas ! madame, je ne serais pas venu une minute plus tôt.

— Parce que ?

— Parce que Pierre est un démon.

— Allons donc ! Vous le faites plus habile qu'il n'est.

— Plût à Dieu que vous disiez la vérité ! Malheureusement, notre adversaire est un redoutable jouteur. Jugez-en : Afin de lui enlever tout soupçon, j'ai affiché le plus grand zèle pour la Pologne ; j'ai joué une comédie admirable, comme peu d'acteurs sauraient le faire. Bref, j'ai demandé à servir d'espion aux insurgés.

— C'était habile. Après ?

— Je suis parti. A peine avais-je fait cent pas hors du bivac, qu'un homme me suivait. Je l'ai su depuis. Pendant huit heures, je marchai sans me douter de la présence de cet importun compagnon. Heureusement, il s'est trahi par un accident imprévu. Attaqué par deux vedettes russes, il a dû se défendre. Il les a tuées. Mais j'étais accouru au bruit et je l'avais aperçu. Pour déjouer cette surveillance et tromper tout à fait Pierre, je dus faire mon métier d'espion en conscience. Trois fois j'allai du camp russe au camp polonais, avec des renseignements précis. Je crois avoir réussi à donner pleine et entière confiance aux chefs insurgés. Seulement, il me fut impossible de revoir le colonel. Il travaille enfermé dans sa tente. Son aide de camp recevait mes rapports et les lui transmettait. Enfin j'annonçai que je resterais sans doute quelques jours absent, afin d'avoir des nouvelles d'une colonne russe éloignée, et me voici.

— Êtes-vous certain de n'avoir pas été suivi et espionné ?

— Je puis vous affirmer que personne au camp ne me sait ici.

— Allons, vous êtes pardonné, et vous allez être récompensé comme vous le méritez. Je suppose que la vue de mademoiselle Alexandra vous serait agréable.

— Ce serait à la fois une grande joie et une douleur profonde. Supposez un damné apercevant le paradis du fond de l'enfer !...

— La comparaison n'est pas juste. Vous êtes tout au plus en purgatoire ; tôt ou tard vous en sortirez.

Un éclair d'espérance fit étinceler les yeux du bossu. Tout à coup il fronça le sourcil.

— La voir !... — dit-il. — Mais c'est impossible ! Comment justifier ma présence ici ? Que lui dire ?...

— Rassurez-vous, nous nous arrangerons de façon à ce que vous puissiez contempler vos amours sans être aperçu, — répondit la baronne.

— Quel moyen emploierez-vous donc ? — demanda le bossu avec anxiété.

— Un moyen excellent, — répondit Rita avec un regard bizarre. — Je puis même vous assurer que vous pourrez... Mais non... — reprit-elle en s'interrompant ; — inutile de déflorer votre plaisir.

— Je vous en conjure, madame, parlez ! oh ! parlez !

— Eh bien ! vous pourrez, sans être reconnu, embrasser Alexandra.

— Elle consentira ?

— Je vous assure qu'elle ne vous repoussera pas.

— Mon Dieu ! mon Dieu ! c'est un rêve ! — s'écria le bossu.

Et il prit sa tête à deux mains. Il lui semblait que son cerveau allait éclater.

— Je vais vous envoyer à dîner, — dit la baronne en se retirant. — N'oubliez pas de faire honneur au repas qu'on vous servira. Du reste, vous aurez un convive.

A peine Rita avait-elle disparu, que le juif vint prendre le bossu et le conduisit à la salle à manger. Deux couverts étaient mis. Paulo resta muet ; il était dans un état étrange.

Avec l'intuition des natures exaltées, il comprenait que des faits étranges allaient se passer. La conduite de la baronne lui semblait inexplicable. Pourquoi cette femme s'occupait-elle avec un zèle si grand de son bonheur ? Le bossu connaissait l'humanité. Les prévenances de Rita, le soin qu'elle mettait à favoriser son amour pour Alexandra, cette entrevue ménagée entre la jeune fille et lui avec une sollicitude pour le moins bizarre, le mystère qui enveloppait la conduite de son alliée, tout semblait extraordinaire à Paulo. Il eût compris de la part de la baronne tous les raffinements de la vengeance ; mais, quels que fussent les services rendus ou à rendre, il n'admettait pas que sa complice lui portât un intérêt aussi vif. Pareille femme ne devait pas être reconnaissante à ce point.

— Vous êtes rêveur, maître Paulo ? — dit Jacob en versant à boire au bossu.

— J'avoue que mon imagination galope, — répondit Paulo. — Si vous êtes dans les secrets de votre maîtresse, vous comprendrez sans beaucoup de peine que mon cerveau ne soit pas tranquille.

Jacob sentit le besoin de rassurer le bossu, dont la voix trahissait l'inquiétude.

— Mon cher, — lui dit-il, — entre nous on doit être

franc. Vous êtes surpris des façons d'agir de la baronne ?
— Un peu, j'en conviens, — fit le bossu.
— Vous vous demandez pourquoi elle tient à vous mettre en présence de mademoiselle Alexandra ?
— Vous avez deviné. Je chercherais en vain à le cacher.
— Puisque vous êtes franc, je veux l'être aussi. Ma maîtresse n'aime pas à expliquer ses intentions; je crois, au contraire, moi, qu'on doit jouer carte sur table. — Le bossu, sans répondre, fixa son œil intelligent sur Jacob. Le juif sourit. — Regardez-moi tant que vous voudrez, — dit-il, — vous ne lirez sur mon visage que la loyauté. Ecoutez-moi donc ?
— Je ne perds pas un mot.
— Ce qui vous a poussé à nous servir, c'est votre passion pour la fille de la comtesse Voloska. N'est-ce pas vrai ?
— Sans doute.
— Si vous ne craignez pas d'exposer vos jours, si vous nous êtes tout dévoué, c'est toujours pour le même motif ?
— Evidemment.
— Eh bien ! mon cher, ayant à vous demander demain un grand service, la baronne, ce soir, a voulu exciter jusqu'au paroxysme cette passion pour laquelle nous vous tenons en notre pouvoir. Comme Tantale voyait l'eau, vous verrez Alexandra. Seulement, plus heureux que lui, vous pourrez tremper vos lèvres au bord de la coupe. On vous permettra un baiser...
— Je comprends ! — s'écria le bossu.
— Alors, mettez de côté vos défiances, et buvons gaiement ? Qui sait si nous ferons encore un bon repas !
— Vous êtes donc de cette expédition que l'on veut me faire faire demain ?
— Oui ! Et nous aurons la consolation d'être pendus ensemble si nous ne réussissons pas. — Le bossu fit la grimace.
— Seulement, — reprit le juif, — si nous réussissons, vous êtes sûr de devenir l'heureux époux d'Alexandra.
— Et vous ?
— Je suis juif, moi. C'est vous dire que j'aurai de l'or !
Tout soupçon s'apaisa dans l'esprit du bossu. Le juif lui versa à plein verre le vin de France. Au dessert, Paulo était à moitié ivre.

. . . .

Il était dix heures. La nuit avait enveloppé le château fort de son voile sombre ; le vent sifflait avec rage dans les arbres qui bordaient les avenues. Les sentinelles se promenaient lentement sur les remparts , échangeaient leurs appels monotones. Au loin, les loups hurlaient dans les forêts et, à leurs appels sinistres, répondaient les hououlements des chouettes.
Dans une petite chambre du château, sur une humble couchette, dormait, tout habillée, une jeune fille charmante, éclairée par une bougie. C'était Alexandra. Ses longs cheveux dénoués encadraient son gracieux visage. Sous son corsage entr'ouvert son sein palpitait doucement. Sa main mignonne reposait sur sa poitrine, et des plis de sa jupe s'échappait son petit pied de fée mutinement recourbé, un pied coquet et provoquant, délicat et voluptueux, un pied ravissant de vie, agaçant et plein de promesses... De cette enfant qui dormait, le visage était celui d'un ange, mais cet admirable petit pied rappelait que l'ange avait une femme... Elle soupirait un nom, celui de Pierre, quand tout à coup la porte de la chambre s'ouvrit et deux hommes parurent : le juif et le bossu ; tous deux avinés. Paulo s'avança. Son visage était hideux, plus pâle encore que d'habitude, il avait une teinte livide, Sa peau, collée aux os, faisait ressortir plus que jamais ses pommettes saillantes ; ses lèvres minces et blêmes semblaient celles d'un cadavre ; ses yeux gris avaient des reflets étranges , ils étaient ternes à la surface, étincelants au fond de la prunelle. Ils brillaient en dedans, à une profondeur immense. On eût dit une flamme illuminant les ténèbres d'un abîme insondable.

A le voir couver du regard cette jeune fille sans défense, on aurait pu penser que c'était un de ces vampires légendaires altérés du sang des vierges. Dressé sur la pointe du pied, ses longs bras décharnés étendus, la face immobile, les cheveux hérissés, il avait l'air de planer au-dessus de sa proie. Tout à coup la bougie s'éteignit, renversée par le juif ; la porte se ferma, la serrure grinça, une voix sardonique cria un bonsoir lugubre, des pas lourds retentirent dans le couloir sonore, s'assourdissant de plus en plus, un ricanement sinistre s'éteignit dans le lointain avec le bruit de ces pas...
Seul... Il restait seul auprès d'elle...!

XI

COMMENT ON LAVE UNE FAUTE AVEC DU SANG.

A peine le bossu avait-il quitté le camp des Polonais qu'un capitaine de cavalerie russe y entra, bride abattue. Son coursier ruisselait de sueur. Lui-même paraissait brisé de fatigue ; son uniforme était souillé de sang. Le cheval s'abattit devant les tentes des zouaves de la mort. Le cavalier roula sur le sol. Il essaya de se relever. Mais il n'en eut pas la force.
— Vite ! — dit-il aux volontaires accourus autour de lui, — portez-moi auprès de votre chef.
Les zouaves firent un brancard avec des fusils, jetèrent dessus leurs uniformes, et y déposèrent le blessé, qui fut transporté ainsi chez leur colonel.
— Pierre ! — s'écria le capitaine en apercevant ce dernier.
— Toi ! Georges. Ici !... sous l'uniforme russe ! — s'écria Pierre à son tour.
— Je veux te parler et je suis blessé à mort ; ne perdons pas une minute, — dit le capitaine.
Pierre fit signe à ses soldats de se retirer. Ils obéirent.
— Mon pauvre Georges, tu t'es donc fait Russe ? — demanda le colonel.
— J'ai été bien puni, va ! En quittant le régiment, j'ai trouvé à Marseille des émissaires moscovites qui cherchaient à enrôler des zouaves au service du czar. La guerre était finie, la Russie avait fait une alliance avec notre nation, on m'offrait l'épaulette, j'acceptai. Je m'en suis bien repenti depuis. Mais je sens que la vie m'échappe, et j'ai un conseil à te donner, une nouvelle à t'apprendre, un service à te demander. Depuis la révolte, je songeais à quitter l'armée russe. La nuit dernière, n'y tenant plus, j'ai mis à exécution mon idée. Voici en quelle circonstance. On m'avait chargé d'arrêter deux dames polonaises ; un rôle ignoble ! mais le cœur s'étiole dans les armées du tyran du Nord On a toujours sur la poitrine un poids qui empêche l'âme de se dilater. J'ai accompli ma mission presque tout entière, seulement il est arrivé que le cœur m'a manqué à moitié chemin. On a séparé les deux dames, c'était la mère et la fille. Moi j'ai conduit la mère presque jusqu'à destination. Si je restais, c'était pour la protéger contre la brutalité de mes cosaques. Je galopais auprès de la portière de la voiture qui contenait ma prisonnière, quand j'entendis ses sanglots ; elle sortait d'un évanouissement prolongé. On apercevait déjà le château où j'avais ordre de la remettre ; je me penchai vers elle. « Madame, votre nom ? » demandai-je. — Ici le blessé, dont la voix s'affaiblissait toujours, eut un hoquet convulsif. — A boire ? — demanda-t-il, — je sens que je vais mourir ! — Pierre, qui écoutait avec un vague pressentiment, versa quelques gouttes d'eau sur les lèvres du capitaine. — Merci ! — dit celui-ci. — Ça va un peu mieux. J'ai oublié de te dire que cette dame venait de France voir son fils blessé.

Pierre pâlit.
— Son nom? vite son nom? — demanda-t-il en se penchant avidement vers le blessé.
— Comtesse Voloska, — murmura celui-ci.
Pierre bondit comme un lion qu'une balle vient d'atteindre.
— Prisonnières ! — gronda-t-il. — Cette Rita maudite les tient captives !
— Pierre, — murmura le blessé, — calme-toi, et écoute. — Pierre revint s'agenouiller auprès du capitaine, qui reprit : — J'avais demandé à cette dame son nom, afin de la sauver. Comme elle ne trempe dans aucun complot, les journaux de Paris peuvent faire entendre des réclamations telles que force sera de rendre la liberté à ces deux prisonnières. A boire encore ? — Pierre s'empressa de satisfaire le désir du blessé, qui continua ainsi :—Aux portes de la villa, j'ai voulu m'enfuir. Mon sous-officier a cherché à m'arrêter, je lui ai brûlé la cervelle. Aussitôt les cosaques ont tiré sur moi. J'ai deux balles dans le dos. N'importe ! Je puis te prévenir que le prince B... médite une expédition importante contre le corps de Langiewicz. On a rassemblé des troupes, on a fait venir des renforts, dans huit jours, on marchera sur votre camp. A toi de voir ce qu'il faut faire; mais, sache-le, vous serez attaqué par des forces imposantes.
— Merci, — répondit Pierre. — Merci, mon pauvre ami ! Tu avais un service à me demander, m'as-tu dit ? Je suis prêt. Parle !
Le blessé parvint à soulever sa tête.
— J'ai commis une trahison en servant la Russie, — dit-il.
— Ce n'est pas une trahison, — fit Pierre.
— Je ne m'aveugle pas. J'ai trahi, j'ai abandonné la cause de la liberté, représentée par la France, émancipatrice des peuples, pour servir la tyrannie des Russes, bourreaux de la Pologne. Je viens de réparer ma faute de mon mieux ; j'aurais désiré faire plus, mais, au moment de mourir, je demande à toi, mon vieux frère d'armes, une poignée de main en signe de pardon. Il me semblera que par toi, *le premier soldat du monde*, l'armée française m'absout de ma palinodie. — Pierre étendit sa main vers le malade. La pâleur de l'agonie avait déjà envahi son visage. Il pressa contre son cœur la main loyale du colonel. — Je m'en vais, — dit-il. — Adieu, Pierre ! Tu m'as pardonné, n'est-ce pas ?
Sa voix n'était plus qu'un murmure.
— Meurs en paix, mon pauvre Georges,—dit Pierre ; — et que tous ceux qui ont une faute à se reprocher la réparent comme toi !— Une expression de bonheur se répandit sur les traits du moribond ; il essaya encore d'ouvrir les lèvres, mais il ne put y parvenir. Il rendit le dernier soupir. Pierre appela Stanislas. Le jeune homme, en apercevant le cadavre, fit un mouvement qui ressemblait fort à de l'effroi. — Il faut vous habituer à regarder la mort en face, lieutenant, — lui dit Pierre d'une voix grave et solennelle. Il faut aussi bronzer votre âme et la rendre insensible à toutes les émotions. Je vous confie le soin de faire rendre les honneurs militaires au corps que voilà.
Stanislas s'inclina déconcerté. C'était la première fois que Pierre lui faisait sentir les degrés de la hiérarchie militaire. Le jeune homme comprit que la vanité ne pouvait être le mobile de ce changement de ton envers lui.
Pierre se rendit auprès de Langiewicz. Il eut avec lui une longue conférence, à la suite de laquelle le général fit battre le rappel. Son corps d'armée était devenu très-considérable; il comptait cinq mille hommes, sans le bataillon de Pierre et celui de Bidou. Ces cinq mille hommes avaient été organisés avec une merveilleuse promptitude. Le général passa devant les tentes, inspectant ses soldats. Quand il eut fini, il fit former le cercle.
— Mes enfants,—dit-il, —nous serons attaqués bientôt par les Russes. Il faut nous retrancher de notre mieux dans notre position. On va élever une redoute autour du bivac. A l'œuvre !

A partir de ce jour, on travailla activement à mettre le camp à l'abri d'un assaut.
Pierre, lui, s'était rendu auprès de Bidou.
— Je te remets le commandement, — lui dit-il. — Tu recevras des instructions sous peu de jours.
— Tu pars donc ?
— Oui.
— Et s'il survient des complications ?
— Fais pour le mieux.
— Où vas-tu ?
— A Varsovie.
— Seul ?
— J'emmène Jean le Dogue avec moi.
— C'est dommage ! Il sait déjà manier une compagnie. Je ne l'aurais pas cru aussi intelligent.
— Va le prévenir. Qu'il se déguise en paysan. — Bidou sortit. — Et maintenant à nous deux, Rita ! — s'écria Pierre. —nous verrons qui l'emportera de la panthère ou du lion.

XII

ENLÈVEMENT DU GÉNÉRAL TOUÏOURSKOFF.

Deux voyageurs descendaient du chemin de fer de Cracovie à Varsovie. L'un était un grand seigneur russe, à en juger par la richesse de sa pelisse. L'autre devait être son domestique, car il reçut sans murmurer un coup de canne sur les épaules, à la suite d'une maladresse, bien répréhensible du reste : il avait laissé tomber par terre un carton de voyage.
Cette correction, appliquée devant les douaniers et les agents de police, amena sur leurs lèvres un sourire joyeux. Ce boyard moscovite qui bâtonnait son serf leur était sympathique.
Les douaniers visitèrent les bagages ; les agents examinèrent les papiers du voyageur. Sur ses malles il y avait un nom, sur ses papiers il y avait une signature, qui firent d'une impression profonde parmi les gens de la douane et de la police. Ils s'inclinèrent avec une humilité servile devant le Russe, qui passa hautain, dédaigneux, comme un maître au milieu de ses esclaves. Le domestique avait redressé la tête derrière son seigneur. Un reflet de sa grandeur arrivait jusqu'à sa chétive personne. Il avait remarqué les sourires dont le coup de canne venait d'être la cause ; il se vengea en renversant un agent qu'il attrapa avec le coin d'une malle, au moment où il se tournait pour sortir de la gare. L'agent se releva, il n'osa souffler mot; ses camarades se miraient à rire de sa déconvenue.
Une fois sur la place, le domestique du Russe laissa échapper une exclamation, ramassée sans doute par lui dans les faubourgs de Paris pendant un séjour dans cette ville.
— *Muselé*, va ! — gronda-t-il.
Un portefaix ouvrit les oreilles en entendant ces mots. Le Russe se retourna vers son valet, et, lui saisissant une oreille, il lui administra une véritable volée. Quand il eut fini, il lui dit en russe :
— Tu n'es plus à Paris, drôle ! Je t'ai défendu de prononcer un mot de français. Si cela t'arrive encore, misérable, je te fais donner le knout.
Le domestique parut comprendre cette admonestation en langue russe, et courba la tête sans souffler mot.
— A la bonne heure ! — murmura le portefaix à part lui. — En voilà un que les Français n'ont pas gâté. Tant mieux pour lui ! J'allais faire un rapport. — Et en même temps le mouchard (c'en était un), se dressa sur ses pieds pour lire le nom écrit sur les malles. — Bigre ! Je ne m'étonne plus. Un parent du général Berg ! Ils sont tous bons dans cette famille-là !

Là-dessus il s'occupa d'espionner d'autres voyageurs. Le seigneur russe, ayant aperçu une voiture, lui fit signe d'avancer. Il y monta, et son domestique s'assit sur le siége à côté du cocher.

— A l'hôtel du général Touïourskoff, — dit le voyageur.

Le cocher fouetta ses chevaux. La voiture partit au triple galop, et ne s'arrêta qu'en face du palais occupé par le chef de la police.

— Va-t'en m'attendre à l'entrée de la rue des Juifs, — dit le Russe au cocher.

Et il lui jeta plusieurs napoléons.

Tiens ! — pensa celui-ci, — il arrive de France.

Et il serra l'argent dans une bourse de cuir. Le domestique resta dans la voiture, que le cocher conduisit à l'endroit indiqué. Le Russe monta les degrés du palais, et se fit introduire chez le baron.

Il était environ huit heures du soir. Le baron digérait son dîner en fumant. Il songeait à sa femme.

— Qu'est-elle devenue ? — pensait-il. — Elle est à son château, où on doit lui amener une prisonnière de la plus haute importance. Est-ce vrai ? est-ce faux ? me joue-t-elle ? J'ai des doutes terribles. Cependant elle déploie une activité prodigieuse ; elle semble vouloir à tout prix que ma mission me fasse honneur. Elle est ambitieuse ; elle veut briller, pour y arriver elle me pousse en avant. Elle n'a pas le temps de songer à me tromper. Mais m'aime-t-elle réellement ? Ne suis-je pas un plastron dont elle se sert, un moyen entre ses mains ? Après tout, je l'ai tirée de bien bas en l'épousant ; elle m'est reconnaissante. Alors elle a de l'amitié pour moi à défaut d'amour.

Chaque soir le pauvre mari s'amusait ainsi à entr'ouvrir le bandeau qui couvrait ses yeux. Puis, quand la lumière arrivait, désagréable et blessante, vite il renouait de son mieux le foulard qui voilait sa vue. Pauvre colimaillard conjugal !

On frappa.

— Entrez ! — cria le général, heureux de faire diversion à ses pensées. Un valet lui présenta une carte ; il la lut, et dit en se levant : — Faites entrer !

Le voyageur parut, le général lui fit une salutation respectueuse.

— Veuillez prendre connaissance de cette lettre, général, — dit-il en tendant un pli. Le général ouvrit et parcourut le message. Quand il eut fini, il s'inclina plus profondément encore que la première fois. Il était tout troublé. — Permettez-moi, — dit le voyageur, — de me débarrasser de ma pelisse.

— A votre aise, monseigneur. Daignez permettre...

Et le général s'empressa d'aider son illustre visiteur à ôter les fourrures qui l'enveloppaient.

Il put l'examiner à loisir. C'était un homme de soixante ans environ, à en croire ses cheveux blancs et sa barbe toute grise. Le général avança un fauteuil ; le voyageur s'assit et fit signe à son hôte de l'imiter.

— Ne me faites-vous point servir une collation ? — demanda-t-il ; — je meurs de faim.

— Mille pardons, monseigneur ! — s'écria le général, confus de n'avoir pas songé à cela. — Le trouble où la présence de Votre Grandeur me jette a causé ma distraction impardonnable. — Le voyageur fit un petit geste protecteur qui signifiait : Je vous excuse. Le général se précipita sur le cordon d'une d'une sonnette; il donna des ordres précis au valet qui parut. Il parlait si vite, il embrouillait si bien ses phrases que le laquais, ne comprenant pas, le pria de répéter ses explications. — Triple chien ! — gronda le général furieux, — brute ! canaille !

Et il roua de coups le malheureux domestique. Après quoi, il répéta ses ordres.

Pareilles scènes étant très-ordinaires dans la société russe, le voyageur ne s'en émut pas. Un laquais assommé excite moins de pitié qu'un chien battu.

— Vous châtiez convenablement vos gens, général, — dit le voyageur. — Vous venez de me faire plaisir. Croiriez-vous qu'à Paris on n'a pas le droit de corriger ces maroufles ?

— Monseigneur, j'en ai fait la triste expérience. Aussi je hais la France de tout mon cœur. C'est de Paris que nous viennent tous nos embarras.

— Chut !... — fit le voyageur ; — ceci est bon à dire entre nous ; mais, en public, caressons les Français. Il faut enguirlander l'étranger ; tôt ou tard nous l'étranglerons. J'espère qu'un jour nos fils feront encore boire à leurs chevaux les eaux de la Seine, comme en 1814. Vous verrez cela, vous qui n'avez que quarante ans. Moi je suis trop vieux.

— Monseigneur, — répondit le général, ravi d'être rajeuni de dix ans, — oserais-je vous faire observer que vous vous êtes trompé ?

— Quoi général, vous supposeriez que la France ne sera pas cosaque un jour.

— Il ne s'agit pas de cela, monseigneur. J'ai la conviction que notre czar bien-aimé trônera à Paris. Je voulais simplement parler de mon âge, et vous dire que malheureusement je ne verrai pas la Russie régner sur le monde entier, comme l'a prédit Pierre le Grand. J'ai cinquante ans bien sonnés.

— En vérité, on ne le dirait pas. Mes compliments, général ! Mais cependant... voyons... vos cheveux sont d'un noir de jais ?

— C'est que... — fit le baron embarrassé. Puis, prenant son courage à deux mains et s'efforçant de rire, il reprit ; — C'est que je les teins. Je puis bien avouer cette petite supercherie à Votre Altesse.

— Vous tenez donc encore à faire des conquêtes ? — demanda le voyageur en souriant. — Vous n'êtes pas comme moi. Je suppose qu'une femme soit évaluée cent mille francs (monnaie de France); c'est cher, mais il y en a qui valent cette somme, ou du moins qui ont été payées cela. — Le général fit un signe d'assentiment. — Eh bien ! — reprit le voyageur, — moi je donne cent cinquante mille francs à cause de mes cheveux blancs ; ça m'évite l'ennui de les teindre.

— Est-il charmant ! — pensa le baron.

— Mais causons sérieusement, — reprit le voyageur. — Vous avez vu sans doute que l'ambassadeur de Russie me recommande auprès de vous ?

— Oh ! monseigneur, c'était là chose inutile. Je suis votre humble serviteur.

— Je dois vous dire qu'à Pétersbourg on n'est pas content de vous. — Le baron pâlit. — Je donnais un bal dernièrement ; toute la cour y assistait ; on a parlé de la Pologne ; on a causé de vous.

— Il va me faire envoyer en Sibérie, — pensa le baron.

— Maudite Rita ! pourquoi a-t-elle eu tant d'ambition ?

— Les femmes adorent les histoires mystérieuses, — continua le voyageur. — On a raconté des choses merveilleuses du comité secret. Toutes les dames frissonnaient de terreur. Tout à coup l'une d'elles a dit tout haut : « Mais que fait donc ce vieil imbécile de Touïourskoff ? La Russie n'a donc plus qu'une police pour rire ? Est-ce qu'on ne vaincra jamais ce fameux comité ? C'est ridicule ! » Vous comprenez, cher baron, que je dois vous traduire le texte pour lui arracher textuellement. Vous pouvez juger du froncement de sourcil qui a plissé certain front.

— Cette péronnelle aurait bien pu se taire, — pensa le général. — Si je pouvais un jour lui arracher la langue... je le ferais avec un grand plaisir.

Et, tout tremblant, les jambes flageolantes, le visage inondé d'une sueur froide, le malheureux général écouta.

— Un Anglais, invité par moi, acheva d'aggraver la situation.

— Gredin ! va, — pensa le pauvre baron. — De quoi, diable ! se mêlait-il, cet imbécile-là !

— Il a offert de parier cent mille livres sterling que le comité ne serait pas découvert avant deux mois.

— Les Anglais sont enragés, — hasarda le baron à de mi-voix.

— Enragés, vous l'avez dit. Personne ne soutenant le pari, que tous eussent craint de perdre, je dus, moi comme maître de maison, accepter le défi. C'était engager une partie de ma fortune; mais je fus récompensé par un sourire de remercîment qui valait bien cent mille livres.
— Le...
— Silence! monsieur. Il est des choses qu'on ne dit jamais; il est des mots qu'on ne prononce pas dans certaines circonstances. Voyez-vous, une couronne mêlée à l'enjeu d'un pari! — Le général balbutia une excuse. — Ce n'est pas tout de parier, — reprit le voyageur, — i faut gagner. On ne fait bien ses affaires que par soi-même; aussi suis-je parti pour Paris immédiatement.
— Pour Paris! — exclama le baron surpris.
— Oui, pour Paris, afin de découvrir la piste des conjurés. Ah! ah! cette idée ne vous fût pas venue, monsieur le directeur suprême de la police. Elle m'est venue, à moi.
— C'était un trait de génie, — murmura le général, qui ne comprenait pas encore.
— A Paris, j'ai observé les illustrations polonaises, pensant à bon droit que la plupart iraient rejoindre les insurgés. Or j'ai appris qu'un certain comte Boloski, ex-capitaine garibaldien, se rendait en Pologne. Or aussi qu'on devait lui confier un commandement important. Or c'est le comité qui donne les grades élevés; ce Boloski devait donc avoir des relations avec ce comité. Une fois lancé sur cette voie, je n'ai eu qu'à la suivre, ou plutôt à la faire suivre. Mes agents, des limiers plus fins que les vôtres, m'ont averti que depuis deux jours le comte entrait dans une certaine maison vers le soir. Il n'en sortait pas. Pourtant on le revoyait le lendemain. Cette maison ne vous semble-t-elle pas suspecte?
— Oui, certes. Et le comte est arrêté par vos gens.
— Quelle folie! Arrêter ce conjuré pour donner l'éveil au comité. Non, non! Il a rejoint les insurgés.
— Mais alors...
— Nous allons nous-mêmes nous diriger du côté de cette maison. Nous entrerons dans une autre maison qui lui fait face et que j'ai louée. De là nous observerons. Il faut vous déguiser en ouvrier.
— Je vais faire acheter des effets.
— Comment! — s'écria le voyageur, — vous êtes chef de la police et vous n'avez pas un assortiment complet de déguisements? Sacrebleu! vous n'êtes pas fort. Je ne vous conseille pas de tenir des paris semblables au mien, vous vous ruineriez. Allons, hâtez-vous! En même temps, vous me procurerez aussi un déguisement. Pendant ce temps, je vais faire honneur à votre collation, qui est enfin venue. — Le général fit tant de diligence qu'au bout d'un quart d'heure il reparut vêtu en ouvrier. — Bien, — fit le voyageur, qui avait terminé son repas. Seulement salissez-vous les mains. Et mon costume?
— Le voici, — répondit le général.
— Je m'habille et suis à vous. — Quand le voyageur fut prêt, il dit au baron : — Avez-vous la carte de sûreté qui permet aux agents de se reconnaître cette nuit?
— La voilà, — dit le baron ; — je vais vous en remettre une autre.
— C'est inutile. Prenez aussi un plein pouvoir signé de vous ; on ne sait ce qui peut arriver.
— Je m'en suis muni.
— Tout est pour le mieux. — Et tous deux ils quittèrent le palais par une porte dérobée. — A propos, — dit le voyageur, — montrez-moi donc votre carte et votre plein pouvoir?
— Voilà, — fit le général. Le voyageur examina les deux pièces et les remit dans sa poche. — J'ai eu tort de ne pas accepter votre offre de tout à l'heure. Peut-être sera-t-il nécessaire de nous séparer, et j'aurai besoin de ces pièces. Mais, comme vous pourrez toujours vous faire reconnaître, je vous garde.
— Ne vous gênez pas, monseigneur, — dit le baron sans défiance.

On arriva en face de la voiture du voyageur. Deux agents, étonnés de la voir stationner si longtemps, la surveillaient. Le voyageur les aperçut, il leur fit signe d'approcher.
— Voyez! — leur dit-il en montrant la carte de service et le plein pouvoir.
— Que faut-il faire? — demandèrent les agents d'un air soumis et empressé.
— Mettre les menottes à cet homme, le bâillonner et le jeter dans cette voiture...
— Hein !... qu'est-ce que c'est?... que dites-vous?... — s'écria le général ébahi.
Mais les agents, dressés à l'obéissance passive, se jetèrent sur lui, et en un tour de main exécutèrent les ordres donnés par le porteur du plein pouvoir. Celui-ci monta dans la voiture à côté du baron.
— Faut-il accompagner? — demandèrent les agents.
— Non! répondit le voyageur. — Et il cria au cocher : — File, droit devant toi! — Habitué à des scènes pareilles, le cocher fouetta son attelage. — Conduis-nous à Nadarzim, première station du chemin de fer? — cria le voyageur un peu plus loin.
Le cocher ne fit aucune observation. Il y avait pourtant cinq lieues de distance entre ce village et Varsovie. Mais les chevaux étaient bons, ils avaient mangé l'avoine ; deux napoléons lancés de l'intérieur vinrent tomber sur le siége; la voiture roula grand train.
Aux portes, le plein pouvoir fit son effet. Pas un agent ne prononça un mot d'observation. Le prisonnier, du reste, incapable de remuer, se contentait de rouler des yeux féroces.
A Nadarzim, le voyageur envoya son domestique requérir main-forte. Les hommes de police accoururent. Le baron fut transporté à la gare. Le plein pouvoir arrêtait toute question, tout soupçon ; les agents obéissaient sans faire la plus petite objection.
Le train venant de Varsovie passa. On hissa le prisonnier dans un vagon réservé. Le voyageur et son domestique prirent place auprès de lui. Le train partit.
A trois heures du matin, il déposait le prisonnier et ses deux compagnons à Kaminok.
— Une voiture, vite! — dit le voyageur en montrant son plein pouvoir aux agents de garde à la station. Ils s'empressèrent de faire atteler la carriole d'un aubergiste. Le baron y fut encore hissé; le voyageur prit les rênes ; son domestique se plaça aux côtés du prisonnier. La voiture partit. A l'aurore, elle arrivait au bivac des zouaves de la mort, non sans avoir rencontré dix ou douze postes russes qui s'étaient gardés de l'arrêter.
Bidou accourut à la rencontre des nouveaux venus.
— Mordious! — s'écria-t-il, — je ne me trompe pas! c'est monsieur de Touïourskoff, en chair et en os. Eh bien! cadédis, comment vous portez-vous, général?
— Il est bâillonné, — dit Jean le Dogue en se débarrassant de son déguisement.
— Débarrasse-le vite ; j'ai hâte d'entendre la voix de ce cher ami. — Et le Gascon aida lui-même Jean le Dogue à déficeler le baron. — Corpo-di-Baccho! — s'écriait le commandant Bidou, — on vous avait empaqueté de la belle façon. Vous ressemblez à un saucisson de Lyon.
Dès que le baron fut libre, il marcha droit à celui qui l'avait fait prisonnier.
— Qui êtes-vous donc? — demanda-t-il. Le prétendu parent du général Berg ôta sa fausse barbe et sa perruque.
— Le prince! — murmura le baron en reconnaissant Pierre.
— Venez, — dit ce dernier. Et il emmena le baron dans sa tente. — Où est la fille de la comtesse Voloska? — demanda Pierre.
— Vous me tuerez si vous voulez, mais vous ne le saurez pas, — répondit énergiquement le baron.
Pierre vit bien qu'il était résolu, à la façon dont il prononça ces mots...

. . . .

XIII

LE COMMANDANT BIDOU DOMPTEUR D'ANIMAUX FÉROCES A L'INSTAR DE SIR CROCKETT.

Bidou entrait dans la tente de Pierre au moment où le général Touïourskoff refusait de révéler le nom du château où Alexandra était retenue captive.

— Cadédis ! j'arrive à propos, — murmura-t-il ; — Pierre me semble fort embarrassé. Est-il possible qu'un garçon aussi intelligent soit arrêté par l'entêtement de cette vieille hyène ? — Pierre, en entendant marcher derrière lui, se retourna vivement. A la vue de Bidou, son visage s'épanouit ; c'était un secours qui lui arrivait. Le Gascon avait un esprit fertile en expédients et en ruses de toutes sortes. Aux zouaves, on l'avait surnommé le chacal. Or, le chacal et le renard d'Afrique. Pierre et son ami échangèrent un sourire qui inquiéta fort le prisonnier. — Mordious ! — s'écria le Gascon, — je crois que vous n'êtes pas d'accord tous les deux ; en vérité, ça me désole ; vous êtes si bien faits pour vous entendre !

— Messieurs, — dit le général, — je suis captif. Tombé entre vos mains par un infâme guet-apens, je dois me résigner à mon sort. Mais je vous déclare que vous ne saurez aucun de mes secrets.

— J'avoue que le procédé de mon ami Pierre est très-indélicat, — répondit Bidou. — Il vous a joué un tour pendable et vous êtes à tout jamais ridicule. On va bien rire à Paris quand on connaîtra votre aventure. Les habitués du café Anglais que vous avez fréquentés se moqueront de vous. Dans le faubourg Saint-Antoine, les gamins lâcheront des lazzi sur votre compte. Dans la rue Saint-Denis, les bourgeois feront des gorges chaudes sur le général Touïourskoff et sa déconvenue. On se gaussera de vous dans toute la France, à Marseille comme à Pont-à-Mousson, et ce n'est pas là qu'on s'amusera le moins. Vous allez être la fable de toute l'Europe, cher baron de Touïourskoff !

— Allez, allez, monsieur,... — s'écria le baron furieux, — rira bien qui rira le dernier !

— Je suis de votre avis, sandious ! Nous rirons bien, et nous rirons les derniers...

— A moins que, pour me venger, mademoiselle Alexandra ne soit envoyée en Sibérie ou livrée aux cosaques. Pierre pâlit.

— Vous oubliez, — dit Bidou, — que je me suis mis dans la tête de sauver mademoiselle Alexandra et que j'y réussirai. Vous êtes un tant soit peu de la famille des hyènes, cher général. Or, je connais une manière infaillible d'apprivoiser ces affreuses bêtes. Vous sauverez vous-même la personne à laquelle nous nous intéressons. — Le général eut un sourire d'incrédulité. — En Afrique, — reprit Bidou, — quand on veut se procurer une bête fauve, on creuse une fosse, au fond de laquelle on place une proie. La bête vient, saute dans la fosse, et elle y reste. Telle est votre situation en ce moment-ci. Mais il faut dompter l'animal, soit dit sans vous offenser par la comparaison. Le moyen est simple. On ne lui donne ni à boire ni à manger pendant plusieurs jours ; elle devient bientôt soumise et douce comme un chien fidèle. Que pensez-vous de mes talents ? Sir Crockett lui-même ne ferait pas mieux, n'est-il pas vrai ?

Le baron comprit le plan du Gascon.

— C'est une torture que vous voulez me faire subir, — dit-il.

— Vous mériteriez bien qu'on ne se gênât pas avec vous, monsieur le bourreau. Depuis 1830, vous avez infligé les supplices les plus sauvages à des innocents. Mais pouvez-vous appeler une torture le petit commerce que nous allons faire ? Vous avez faim, c'est votre droit ; j'ai des vivres que je veux vous vendre moyennant un certain prix, c'est aussi mon droit. Quand vous y consentirez, l'échange se fera loyalement. Adieu, cher Touïourskoff. Nous allons envoyer de vos nouvelles aux journaux de France. J'entends d'ici les rires dont on saluera ma correspondance.

Pierre et Bidou sortirent. Un zouave de la mort vint se mettre en faction devant la tente.

Le baron, une fois seul, réfléchit longuement à ce qui lui arrivait.

— Les scélérats ! — murmurait-il. — J'ai déjà soif ! Et moi qui ai pris ce Pierre pour le parent du général de Berg ! — Une heure se passa. Le général n'avait ni bu ni mangé depuis la veille au soir ; il commençait à sentir des tiraillements significatifs dans son estomac ; la soif l'étreignait à la gorge. Pour le narguer, la sentinelle portait de temps en temps sa gourde à ses lèvres et regardait le captif du coin de l'œil. Celui-ci eut la pensée de séduire avec de l'or le factionnaire. Il s'approcha : — Mon ami, — lui dit-il, — je t'offre dix roubles pour une gorgée d'eau.

Et il tira de ses poches une poignée d'or. Pierre n'avait pas voulu qu'on l'en dépouillât.

— Mon général, — dit le soldat, — dix roubles c'est beaucoup et pas assez. Si le colonel savait que j'ai trahi la consigne, il me ferait fusiller.

— Allons, soit ! Je te donnerai tout ce que je possède sur moi ; mais tu joindras un peu de pain à l'eau.

— Impossible ! Je me hasarde déjà beaucoup en vous permettant de boire. Pour avoir du pain, il me faudrait quitter mon poste. — Il poussa un soupir et il donna tout son or au zouave. — Ecoutez, — lui dit celui-ci en lui présentant la gourde, — je vous préviens que vous ne boirez qu'une gorgée. Ainsi donc, dépêchez-vous.

— Donne vite, — fit le général.

Il prit la gourde et il y colla avidement ses lèvres, comme s'il allait la vider d'un seul trait. Mais, après avoir avalé la moitié du liquide, il rejeta la gourde avec dégoût. Il avait bu de l'eau salée !

Le soldat riait.

— Commandant, — s'écria-t-il, — le tour est joué ! vous pouvez venir.

— C'est bien ! mon garçon, — répondit Bidou, qui se promenait devant la tente avec Pierre.

— Mon colonel, — dit le factionnaire à ce dernier, — voici l'or de cet homme. Ayez la bonté de le verser entre les mains du comité.

Pierre regarda le zouave en face et grava ses traits dans sa mémoire. Il prit la somme si noblement offerte et ne dit pas même un simple merci ; seulement il tendit sa main au soldat, qui la serra avec effusion. Le breuvage absorbé par le général avait mis en feu sa poitrine ; il était dans un état piteux.

— Sandis ! vous tirez la langue comme un chien enragé, cher ami, — dit Bidou. — Si vous ne vous rafraîchissez pas un peu, vous allez devenir hydrophobe.

— Vous êtes des misérables, mais je consens à tout ! — s'écria le prisonnier. — Seulement je veux avoir la vie sauve.

— Nous ne promettons rien, mon bon Touïourskoff, — répondit le Gascon. — Mais vous devez avoir confiance en nous, vos plus intimes amis. Nous ne vous ferons fusiller qu'à la dernière extrémité.

— Alors je ne dirai pas un mot. Ce n'est pas la peine de parler si mes révélations ne me sauvent pas.

— A votre aise.

Bidou et Pierre se retirèrent encore. Mais, un quart d'heure plus tard, le prisonnier les faisait rappeler. Il était dans un état alarmant. L'eau salée avait si vivement et si rapidement irrité sa soif qu'il avait les yeux ensanglantés, la face livide, les traits contractés, le pouls affaibli. Il était étendu à terre. Il avait, mais en vain, essayé de lutter contre la plus terrible des souffrances, la soif !

. . . .

A la vue de Bidou, il parvint à se relever en s'appuyant au bâton de la tente. Il essaya de parler, mais il râlait.

— Un peu d'eau ! — dit Bidou au factionnaire, qui courut chercher la gourde d'un de ses camarades. Bidou emplit un verre au quart et le tendit au prisonnier, qui but avec délices. — Voilà pour vous délier la langue, très-cher ami, — dit le Gascon.

— Me jurez-vous sur l'honneur que j'aurai à boire et à manger autant que je voudrai ? — demanda le général.

— Oui, - répondit Pierre, — à moins toutefois que vos déclarations ne soient mensongères, — ajouta-t-il. — En ce cas, vous seriez condamné à mourir de soif, et l'on s'arrangerait à prolonger votre supplice pendant un mois au moins. Vous venez d'avoir un avant-goût de ce qui vous serait réservé.

Le général frissonna.

— Mademoiselle Voloska, — dit-il, — est à... et sa mère à.....

— Je savais où était la comtesse, — dit Pierre. En effet, Georges, l'officier français au service des Russes, avait révélé à son ami la retraite de la mère de Stanislas.

— Ce n'est pas tout, — reprit Pierre, — il faut encore me copier de votre main cette lettre adressée à votre femme.

Le baron fit ce qu'on exigeait de lui ; il écrivit la lettre. Seulement il souriait. L'enveloppe ne portait pas son cachet, circonstance qui pouvait éveiller la défiance de Rita. Il ignorait que Pierre possédait un fac-similé des cachets de tous les personnages importants de l'administration moscovite.

— Maintenant, — dit Bidou, — puisque vous avez été bien sage, on va vous donner votre pâture, cher Touïourskoff. Ne vous avais-je pas prévenu que je savais dompter les bêtes fauves ? Allons, une poignée de main, et sans rancune ! — Le général repoussa avec mauvaise humeur la main que Bidou lui tendait. Le Gascon se mit à rire.

— Corne-de-bœuf ! — s'écria-t-il, — on ne peut tout faire en un jour. Vous ne savez pas encore donner la patte d'une façon convenable, mais ça viendra.

Et il quitta la tente avec Pierre. Dix minutes après, le baron était à table jusqu'au menton.

XIV

UN DÉFILÉ.

Le général Touïourskoff, après avoir dîné, s'endormit profondément ; mais il fut bientôt réveillé par un bruit extraordinaire. Tous les tambours et les clairons du camp sonnaient à la fois ; l'armée de Langiewiez se formait en bataille au centre du bivac. Un espion venait d'arriver, apportant la nouvelle que les Russes approchaient. Le général avait aussitôt fait prendre les armes à ses soldats ; ensuite il avait convoqué un conseil de guerre secret, à la suite duquel les Polonais quittèrent leur camp avec les bagages, les ambulances et les vivres, ne laissant que les zouaves de la mort et les faucheurs pour défendre les retranchements élevés quelques jours auparavant. Ces retranchements étaient formidables.

Quand le général Touïourskoff eut secoué sa torpeur, il mit la tête à la porte de la tente, et aperçut le défilé des troupes qui commençait. Il questionna la sentinelle qui le surveillait, fusil chargé. Le soldat, un vieux Criméen, semblait extrêmement joyeux. Il annonça au prisonnier que les Russes attaqueraient bientôt le camp, et que les zouaves de la mort, soutenus par les faucheurs, étaient chargés de repousser l'assaut.

— Sacrebleu ! on va s'en donner, cette nuit, — ajoutait-il en frisant ses longues moustaches d'une main. — Les cosaques ont du canon, nous aussi. Ça ressemblera à un vrai siège ; je me figurerai être encore aux *batteries Noires*.

— Ces Français-là, — pensa le prisonnier, — sont des êtres singuliers ; ils aiment la guerre et se font un jeu de la mort. Que les Polonais se battent, je le comprends encore ; il s'agit de leur pays ; mais ces Français qui viennent se faire tuer pour une cause étrangère, sans y être poussés par un intérêt personnel... drôle de peuple !

— Et le général rentra sous sa tente en murmurant tout bas : — N'importe, les zouaves sont de rudes adversaires et les Polonais montrent un courage héroïque ! Ah ! si nos soldats les valaient !... Mais il faut les faire marcher en promettant le pillage ou à coups de knout. — Des acclamations enthousiastes retentirent en ce moment : c'était l'armée de Langiewicz qui saluait le bataillon du colonel Pierre en passant devant lui. Le général Touïourskoff revint encore se placer au seuil de la tente ; son cœur se serra à la vue du spectacle qui s'offrit à ses yeux. Le camp, élevé au milieu d'une clairière, était entouré de tous côtés par les grands arbres d'une forêt épaisse, d'un aspect sauvage. Les remparts de terre s'élevaient hauts et menaçants, percés çà et là par les meurtrières des batteries, à travers lesquelles passaient les gueules de bronze de six canons chargés à mitraille. Les artilleurs, sabre nu, se tenaient auprès de leurs pièces ; les zouaves de la mort, flanqués à droite et à gauche par les faucheurs, étaient formés en bataille au pied des fortifications qui les dominaient. Leur attitude était magnifique. Tous les yeux étincelaient, tous les fronts rayonnaient. Les troupes qui partaient s'approchèrent en bon ordre, clairons et tambours en tête, étendards déployés au vent. Langiewicz et son état-major, montés sur des coursiers pleins de feu, dirigeaient la colonne. Les insurgés, instruits par Lejars, Collier, Bidou et d'autres officiers français, avaient fait des progrès étonnants dans la manœuvre. Ils défilaient fièrement, l'arme à l'épaule, la tête haute, le pied léger. En face des zouaves, le général se retourna et commanda d'une voix retentissante de porter les armes. Pareil mouvement s'exécuta dans les rangs des zouaves. Un rayon de soleil, perçant les nuages, éclairait cette scène. Les fusils résonnèrent dans les mains des soldats et l'acier des armes étincela, lançant mille reflets éblouissants ; les fanfares éclatèrent. Dans les deux troupes, on se saluait par l'immortel et glorieux refrain du maréchal Bugeaud. Pierre, devant Langiewicz, abaissa son épée ; celui-ci lança vers lui son cheval et serra la main du colonel. Au même instant, les drapeaux s'inclinaient de part et d'autre, entremêlant leurs plis déjà troués par les balles. Une émotion profonde s'était emparée de tous les cœurs, un hourra puissant s'échappa de toutes les poitrines, les rangs se rompirent, les mains s'enlacèrent dans une cordiale étreinte. Il y eut un moment de confusion inexprimable. Français et Polonais, nobles et paysans, officiers et soldats, mêlés, unis, pressés dans ce fraternel élan, se juraient une amitié éternelle et un dévouement sans bornes pour la cause de la Pologne. Plus d'une larme roula sur les joues des jeunes hommes et sur la moustache grise des vétérans. Enfin, à l'appel des chefs, l'ordre se rétablit et l'on se sépara. Plusieurs fois encore, les insurgés se retournèrent en s'éloignant pour échanger des cris d'adieu. Le général Touïourskoff n'était certes pas un homme facile à émouvoir, et pourtant il restait immobile devant sa tente. Il était Russe et aimait son pays ; c'était là peut-être le seul sentiment un peu noble dont il fût animé. Son cœur se serra. — Jamais, — pensa-t-il, — on ne domptera cette Pologne ! Écrasée demain, elle se relèvera dans vingt ans !

Et cette fois il se retira sombre, en proie à une tristesse qui ressemblait à un remords. N'avait-il pas versé le sang des insurgés en 1830? Et voilà que ce sang lui pesait lourdement. Sa conscience, jusqu'alors endormie, s'était réveillée enfin. Aux cris des Polonais en armes pour sauver leur pays, une fibre avait vibré dans cette âme avilie jusqu'alors : c'était celle de la nationalité.

XV

POUR LA PATRIE.

Quand les défenseurs de la redoute y furent rentrés, Pierre fit distribuer à une centaine de faucheurs des pioches et des pelles; il leur fit creuser des fourneaux de mine au centre et sous toutes les faces du camp. Rudes travailleurs, les paysans accomplirent leur tâche rapidement; sur un signe du colonel, de jeunes nobles avaient pris aussi des outils. Quoiqu'ils fussent mauvais terrassiers, leur bonne volonté causa un vif plaisir aux paysans. C'était la consécration de l'égalité. A la nuit, tout fut prêt. Les différents fourneaux de mine furent reliés entre eux par des traînées de poudre, et on cacha sous une tente la mèche principale qui devait communiquer le feu partout. Pierre plaça à côté de cette mèche un ancien zouave, qui avait ordre de l'allumer au premier signal. Ensuite le colonel rassembla tout son monde autour de lui.

— Mes enfants,— dit-il,— j'ai un plan. Ne vous étonnez de rien. Tout le monde va quitter la redoute, sous la conduite du commandant Bidou; on suivra le ravin que vous voyez d'ici, on emmènera les canons. Pas un mot, pas un cri. Vous ne rencontrerez pas un seul Russe en route. Je garde avec moi les enfants perdus; je les préviens que nous risquons notre tête.

Les enfants perdus sortirent aussitôt des rangs et se placèrent sur les terrassements, heureux d'avoir une occasion pour se distinguer. Tête-de-Pioche, leur capitaine, se cambrait en arrière, la main sur son sabre; il avait ramassé un plumet russe dans un engagement et en avait orné sa toque polonaise. A sa place, un autre eût paru ridicule; chose étrange, Tête-de-Pioche avait une crânerie si farouche dans ses poses que personne ne souriait de sa fantaisie. Le plumet se balançait orgueilleusement dans les airs.

Bidou vint serrer la main de Pierre et il emmena sa troupe.

Un officier parut soudain dans un sentier de la forêt : c'était Stanislas, qui avait le commandement d'une grand'-garde. Il arrivait à toute bride. Pierre sauta à cheval et courut à sa rencontre au galop.

— Ah! colonel, — s'écria le jeune homme, les larmes aux yeux, — ma mère et ma sœur sont aux mains des Russes! Un zouave qui arrive de Cracovie, où il se guérissait d'une blessure, vient d'arriver aux avant-postes. Il m'a annoncé que, sur une fausse lettre, ma mère était partie avec Alexandra pour Miechow, où elle croyait me trouver. C'est un piége infâme!

— Et c'est pour me parler d'affaires de famille que vous avez déserté votre poste?— demanda Pierre d'une voix sévère.

— Mon colonel... songez donc que les Russes torturent les femmes! Qui sait quels affreux tourments endure en ce moment la comtesse! Par pitié! permettez-moi d'aller à leur secours.

— Où et comment, monsieur? En vérité, vous êtes fou. Pouvez-vous seul, à l'aventure, délivrer des prisonnières dont vous ignorez la retraite?— Stanislas se tordit les mains de désespoir. Pierre s'adoucit : — Voyons, calmez-vous! — dit-il. — Nous devons sacrifier nos plus chers intérêts à la patrie; oubliez-vous donc vos serments solennels? L'heure des épreuves est venue, ne cédez pas comme un roseau au premier souffle de l'adversité. Les soldats de la liberté doivent résister à l'infortune, comme les chênes à l'orage; on peut les déraciner, mais ils ne plient pas.

Stanislas releva la tête. Il était livide, mais ses yeux n'avaient plus de larmes.

— Colonel,— dit-il,— je ferai mon devoir.

— Bien! — dit Pierre. — Maintenant, sachez que, depuis plusieurs jours, je connais le sort de la comtesse et de votre sœur, et pourtant je n'ai pas faibli. Il est vrai que je n'ai plus vingt ans.

— Ah! colonel, — murmura Stanislas, — ce ne sont même pas vos parentes!— Pierre alors se pencha vers le jeune homme et murmura quelques mots à son oreille. Stanislas poussa un cri de surprise et s'écria :— Oui, vous avez raison; votre sacrifice l'emporte sur le mien; la passion est plus difficile à vaincre que la tendresse.

Pierre regarda avec affection son aide de camp.

— Mon cher comte, — lui dit-il, — ne perdez pas tout espoir. Un jour peut-être vous m'appellerez votre frère, si vous me jugez digne de m'allier à votre famille.

— Oh! prince... — fit le jeune homme.

— Allons, courez à votre poste. Sitôt que les Russes arriveront, repliez-vous sur la redoute; tournez-la par la droite et fuyez le long de ce ravin, où Bidou s'engage en ce moment avec mon bataillon. Il emmène avec lui un otage, le baron de Touïourskoff.

Le colonel salua Stanislas de la main et repartit au galop. Stanislas, de son côté, retourna aux avant-postes.

— Il l'aime! — pensa-t-il; — mais Alexandra s'en doute-t-elle?..,

XVI

UN FEU D'ARTIFICE.

La nuit était venue, épaisse, impénétrable. Deux corps d'armée russe, de cinq mille hommes chacun, marchaient sur le camp de Langiewicz à travers la forêt. Le prince B... avait rassemblé toutes les troupes de son gouvernement pour porter un coup décisif à l'insurrection. Il savait que Langiewicz s'était formidablement retranché; il espérait le cerner et enlever le camp, et anéantir la plus belle armée que l'insurrection possédât en ce moment.

Les deux corps d'armée débouchèrent, vers dix heures, sur un carrefour où ils firent jonction. Le prince ordonna une halte; ils se trouvait à une demi-lieue de la redoute. Par ses ordres, des tonnes d'eau-de-vie furent défoncées et les soldats purent y puiser à discrétion : avec l'ivresse, le courage devait leur venir. Les officiers engagèrent leurs hommes à ne faire aucun quartier; ils excitaient leurs instincts féroces et rapaces; ils leur affirmaient que dans le camp des insurgés se trouvait en ce moment le produit de la souscription européenne. L'alcool et l'appât de l'or transformèrent les Russes en véritables bêtes fauves; ils vociféraient contre les Polonais et juraient de les exterminer sans pitié. Le prince B... les écoutait avec une satisfaction sauvage :

— Cette fois, ils ne reculeront pas, — pensait-il; — ils sont trop animés!

Animation factice! Feu de paille qui brille et passe vite!

On se remit en marche. L'ordre formel était de pousser en avant à la première alerte, de se ruer sur les retranchements et de les emporter du premier coup à la baïonnette. Une réserve de trois mille hommes, en cas de réussite, devait tourner la redoute et couper la retraite des Polonais.

A mille mètres du camp, le poste de cavalerie de Stanislas tira sur l'avant-garde russe et se replia aussitôt. Ce fut le signal de l'assaut.

Les colonnes d'assaut se précipitèrent au pas de course hors de la forêt, et, malgré une grêle de balles envoyées par une décharge de la compagnie d'enfants perdus, les Russes avancèrent rapidement. Une seconde décharge cependant fit hésiter les plus rapprochés; mais le prince B... et ses officiers se portèrent en avant, entraînant le centre, qui poussa la tête... Six mille hommes massés roulèrent aux pieds des remparts.

La fusillade cessa... Les enfants perdus s'enfuyaient à toutes jambes. Le prince avait compté sur une plus longue résistance. Ses troupes entrèrent dans le camp, mais sa réserve le tourna trop tard pour couper le passage aux insurgés; le prince les aperçut au nombre de cinquante environ, qui couraient au loin déjà. Cela lui parut suspect. Il donna l'ordre de quitter la redoute; mais les soldats ivres n'écoutaient rien, ils cherchaient le trésor promis. Le prince, à coups de plat de sabre, tomba sur eux pour les faire obéir; ce fut inutile. Quelques-uns même le menacèrent de leur baïonnette! Les Russes vainqueurs poussaient des cris sauvages.

Bidou avait suggéré une excellente idée à Pierre; sur son conseil, des barriques d'eau-de-vie furent abandonnées sur le sol. Elles furent ouvertes à coups de crosse et une orgie furieuse commença.

Tout à coup, sous les pieds mêmes des vainqueurs, coururent en sens inverses cinq rideaux de feu qui éclairèrent la scène d'une étrange clarté. Presque aussitôt cinq détonations épouvantables se confondant en une seule retentirent, ébranlant les échos de la forêt; le sol trembla, ondula pendant quelques secondes et se souleva, laissant s'échapper cinq cratères qui vomirent des gerbes étincelantes dont les ténèbres s'illuminèrent au loin. Des masses de terre énormes sillonnèrent avec des sifflements sinistres les jets de flamme qui formaient un gigantesque éventail, diaprés de couleurs éclatantes. Des centaines de corps humains furent lancés dans l'espace; une effroyable clameur se fit entendre et se prolongea tant que dura l'agonie de plusieurs milliers d'hommes... une pluie de débris retomba en sifflant dans l'air. Un silence de mort se fit.

Toute l'armée russe était plongée dans la stupeur. La plupart des hommes entrés dans la redoute étaient morts; ceux qui survivaient avaient d'affreuses blessures. Dans la réserve, les projectiles, en tombant, avaient jeté l'effroi et le désordre; les rangs étaient rompus. Chacun fuyait vers la forêt pour se mettre à l'abri; cinq ou six mille hommes, confondus comme un troupeau de moutons, se sauvèrent à corps perdu du côté des taillis les plus épais.

Mais une fusillade éclata bientôt sur toute la lisière du bois... Elle continua, meurtrière, incessante, vomissant la mort au milieu des masses. Langiewicz était revenu sur ses pas.

Les Russes, effarés, éperdus, se replièrent en poussant des hurlements d'effroi; ils furent assaillis dans cette retraite par les zouaves de la mort, accourus, eux aussi, sur le champ de bataille. Entre ces deux troupes, l'armée du prince, débandée, folle de terreur, resta un instant indécise. Les plus braves avaient perdu la tête; l'épouvante avait glacé tous les cœurs. Enfin l'instinct de la conservation l'emporta sur la peur: un vide était ouvert sur la gauche... les Russes se ruèrent dans cette direction. Mais soudain une ligne sombre sembla se dresser et sortir de terre: c'étaient les faucheurs, embusqués sur ce point. Ils reçurent, la faux en avant, le choc des fuyards... Restait à droite un espace libre, la dernière, la suprême ressource; mais un groupe sombre s'y dessina, grandit rapidement et ferma le passage, et, comme un coin, s'engagea au plus épais de l'armée russe. C'étaient les enfants perdus.

Alors il y eut une scène de carnage indescriptible. Au milieu des ténèbres, une lutte suprême s'engagea, furieuse, exaspérée, atroce... et, chose étrange, silencieuse... La fureur d'une part, la terreur de l'autre, étouffaient la voix dans les gosiers des combattants. On n'entendait que le râle sourd des mourants.

Le sol fut bientôt détrempé par le sang et jonché de cadavres; les Russes tombaient par hécatombes sous les coups des Polonais, qui se frayaient passage à l'arme blanche au centre de l'armée ennemie.

Là se trouvaient trois drapeaux encore debout... Un groupe d'officiers et de vétérans les entouraient, décidés à mourir. Le dernier effort se concentra sur ce point; une mêlée de quelques minutes s'y engagea. Enfin, sur un tas de cadavres amoncelés à la hauteur d'un *tumulus* apparut un homme qui dans ses bras tenait les trois étendards. Il les agita un instant et retomba sur les morts... Cette homme était Tête-de-Pioche! Plus tard, quand on le releva, on reconnut qu'il avait reçu vingt-sept blessures. Il respirait encore...

. . . .

L'armée russe comptait dix mille hommes quelques heures avant. Quand, plusieurs jours après, on parvint à rassembler à Radom ses débris mutilés, on compta quinze cents soldats, dont la majeure partie étaient blessés!

. . . .

Une heure après, Langiewicz et Pierre se séparaient de nouveau...

— Où allons-nous? — demanda Stanislas au colonel.
— Délivrer votre sœur, — répondit celui-ci. — C'est elle qui est la plus menacée.

XVII

UN TERRIER OU SE CACHAIENT DE FAMEUX LAPINS.

Après le terrible combat que nous avons raconté, les insurgés polonais disparurent. Des renforts expédiés en toute hâte de Varsovie étaient arrivées aux autorités russes; un nouveau général avait remplacé le prince B... disgracié et rappelé à Saint-Pétersbourg. Son successeur, un Allemand au service du czar, tenait à s'illustrer en vengeant le déplorable échec essuyé par les Russes; il fit chercher partout le corps de Langiewicz. Des patrouilles de cosaques parcoururent les forêts, et des espions se glissèrent dans tous les villages; mais il fut impossible d'obtenir le plus petit renseignement sur l'armée polonaise. Le général Jaëgler eut beau crier, jurer, tempêter, il ne parvint pas à découvrir la moindre trace de Langiewicz. Le général Jaëgler en conclut que les insurgés s'étaient débandés.

Cependant les soldats de l'insurrection ne s'étaient point évanouis en fumée, comme on aurait pu le supposer. A six lieues de Kiela s'élève une petite forêt, au milieu de laquelle se trouve une clairière assez vaste, dans un coin de laquelle se dressait un gros chêne isolé. Le jour même où le bossu devait rejoindre Rita, vers midi environ, un paysan se trouvait assis au pied de ce chêne. Il semblait réfléchir fort paisiblement. Tout à coup il se leva comme mu par un ressort, jeta un regard à droite et à gauche, puis il poussa un croassement de corbeau. De plusieurs points éloignés de la forêt des croassements pareils lui répondirent.

— Allons! — se dit le paysan, — tout va bien. On peut ouvrir la trappe.

Il se pencha vers le sol, leva un énorme bloc de rocher sans effort, et mit à découvert un trou profond. De ce trou sortit un autre paysan, auquel le premier fit un salut militaire.

— Les vedettes n'ont rien signalé ? — demanda l'homme qui venait de surgir si étrangement de terre.
— Non, mon colonel, — répondit le premier paysan avec respect.
— Allons, appelle les camarades, afin qu'ils respirent un peu plus librement ! On étouffe dans ce souterrain.
Le paysan se pencha au-dessus du trou et fit un signal ; une rumeur sourde monta, puis une tête parut, qui ressemblait fort à celle du commandant Bidou. C'était bien lui. Il sauta sur la clairière avec son agilité ordinaire, et se mit à courir çà et là d'une façon désordonnée.
— Mordioux ! — s'écria-t-il, quand il eut fini ses bonds extravagants, — qu'on est mal à son aise dans cette caverne !
— Mon cher ! — lui dit Pierre, — car c'était bien lui qui portait le costume de paysan ; — je te plains d'autant plus que je connais ton goût pour la gymnastique. Mais ton supplice finira bientôt.
— C'est heureux, cadédis ! — s'écria Bidou. — Je crois qu'on finirait par être pétrifié dans ce souterrain, si on y restait longtemps. Dans quelques cents ans, on nous retrouverait dans l'état de ces crapauds qu'on découvre parfois au cœur des pierres de taille fendues par les maçons.
Et le Gascon secouait ses bras et jambes engourdis.
— Et les autres ne viennent donc pas ? — demanda Pierre.
— Un instant, — répondit Bidou, — il faut que je fasse ma ronde.
— Toujours prudent, — fit Pierre ; — tu as raison, visitons les sentinelles.
Les deux chefs firent une tournée dans la forêt et échangèrent quelques mots avec les paysans, qu'ils trouvèrent épars çà et là sous les mélèzes. Ils revinrent dans la clairière.
— Sandious ! — dit le Gascon, — quelle merveilleuse cachette tu nous as trouvée ; comment diable la connaissais-tu ?
— C'est un secret de famille ; mon père y a abrité bien souvent sa bande en 1848. Jadis c'était une carrière ; mes aïeux l'ont fait disposer comme elle est aujourd'hui, pour y mettre leurs richesses à l'abri dans les guerres civiles.
— On a dû avoir bien du mal à creuser ce rocher, — fit Bidou.
— On a employé un acide inventé par un de mes oncles, un chimiste qui devança de plusieurs siècles nos savants modernes dans leurs découvertes.
— A propos, — dit Bidou, — le Touïourskoff va nous embarrasser cette nuit ?
— Du tout, — fit Pierre ; — on le laissera dans le souterrain, sous la garde de trois faucheurs.
— En fin de compte, que ferons-nous de sa vieille carcasse ?
— Rien. On le relâchera.
— Mais il connaît notre retraite maintenant.
— Raison de plus. — Le Gascon regarda Pierre, puis il sourit en flairant un piége. — Allons ! — reprit Pierre, — fais sortir le bataillon. Pour moi, je pars.
Les deux chefs se serrèrent la main, et Pierre s'éloigna.
Cinq minutes après, les zouaves de la mort et les faucheurs sortis du souterrain remplissaient la clairière.
— Mordioux ! mes enfants, — leur disait Bidou, — c'est embêtant d'être empilés comme des harengs saurs. Mais ce qui doit nous consoler, c'est que le général Jaëgler se donne une peine de chien pour avoir de nos nouvelles. Ce matin encore, une patrouille de cinquante cosaques a passé sur nos têtes sans s'en douter. Ils tiraient des coups de fusil dans les arbres, pour voir si nous n'y étions pas perchés, par hasard ; tout à coup, une bande de corbeaux s'est envolée ; les cosaques, les prenant pour les insurgés, se sont sauvés à toute bride ; un quart d'heure après, ils n'étaient pas remis de leur frayeur.
Un grand éclat de rire accueillit les paroles du commandant.
— Mon commandant, — dit Tête-de-Pioche en s'approchant, — est-ce que l'on peut allumer des feux ?
— Je n'y vois pas d'inconvénients, — répondit Bidou. — Mais, dis-moi, Tête-de-Pioche, que penses-tu de notre souterrain ?
— Sous votre respect, mon commandant, — fit le capitaine des enfants perdus, — c'est un terrier où se cachent de fameux lapins.
— Sacrebleu ! — s'écria Bidou, — tu es devenu bien spirituel depuis quelque temps ?
— C'est depuis que j'ai l'honneur de vous fréquenter, — dit Tête-de-Pioche avec une malicieuse naïveté.
Bidou était ébahi. Une étonnante transformation s'opérait dans l'esprit du carrier.

XVIII

MADESKO.

Ce soir-là, presque aussitôt après le bossu, un paysan entrait dans le château fort habité par Rita, et demandait à être présenté à cette dernière.
Dès que celle-ci eut quitté le bossu, elle reçut le paysan.
— Madame, — dit ce dernier, — je suis chargé par votre mari de vous remettre un message.
— Comment se fait-il qu'il ne m'ait pas envoyé un de ses courriers ordinaires ? — demanda la baronne.
— J'ignore si le général a des courriers attitrés, — fit le paysan ; — en tous cas, à cette heure, il ne pourrait s'en servir, vu qu'il est prisonnier.
— Quoi ? Il serait tombé en disgrâce ?
— Non, madame ; mais il est entre les mains des insurgés.
La baronne bondit sur son siége.
— Êtes-vous bien sûr d'avoir votre bon sens, mon brave homme ? — demanda-t-elle.
— Très-sûr, madame. Tenez, voici une lettre qui vous en apprendra plus long que moi, fort probablement.
Et le paysan tendit un pli à la baronne. Celle-ci lut rapidement ; sa surprise était extrême.
— Mon ami, veuillez me dire comment il se fait que mon mari vous ait pu charger de cette mission pour moi ?
— Voici la chose, — dit le paysan. — Les insurgés ont passé dans notre village et ils ont logé dans nos cabanes ; la mienne a abrité le général Touïourskoff et les soldats qui le gardaient. A la nuit, un factionnaire s'est placé devant la porte, un second s'est promené sous la fenêtre de ma cabane, un troisième s'est établi derrière. A peu près sûrs que le général ne s'évaderait pas, les autres soldats se sont endormis. Moi, je veillais, parce que le prisonnier avait eu le temps de me faire un signe et de me montrer une pièce d'or ; ce qui m'a fait deviner qu'il avait besoin de moi et me donnerait une forte récompense pour lui rendre service. En effet, à minuit, le général m'appela tout bas ; je m'approchai. « Donne-moi une plume, de l'encre et de la cire ? » me dit-il. Je n'avais pas les objets demandés, mais je courus chez notre bourgmestre, qui me les procura ; je revins à ma cabane. Votre mari, sans se lever de son lit, se mit à écrire, puis il tira de son sein un cachet, versa quelques gouttes de la résine qui brûlait sur la lettre et la timbra. Ensuite il me donna ses instructions. Il a dû vous prévenir que outre les cent roubles qu'il m'a donnés, vous devez me remettre le double de cette somme. Ce n'est pas trop, allez ! j'ai exposé vingt fois ma tête pour venir à vous.

— Tu seras payé, — fit la baronne. — Mais, dis-moi, pourrais-tu te charger d'une réponse ?

— Volontiers, à la condition toutefois de toucher encore trois cents roubles.

— C'est entendu. Quand comptes-tu partir ?

— Demain, à la pointe du jour. Mais je désirerais boire et manger, car je meurs de faim et de soif ; ensuite, je voudrais dormir.

— C'est bien. — La baronne sonna. — Menez cet homme à l'office, — dit-elle ; — qu'on lui donne tout ce dont il aura besoin.

Le paysan se retira. A l'office, il causa beaucoup avec les domestiques, qui, pressés autour de lui, désiraient avoir des détails sûr les insurgés. Une partie de ces domestiques étaient Russes, l'autre se composait de Polonais.

Le paysan raconta la dernière affaire ; il affecta de garder la plus parfaite indifférence pour les deux armées. Il fit le récit du dernier combat d'un ton tranquille qui contrastait singulièrement avec les émotions de son auditoire ; les Polonais étaient tout joyeux, les Russes proféraient des imprécations.

Parmi ceux qui semblaient le plus heureux de la victoire des insurgés, le paysan remarqua un jeune garçon de quinze ans, dont la figure loyale parut lui plaire. Quand il eut terminé son repas, il lui adressa quelques mots insignifiants parmi lesquels il trouva moyen de glisser ceux-ci :

— Tâche de me parler en particulier ?

Le jeune garçon, quoique surpris, fit signe qu'il avait compris. Le paysan fut conduit dans une petite chambre, où il se jeta tout habillé sur un lit ; un quart d'heure après, il ronflait comme un soufflet d'orgue. Jacob, qui passait par là, murmura entre ses dents :

— Voilà un gaillard qui dort comme un sourd.

Et pourtant, un petit grattement s'étant fait entendre à la porte de sa chambre, le prétendu dormeur se leva aussitôt et ouvrit. Le jeune homme entra.

— Me voilà. — dit-il, — que me voulez-vous ?

— Ton nom d'abord ? — dit le paysan.

— Madesko, — répondit le jeune homme.

— Je m'en doutais, — fit le paysan. Il parut rêver et reprit : — Sais-tu qu'autrefois ce château appartenait à des seigneurs polonais ?

— Oui, — fit Madesko ému. — Mon père a connu le dernier de leurs descendants et l'a servi en 1848.

— Et toi tu n'as pas imité son exemple ; tu es le valet des Russes usurpateurs !

— Il faut bien vivre, — murmura le jeune homme. — Oh ! si je pouvais joindre les insurgés, comme je partirais de bon cœur !

— Ne mens-tu pas ?

— Sur le Christ ! je dis vrai.

— Alors, écoute, — je puis te conduire à l'armée de Langiewicz, mais il faut me rendre un service.

— Je suis prêt.

— N'y a-t-il pas ici une jeune fille retenue prisonnière par la maîtresse du château ?

— Oui.

— Où est-elle enfermée ?

— Dans la chambre qui se trouve au-dessous de celle-ci.

Le paysan tressaillit.

— Bien, — dit-il. — De combien d'hommes se compose la garnison du fort ?

— Trois cents environ.

— On a donc reçu du renfort ?

— Oui, madame est arrivée ici escortée par cent cavaliers qui sont restés.

— Combien y a-t-il de canons ?

— Quatre, un à chaque angle.

— Sont-ils surveillés de près ?

— Non ; un factionnaire se promène sur chacune des faces des remparts.

— As-tu du courage ?

— Je le crois, — fit le jeune homme.

— Tu peux rendre un grand service à ton pays, si tu veux m'obéir.

— Un instant, — fit le jeune homme. — J'ai déjà répondu à toutes vos questions sans vous connaître. J'ai eu foi en vous et j'ai eu tort, peut-être. Mais comme après tout je ne risquais que de recevoir quelques coups de knout, je n'ai pas craint de m'engager ; maintenant, avant d'aller plus loin, je veux savoir qui vous êtes ?

— Madesko, as-tu vu parfois les portraits des anciens seigneurs de ce château ?

— Oui.

— Eh bien ! regarde.

Le prétendu paysan ôta une longue barbe rousse et une ignoble perruque ; le jeune homme s'écria en joignant les mains :

— Sainte Vierge ! comme il ressemble aux deux derniers princes !

— Madesko, — reprit Pierre, — car c'était lui ; ton père a été le serviteur dévoué du mien ; veux-tu devenir mon ami ?

— Oh ! monseigneur, votre ami ! y pensez-vous ? Je serai le plus humble de vos domestiques.

— Non, mon enfant, les temps ont changé maintenant, il n'y a plus de serfs. En Pologne, tous les patriotes sont égaux. Allons ! donne-moi ta main, — dit Pierre en tendant la sienne.

Madesko, au lieu de la prendre, la baisa humblement. Pierre sourit.

Le jeune homme se releva et dit :

— Maintenant, monseigneur, commandez ; que dois-je faire pour vous ?

— Pour moi et pour la Pologne ! — répondit Pierre. — Il faudra te glisser vers les remparts, après t'être muni de chevilles de bois et d'un maillet. Les canons ont des trous par où on y met le feu ; tu les boucheras avec tes chevilles.

— Prince, — dit le jeune homme, — j'ai compris et je vous assure que je réussirai ou je me ferai tuer par les sentinelles.

— Il ne faut pas te faire tuer, mon enfant, — dit Pierre ; — prends ceci.

Et il tendit au jeune homme un bâton de paysan, terminé par un nœud assez fort, en forme de masse.

— Merci, — fit Madesko, — je préfère un couteau de cuisine à ce gourdin qui m'embarrasserait.

— Ce n'est pas un gourdin, — dit Pierre, — mais un fusil.

— Monseigneur veut rire ? — fit le jeune Polonais stupéfait.

— Non, mon ami ; ce bâton est un fusil à vent, fabriqué par Lefaucheux, le meilleur armurier de Paris. Tu vois ce petit morceau de fer caché dans le bois, n'est-ce pas ?

— Oui, prince.

— C'est la détente.

— Mais le canon ?

— Voici, — fit Pierre.

Et il dévissa une virole, qui mit au jour un tube de fer caché dans le bâton.

— Oh ! — s'écria Madesko émerveillé, — comme je ferais la chasse aux cosaques avec une arme pareille !

— Je te la donne.

— Merci ! prince, merci ! Je vous jure de m'en servir souvent. — Le jeune homme réfléchit un instant. — Et le bruit de la détonation ? — demanda-t-il, — est-ce que cela ne donnera pas l'éveil à la garnison du château ?

— Les fusils à vent ne font pas de bruit, — répondit Pierre. — La balle part, frappe et tue ; on l'entend siffler quand elle passe, voilà tout.

Madesko regarda Pierre et le bâton avec défiance ; toutes ses idées sur les fusils étaient bouleversées ; mais quand il eut fixé son œil intelligent sur le visage de Pierre, il murmura :

— Oui, oui, c'est bien le fils de nos seigneurs, et il ne voudrait pas me tromper.

La confiance lui revint. Mais Pierre s'était aperçu de ce qui se passait dans son âme ; il prit le fusil et dit au jeune homme :

— Pose ton bonnet de peau contre le mur.—Le jeune homme obéit. — Ote-toi, — dit encore Pierre.

Madesko se rangea. Pierre visa le bonnet, appuya sur le ressort de la détente, et une balle alla s'amortir contre le mur en trouant la fourrure.

— Prince ! — s'écria Madesko, — cette expérience était inutile, j'ai douté une seconde à peine ; maintenant, sur un mot de vous, je n'hésiterais pas à prendre le diable par les cornes. Adieu, monseigneur ; dans une demi-heure, au plus tard, les canons seront hors de service.

Et le jeune homme sortit.

Pierre ne soupçonnait pas la présence du bossu au château. S'il s'était douté qu'en ce moment Paulo entrait dans la chambre d'Alexandra, il n'eût certes pas causé si longtemps avec Madesko.

Quand le jeune paysan se fut retiré, Pierre ouvrit doucement sa fenêtre et plongea son regard dans l'obscurité ; devant lui se promenait de long en large une sentinelle, qui de temps en temps posait son fusil à terre pour se réchauffer en battant la semelle.

Soudain une ombre parut, s'avança lentement en rampant et s'approcha de la sentinelle qui, ayant entendu un léger bruit, se retourna. Mais l'ombre se redressa, et un petit coup sec, suivi d'un sifflement, retentit ; le soldat poussa une plainte étouffée et tomba sur le sol ; l'ombre se mit à ramper jusqu'à lui, le tâta, le traîna au bord du rempart et le jeta dans le fossé. Un bruit sourd vint jusqu'à Pierre. Bientôt l'ombre fut auprès d'un canon, se mit à cheval dessus, y resta quelque temps, puis disparut.

— Et d'un !... — pensa Pierre.—Brave enfant ! — ajouta-t-il, — il ira loin si les circonstances le favorisent.

XIX

COMPLICATIONS.

Mais en ce moment l'attention de Pierre fut attirée par une clarté qui sortait de la chambre d'Alexandra et se reflétait sur les remparts.

— Elle veille, — pensa-t-il, — et sans doute elle souffre ; si elle me savait là, elle serait moins inquiète. Il examina la distance qui séparait sa fenêtre de celle de la jeune fille et il se prit à sourire : une idée lui venait. — J'ai bien envie, — se dit-il, — de descendre jusqu'à elle. Sans doute, en toute autre circonstance, cette visite serait peu convenable ; mais nous sommes dans une situation exceptionnelle. — Et Pierre caressa ses moustaches.—Elle sera bien surprise, — pensa-t-il, — puis je verrai si elle m'aime, à l'effet que lui causera ma présence.—En ce moment Jacob soufflait la chandelle. — Elle est couchée et elle éteint sa lumière, — fit Pierre ! — il s'agissait d'une autre maîtresse, je dirais : Tant mieux ! Mais elle est pure, chaste et digne ; elle doit être ma femme ; je ne dois pas d'exécuter mon projet...—Le bossu s'approchait du lit de la jeune fille... — Après tout, — reprit Pierre, — il faudra bien qu'elle se réveille dans une demi-heure, et il est important que je sois près d'elle. Qui sait ce que fera Rita quand elle entendra le bruit de la lutte? Allons, allons ! je dois protéger Alexandra ; point de timidité ridicule ! — Et Pierre courut à son lit, en arracha les draps, les déchira, en noua les fragments de façon à former une échelle à nœuds, en attacha le sommet à la balustrade et laissa tomber le reste en dehors du mur. Il allait descendre. Mais au moment d'enjamber il hésita ; il tremblait lui, le zouave intrépide.—Sacrebleu ! est-ce que j'aurais peur ? — se demanda-t-il avec un étonnement naïf et comme s'il ne se fût pas agi de lui. Mais il reprit bientôt : — Non ! ce n'est pas la peur. Depuis dix ans, mon âme est bronzée contre tous les dangers. Mais alors... c'est de l'amour !—fit-il avec une vive émotion.—De l'amour... c'est bien ça... Tant mieux, morbleu !... tant mieux ! Mon cœur s'est réveillé aussi jeune qu'autrefois et je tremble comme un page qui escalade le balcon d'une dame pour la première fois.

Et Pierre, tout joyeux, se laissa glisser le long de l'échelle avec une adresse et une force prodigieuses ; arrivé à la hauteur de la fenêtre d'Alexandra, il s'arrêta, balança adroitement la corde, prit son appui sur l'appui de la fenêtre et se retint à la balustrade. Homme d'action et s'attendant toujours aux plus étranges aventures, Pierre était muni de tout ce qui pouvait favoriser la fuite ou aider aux entreprises les plus hasardeuses ; il portait sur lui, outre ses armes, une trousse qu'un voleur de nuit eût enviée : rossignols pour crocheter les portes, vrilles à percer, pince à arracher ; rien ne lui manquait, tout était prévu. Cramponné à la balustrade, il tira de sa trousse un diamant et de la cire ; il colla la cire au carreau et le coupa avec le diamant ; après quoi, à l'aide de la cire, il tira à lui la vitre, qui céda sans bruit. Par l'ouverture béante, il passa son bras et fit jouer l'espagnolette... La fenêtre s'ouvrit... Il sauta dans la chambre, où régnaient une obscurité profonde et un silence lugubre...

Pierre ne vit rien, n'entendit rien. Paulo, lui, avait entendu et il avait vu. Si noir qu'il fût dehors, le corps de Pierre avait formé une ombre dans l'ombre, et le bossu avait reconnu la silhouette du colonel des zouaves de la mort.

— Lui ! lui ! — pensa-t-il. — Oh ! le démon !

Et il songea à fuir ; mais la porte était fermée. Alors le regard du bossu effaré rencontra le lit, assez haut monté sur ses pieds ; il se glissa dessous et attendit.

Pierre, une fois entré, alluma une allumette, ramassa la chandelle et mit le feu à la mèche. Alors il regarda autour de lui. Le bossu tremblait de tous ses membres ; il se demandait si Pierre le savait là, s'il le cherchait ; c'était une question de vie ou de mort pour lui.

Pierre regarda Alexandra, qui dormait tout habillée ; il frissonna de plaisir ; il eut toutes les peines du monde à ne pas succomber à la tentation de déposer un baiser sur ses joues fraîches et veloutées. Pour résister, il l'appela... Elle ne répondit pas.

— Pauvre enfant ! — pensa Pierre, — elle ne s'est couchée vaincue que par la fatigue. — Et il prit doucement sa main en l'appelant de nouveau. La main était froide. Pierre frissonna. — L'auraient-ils empoisonnée ? — se demanda-t-il avec terreur. Et il approcha son visage du sien. — Elle respire ! — s'écria-t-il, — mais voilà un sommeil étrange !—Il souleva la tête d'Alexandra, colla ses lèvres à son oreille, et essaya de secouer sa torpeur ; mais la jeune fille n'ouvrit point les yeux. Pierre frémissait au contact de la charmante enfant ; il sentait sa tête s'égarer, son front était en feu et son cœur battait avec violence ; il eut un moment d'ivresse et d'oubli ; il pressa contre son sein la poitrine d'Alexandra, il déposa sur son front un ardent baiser ; mais ce fut un éclair qui dura tout au plus l'espace d'une seconde. Pierre fit un bond en arrière qui le sépara du lit ; il se promena un instant avec une agitation fébrile, s'approcha de la fenêtre, respira l'air du dehors et se calma. — Fou que je suis ! — murmura-t-il. Il lança du côté d'Alexandra un brûlant regard d'amour ; ce fut le dernier. Il se rapprocha d'elle aussi tranquille que s'il ne se fût pas agi d'une femme adorée. Il examina froidement sa situation. — Elle dort, mais d'un sommeil qui n'est pas naturel, — dit-il. — Les misérables l'ont endormie ! Evidemment, cette Rita avait pour cette nuit des projets sinistres.

Aussitôt Pierre prit sa résolution. Il éteignit la lumière et essaya d'ouvrir la porte ; mais elle était fermée à clef. Il prit un tourne-vis dans sa trousse et démonta la serrure. Pendant ce temps, le bossu écoutait; il se rassura un peu en entendant le monologue de son colonel.

— Il ne sait rien, — pensa-t-il. La porte s'ouvrit, Pierre se glissa dans le corridor et écouta si l'on venait; il s'éloigna même assez loin pour épier. Le bossu profita de son absence et s'esquiva : — Ah! gredin! — dit-il une fois dehors; — tu es dans la souricière et tu seras bien habile si tu en sors vivant...

Il courut à la chambre de Rita; Pierre, lui, rentrait dans celle d'Alexandra.

Le bossu sonna à l'appartement de la baronne; une femme de chambre à demi endormie vint ouvrir au moment où Paulo cassait le cordon de la sonnette.

— Que voulez-vous? — demanda la soubrette avec mauvaise humeur.

— Parler de suite à votre maîtresse, — répondit Paulo.

— Vous voulez rire, petit bonhomme! Madame est couchée.

— Vite, vite, réveillez-la : un grand danger vous menace tous!

— Ah! — fit la soubrette d'un air incrédule. — Et quel danger, s'il vous plaît?

— Les Polonais vont attaquer le château dans quelques instants.

— Mon Dieu! —dit la soubrette en affectant une crainte qu'elle n'éprouvait pas; — nous sommes perdues!

— Encore une fois, prévenez madame la baronne; hâtez-vous!

— J'y cours! —Et la femme de chambre se précipita vers la chambre de sa maîtresse. Mais une fois hors de la vue du bossu elle se mit à murmurer : — Eh bien! si les Polonais prennent le château, tant mieux! Je ne suis pas Russe, moi! Madesko n'en sera pas fâché.

Au même moment un jeune homme parut dans la pièce : c'était Madesko.

— Mariette! — lui dit le jeune homme, — m'aimez-vous un peu?

— Pourquoi cette question? — demanda la soubrette.

— Écoutez, Mariette! vous êtes Française; depuis que vous êtes ici, j'ai senti mon cœur battre plus vite qu'à l'ordinaire, et je me suis aperçu que c'était pour vous. On m'a dit que les femmes de votre pays sont bonnes et sensibles; m'aurait-on trompé?

Mariette était dans le plus grand embarras, elle n'était au château que depuis huit jours; mais elle avait remarqué le jeune paysan, qui était fort joli garçon. Elle éprouvait pour lui une sympathie qui, à la première étincelle devait se transformer en amour.

— Le moment est mal choisi pour faire une déclaration, — dit-elle; — laissez-moi, Madesko, nous nous reverrons plus tard.

— C'est que, — fit le jeune homme indécis, — si j'avais eu le bonheur de vous plaire, je m'enhardirais à vous confier un secret.

Madesko était fort ému.

— Votre secret, je le connais, — fit Mariette.
— Impossible!
— Eh bien! le voici : les Polonais vont nous attaquer; est-ce cela?
— Oui, — fit Madesko stupéfait; — comment savez-vous cela?
— Qu'importe! Maintenant, qu'avez-vous encore à me dire? voyons!
— Mariette, vous êtes Française, vous devez aimer notre Pologne.
— C'est vrai.
— Mariette, je vais me battre et tâcher de faciliter l'entrée des insurgés ici, en me mettant à la tête des domestiques polonais du château.
— Ah! vraiment, — fit la jeune fille. Et elle regarda Madesko avec une admiration qu'elle ne chercha pas à déguiser; seulement elle murmura : — Vous êtes bien jeune, sauriez-vous vous servir d'une arme?
— Je viens de tuer tous les factionnaires, — dit tranquillement le jeune homme,—entre autres ce grand drôle qui vous faisait la cour; puis j'ai encloué les canons.

— Vrai! mon petit Madesko, — dit Mariette, — vrai! tu as fait cela?
— Je vous le jure.
— Tiens, tu es un brave! —Et Mariette sauta au cou du jeune homme, l'embrassa tendrement et lui murmura ces mots à l'oreille : — Je t'aime!
— Allons, — dit Madesko en l'enlaçant dans ses bras,— je ne crains plus de mourir; vous me regretterez.

Et il se sauva.

— Que faites-vous donc? — cria une voix furieuse. C'était celle du bossu.

— J'attends, madame, — dit la soubrette.
— Ah! elle est prévenue.
— Oui, retirez-vous.

Le bossu retourna dans l'antichambre; il avait entrevu une ombre qui fuyait; il pensait bien que Mariette mentait.

— Il y a des traîtres dans la place, — se dit-il; — voilà une drôlesse que je vais recommander à la baronne.

Mariette, néanmoins, forcée de sortir de la fausse position où elle se trouvait, appela sa maîtresse et lui communiqua l'avis donné par le bossu.

Rita sauta à bas de son lit, s'habilla en toute hâte et ordonna d'introduire Paulo.

— Qu'y a-t-il? — demanda-t-elle.
— Il est ici, — répondit-il.
— Où?
— Dans la chambre d'Alexandra.
— Et les insurgés?
— Je suppose qu'ils ne sont pas loin, et qu'au moindre signal de leur colonel ils donneront l'assaut pour venir à son aide.
— O le maudit! quelle audace! — s'écria la baronne, — enlever mon mari à Varsovie et venir me braver ici! Comment a-t-il pu pénétrer dans le château?
— Je ne sais, il porte le costume de paysan.

Rita grinça des dents.

— C'est lui, — gronda-t-elle, — qui m'a remis la lettre du baron. Il m'a jouée! — Elle sonna. Mariette se présenta. — Faites venir un planton, — dit la baronne.

La soubrette disparut.

— Êtes-vous sûre de cette femme? — demanda le bossu avec méfiance.
— Comment l'entendez-vous?
— Croyez-vous qu'elle soit dévouée à notre cause?
— Je ne sais trop...
— Combien il y a-t-il de temps juste qu'elle vous a éveillée?
— Cinq minutes.
— Alors elle trahit, car j'attends depuis un quart d'heure et elle a causé avec un domestique. Madame, il y a des espions ici et probablement des affiliés à l'insurrection; nous aurons une révolte au dedans si on nous attaque au dehors.
— Assurons-nous de Pierre d'abord.
— Oui, c'est le plus sûr.

Un pas lourd se fit entendre; un militaire entra, raide, compassé, impassible, et il attendit, la main à la couture du pantalon, comme s'il eût été devant son colonel.

— Sergent,—dit la baronne avec autorité,—courez au pavillon de monsieur de Nouradoff et dites-lui que je l'attends; surtout, qu'il se presse!—Le planton fit demi-tour à droite avec une précision mathématique.—Courez donc!—commanda l'impérieuse baronne;—courez donc! sergent.

— Le sous-officier prit le pas gymnastique et le cadença avec la même régularité que s'il eût été au champ de Mars. — O les brutes! — s'écria Rita.

— Ce sont des automates, — gronda le bossu; — avec leur discipline, les généraux russes ont abruti l'armée.

— Allez prévenir Jacob, — dit Rita au bossu. — Il est de bon conseil. — Paulo s'élança dehors, la laissant seule.

La baronne trouva bien longues les minutes pendant lesquelles de Nouradoff se fit attendre ; enfin il parut. — Monsieur, — lui dit-elle, — vous étiez prisonnier ; je vous ai fait échanger contre un officier révolté auquel cependant le marquis Vielopolski aurait tenu à faire infliger le dernier supplice.

— Je sais que je vous dois la vie, — dit monsieur de Nouradoff en s'inclinant.

— Le moment est venu de me prouver votre reconnaissance par votre zèle.

— Je suis prêt.

— Si je suis contente de vous, vous n'aurez pas à vous en repentir.

— Madame, — dit froidement de Nouradoff, — j'ai le malheur de ne pas réussir dans une mission que vous m'avez confiée ; mais du moins j'ai tenu autant qu'il était en moi mes promesses, vous n'avez pas tenu les vôtres.

La baronne prit la main du jeune homme.

— C'est vrai, j'avais juré de vous aimer et je vous ai résisté. Attribuez cela au dépit que j'éprouvais en voyant l'homme de mon choix vaincu par mon ennemi. Au fond, j'ai toujours eu pour vous une sympathie profonde ; et la preuve, c'est que j'ai tout fait pour vous délivrer de la captivité. — Et la baronne tendit la main à de Nouradoff, qui la pressa tendrement. — Boudez-vous toujours ? — demanda-t-elle avec une grâce irrésistible.

— Non, — murmura-t-il en tombant à genoux.

— Relevez-vous, — fit-elle ; — le moment de vous venger de ce Pierre est venu ; vous pouvez le faire prisonnier. Il est ici dans la chambre de mademoiselle Alexandra, sa fiancée. Avec une escouade, enfoncez la porte et emparez-vous de lui ; une fois cela fait, donnez des ordres pour la défense du château : nous allons être attaqués.

— Et je combattrai sous vos yeux, quel bonheur ! — s'écria de Nouradoff.

Il couvrait la baronne de baisers.

— Mais allez donc ! allez donc ! — s'écria-t-elle ; — les minutes se passent et il peut nous échapper... !

— Vous ne me repousserez plus maintenant ! — s'écria le jeune homme.

— Mais non ; rappelez-vous pourtant à quelle condition je vous promets ma tendresse ; les femmes comme moi veulent que celui qu'elles aiment ait au front l'auréole du triomphe.

De Nouradoff, galvanisé, se précipita vers le poste, y prit dix hommes, qu'il éveilla à coups de pied, selon la mode russe, leur ordonna de s'armer et les mena à la porte de la chambre occupée par Alexandra.

XX

DU SANG!!!

De Nouradoff, arrivé à la porte de la chambre où se trouvait Pierre, ordonna à ses hommes de l'enfoncer à coups de crosses de fusil. Les soldats s'empressèrent d'obéir. La porte, ébranlée, tomba bientôt, mais aussitôt un homme s'élança hors de la chambre, le poignard au poing, et se rua sur les Russes.

Ceux-ci, qui ne s'attendaient pas à cette brusque attaque, étaient entassés dans le couloir étroit ; il leur fut impossible de manier leurs fusils. Leur adversaire, avec une force inouïe et une rage indicible, frappa le premier d'entre eux en pleine poitrine, en éventra un second d'un coup de revers, coupa les jarrets à un troisième, et planta son arme dans la gorge d'un quatrième. Les Russes reculèrent.

Pierre profita de ce répit et se baissa pour ramasser un fusil ; les assaillants revinrent à la charge, entraînés par de Nouradoff, qui avait mis l'épée à la main. Pierre brandit son fusil comme une massue, cassa la tête à un caporal, brisa l'épée de de Nouradoff et mit en fuite le reste de l'escouade. Il se retourna et aperçut de Nouradoff qui le couchait en joue avec un pistolet. Pierre se jeta à terre pour esquiver le coup, et d'un coup de crosse défonça l'estomac du cadet russe, qui roula à terre en râlant.

— Va, — lui dit Pierre, — tu es un misérable ! Tu as sacrifié deux fois l'honneur à l'amour ! — Et il l'acheva avec les pistolets que le cadet russe portait sur lui. Alors il ramassa les fusils, les gibernes et les morts, les traîna dans la chambre, et il forma une barricade avec le lit, les meubles et les cadavres entassés. Alexandra dormait toujours ; elle était étendue sur une couverture, dans un coin de la chambre. — Allons, — se dit Pierre, il est temps !

Il se pencha à la fenêtre et poussa un cri plaintif, auquel répondirent mille cris rauques et puissants. C'étaient les zouaves de la mort et les faucheurs qui se précipitaient à l'assaut ; ils furent reçus par la garnison, à laquelle Rita avait fait prendre les armes.

La baronne avait déployé une activité prodigieuse. Par son ordre, les défenseurs du château, séparés en quatre troupes de cinquante hommes, commandées chacune par un officier, s'étaient groupés sur les quatre faces du château.

La jeune femme avait adressé une allocution énergique aux soldats et leur avait fait distribuer à boire ; aux officiers, elle avait prodigué ses sourires...

Ceux-ci connaissaient le pouvoir occulte de la baronne et lui obéissaient plus aveuglément encore qu'à de Nouradoff, leur chef immédiat. Néanmoins Rita, quand elle vit les insurgés s'avancer, conçut quelques inquiétudes et courut elle-même chercher des nouvelles du jeune officier. Elle sentait bien que la garnison avait besoin d'être dirigée par un soldat, et que l'épaulette ferait mieux au feu que les volants et les dentelles. Elle parcourut les couloirs et rencontra cinq ou six soldats qui fuyaient ; elle les arrêta et apprit d'eux ce qui s'était passé.

En ce moment la fusillade éclata sur les remparts ; la lutte s'engageait et Pierre n'était pas prisonnier. Il allait s'échapper peut-être !... Rita se précipita vers l'office, et y trouva les domestiques assemblés ; Jacob était au milieu d'eux, leur distribuant des armes.

— Où voulez-vous les conduire ? — demanda-t-elle au juif.

— Aux remparts, — répondit Jacob à voix basse ; — nous n'aurons pas trop de soldats cette nuit.

— Il faut s'emparer de Pierre auparavant, — fit Rita rapidement.

— Quoi ! monsieur de Nouradoff n'en a pas fini avec ce maudit prince ?

— De Nouradoff est mort, ses soldats sont morts aussi ou en fuite. Jacob, emmenez cette valetaille et tuez ce Pierre !

— Par Abraham ! — s'écria le juif, — nous aurons enfin raison de ce brigand !

— Attendez, — fit la baronne. Et, s'adressant à ses gens, elle leur dit : — Je donne mille francs à chacun de vous si l'on tue ou si l'on prend vivant l'homme vers lequel Jacob va vous conduire.

Les serviteurs russes accueillirent cette promesse par un hourra, et ils suivirent Jacob. Les domestiques polonais avaient disparu... Bientôt Pierre entendit les pas des nouveaux assaillants qui venaient contre lui.

— Allons, — se dit-il en jetant un coup d'œil vers les remparts, — que je tienne un quart d'heure, et je suis sauvé ! — En effet, les insurgés escaladaient bravement les remparts ; il y avait toute apparence qu'ils emporteraient la place sans coup férir. Pierre, à travers sa barricade, avait ménagé des jours ; il voyait sans être vu. Il avait déposé les fusils des vaincus à portée de sa main, ainsi que les gibernes pleines de munitions. — Par Dieu ! — se dit-il, — l'affaire devient amusante ; j'ai de quoi tuer une centaine d'hommes, et je vais soutenir un siège glorieux.

Les domestiques avançaient; Jacob se tenait prudemment à l'arrière-garde. Pierre laisse arriver les assaillants à dix pas de lui. Ceux-ci avaient eu la sottise de se munir de flambeaux ; ils aperçurent soudain la barricade improvisée par Pierre ; elle leur causa un effroi involontaire.

Sur le lit et les meubles entassés, six cadavres étaient empilés, livides, mutilés et sanglants; les dalles du couloir étaient rouges et humides ; un canon de fusil passait sa bouche menaçante à travers une petite embrasure. Un bruit sec et une détonation retentirent, une lueur brilla, une balle siffla, deux hommes tombèrent. Il n'en fallut pas davantage pour disperser cette valetaille.

Mais l'or a un attrait puissant. Rita et Jacob parvinrent à arrêter ces poltrons, et la baronne, pour les encourager, leur jeta des poignées de roubles ; mais elle eut beau prier, ordonner, promettre, elle ne put les décider à tenter une attaque de vive force. Elle dut se contenter de les voir former un blocus à l'issue du couloir, et de là tirailler sur Pierre, parfaitement à l'abri et ne daignant pas répondre.

En ce moment, le plus ancien capitaine, qui avait pris le commandement en chef, accourut auprès de la baronne.

— Qu'y a-t-il ? — demanda celle-ci.

— Madame, — dit le capitaine, — je dois vous prévenir que nous serons bientôt forcés de nous rendre ; la défense devient impossible.

— Et pourquoi cela ?

— Ecoutez ! — Un coup de canon retentit. — Il y a trois pièces qui sont braquées contre la porte du château ; le pont-levis va bientôt crouler ; après lui, la porte ; après la porte, la herse !...

— Mais vous avez du canon, vous aussi ?

— Toutes les pièces sont enclouées.

— Malédiction ! — murmura Rita. Et elle réfléchit pendant quelques secondes, le visage contracté, les yeux égarés, les mains crispées. Elle prit une résolution : — Capitaine, combien de temps pouvez-vous tenir encore sans capituler ?

— Vingt minutes.

— Avez-vous un officier intrépide ?

— Oui.

— Pourriez-vous trouver vingt soldats qui ne soient pas des poltrons ?

Le capitaine hésita. Enfin il répondit :

— Oui, madame.

— Eh bien ! vite, capitaine, courez ! Que cet officier et hommes me rejoignent ici ; que vous arrêtiez les insurgés une demi-heure encore, et je vous jure que vous passerez ensuite.

— Si je ne suis pas tué cette nuit, — murmura le capitaine.

Bientôt le détachement arriva, et l'officier e mit aux ordres de Rita.

— Monsieur, — lui dit-elle, — au fond de ce couloir se trouve une chambre où s'est barricadé un homme qui s'est introduit par ruse dans ce château. Cet homme est le colonel des *zouaves de la mort*. Vous et les vôtres, vous serez bien lâches si vous n'en venez pas à bout !

L'officier était un jeune homme bouillant et énergique ; il pâlit de colère.

— Nous ne sommes pas des lâches, madame ! — dit-il.

— Pour une étrangère, vous êtes bien dure envers l'armée russe. L'homme dont vous parlez a déjà tué monsieur de Nouradoff ; mais n'importe ! je vais vous faire voir que nous avons du cœur. — Et l'officier plaça ses hommes dans le couloir, mit le pistolet à la main avec un sergent et s'écria : — En avant !... Si l'un de vous hésite, je lui brûle la cervelle.

Les soldats s'avancèrent. Pierre, à son poste, les observait ; il tira et en atteignit un ; les Russes continuèrent à marcher ; Pierre tira encore, et un homme fut blessé. Plusieurs soldats firent mine de tourner les talons ; l'officier tint parole, car il déchargea sur eux ses pistolets, et il piqua à coups d'épée ceux qui se trouvaient devant lui ; le sergent leur enfonçait dans les reins la pointe de sa baïonnette. Les derniers poussèrent les premiers, il fallut bien avancer ; Pierre tira un troisième coup de feu. Alors les Russes, exaspérés et entre deux périls, poussèrent un hourra et se précipitèrent contre la barricade, qu'ils défoncèrent malgré la vigoureuse résistance de Pierre ; les cadavres, les meubles, le lit, arrachés, dispersés, s'éparpillèrent, et les assaillants pénétrèrent dans la chambre. Un combat corps à corps s'y engagea.

Pierre fit des prodiges d'agilité et de courage. Placé devant Alexandra, il la protégeait de son corps et tenait les soldats en respect ; mais l'officier arracha aux mains du sergent son fusil chargé et le tira presque à bout portant sur le colonel. Celui-ci eut la cuisse fracassée et il tomba sur un genou ; des baïonnettes s'abaissèrent contre lui... il allait succomber sous le nombre. Soudain une troupe envahit la chambre et se jeta sur les Russes. C'étaient les domestiques polonais conduits par Madesko. En un clin d'œil ils eurent mis hors de combat tous les soldats.

Par malheur, le canon des insurgés avait cessé de tonner et la garnison poussait des cris de triomphe. Voici ce qui s'était passé :

Au moment où le pont-levis s'abattait avec fracas, les insurgés furent attaqués sur leurs derrières par une colonne russe que commandait en personne le successeur du prince B..., le général Jaëgler. Forte de six mille hommes, la colonne cernait les insurgés.

Pierre se fit traîner à la fenêtre et comprit ce qui était arrivé.

— Mes enfants, — dit-il aux Polonais, — tout n'est pas désespéré ; emportez-moi à la chapelle et n'oubliez pas cette jeune fille qui dort là. Toi, Madesko, brûle la cervelle à tout Russe qui nous verrait passer.— Le colonel fut obéi. On gagna la chapelle sans rencontrer personne. Pierre en fit fermer les portes, puis il ordonna à Madesko de le mener au fond du chœur ; le jeune homme prêta son bras au blessé, qui se traîna jusqu'à un tableau de la Vierge, qu'il fit soulever. — Ne vois-tu pas un anneau de cuivre ? — demanda-t-il à Madesko.

— Oui, prince, — répondit celui-ci.

— Tire-le à toi.

— Voilà.

A peine Madesko avait-il prononcé ce mot que tout un pan de mur tournant sur un pivot s'ouvrit.

— Engage-toi dans ce passage, — dit Pierre ; — la chapelle est adossée aux remparts, tu trouveras une petite poterne quand tu auras fait cinq pas. — Pierre connaissait par la tradition les moindres détails topographiques du château de ses aïeux. Madesko, en effet, rencontra bientôt un obstacle et prévint le colonel.— Sens-tu des verrous sous ta main ? — demanda celui-ci.

— Oui, monseigneur.

— Tire-les. — Les verrous grincèrent, la poterne s'ouvrit ; une bouffée d'air frais pénétra dans la chapelle.

— Sortons, — dit Pierre, — et pas de bruit ! Nous allons être dans les fossés du fort.

Comme le dernier Polonais disparaissait, un homme vint coller son œil à la serrure de la porte de la chapelle. C'était le bossu, qui observait tout depuis une heure, sans se montrer, dans la crainte de se compromettre.

— Bon ! tu fuis, — murmura-t-il, — mais je suivrai ta piste.

Les Polonais se trouvaient dans le fossé, du côté opposé à celui où l'attaque avait lieu. On n'entendait aucun bruit sur ce point ; Pierre et Alexandra, toujours endormie, furent hissés sur la contrescarpe ; là, Madesko jeta un coup d'œil autour de lui ; pas une ombre n'apparaissait dans la campagne sombre et déserte. Sur le point opposé, par exemple, la canonnade continuait avec fureur.

— Vous êtes sauvé, prince! — dit Madesko.
— Pas encore, — répondit Pierre; — il me faudrait un bon cheval.
— Je vous en fournirai un quand nous aurons gagné ce bouquet d'arbres là-bas.
— Où trouveras-tu une monture?
— Il y a derrière ces arbres une ferme, et dans cette ferme de chevaux.
— Bravo! — dit Pierre.

On se dirigea vers le bosquet, et les fugitifs s'y arrêtèrent; cinq hommes restèrent auprès du colonel, cinq autres suivirent Madesko, qui ramena bientôt trois coursiers.

— Vite en selle, monseigneur, — dit-il; — vous prendrez mademoiselle devant vous, et moi, je vous suivrai avec un cheval en lesse; il pourra nous servir.
— Tes camarades nous accompagnent?
— Sans doute, — répondit Madesko; — ils ne veulent pas vous abandonner.
— Vous êtes de braves cœurs, — dit le colonel; — je vous dois une reconnaissance éternelle.
— Il n'est rien que nous ne fassions pour le fils de nos anciens maîtres! — s'écrièrent les Polonais.
— Tonnerre! — gronda Madesko, — nous sommes poursuivis, tenez!

En effet, on apercevait au sommet de la contrescarpe des ombres qui sortaient du fossé et se dirigeaient vers le bouquet d'arbres.

Le bossu, ayant surpris les fugitifs au moment où ils quittaient la chapelle, s'était hâté de courir aux remparts. Là il avait vu les insurgés aux prises avec la colonne du général Jaëgler, et la garnison spectatrice du combat. Rita était là, frémissante d'espoir, quand ces mots vibrèrent à son oreille:
— Il échappe!

Et le bossu lui détailla ce qu'il avait vu. Elle fit prendre aussitôt une compagnie à un capitaine, et le bossu servit de guide. Les Russes se doutèrent bien que les fugitifs étaient derrière les arbres; il était évident que leur première pensée avait dû être de se réfugier là.

Les onze Polonais qui servaient d'escorte à Pierre résolurent d'arrêter les Russes et de sauver leur prince à tout prix. Ils engagèrent ce dernier à se retirer, Pierre refusa, il ordonna à Madesko de prendre Alexandra et de fuir au galop avec elle.

Mais le jeune homme, au lieu d'obéir, cria à Pierre:
— Tenez-vous bien!

Et, à grands coups de baguette de fusil, il frappa son cheval, qui s'emporta malgré tous les efforts du cavalier. Madesko suivit le colonel à toute bride. Pendant ce temps, les Polonais criblaient les Russes de balles et parvenaient à les arrêter. Quand ils virent que les deux cavaliers avaient disparu, ils s'esquivèrent à leur tour.

Bidou avait arrêté un plan qu'il exécuta avec une grande audace.

Il était difficile de faire une trouée à travers les Russes; d'autre part, les insurgés se trouvaient acculés à la forteresse. Bidou fit placer cinq canons en batterie contre la colonne du général Jaëgler; il dispersa le bataillon de zouaves en tirailleurs, en avant de l'artillerie, et il forma une réserve avec les faucheurs. Stanislas à l'aile droite, Lejars à l'aile gauche, commandaient les zouaves; ils avaient ordre de ne pas lâcher pied. Cela fait, Bidou fit avancer une pièce de canon qui lui restait contre la porte, et la fit entourer par les enfants perdus.

— Tu défendras ce canon contre les sorties de la garnison, — dit-il à Tête-de-Pioche; — tu m'en réponds sur ta tête!
— Mon commandant, ça suffit, — dit Tête-de-Pioche.

Bidou engagea les artilleurs à s'approcher aussi près que possible des fossés, pour que tous les coups portassent. Cela fait, il attendit, l'œil tantôt en avant, tantôt en arrière.

— Mordioux! — disait-il, — vous arrivez un peu tard, monsieur Jaëgler; nous allons vous jouer un tour de notre façon. — Les zouaves de la mort se conduisirent si bravement que les Russes ne purent gagner un pouce de terrain. Le canon gronda, et en trois coups fit voler la porte en éclats. — Bon! — se dit Bidou, — tout va bien; la herse ne résistera pas davantage. — Et il cria aux artilleurs: — Allez-y gaiement, garçons! Un effort, et la place est à nous!

La garnison, réduite à cent hommes, comprit le plan de Bidou; la herse allait être détruite.
— Madame, tout est perdu! — dit le capitaine à la baronne. — Puisque le château a une issue, il vous faut fuir sans perdre de temps; nous nous retirerons après vous.
— Mais ce renfort qui vous arrive est donc inutile! — s'écria la baronne.
— Madame, de grâce! croyez-moi. Dans quelques minutes, la retraite serait compromise, fuyez.

Rita entendait la herse craquer sous les boulets; elle suivit le conseil du capitaine, qui à son tour quitta le rempart avec ses soldats.

Il était temps. Les enfants perdus pénétraient dans le fort, et derrière eux les faucheurs et les zouaves de la mort entrèrent aussi. Quand le dernier homme y fut, Bidou fit ranger trois canons sous la voûte, et, d'une volée de mitraille, arrêta net les Russes du général Jaëgler.

XIX

LES LOUPS.

Pierre avait poussé un juron formidable en voyant la désobéissance de Madesko; mais le jeune homme, se souciant peu de la colère du colonel, continua à fouetter vigoureusement la monture de ce dernier.

Pierre, excellent cavalier, parvint à dominer son cheval, lui fit faire un écart et l'arrêta net.
— Finiras-tu, maudit entêté! — cria-t-il à Madesko.
— Prince, — répondit celui-ci, — je suis désolé d'avoir méconnu un de vos ordres; mais je n'ai pas voulu vous manquer de respect, je vous le jure!
— Allons, silence! Et maintenant, obéis!
— Que voulez-vous donc, monseigneur?
— Prends cette jeune fille et emporte-la aussi loin que tu le pourras du théâtre de l'insurrection. Je t'enverrai des ordres plus tard. Eh bien! te hâtes-tu?
— Mais, mon colonel, qu'allez-vous faire, vous?
— Retourner au secours de tes camarades, que je ne veux pas abandonner lâchement. Maintenant que je suis à cheval, ma blessure ne me fait plus mal. Prends donc cette enfant sur le cou de ton cheval, te dis-je!

Madesko obéit. Pierre arma ses pistolets et voulut tourner bride, mais son compagnon l'arrêta en souriant:
— Monseigneur, — dit-il, — la fusillade a cessé, nos amis se sont enfuis après avoir suffisamment arrêté les Russes; ce serait une folie inutile et coupable d'aller vous faire tuer. — En ce moment un bruit qui se rapprochait de plus en plus vint donner raison au jeune homme. Les Russes s'avançaient au pas de course. — Croyez-moi, monseigneur, — dit-il, — fuyons; il ne faut pas que l'insurrection perde son meilleur bras et sa meilleure tête sans nécessité.
— En route! — dit Pierre d'une voix sombre, — cette fois nous sommes vaincus. — Bidou là-bas! Moi ici!...

Le colonel ignorait le succès de son lieutenant.

Madesko et lui détalèrent au plus vite devant eux, emportant leur précieux fardeau; mais après quelques verstes, ils firent plusieurs crochets pour dérouter leur poursuite.

Pierre et Madesko, après une heure de galop, se trouvèrent sur la lisière d'une épaisse forêt ; ils s'y engagèrent pour s'y mettre à l'abri des Russes. Il pouvait être environ trois heures du matin.

La forêt se présentait sombre, épaisse et immense ; c'était une de ces forêts du Nord insondées comme celles de l'Amérique, pleines de mystères et d'hôtes dangereux. Les fuyards s'engagèrent dans une espèce d'avenue naturelle formée par un ravin étroit, profondément encaissé entre ses talus abruptes et dominé par deux rangées d'arbres formant au-dessus de lui une voûte qui s'allongeait à perte de vue et presque en ligne droite.

Les rayons de la lune perçaient çà et là le feuillage toujours vert des sapins, et, de loin en loin, éclairaient de reflets blafards quelques coins sauvages et bizarres de ce site étrange et tourmenté ; le jeu de la lumière et des ombres donnait aux objets une apparence fantastique ; les rochers affectaient des formes semi-humaines, tantôt menaçantes comme les géants monstrueux des légendes, tantôt grimaçantes comme les nains difformes des ballades, toujours hideuses et effrayantes. Au-dessus d'elles se dressaient, funèbres et gigantesques squelettes, les sapins séculaires dont la bise secouait avec furie les grands bras décharnés.

— Prince, — dit Madesko, — nous ferions bien de ne pas entrer dans cette gorge ; prenons à gauche.

— Pourquoi ? — demanda Pierre.

— Parce que c'est le *ravin du Diable !* — répondit le jeune homme.

— Tu es superstitieux, Madesko, — fit Pierre avec un sourire.

— Oui, monseigneur, — dit le jeune homme avec une naïve simplicité.

— Tu es trop brave pour craindre longtemps des dangers imaginaires. Je te guérirai de la superstition, mon enfant.

La voix des deux cavaliers résonnait dans les échos du ravin avec une sonorité qui rappelait celle des sépulcres. Madesko frissonnait malgré lui : il avait peur. Pierre, souriant de la crainte qu'éprouvait le jeune homme, lança son cheval au galop, en serrant contre ses bras Alexandra toujours endormie ; Madesko n'hésita pas à suivre *son seigneur*, mais il eût paru blême si le soleil avait éclairé son visage.

Le *ravin du Diable* jouissait d'une réputation sinistre ; on racontait de bien terribles histoires dont les scènes sanglantes s'étaient déroulées sous ses grands sapins : tous les paysans à vingt lieues à la ronde prononçaient à voix basse le nom de ce défilé hanté par Satan, et on se signait le jour avant d'y pénétrer ; la nuit, pour cent roubles, le plus vaillant bûcheron n'aurait pas voulu se hasarder à le traverser.

Pierre, un peu débarrassé des appréhensions que lui causait la poursuite des Russes, s'occupa davantage de la charmante dormeuse que berçait le galop de son coursier ; elle était assise devant lui, légère, souple et gracieuse ; d'un bras il tenait sa taille enlacée, tandis que sur sa large épaule retombait nonchalamment la blonde tête de la jeune fille.

Peu à peu (était-ce par suite du balancement imprimé à tout son corps par l'allure du cheval, ou par suite de l'attraction irrésistible qu'exerce l'amant, même sur sa maîtresse endormie?), peu à peu, disons-nous, la tête d'Alexandra avait glissé sur le col de Pierre, ses lèvres avaient frémi en l'effleurant, et plusieurs fois son cavalier crut qu'elle était éveillée.

Bientôt il entendit un soupir à travers le souffle régulier et parfumé qui caressait ses cheveux comme la brise caresse un buisson fleuri ; les bras d'Alexandra montèrent doucement à son cou qu'ils entourèrent ; puis, sans que les yeux de la dormeuse s'ouvrissent, Pierre sentit ses lèvres se coller aux siennes. Il n'osa pas faire un mouvement ; il avait lâché la bride à son cheval et il se laissait aller à la plus douce impression qu'il eût jamais ressentie.

Mais Madesko ayant poussé un hum ! sonore, le colonel leva la tête et se retourna pour demander :

— Qu'y a-t-il ?

— Monseigneur, regardez donc à gauche ; ne voyez-vous rien ?

— Rien, — fit Pierre.

— J'ai vu briller deux flammes sous les arbres ; elles semblaient courir, — reprit le jeune homme.

— Poltron ! — répondit Pierre.

— Mais, monseigneur, je vous jure que je ne me suis pas trompé ; on aurait dit deux feux follets.

— Allons, Madesko, tu as l'imagination trop vive. Il faudra tâcher de te calmer, si tu veux faire un bon soldat.

Madesko se tut, mais il était trop sûr de son fait pour ne pas observer ce qui se passait autour de lui : il était convaincu que les feux follets se remontreraient. Tout à coup il entrevit, non pas deux, non pas quatre, mais vingt, cent flammes qui sillonnaient les ténèbres autour de lui. Il laissa échapper un cri de stupéfaction et d'épouvante.

En ce moment, Alexandra, à demi éveillée déjà, à moitié endormie encore, venait de presser tendrement contre son cœur Pierre, qui fut désagréablement distrait par l'exclamation de son compagnon. Il se retourna vers lui et lui dit avec mauvaise humeur :

— Mon cher ami, tu as été trop vaillant cette nuit pour manquer d'énergie ; appelle donc ton courage à toi et domine tes folles terreurs. Que diable ! on ne voit rien.

— Sur mon âme ! monseigneur, je suis certain d'avoir parfaitement vu, de mes yeux vu... Ici le jeune homme arrêta son cheval et cria à Pierre : — Tenez ! tenez ! là-bas sous les sapins... Les voilà qui flambent, ces feux...—

Pierre, en effet, vit comme deux traits lumineux qui couraient en se rapprochant de lui ; puis, chose étrange, ils s'arrêtèrent soudain. Pierre, surpris, réfléchissait, quand Madesko, le poussant du doigt, lui dit tout bas cette fois et en tremblant : — Monseigneur, en voici d'autres ! — En effet, à droite, à gauche, devant, derrière, partout, avait surgi en un clin d'œil un cercle de points lumineux, fixes, phosphorescents, qui avaient un rayonnement magnétique et terrible. — Ah ! sainte Vierge ! — murmura Madesko en se signant, — ce sont des diables ; je vous avais bien prévenu que le ravin était mauvais ! Nous sommes perdus, monseigneur, nous sommes perdus !

— Peut-être, — répondit Pierre ; — mais cependant nous n'avons pas affaire à des démons, mon pauvre ami ; ces lumières sont des yeux et ces yeux appartiennent à des loups.

— Tiens ! vous avez raison ! — s'écria Madesko presque joyeux et en se frappant le front ; — que je suis bête de n'y avoir pas pensé !

— Tu sembles tout rassuré ? — fit Pierre.

— Dame ! monseigneur, ce n'est pas étonnant ; pour ennemis, on préfère des loups à Belzébuth.

— Je ne suis pas de ton avis. Depuis le commencement de la guerre, ces animaux suivent les armées par bandes, et ils dévorent les cadavres ; ils ont contracté l'habitude de manger de la chair humaine et ils sont devenus très-hardis. Dernièrement, ils ont attaqué un de nos courriers ; on n'a retrouvé que son squelette et celui de sa monture.

— Ma foi ! c'est égal, je préfère les bêtes féroces aux êtres surnaturels, — dit Madesko. — Si ces animaux nous attaquent, nous nous défendrons : nous avons des armes.

— Ils sont au nombre de deux cents au moins, — fit Pierre avec inquiétude.

— Oui, mais ils se tiennent à distance, — observa Madesko. — Essayons de remettre nos chevaux au galop.

— Le conseil est bon ; en avant ! — dit Pierre, après avoir préparé ses pistolets.

Ils partirent au trot. Le ravin était barré par une dizaine de loups énormes, qui laissèrent approcher les deux cavaliers à dix pas. Pierre allait tirer sur eux, quand ils se levèrent et disparurent.

— Bon ! ils ont fui, — dit Madesko avec un air triomphant ; — vous voyez bien qu'il n'osent pas se frotter à nous!

— En attendant, ils continuent à nous escorter, — remarqua Pierre. — Tudieu ! la situation me paraît dangereuse.

Le colonel connaissait les mœurs des loups, et il savait qu'ils finissent toujours par attaquer les voyageurs quand ils se sentent très-nombreux et qu'ils sont poussés par la faim.

Pierre tenait toujours Alexandra dans ses bras et prenait les plus grandes précautions pour ne pas la tirer de l'assoupissement où elle était encore plongée ; la jeune fille faisait un de ces rêves étranges qui sont un mélange de réalités et de mensonges et qui assaillent le cerveau, quand on commence à sortir d'un sommeil factice ou d'un évanouissement prolongé. Elle avait vaguement conscience d'être aux bras de Pierre ; elle éprouvait une délicieuse émotion ; elle murmurait son nom avec une tendresse passionnée. A mesure que son assoupissement cessait, la raison lui revenait; elle aurait pu, secouant un reste de léthargie, ouvrir sa paupière alourdie et s'assurer de la vérité , mais elle n'osait le faire. Elle craignait de voir s'envoler ses songes d'or sur l'aile noire du sommeil, et de sentir au réveil la triste réalité revenir la toucher de son doigt glacé. Elle eût voulu dormir encore, dormir toujours ; mais un baiser de Pierre, en lui arrachant un cri de tendresse, l'éveilla tout à fait. Elle leva ses grands yeux vers les siens, les ferma et les rouvrit de nouveau, tout étonnée que la vision n'eût pas disparu ; puis, certaine que c'était lui, elle attira doucement sa tête à elle, et, heureuse, éperdue, enivrée d'amour et de joie, elle l'embrassa avec l'abandon complet et l'effusion pleine de langueur de la vierge qui donne son premier baiser dans la première surprise. Un bonheur immense avait envahi le cœur de Pierre.

Il oublia tout pour ne songer qu'à elle, et les Russes qui pouvaient être sur ses traces, et les loups qui se rapprochaient avec une audace plus grande, et Madesko qui à distance recueillait les soupirs et les baisers à travers la cadence du galop.

Depuis qu'il avait affaire à des ennemis de chair et d'os, Madesko avait repris son insouciance. Et pourtant le danger était imminent, les loups resserraient de plus en plus le cercle dont ils entouraient les voyageurs ; on entendait le sol résonner sous leur course rapide ; de temps en temps leurs mâchoires affamées se serreraient l'une contre l'autre avec des craquements lugubres, signe certain d'une attaque prochaine. Mais Madesko ne se préoccupait pas de si peu, et Pierre était tout à ses amours.

Alexandra, après un premier élan de tendresse spontané, irrésistible, qui l'avait entraînée, revint à elle-même et comprit qu'elle venait de livrer son secret.

Jamais elle n'avait échangé avec Pierre un seul de ces demi-mots qui laissent deviner la passion comme un voile de gaze transparent laisse deviner un joli visage ; ni l'un ni l'autre n'était sûr d'une tendresse réciproque ; elle venait, la première, de montrer son âme à nu... Elle rougit et baissa les yeux.

Les femmes n'ont pas, quoi qu'on en dise, la pudeur du corps (ceux-là le savent, qui distinguent les tendances de la nature des habitudes de l'éducation). Mais elles ont la pudeur de l'âme, puisée surtout dans le sentiment intime de leur faiblesse ; telle se donnera tout entière à un amant à l'heure de la défaite, sans réserve et sans manteau, qui pendant longtemps lui a caché sa passion avec un soin jaloux.

Alexandra, honteuse, confuse, cacha sa tête dans ses deux mains ; elle eût voulu pour tout au monde effacer la trace de ses lèvres sur le front de Pierre ; mais il lui semblait que son baiser était marqué comme un sceau de réprobation pour elle au visage du beau colonel, et que l'écho résonnait encore du bruit de ses soupirs. Mais lui, l'enlaçant d'un bras, l'attira contre sa poitrine ; elle sentit sa joue frémir au contact de la rude moustache du hardi soldat ; et son baiser de femme, suave et doux, lui fut rendu brûlant et prolongé...

Elle osa le regarder, se baigna avec délices dans les effluves magnétiques dont son œil, ardemment fixé sur elle, l'enveloppait ; puis, une seconde fois, ils échangèrent dans une longue étreinte l'aveu muet de leur tendresse.

Un coup de feu retentit, un cri plaintif répondit, des hurlements effroyables éclatèrent de toutes parts sous les arbres de la forêt... Madesko venait de tuer un loup qui, plus hardi que les autres, talonnait son cheval de trop près.

Alexandra, épouvantée, devint toute tremblante et se serra contre son cavalier, comme un enfant contre sa mère quand un danger vient l'effrayer. Pierre éprouva un plaisir amer et fugitif quand elle se pressa contre lui frissonnante ; la femme n'est jamais si bien à l'homme que quand elle a besoin de sa protection.

Malheureusement le colonel comprit que le moment critique était arrivé ; les loups, malgré le proverbe, s'étaient jetés sur leur compagnon blessé et ils étaient en train de le dévorer ; ce repas sanglant donnait un peu de répit aux voyageurs. Pierre murmura quelques mots à l'oreille de la jeune fille pour la rassurer ; il engagea Madesko à ménager sa poudre ; il rassembla les rênes de son coursier, et, suivi de son compagnon, il partit avec une rapidité vertigineuse.

Les loups, après s'être disputé les débris palpitants du blessé, recommencèrent leur poursuite avec une vélocité telle qu'ils dépassèrent les voyageurs et les entourèrent de nouveau.

A chaque instant, Pierre et Madesko étaient obligés de tirer un coup de feu sur quelque grand loup, plus fort et plus hardi que les autres, qui essayait de se jeter à la gorge d'un cheval. Chaque fois le blessé ou le mort était dépecé ; chaque fois aussi, la bande reparaissait plus acharnée que jamais.

Pierre s'aperçut que sa blessure s'enflammait ; son sang parcourait ses veines, rapide et fouetté par la fièvre ; ses yeux se troublaient, son cerveau était en feu.

Blessé souvent déjà, Pierre comprit que dans une heure ses forces l'abandonneraient, que le délire viendrait égarer sa raison, et qu'Alexandra n'aurait plus d'autre protecteur que Madesko, un enfant...

Mais un autre péril bien plus pressant surgit. Les chevaux se lassaient, celui de Pierre surtout était harassé sous son double fardeau ; il avait buté plusieurs fois déjà. Une fois les coursiers abattus, que faire contre trois cents loups affamés ?

— Monseigneur ! — cria Madesko à Pierre, — votre cheval va tomber, prenez garde ; s'il tombe il ne se relèvera plus.

On arrivait en ce moment à une grande clairière au milieu de laquelle se dressait un sapin énorme et isolé qu'avait respecté la hache des bûcherons. La clairière était semée de trous assez profonds, formés par les creux des arbres déracinés ; plusieurs fois les chevaux faillirent tomber ; il fallut, par prudence, les mettre au pas.

Heureusement les loups, un peu intimidés par la clarté brillante de la lune qui inondait la clairière, hésitèrent à s'aventurer à la lumière ; le caractère du loup est un bizarre mélange d'audace et de couardise. Il est vrai que son audace ne lui vient que de son appétit et qu'il n'attaque une grosse proie qu'après avoir parlementé avec son ventre.

Pierre se trouvait à quelque distance du grand sapin dont nous avons parlé, quand son coursier roula dans une espèce de tranchée d'un mètre environ de profondeur. Alexandra jeta un cri de terreur, Madesko un cri de rage. La jeune fille se releva la première ; Pierre, aidé par elle, eut beaucoup de peine à se remettre sur les pieds ; il lui fallut l'aide de Madesko, qui était descendu à terre. La blessure de Pierre lui faisait un mal atroce ; la douleur, un instant endormie par la perte du sang, devenait vive et cuisante avec la fièvre, et la chute du colonel l'avait encore envenimée. Alexandra pleurait avec désespoir, Madesko jurait, Pierre réfléchissait.

Les loups, enhardis, s'étaient rassemblés au bord de la clairière; ils se massaient comme une meute qui va attaquer un sanglier; les animaux, comme les hommes, ont l'instinct de la force que la cohésion donne aux masses. Ils se mirent à pousser des hurlements affreux qui firent trembler le sol; puis, comme un escadron qui s'ébranle pour une charge, ils s'élancèrent la gueule béante, le poil hérissé, les yeux fulgurants; ils étaient si nombreux que Pierre, l'homme au cœur de bronze, murmura avec découragement :

— Nous sommes perdus !

Et il serra Alexandra dans ses bras.

La masse noire, imposante, furieuse, échevelée des loups entassés, roulait vers les voyageurs, véritable troupeau de bêtes féroces dont tous les crocs étaient au vent.

XXII

UNE MER DE FEU.

Si Pierre eût été seul dans cette forêt, il ne se serait pas troublé un seul instant; mais il avait à sauver Alexandra, et cette idée paralysait son courage.

Néanmoins un homme de cette trempe ne pouvait rester longtemps sous le coup d'une faiblesse; à la vue des loups qui accouraient, il fit un suprême effort de volonté, domina son émotion, et le calme lui revint.

Alexandra éplorée s'était jetée à son cou et lui donnait dans une dernière étreinte la preuve de sa tendresse; elle fut frappée de la sérénité qui s'était répandue sur les traits du colonel : il souriait.

— Monseigneur ! — s'écria Madesko, qui lui aussi observait Pierre ; — monseigneur, vous avez trouvé un moyen de nous sauver?

— Oui, — répondit Pierre.

Et il prit sa poire à poudre, en versa la moitié en cercle autour de l'arbre, et attendit, le pistolet à la main. Les loups ne tardèrent pas à arriver auprès de la poudre: Pierre mit le feu à la traînée; un vaste cercle de flammes entoura les voyageurs; les loups, grillés et aveuglés, poussèrent des hurlements de douleur et s'enfuirent à toutes jambes. On sait quelle frayeur la vue du feu cause à toutes les bêtes fauves et particulièrement aux loups.

Alexandra ne s'attendait pas à voir étinceler le rideau de flammes dont elle venait d'être entourée avec ses protecteurs; elle fut un instant éblouie; puis, ne comprenant pas ce qui s'était passé, elle crut à un miracle, et se jeta à genoux en remerciant la Vierge.

Pierre savait que le danger n'était que reculé ; revenus de leur surprise, les loups ne devaient pas manquer de tenter une nouvelle attaque. Madesko riait avec son insouciance habituelle à la panique des ennemis; il eût volontiers embrassé Pierre s'il l'eût osé.

— Ah ! monseigneur, — s'écriait-il, — quel beau tour ! Comme ces brigands croyaient bien nous tenir dans leurs crocs ! En voici un qui est quasi mort. — Et Madesko courut à un louvard dont les pattes carbonisées ne le pouvaient plus soutenir ; il le prit par la queue et le tira jusqu'à l'arbre. — Là ! — dit-il à l'animal, — regardez un peu la jolie demoiselle que vous vouliez croquer, brigand que vous êtes! Vous êtes honteux maintenant, allons, demandez pardon !

Et il poussa le museau du loup contre terre en signe d'humiliation.

— Madesko, — fit Pierre en souriant de la gaîté naïve du jeune paysan ; — Madesko, laisse cette bête tranquille et suis-moi.

Le jeune homme obéit. Pierre coupa des morceaux de sapin, les enflamma rapidement avec de la poudre, en fit des torches, et les lança dans les arbres, qui prirent feu rapidement à cause de leur nature résineuse. Les loups commençaient à hurler dans la forêt pour se rassembler de nouveau, quand l'incendie prit une extension formidable. Les voyageurs, à l'abri dans la clairière, virent l'incendie se propager rapidement autour d'eux, gagner de proche en proche et chasser les bêtes fauves que recélait la forêt.

Pierre s'était assis au pied du grand sapin, et Alexandra s'était placée auprès de lui ; leurs mains s'enlacèrent d'abord, puis la jeune fille confiante, cédant à un irrésistible sentiment d'admiration, laissa sa tête glisser sur sa poitrine, et ils contemplèrent en silence le magique spectacle qui s'étendait devant eux.

La forêt tout entière était embrasée; un vaste manteau de pourpre incandescente se déroulait à perte de vue, et, quand la bise secouait ses plis diaprés, elle en faisait jaillir des milliers d'étincelles qui s'élançaient en pétillant ; les arbres se tordaient sous l'action dévorante du feu, chancelaient, puis s'écroulaient avec fracas ; les flammes rugissaient avec fureur, et, immenses serpents, s'élançaient au sommet des arbres avec des sifflements aigus.

Leurs reflets venaient éclairer d'une auréole brillante le groupe charmant formé par les voyageurs. A voir le profil imposant de Pierre, le doux visage d'Alexandra et la tête rieuse de Madesko ; à voir leur air calme à tous trois, on eût pu croire que le beau colonel avait allumé cet incendie pour donner une distraction à ses compagnons.

Quand il vit le jour poindre à l'horizon et l'incendie pâlir dans le lointain, Pierre remonta sur son coursier ; Alexandra voulait se placer en croupe, mais il la pria de s'asseoir devant lui, et elle n'osa pas refuser. Un regard éloquent du colonel l'avait trop bien suppliée pour qu'elle ne consentît point.

Madesko prit les devants, et l'on repartit dans la direction de Cracovie, ville de la Pologne autrichienne, où les fugitifs devaient se trouver en sûreté.

Pierre penchait sa tête avec délices au-dessus de celle d'Alexandra, et ils s'enivraient tous deux dans une contemplation mutuelle ; seulement peu à peu la jeune fille remarqua que le teint du colonel s'empourprait, que ses yeux s'injectaient de sang, qu'il frissonnait à chaque minute...

— Mon Dieu ! — lui demanda-t-elle, — qu'avez-vous donc ? Seriez-vous blessé ?

— Oui, — répondit-il d'une voix mal assurée.

— Et c'est moi qui en suis la cause ! — s'écria-t-elle en sanglotant ; et vous me portez dans vos bras, et vous vous fatiguez pour moi ! Je veux descendre...

— Ce n'est rien, — dit-il ; — je vous en prie, restez, ma blessure n'est pas grave.

— Non, laissez-moi marcher à pied ; je suis forte, je supporterai la fatigue.

Pierre sentait bien que la fièvre, un instant arrêtée par l'émotion, était revenue plus forte que jamais ; mais il était si heureux de tenir près de lui sa blonde fiancée qu'il ne voulut pas consentir à s'en séparer. Elle fit un mouvement, et dans ce mouvement elle toucha du genou sa blessure ; il pâlit soudain, son sang refluа au cœur, et il eut un éblouissement rapide suivi d'un évanouissement prolongé.

Quand il revint à lui, il était appuyé à un arbre. Alexandra, seule près de lui, tenait ses lèvres collées aux siennes ; les larmes de la jeune fille coulaient le long de ses joues, et, quand il ouvrit les yeux, elle poussa un cri de joie.

Son amour était éclos au milieu de circonstances extraordinaires; dès le premier jour, elle n'avait pas été maîtresse de son cœur; maintenant elle retrouvait Pierre grandi encore par ses exploits, par son chevaleresque dévouement, et enveloppé du prestige que donnent la souffrance et la gloire.

Pour toute femme c'en était beaucoup, pour Alexandra c'en était trop... Nature impressionnable, délicate, elle s'exaltait en songeant à tout ce que Pierre avait fait pour la Pologne et pour elle; Madesko s'était éloigné pour chercher du secours; elle était seule... seule avec lui...

Elle ne put comprimer les battements de son cœur, arrêter les élans de son âme; elle lui prodigua les plus vives caresses et les plus doux noms.

Pierre oublia un instant ses souffrances, et un ineffable bonheur envahit son âme. Elle s'était agenouillée près de lui comme une enfant, et, plus ravissante, plus mignonne que jamais, elle lui disait son amour... Les mots s'élançaient de sa bouche virginale brûlants comme des traits de flamme, et l'oreille de Pierre était bercée par une délicieuse mélodie...

Deux heures se passèrent ainsi, à la fois longues et rapides, sans qu'ils songeassent à la situation où ils se trouvaient; les branches s'écartèrent autour d'eux pour livrer passage à deux paysans; ils furent surpris entre deux baisers...

Alexandra poussa un léger cri de gazelle effarouchée; Pierre porta la main à sa carabine par un mouvement instinctif.

XXIII

OU LE BOSSU REPARAIT.

Les deux paysans firent signe à Pierre de ne pas tirer, et s'approchèrent de lui. Il voulut parler, mais ils mirent un doigt sur leurs lèvres. L'un deux s'approcha.

— Vous êtes insurgé? — demanda-t-il.
— Oui, — répondit le colonel.
— On vous poursuit.
— Je le sais.
— Les Russes sont à cent pas d'ici; ils fouillent la forêt; sauvez-vous.
— C'est impossible, je suis blessé et ne peux marcher; j'avais un cheval, mais il a disparu avec mon compagnon.

Madesko avait emmené le second cheval pour s'en servir, afin de ramener plus vite le secours en quête duquel il s'était mis.

— Voilà qui est fâcheux, — fit le paysan; — vous êtes un homme perdu.
— Tant pis! — répondit Pierre avec une impassibilité surprenante: — je me suis résigné depuis longtemps à mourir pour mon pays. Seulement, de grâce, sauvez ma compagne.
— Qu'elle vienne avec nous, — dit le paysan.
— Je vais l'y engager.

Le colloque avait eu lieu à voix basse; Alexandra n'avait rien entendu. Pierre la prévint de ce qui se passait et l'exhorta à s'enfuir; mais elle refusa.

— Vite, décidez-vous, — dit le paysan, qui avait collé son oreille à terre. — J'entends les Russes, — ajouta-t-il avec effroi; — pas une minute à perdre!
— Alexandra, par pitié! abandonnez-moi, — dit Pierre; — je mourrai content, si je vous sais en sûreté.
— Ecoute, — lui dit-elle en se penchant à son oreille, — il est inutile d'insister; je veux rester. — Puis elle se tourna vers les paysans, et leur dit: — Retirez-vous; je suis résolue et rien ne triomphera de ma détermination.

L'on entendit un bruit de voix. C'étaient les Russes; les paysans disparurent.

— Qu'avez-vous fait? — murmura Pierre avec un sombre désespoir; — vous êtes perdue.
— Crois-tu donc, — dit-elle, — que j'aurais survécu!

Va, je préfère tomber ici, à tes côtés, que me suicider dans quelques jours, loin de toi; il est doux de quitter la vie ensemble. Embrasse-moi... veux-tu?

Pierre fasciné admirait cette frêle enfant et son sublime héroïsme. Mais les Russes étaient si proches qu'il n'eut même pas le temps de lui répondre. Il arma sa carabine et attendit.

Il aperçut une trentaine d'hommes qui s'avançaient à travers les arbres; en avant d'eux marchait un officier, l'épée à la main. Il guidait les recherches.

Soudain celui-ci aperçut les fugitifs; il appela ses hommes; mais la carabine de Pierre s'abaissa, un coup de feu retentit, et l'officier tomba mort; les soldats, ne sachant à combien d'ennemis ils avaient affaire, s'arrêtèrent un instant.

Pierre rechargea son arme. Pendant que les soldats parlementaient, un homme s'était glissé sous la feuillée: c'était le bossu.

Il avait dirigé la poursuite du détachement russe depuis sa sortie de la forteresse; il avait découvert la trace des fugitifs avec une infernale adresse. La haine est clairvoyante. Il voyait Pierre, et un sourire hideux contractait son visage; il rampait vers lui, un pistolet en main, se faisant une joie sauvage de l'abattre. Mais Pierre l'aperçut.

Le bossu se leva aussitôt et coucha le colonel en joue; celui-ci, de son côté, en avait fait autant; les deux adversaires se tinrent en respect pendant quelques secondes; puis Pierre, le premier, déchargea son arme. Mais le bossu avait esquivé le coup en se baissant avec un sang-froid et une souplesse extraordinaires; il poussa un ricanement sinistre et bondit le pistolet au poing.

Tout à coup une forme blanche se dressa entre lui et Pierre; c'était Alexandra. Paolo n'osa tirer. Les soldats s'approchèrent, et, n'ayant pas les mêmes raisons que le bossu d'épargner les fugitifs, ils allaient les cribler de balles, sans scrupule.

— Pierre, — murmura Alexandra, — il ne faut pas que je tombe vivante entre leurs mains; donne-moi ton poignard!

Il hésitait. Soudain un cavalier accourut à toute bride, brisant les branches d'arbres sur son passage.

C'était un colonel, aide de camp du général Jaëgler; il avait la haute direction de la chasse que l'on donnait au colonel des zouaves de la mort; son général, sachant la fuite de Pierre et désirant s'en emparer à tout prix, avait mis cinq cents hommes à la disposition de son aide de camp. Ce dernier se plaça devant les Russes et leur défendit de tirer. Les soldats obéirent en maugréant.

Alors le colonel s'avança vers Pierre et lui cria de se rendre. Pierre seul aurait refusé; mais avec Alexandra, il dut accepter, et accepta en mettant toutefois comme condition que la jeune fille aurait la vie sauve, ce que promit le colonel.

Dès que Pierre se fut rendu prisonnier, on se mit en quête de deux chevaux et on le fit monter sur l'un d'eux, tandis que sur l'autre on plaçait sa compagne.

Le bossu avait définitivement jeté le masque; il ne put néanmoins soutenir les regards de mépris dont Alexandra l'accablait. Il s'éloigna.

Quant à Pierre, plus affaibli que jamais, vaincu par la colère, la souffrance et la perte de sang, il ne put supporter le trot du cheval. On dut former un brancard et le placer dessus; alors Alexandra descendit de sa monture et marcha à côté du blessé, malgré toutes les observations qu'on put lui faire. Pierre eut bientôt le délire.

Après cinq heures de marche, le convoi arriva devant le fort Kiela, investi par l'armée du général Jaëgler, dont le camp était dressé à une lieue des murs environ.

La nouvelle de la prise de Pierre se répandit parmi les troupes russes avec la rapidité de l'éclair; les soldats s'empressèrent pour voir passer le fameux colonel des zouaves de la mort.

Le convoi défila au milieu des injures et des vociférations de cette armée qui n'avait pas le respect de l'ennemi vaincu, pour laquelle rien n'était sacré. Ni le mâle visage de Pierre ni la douleur d'Alexandra n'adoucirent les rancunes et les colères de ces serfs abrutis, brutes déguisées en soldats, sauvages indignes de fouler le sol européen.

Comme le général en chef tenait à faire envoyer Pierre à Varsovie comme un trophée vivant, il voulut le soustraire à la rage des cosaques, qui devenait menaçante ; il envoya une escorte pour protéger les captifs.

Le convoi arriva à grand'peine jusqu'à l'état-major, établi dans une ferme ; le général en chef combla d'éloges son aide de camp, fit installer le blessé dans une chambre voisine de la sienne, et il manda un chirurgien, qui accourut bientôt.

Le général Jaëgler était un Bavarois au service des Russes ; il avait cinquante ans, beaucoup de morgue, des prétentions ridicules, une ambition effrénée qui avait la vanité pour base. Le désir d'arriver aux plus grands honneurs lui donnait toutes les qualités que la volonté peut faire acquérir, c'est-à-dire un certain courage, une certaine science militaire due à l'étude, une grande activité ; mais, en revanche, il n'était pas intelligent, manquait de noblesse dans le cœur et d'élévation dans l'esprit. Son plus grand mérite était d'exécuter et de faire exécuter les ordres qu'il recevait avec une rigueur aveugle ; on citait de lui un trait incroyable. Son fils servait dans sa division comme officier : il eut l'imprudence de commettre une faute assez légère contre la discipline ; son père le fit destituer, frapper de verges et renvoyer comme simple soldat dans un régiment du Caucase. La tyrannie a aussi ses Brutus... aussi dénaturés, mais moins excusables que celui dont la liberté romaine s'enorgueillissait.

Le chirurgien était devant le général Jaëgler à la position du soldat sans armes, ni plus ni moins qu'un simple grenadier.

— Docteur, — lui dit le Bavarois, — il y a là un blessé ; le savez-vous ?

— Oui, mon général.

— Vous aurez huit jours d'arrêts pour vous permettre de savoir quelque chose avant d'avoir été prévenu officiellement.

— Mon général, c'est la rumeur publique qui m'a averti.

— La rumeur... la rumeur... Vous avez eu tort, vous dis-je ! Dans le service, vous êtes censé ne savoir que ce que vos chefs ont bien voulu vous apprendre. Allez examiner le blessé. — Le docteur fit le demi-tour régulier et mathématique du champ de manœuvre, se retira au pas ordinaire et alla voir le blessé. Il revint, toujours semblable à un automate, faire son rapport au général. — Comment le trouvez-vous ? — demanda celui-ci avec une nuance d'inquiétude.

— Très-mal. — répondit le docteur.

— Ah ! ah ! — fit le général. Et il reprit ; — Dans combien sera-t-il guéri ?

— Je ne sais même pas s'il guérira, — hasarda le docteur en tremblant.

— Vous ne savez pas... tonnerre !... Mais vous n'êtes donc pas médecin ? Sacrebleu ! que faites-vous donc ici, si vous ne connaissez pas votre état ?... Vous volez l'argent du czar. Il faut savoir et répondre.

— Mon général, je crois qu'il mourra.

— Et vous pensez que je vais laisser mourir un colonel des zouaves de la mort dans mon camp ! Vous vous figurez que je ne le guérirai pas pour l'envoyer à Varsovie, où on le fusillera devant le peuple... Vous venez, vous docteur, me dire niaisement : Je crois qu'il mourra. Triple brute ! il **vivra**, entendez-vous, je le veux, je l'exige, je l'ordonne ! Si vous le laissez périr, je vous ferai donner le knout ; vous me répondez de ce blessé sur votre vie. Allons, sortez, imbécile, et souvenez-vous de ce que je viens de vous dire !

Le docteur ahuri s'éloigna.

Comme le docteur quittait la chambre du général, une dame y entra ; elle ôta son voile, s'assit sans façon sur une chaise, et dit au général stupéfait :

— Veuillez, je vous prie, me faire préparer une collation et une calèche, si c'est possible ; à son défaut, je me contenterais d'une voiture d'ambulance.

Le brave Bavarois crut avoir une folle devant lui, et, comme il n'avait de ménagement pour personne, il appela un planton. Celui-ci se montra à la porte.

— Avance à l'ordre ! — dit le général.

Le planton s'approcha, et son chef lui parla à l'oreille ; alors le soldat s'approcha de la dame et fit mine de la prendre par le bras. Mais celle-ci, comprenant sans doute ce qui se passait dans l'esprit du général Jaëgler, lui fit entendre qu'il se trompait. Le planton s'éloigna sur un signe.

— Il paraît, général, — dit la dame, — que vous ne me connaissez pas ?

— Non, madame, — fit celui-ci assez sèchement, — je n'ai pas cet avantage.

— Vous pourriez dire cet honneur. — Le général se pinça les lèvres. — J'étais cette nuit dans la forteresse, — reprit la dame, — et du haut de ses remparts j'ai pu voir avec quelle mollesse vos soldats ont attaqué les insurgés.

— Comment, vous êtes la baronne de Toujourskoff ?

— Oui, monsieur.

— Oh ! mille fois pardon ; permettez-moi de faire promptement exécuter les ordres que vous m'avez transmis.

— Ce devrait être fini depuis longtemps. — Le général s'empressa d'obéir. — Vous n'ignorez pas, je suppose, — lui fit la baronne quand il se fut rassis, — que je suis munie d'un plein pouvoir ?

— Je le sais, madame.

— Vous ferez donc placer dans la voiture la jeune fille qui était avec le prisonnier.

— Oui, madame.

— Vous nous donnerez une escorte de cent cavaliers.

— Deux cents, si vous le désirez.

— Non, cent suffiront. Seulement, qu'on se presse. — La collation fut servie en ce moment ; la baronne y fit honneur. Un quart d'heure après, on vint l'avertir que la jeune fille faisait une résistance désespérée. — Employez la force, — dit-elle sans paraître s'émouvoir.

Et elle continua son repas.

Le général la servait avec une galanterie empressée et respectueuse.

— Madame la baronne montera sans doute dans la voiture ? — demanda-t-il.

— Non, j'ai le cheval qui m'a amenée ici ; il me suffira pour gagner Kiela.

— Tudieu ! quelle femme ! — pensa le général ; — elle paraît plus décidée qu'un grenadier.

— La voiture attend, — vint dire un domestique.

La baronne quitta la table, salua cavalièrement le général, sortit et monta avec aisance sur son coursier. Deux officiers de l'ancienne garnison du château l'accompagnèrent ; c'étaient eux qui l'avaient amenée au camp.

— Messieurs, — leur dit-elle, — je vous donne le commandement de l'escorte ; mettons-nous en route. — Et, comme la voiture s'ébranlait, elle jeta un coup d'œil sur Alexandra, qui s'y trouvait bâillonnée et garrottée. — Cette fois, je te tiens, et lui aussi, — dit-elle avec un regard féroce.

XXIV

LE CHERCHEUR DE PISTES.

Une fois maître de la forteresse, le commandant Bidou plaça des postes, établit des sentinelles, organisa ses troupes, puis il s'enquit de Pierre, étonné de ne pas le voir apparaître.

— Aurait-il succombé ? — se demandait-il. On fouilla le château des combles aux caves, on furcta, on sonda, on examina, on ne trouva pas de traces du colonel. Les zouaves se désolaient. — Voyons ! sandious ! — se dit Bidou, — il faut qu'il ait quitté le fort, sans cela on le retrouverait. La garnison s'est sauvée par quelque poterne secrète et Pierre a dû en faire autant ; découvrons la poterne. — Le commandant monta dans la chambre d'Alexandra et l'examina dans tous ses détails ; il se rendit parfaitement compte des différentes luttes qu'y avait soutenues son ami. Un cadavre de domestique portant le costume national lui prouva que les Polonais du château étaient intervenus ; il sortit de la chambre, longea le couloir, et trouva pour le guider à la chapelle des traces de sang. Un homme comme Bidou ne devait pas tarder à découvrir le passage secret, une fois mis sur la voie : c'est ce qui arriva. Il appela Tête-de-Pioche et la compagnie d'enfants perdus, et avec eux il s'engagea dans les fossés, où, munis de torches allumées, ils inspectèrent le terrain avec un soin minutieux. Bidou débrouilla les pistes. Partout on voyait la marque des souliers d'ordonnance des soldats russes incrustée dans le sol au-dessus de la marque laissée par la chaussure des Polonais ; ceci prouvait que ces derniers avaient quitté la place avant la garnison ; un peu plus loin on trouva un arbre coupé par des balles qui semblaient être venues d'une ferme située à cinq cents mètres en avant. — Bon ! — pensa Bidou, — il y a eu engagement ; les Polonais ont voulu arrêter la poursuite, pour donner à Pierre et à la petite comtesse le temps de fuir. — On avança encore ; on reconnut d'une part l'empreinte de trois coursiers fuyant tout droit, puis celle des Polonais se sauvant sur la gauche, puis enfin celle des Russes retournant vers le camp du général Jaëgler, après une chasse infructueuse. Bidou était suffisamment renseigné. Il appela Tête-de-Pioche et un ex-spahi, nommé Abd-Allah, qui se trouvait parmi les enfants perdus. — Tête-de-Pioche, — dit-il, — le colonel est en danger ; il faut tâcher de le rejoindre pour te mettre à ses ordres, et, s'il était prisonnier par hasard, essayer de le délivrer.

— Bien, mon commandant, — répondit le capitaine des enfants perdus.

— Toi, Abd-Allah, tu es, — reprit-il, — un habile chasseur ; tu suivras la piste du colonel et tu conduiras jusqu'à lui.

— Je te promets de réussir ou j'y perdrai mon nom ; on ne m'appelait pas pour rien Œil-de-Lynx dans le Sahara.

— Allez, mes enfants, — dit Bidou ; — allez vite ! De votre célérité dépend le salut de notre colonel.

Les enfants perdus s'éloignèrent en toute hâte, Abd-Allah à leur tête. Bidou rentra dans le fort.

Abd-Allah était un Mozabite dont la famille habitait un ksour (village) saharien ; dès sa jeunesse, il avait chassé l'autruche, la gazelle et l'antilope ; il avait acquis une sagacité admirable qui eût fait envie à un épagneul, si un épagneul eût pu apprécier son talent comme *chercheur de pistes*.

Dans les pays chauds, les meilleurs chiens perdent l'odorat ; de plus, la senteur du gibier ne s'imprègne pas dans la terre calcinée et se volatilise rapidement ; dans les chasses du sud de l'Algérie, l'œil de l'indigène supplée à l'odorat du chien.

Abd-Allah, à vingt ans, était le plus grand tueur de gazelles dont la réputation se fût répandue dans le Sahara ; un jour, une colonne française en tournée dans les environs du ksour qu'il habitait eut besoin d'un guide ; il se proposa.

Le général Desvaux, qui sut conduire si habilement nos pointes hardies dans le désert, apprécia les qualités merveilleuses d'Abd-Allah et lui offrit d'entrer dans les spahis ; Œil-de-Lynx, comme on l'appelait dans les ksours, accepta.

Il servit pendant dix ans la France, prit part aux expéditions de Crimée, d'Afrique et d'Italie, et il devint maréchal des logis et chevalier de la Légion d'honneur.

Certes, son ambition était satisfaite ; mais pourtant il était malheureux. Pourquoi ?

C'est qu'en Afrique le souvenir d'une injure pèse cruellement à un homme, et Abd-Allah avait été insulté sans pouvoir se venger.

Voici comment :

En Crimée, il fut fait prisonnier par les Russes et conduit dans une ville de l'intérieur ; le général Jaëgler en était le gouverneur.

Ce général possédait un magnifique cheval de l'Ukraine, rétif, fougueux, indompté, que personne ne pouvait monter ; il l'avait confié aux plus habiles de ses cavaliers cosaques, qui se faisaient désarçonner par le coursier farouche.

Le manège était situé devant une caserne, dont une chambre servait de prison à plusieurs prisonniers français, parmi lesquels se trouvait Abd-Allah. Celui-ci frémissait d'impatience en voyant *Karoutcha*, le cheval du gouverneur, braver les efforts de ceux qui voulaient le dresser.

Il offrit au général de rendre *Karoutcha* souple comme un gant.

Celui-ci rit beaucoup de la prétention de l'Arabe, proclama que personne ne réussirait là où ses cosaques avaient échoué, et, en fin de compte, permit à Abd-Allah de faire un saut périlleux en essayant d'enfourcher *Karoutcha* ; les Arabes et les Cosaques se disputant le titre de premiers cavaliers du monde, le général Jaëgler n'était pas fâché d'humilier les Français dans la personne d'un Bédouin : singulière fantaisie d'amour-propre national.

Bref, on rassembla les principaux officiers de la garnison, les notabilités de la ville, on invita les dames, et l'on annonça que le plus habile cavalier de l'armée française allait essayer son adresse sur *Karoutcha*.

Au jour fixé, Abd-Allah, en présence d'un public nombreux, fit lâcher le cheval sans bride et sans mors au milieu du manège ; on le crut fou.

Le cercle des spectateurs et des spectatrices le regardait faire avec curiosité ; le spahi excitait d'autant plus d'étonnement qu'il avait conservé son splendide uniforme et, dame ! il était fort beau garçon ; nombre de femmes éprouvèrent pour lui une certaine sympathie.

Abd-Allah regarda d'un air connaisseur *Karoutcha*, qui bondissait, hennissait, se cabrait et ruait avec fougue au milieu du manège, heureux de la liberté qu'on lui laissait.

Le spahi prit son parti, s'avança de quelques pas, et poussa un sifflement rauque et perçant qui fit dresser les oreilles au beau cheval ; il s'arrêta étonné, inquiet. Abd-Allah lui adressa en arabe quelques mots, que le coursier parut comprendre, car il avança curieusement, le cou tendu, les naseaux frémissants.

Les spectateurs étaient stupéfaits ; ils n'auraient jamais cru que le proverbe algérien : *L'Arabe charme le cheval comme le serpent fascine sa proie*, fût si vrai.

Tout à coup le spahi lança son burnous par-dessus ses épaules sur la tête de *Karoutcha*, qui fut aveuglé, et il profita de cet instant pour sauter en selle ; après quoi il débarrassa sa monture de l'épais manteau qui couvrait ses yeux.

Aussitôt le sauvage enfant des steppes de l'Ukraine furieux d'avoir été surpris, s'emporta avec une rage inouïe, la crinière au vent, l'œil sanglant, le corps frémissant; il fit des sauts prodigieux, des écarts terribles. Mais Abd-Allah, avec une grâce et une vigueur sans pareilles, suivait tous ses mouvements, s'abandonnant aux caprices de sa monture presque avec nonchalance.

Une dernière fois, *Karoutcha* se dressa avec violence sur ses pieds de derrière et retomba sur ceux de devant, en baissant le col, pour lancer son cavalier par-dessus sa tête; mais Abd-Allah souriant, tantôt penché sur le col, tantôt renversé sur la croupe, resta inébranlable sur la selle.

C'était la dernière ruse et la dernière tentative de *Karoutcha*, épuisé par une demi-heure de lutte; il s'arrêta tremblant de tous ses membres et vaincu. Alors, l'éperonnant vigoureusement et le guidant des genoux, le spahi le lança autour de l'arène, dont il lui fit faire le tour, aux applaudissements enthousiastes des spectateurs.

Le général Jaëgler était à la fois furieux et content : furieux comme Russe, content comme propriétaire d'un coursier jusqu'alors inutile. Il le confia aux soins du spahi, qui promit de le rendre doux comme un agneau dix jours plus tard, à condition qu'il pourrait parfois faire un tour dans la campagne avec lui.

On était au cœur de la Russie, loin de la Crimée, le général accorda la permission demandée; mais Abd-Allah, sorti un matin à sept heures, ne rentra pas. Il avait fui.

On n'eut de ses nouvelles qu'un mois après. Il avait été arrêté au moment de franchir les lignes russes sur la Tchernaïa; on le renvoya au général Jaëgler avec le coursier et une note de blâme pour son manque de surveillance.

Le général, furieux, dans un accès de rage, fit administrer vingt coups de knout au spahi et lui fit couper une oreille. Abd-Allah supporta ces deux supplices sans sourciller, mais il promit de se venger tôt ou tard; la paix se fit bientôt, il dut retourner en Afrique.

Son engagement était fini quand éclata l'insurrection polonaise; il allait s'embarquer pour la France et de là gagner la Russie, afin de rejoindre son ennemi, quand il apprit que des volontaires parisiens se rendaient à l'armée insurrectionnelle. Il s'adressa aussitôt à Pierre, qui l'enrôla.

Et maintenant le général Jaëgler commandait un corps d'armée russe, Abd-Allah comptait bien lui infliger la peine du talion.

Le spahi, en avant des enfants perdus, reconnaissait la voie suivie par Pierre, et, avec une sûreté, une précision miraculeuse, presque sans se baisser, il les conduisit d'abord au *ravin du Diable*, puis au grand sapin; puis, malgré les désastres de l'incendie et la confusion qui en était résultée, il s'arrêta au point où le colonel avait été fait prisonnier.

Œil-de-Lynx n'avait pas volé son nom; il avait quelque chose comme un sixième sens, qui lui permettait de remarquer l'indice le plus imperceptible, d'en tirer des déductions promptes et sûres. Il était doué de l'intuition des pistes.

Arrivé à ce point de ses recherches, Abd-Allah fit une longue pause; il s'assit à la façon orientale, mit sa tête dans ses deux mains et réfléchit longuement. Les enfants perdus l'entouraient, fort perplexes; Tête-de-Pioche, muet, les bras croisés et debout, attendait que le spahi parlât. Ce dernier sortit enfin de sa longue méditation et dit d'une voix claire et nette :

— Frères, le colonel est prisonnier.

Puis, comme quelques hommes étonnés manifestaient une certaine défiance, Abd-Allah se leva et, montrant un coin de terre fraîchement remuée, il engagea ses compagnons à le creuser avec leurs faux.

On lui obéit, et bientôt on retira de sa tombe le corps de l'officier que Pierre avait tué d'un coup de carabine; on lui avait laissé son uniforme comme suaire.

— Cela prouve que notre colonel a brûlé la cervelle à ce Russe ! — s'écria un des enfants perdus qui doutait de la science d'Abd-Allah; — mais rien ne nous indique qu'il soit captif.

— Quand Œil-de-Lynx affirme une chose, elle est vraie, — répondit sentencieusement Abd-Allah; — je vois là où d'autres sont aveugles. L'officier russe avait des soldats, un officier ne va pas seul; le sol est piétiné en cet endroit, je vous jure sur ma tête qu'ici une lutte a eu lieu, après laquelle notre colonel est tombé au pouvoir des Russes.

— C'est bien, — dit Tête-de-Pioche, — nous te croyons, Abd-Allah.

— Capitaine, qu'allons-nous faire ? — demandèrent les enfants perdus.

— Nous allons retourner à la forteresse et consulter le commandant Bidou, — répondit Tête-de-Pioche.

C'était le plus sage parti à prendre. Mais quand les enfants perdus arrivèrent à quelques mille mètres du château, ils s'aperçurent qu'il était investi de toutes parts.

Tête-de-Pioche, interdit, regardait d'un air ahuri le camp russe et ses hommes. Or, l'ex-carrier n'était jamais si près d'avoir une idée lumineuse que quand son visage avait la plus sotte expression. Il réunit sa compagnie en cercle, causa à voix basse avec ses soldats, fit demi-tour et se retira dans la forêt.

Le lendemain au soir, on vint prévenir le général Jaëgler qu'on apercevait les feux d'un immense bivac établi à trois lieues environ de la forteresse assiégée; le général fit mettre en selle un peloton de cosaques et chargea un officier d'aller en reconnaissance. L'officier partit au galop.

En attendant son retour, on assembla un conseil de guerre; la plupart des officiers furent d'avis que Langiewicz, dont on n'avait pas de nouvelles, avait sans doute marché au secours de Bidou, enfermé dans Kiela, et que le camp aperçu devait être le sien.

Bientôt l'officier revint; il avait fourbu son cheval pour arriver plus vite.

— Mon général, — dit-il en entrant dans la salle où se tenait le conseil de guerre, — nous avons été reçus à coups de fusil par les avant-postes placés en avant du bivac que vous m'avez ordonné de reconnaître. J'ai eu deux hommes blessés.

— C'est bien, lieutenant, retirez-vous, — fit le général.

Séance tenante, il fut décidé que les deux tiers de l'armée iraient attaquer le corps de Langiewicz, tandis que le reste continuerait à bloquer la forteresse. Mais comme il ne restait plus un nombre d'hommes suffisant, on dut se résigner à affaiblir considérablement chaque poste, et les passages ne furent plus gardés que par des détachements très-faibles. Le général Jaëgler espérait avoir écrasé Langiewicz en quelques heures et revenir renforcer ceux qu'il laissait devant Kiela.

Il partit donc à la tête d'une forte colonne, dans la direction du bivac annoncé, comptant commencer l'attaque vers une heure du matin.

Il avait défendu, sous peine de mort, à ses soldats de fumer, de cracher, de tousser et d'éternuer; un soldat enrhumé du cerveau eût été mal à son aise ce soir-là; la colonne avançait silencieuse, les yeux fixés sur les feux régulièrement espacés qui étincelaient au loin dans la nuit sur une vaste étendue; le général Jaëgler causait à voix basse avec son aide de camp, un cadet de Courlande grand et niais, dont le mérite consistait à obéir strictement et à être toujours *ficelé* à l'ordonnance.

— Capitaine, — disait le général, — à combien, selon vous, peut se monter l'armée qui dort là-bas dans ce bivac ?

— Mon général, — répondit le Courlandais, — je l'ignore.

— M'*est avis* qu'il y a au moins trois mille hommes.
— Mon général, vous avez raison.

Et le dialogue continuait ainsi dans les notes basses sur l'air fameux : *Deux gendarmes, un beau dimanche.*

Le gros général bavarois n'oublia même pas la symphonie de la fin, ce à quoi son aide de camp répondit, comme Pandore :

— Général, vous avez raison...

Quand le général Jaëgler fut arrivé à quelque distance du bivac, il prit ses dispositions d'attaque. Son plan était de surprendre les Polonais pendant leur sommeil il se crut sûr de pouvoir de réussir ; en effet, l'on n'entendait pas le plus léger bruit dans le camp des insurgés, et les feux mourants du bivac ne jetaient plus que des lueurs incertaines.

Le général Jaëgler se frotta les mains avec satisfaction et forma son armée en ordre de bataille ; il établit un bataillon d'attaque, qu'une colonne massée devait suivre de près.

Il n'oublia pas d'établir sur ses derrières une réserve imposante.

Cela fait, le général se mit bravement à la tête du bataillon d'attaque, lui ordonna de marcher à l'ennemi et à la moindre alerte, de se lancer tête baissée contre lui.

On avança silencieusement, le général et son aide de camp chevauchant à l'avant-garde, fort étonnés tous les deux de n'entendre aucun cri, de ne voir aucun poste.

— Dieu me damne ! — murmura le général, — ces Polonais sont fous de ne pas se garder mieux que cela. Vit-on jamais une armée dormir sans se placer sous la protection de postes avancés ? Vont-ils être surpris !...

Et le gros Bavarois tressaillit d'aise sur son coursier. L'aide de camp riait niaisement et sans bruit, écho muet (qu'on nous passe le mot) de son chef en jubilation.

Brave Jaëgler ! il voyait déjà ses vaillants cosaques et ses courageux grenadiers hacher les Polonais et se baigner à cœur joie dans leur sang ! Bientôt il jugea le moment venu et il poussa ses hommes en avant ; ceux-ci se sentaient forts parce qu'ils croyaient avoir affaire à des adversaires endormis ; ils se ruèrent sur le bivac avec des clameurs furieuses ; mais, après avoir dépassé les feux, ils cherchèrent en vain les soldats ennemis. Ils ne trouvèrent pas l'ombre d'un insurgé. Seulement une ligne noire, longue de quatre cents mètres environ, apparaissait à distance ; elle s'illumina rapidement, et les Russes, effarés, entendirent soudain le plus étrange concert qui eût frappé une oreille humaine : c'était un mélange épouvantable de mugissements, de cris furieux, d'aboiements rauques et de beuglements effrénés, qui résonnaient de la plus lugubre façon.

Le général Jaëgler et ses soldats s'arrêtèrent interdits, car on apercevait des masses bizarres qui se mouvaient avec des contorsions effroyables ; c'étaient des animaux de formes étranges, qui lançaient des flammes par les yeux, les oreilles, les naseaux, et dont les queues enflammées décrivaient des cercles de lumière.

Ces animaux bizarres affectaient les aspects les plus divers ; c'étaient à la fois des chiens, des taureaux, des béliers, des coqs même, tous les monstres fantastiques enfin que l'on trouve dans les gravures de *la Tentation de saint Antoine*. Et tout cela flambait, hurlait, se démenait, s'agitait de telle façon qu'il n'y avait pas moyen de douter de la réalité. Les Russes, soldats superstitieux s'il en fut, étaient glacés de terreur et n'osaient faire un mouvement : leur général lui-même ne savait que penser ; toute l'armée, effarée, se recommandait au diable et à Dieu, à saint Serge et à la Vierge.

Soudain, les étranges adversaires des Russes se précipitèrent sur eux, menaçants et furieux ; les béliers et les taureaux tenaient baissées leurs cornes flamboyantes, les chiens avaient la gueule démesurément ouverte, les coqs voltigeaient au-dessus du champ de bataille : ces assaillants s'avançaient en ligne avec une rapidité extraordinaire, enveloppés dans un nuage de poussière éclatante, secouant avec rage leur corps étincelants et remplissant l'air de clameurs assourdissantes.

Pour le coup, le général Jaëgler et son aide de camp passèrent leur main sur leur front comme pour en chasser un rêve ; puis, comme le rêve ne se dissipait pas, ils tournèrent bride ; leurs soldats avaient décampé depuis longtemps... la peur avait glacé la voix dans leur gosier, mais elle leur avait donné des jambes.

Tête-de-Pioche, nous l'avons dit, avait eu une idée lumineuse ; voulant rentrer dans la forteresse, il avait pensé que le meilleur moyen pour arriver à ce but était d'attirer le général Jaëgler assez loin de la place assiégée.

En conséquence, avec ses enfants perdus, il avait résolu de simuler, à l'aide de feux réguliers, un grand bivac, et, avec une sagacité qu'on n'aurait pas attendu de lui, Tête-de-Pioche avait pensé que le général enverrait des patrouilles en reconnaissance ; aussi s'était-il empressé d'établir deux grand'gardes avec sa compagnie ; du moment où ils trouveraient des avant-postes, les éclaireurs russes devaient supposer qu'ils avaient en face d'eux un vrai camp. C'est ce qui arriva.

Pendant que Jaëgler marchait sur son bivac désert, Tête-de-Pioche, lui, se dirigeait sur Kicla. Seulement l'excarrier avait eu une singulière inspiration, une de ces idées originales qui ne germent que dans certains cerveaux singulièrement organisés.

Tête-de-Pioche avait ordonné à ses soldats de parcourir les fermes voisines, d'enlever tout le bétail et la volaille qu'on y trouverait, et d'amener tout cela au camp, avec les chaînes, les cordes et les entraves qu'on pourrait se procurer, puis il faisait en même temps confectionner des mèches et des pétards un peu humides. Quand les maraudeurs revinrent avec leurs bestiaux, Tête-de-Pioche fit attacher solidement tous les animaux les uns avec les autres, de façon à former une seule chaîne qu'on amarra de chaque bout à de gros arbres ; sur le dos des quadrupèdes on plaça les volatiles, en leur mettant à la patte une ficelle qui leur permettrait de s'envoler à une certaine hauteur. Enfin on disposa des pétards sur tous ces animaux, de telle sorte que les Russes pussent jouir, à un certain moment, d'un feu d'artifice agréable.

Au moment de partir, Tête-de-Pioche laissa dix hommes pour allumer les pétards et couper la chaîne aux deux bouts ; c'était Œil-de-Lynx qui les commandait, il avait réclamé cet honneur, espérant conter deux mots au général Jaëgler.

En effet, ce dernier, dès qu'il eut tourné bride, sentit un corps assez lourd tomber en croupe sur son coursier ; il n'avait pas eu le temps de se retourner que le froid d'un poignard passait à côté de ses oreilles ; il y porta vivement les mains... ses oreilles étaient absentes.

Œil-de-Lynx s'était vengé selon la loi du talion. Le plus amusant, c'est que le général raconta que le diable en personne lui avait coupé les oreilles.

XXV

OU LE DOCTEUR ZAMIDOFF DOIT CHOISIR ENTRE LE CRIME ET LA POTENCE.

Pierre, pendant que se passaient les événements que nous venons de raconter, dormait sous la garde du docteur qu'avait si rudement malmené le général Jaëgler. Ce docteur se nommait Zamidoff.

Il était fort savant, capable de remplir consciencieusement son métier, assez honnête homme d'intention, mais poltron comme pas un. Les jours de bataille, il établissait les ambulances le plus loin possible du lieu de l'acion ; au moindre danger, il désertait son poste. On le faisait bâtonner pour ces méfaits ; mais, comme c'était un des meilleurs chirurgiens de l'armée russe, on le réintégrait toujours dans ses fonctions.

Avec sa nature craintive, le docteur Zamidoff tremblait de tous ses membres au moindre froncement de sourcils d'un officier supérieur ; le général Jaëgler, d'un regard, l'eût fait rentrer dans la giberne d'un grenadier. Un jour, ayant à comparaître devant le grand-duc Constantin pour recevoir une mercuriale, le pauvre diable, sur le seuil de la porte, éprouva la défaillance bien connue des conscrits qui vont au feu pour la première fois ; il ternit, hélas ! la splendeur de son uniforme.

On conçoit que l'audience fut courte et pour cause... Le prince Constantin a le nerf ophtalmique délicat.

Or le docteur, se souvenant des menaces de son général, surveillait son malade avec une attention extrême et lui prodiguait les soins les plus empressés.

Pierre sommeillait, étendu sur un assez bon lit, entouré de fioles, de médicaments de toutes sortes, de bandages et d'instruments de chirurgie ; Zamidoff ne le quittait pas de l'œil.

Il était content de son malade ; le calme était revenu, la balle était extraite, le pouls battait doucement, et, à part un peu d'abattement, tout allait pour le mieux.

— Allons ! — se dit le brave homme de chirurgien, — nous le sauverons. — Et, se tâtant les côtes, il ajouta : — Cette fois, j'échapperai aux coups de knout. — Mais la porte de la salle où il se trouvait s'ouvrit, et une tête apparut, prononçant le nom de Zamidoff. — Voilà ! — fit le docteur en tressaillant. Il se retourna et fut surpris d'apercevoir la figure patibulaire d'un juif, aussi dégoûtante de crasse que de hideuse laideur. Comme la poltronnerie n'exclut pas l'insolence chez les couards quand ils se croient en présence d'un inférieur, le docteur s'écria avec la désinvolture dédaigneuse d'un officier russe qui se commet avec un soldat : — Que me veut ce drôle ?

— Docteur, — fit le juif, — j'ai à vous entretenir de la part du général. — Il n'en fallait pas davantage pour que Zamidoff s'empressât d'accourir au-devant du juif, qui l'emmena hors de la maison, et ils s'entretinrent en marchant. — Maître docteur, — dit l'israélite, — vous avez un blessé polonais à soigner ?

— Oui, — répondit Zamidoff.
— Comment va-t-il ?
— Très-bien
— Ah !...
— A la façon dont vous dites ce Ah ! on dirait que vous êtes mécontent de voir mon blessé en voie de guérison ?
— Vous ne vous trompez pas.

Le docteur s'arrêta, regardant son interlocuteur avec inquiétude :

— Voilà qui est singulier ! — fit-il. — Vous venez de la part du général, qui m'a ordonné de guérir le Polonais, et vous semblez peu satisfait de voir l'ordre qu'il m'a donné si bien exécuté ; car, je ne vous le cache pas, sauver ce Polonais est un tour de force qui fera honneur au corps des chirurgiens militaires de Russie.

— D'abord, — dit le juif, — je ne viens pas de la part du général.
— Pourquoi m'avez-vous menti ?
— J'avais mes raisons.
— De la part de qui venez-vous donc ? Parlez, car mes instants sont précieux, et je vous trouve bien osé de vous jouer du premier docteur de l'armée du général Jaëgler.

— Par Abraham ! vous vous emportez vite. Cher docteur, je vous suis dépêché par une personne qui vaut bien votre imbécile de Jaëgler.

Le docteur frémit en entendant profaner le nom de son général ; mais le juif avait un accent si railleur et l'air si sûr de lui-même, que Zamidoff le considéra avec un certain respect.

— Pour oser parler ainsi d'un officier général, qui êtes-vous donc ? — demanda-t-il.

— Un employé supérieur de la police secrète, et en voici la preuve, — répondit l'israélite. Il tira de sa longue robe une carte et une lettre d'ordre pour le docteur Zamidoff. Ce dernier manifesta à partir de cet instant la plus profonde déférence pour son interlocuteur. — Nous allons nous entendre en quelques mots, — reprit le juif, sûr désormais de son pouvoir. Le docteur s'inclina. — Cet homme que vous avez eu la sottise de sauver doit mourir, — continua le juif.

— Mais maintenant il est hors de danger.... — fit Zamidoff.

— Tant pis... Du reste, un savant comme vous a des ressources dans la tête ; on ne s'échappe pas facilement des griffes d'un médecin qui veut vous tuer.

— C'est un crime que vous me commandez, — dit avec terreur Zamidoff.

— Un crime !... êtes-vous fou ? Cet homme est un révolté, condamné à mort par avance ; en lui administrant un peu de poison, vous devancez le jugement du conseil de guerre ; voilà tout...

— Je ne peux... J'aimerais mieux...

— Vous n'avez pas à choisir ; il faut que cette nuit le blessé trépasse, sinon... — Le juif avait un regard terrible ; ses deux yeux plongèrent dans l'âme du docteur, comme deux stylets froids et acérés ; le pauvre Zamidoff frissonna et se tut. — Vous consentez ? — demanda l'homme de police.

— Il le faut bien.

— Tenez, voilà une fiole dont trois gouttes suffiront. A demain !

Et le juif s'éloigna après avoir remis entre les mains du docteur une petite bouteille pleine d'une liqueur rougeâtre. Le juif n'était autre que Jacob.

Rita connaissait les intentions du général Jaëgler, et elle craignait que Pierre ne lui échappât. En effet, qui savait ce qui eût pu arriver dans le cas où, une fois guéri, le colonel des zouaves de la mort eût été envoyé à Varsovie pour y être jugé solennellement.

D'ici-là l'insurrection aurait peut-être le temps de triompher. En finir vite et d'un seul coup, tel était le désir de Rita. Abusant de la position de son mari, dont on ignorait encore la captivité à Varsovie, elle fabriquait tous les ordres nécessaires avec ses cachets, et elle faisait imiter sa signature par Jacob, un faussaire des plus habiles.

Telle est la Russie, où règne le despotisme abrutissant des czars. La politique sert de manteau à l'intrigue, les dettes d'amour s'y payent par la Sibérie, les dettes de jeu par les coups de knout, les dettes d'honneur par l'infamie des cachots.

Le docteur rentra tremblant dans la salle ; sa main n'était pas habituée à verser le poison ; il devenait criminel par pusillanimité ; il s'avançait lentement vers son blessé et le regardait d'un air de pitié.

— Pauvre jeune homme ! — murmura-t-il ; — mourir ainsi !... Jamais je n'ai vu tête de soldat plus martiale et plus noble.

Et le docteur s'attendrissait. Mais voilà que la porte s'ouvrit subitement et qu'une voix, la voix du juif, murmura cet avis sinistre :

— Le poison ce soir ou la potence demain !

Le docteur, effaré, regarda la porte ; mais le donneur d'avis avait disparu. Zamidoff se laissa tomber dans un fauteuil ; des gouttes de sueur baignaient son front, il était livide. Enfin il prit sa décision.

Il versa quelques gouttes de poison dans une petite cuiller de bois et il allait la présenter au blessé ; seulement il examina la liqueur et se dit :

— Voilà un poison que je reconnais ; il vient d'Afrique — Et il ajouta : — Les gens de police sont bien fins ; cette liqueur tue sans laisser de traces. — Il regarda Pierre une dernière fois, murmura encore son : Pauvre garçon ! puis il le réveilla. — Tenez, — lui dit-il en soulevant la tête, — avalez cela.

Pierre avala sans défiance et se rendormit aussitôt après avoir soupiré un : Merci! La porte se rouvrit encore, le juif reparut. Le docteur lui fit signe que c'était fait.

— Bien! — dit Jacob; et il s'en alla.

Cinq minutes à peine s'étaient écoulées que l'on entendit dans les environs du quartier général une vive fusillade; c'était Tête-de-Pioche et ses enfants perdus qui cherchaient à se frayer un passage vers Kiela.

Les Russes qui occupaient ce point étaient environ au nombre de trois cents hommes; des retranchements avaient été élevés à la hâte pour les mettre à l'abri d'une sortie des insurgés; mais, au lieu d'être attaqués par devant, ils étaient surpris par derrière. Leurs remparts de terre devinrent inutiles.

Avec sa bravoure ordinaire, l'ex-carrier dirigeait ses soldats; son grand plumet au vent, une faux à la main, la carabine en bandoulière, les pistolets à la ceinture, Tête-de-Pioche s'était rué sur les Russes; à le voir au milieu d'eux, abattant bras et jambes du revers de son arme, on l'eût pris pour un moissonneur fauchant des épis. Les enfants perdus faisaient rage.

Le combat fut si crânement mené que les Russes tinrent à peine quelques minutes; ils se dispersèrent bientôt en jetant leurs fusils. Les volontaires, voyant le passage libre et ayant quelques instants de répit, ramassèrent les armes et les gibernes de leurs ennemis. Beaucoup de faucheurs n'avaient pas encore de carabines, et Tête-de-Pioche pensait que le commandant Bidou en accueillerait avec plaisir une centaine, éparses sur le champ de bataille.

Soudain un jeune homme, vêtu en paysan, frappa sur l'épaule de Tête-de-Pioche, qui surveillait le pillage; le capitaine se retourna et toisa celui qui avait osé lever la main sur lui.

C'était Madesko, mais Tête-de-Pioche ne le connaissait point; il le reçut fort mal. Criblé de blessures, plus larges que dangereuses, il est vrai, reçues plusieurs jours auparavant, l'ex-carrier souffrait encore d'une plaie à l'omoplate. Il rudoya le jeune paysan.

Ce dernier, ne parlant pas français, essaya en vain de se faire comprendre; il montrait la maison où Pierre était retenu prisonnier.

— Au diable! — fit Tête-de-Pioche, — quel argot baragouine ce gaillard-là?

— Il dit, — s'écria un volontaire qui se trouvait là heureusement et venait d'entendre, — il dit que notre colonel se trouve dans cette ferme qu'on aperçoit.

Tête-de-Pioche poussa un mordious! énergique; il imitait le commandant Bidou jusque dans ses jurons, et ne parlait plus qu'en zézéyant, à la façon gasconne.

— Mordious! — répéta-t-il, — qu'un clairon sonne vite le ralliement; cadédis! nous allons sauver notre colonel. — Les sons d'un clairon retentirent et les enfants perdus se rallièrent. On voyait les postes voisins accourir. Tête-de-Pioche se hâta d'envahir la ferme, de pénétrer jusqu'au colonel et de le charger sur les épaules d'un vigoureux Polonais. Avant de partir, il aperçut le docteur Zamidoff, et, aux broderies de sa capote, il le prit pour un officier. — Voilà une bonne capture à faire, cap-dédiou! — se dit-il; et, saisissant le docteur par le bras, il lui dit! — *Allons, ma vieille! file ton nœud* devant moi, et plus vite que ça.

Le docteur ne comprenait pas le français, encore moins l'argot, mais le geste de Tête-de-Pioche était significatif.

Zamidoff ne fit aucune résistance, et il suivit les volontaires, qui gagnèrent au plus vite le fort de Kiela, dont on leur ouvrit les portes.

Ce fut une joie délirante pour tous les zouaves de la mort de revoir leur colonel; ils le reçurent avec des vivat enthousiastes. Quant à Tête-de-Pioche et à ses enfants perdus, ils reçurent les honneurs du triomphe. Toute la garnison était en fête; chacun croyait le colonel sauvé,

et il avait bu pourtant un mortel breuvage. Encore une heure et Pierre mourait dans les bras de Bidou, qui essayait, mais en vain, de le faire parler; le colonel avait les yeux ouverts, toute l'apparence de la vie dans le regard, et le reste du corps paralysé. C'était le poison qui commençait à faire effet.

XXVI

COMMENT L'AMOUR VIENT AUX FEMMES.

Le jour où la baronne de Toujourskoff emmenait Alexandra prisonnière, trois personnes se trouvaient réunies dans le salon d'un élégant hôtel de la ville de Konskie.

L'une de ces trois personnes était une vieille dame aveugle, au visage calme et digne; ses longs cheveux blancs, aux reflets argentés, donnaient à sa physionomie vénérable un aspect auguste, tempéré par un sourire plein de mansuétude et un regard d'une affabilité charmante; c'était la femme du général Jaëgler.

A côté d'elle se tenait assise une grande jeune fille de dix-huit ans, qui représentait dans toute sa magnificence le type vigoureux et puissamment beau de certaines Allemandes du Midi; cheveux châtains, abondants, touffus et ondulés, descendant en tresses soyeuses et épaisses jusqu'aux jarrets; front élevé, intelligent, loyal et ferme; épaules superbes de développement; taille de matrone aux hanches prononcées, siège de la fécondité germanique qui a peuplé l'Europe; et enfin des yeux bruns, moins étincelants peut-être que les yeux noirs, mais plus chauds de ton, plus expressifs dans la tendresse, aussi menaçants dans la colère, telle était Léda, la fille du général Jaëgler.

En face d'elle pleurait dans un fauteuil une dame qui n'était autre que la comtesse Volaska; amenée d'abord dans la prison de Konskie, la comtesse avait passé dans les larmes de longs jours et de longues nuits, sans nouvelles de ses enfants, l'âme attristée, le cœur brisé.

Enfin les portes de sa prison s'étaient ouvertes, une jeune fille s'était jetée dans ses bras et l'avait couverte de baisers; la comtesse avait reconnu Léda, qui avait passé trois hivers à Paris et qui aimait Alexandra d'une amitié de sœur.

Les sympathies sont vives entre jeunes filles, plus vives qu'entre jeunes hommes; les femmes, extrêmes en tout, préludent à l'amour du mari par l'amour d'une compagne d'enfance; chez elles, c'est déjà la passion.

Léda, en arrivant à Konskie avec son père, avait appris que la comtesse était prisonnière; son premier soin avait été d'obtenir la permission d'aller la voir.

Quand le général fut parti pour une expédition contre les insurgés, Léda usa de son influence sur le geôlier en chef pour faire sortir la comtesse de la chambre où on la retenait captive; elle avait promis de la tenir toujours à sa disposition.

Léda se souvenait que la comtesse avait un fils, presque un enfant, c'est vrai, quand elle l'avait quitté; mais il avait un front si poétiquement rêveur, des yeux si doux et si limpides, des lèvres si roses au milieu de son pâle et mélancolique visage, que Léda se prenait à penser à lui bien souvent, et se disait parfois que l'adolescent devait être devenu un beau jeune homme.

Autrefois, quand elle était à Paris, toutes ses prévenances de fillette, toutes ses caresses étaient pour lui; ils sortaient ensemble bras dessus, bras dessous, sous les yeux des deux mères (madame Jaëgler n'avait pas encore perdu la vue à cette époque); ils s'appelaient petit mari, petite femme, jeux qui deviennent sérieux avec l'âge, comédie qui tourne souvent au drame avec le temps et les circonstances.

Léda, pour consoler la comtesse, avait fait tout son possible pour avoir des nouvelles de ses enfants, mais elle n'avait pas réussi.

Cependant, comme les patriotes polonais recevaient des bulletins du comité de Varsovie, et que la police s'emparait parfois de quelques-uns des exemplaires, Léda put, un soir, lire un ordre du jour, signé Langiewicz, à la comtesse. Stanislas, avec plusieurs autres braves, était cité avec éloges par le général polonais.

A partir de ce moment, Léda fit tous les efforts imaginables pour connaître les détails de la conduite de son ancien compagnon d'enfance ; elle apprit de la bouche même des soldats russes son héroïsme en face de la mort, quand le prince B... voulait faire fusiller les Polonais, sa délivrance, et enfin elle sut que, dans le dernier massacre qu'on avait fait des Russes, il avait pris le drapeau d'un régiment de grenadiers, en même temps qu'un Français, Tête-de-Pioche, s'emparait de trois autres.

Léda sentait grandir dans son cœur un vif sentiment de curiosité et d'admiration ; elle aurait voulu revoir, embrasser, admirer le petit mari du jardin des Tuileries ; seulement son sein palpitait quand elle songeait au baiser d'ami qu'il lui donnerait, et parfois, dans ses rêveries, elle envoyait un gros soupir à l'adresse d'une image chérie qui voyageait devant ses yeux à travers la fumée du champ de bataille, illuminée par l'éclair des canons.

Peu à peu les visions devinrent plus fréquentes, plus distinctes, plus attrayantes.

Elle se sentait pour Stanislas des élans de tendresse infinie ; elle, la fille énergique et forte, éprouvait une ardente sympathie pour ce frêle jeune homme que la mort couvrait de l'ombre menaçante de son manteau sombre. C'était à la fois la douce affection de la sœur, la tendresse profonde de la mère, la violence de désir de l'amante ; c'était enfin un amour véhément, étrange, fait de tous les autres, un amour qui allait éclater terrible et irrésistible à la première occasion.

Déjà elle s'était avoué que Stanislas était le seul homme auquel elle voudrait accorder sa main ; elle s'était avoué cela avant de l'avoir revu...

C'est ainsi que l'amour vient aux femmes.

O les femmes ! cœurs généreux qui recèlent, comme des coupes d'or pur, les plus saintes aspirations ; âmes de feu qui vibrent comme les harpes mélodieuses aux plus suaves harmonies.

Eprises, par un instinct sublime, des grandes choses et des grands dévouements, elles se sentent invinciblement attirées vers ceux qui souffrent ou qui expient, vers les soldats ou les martyrs des causes sacrées. Les glorieuses douleurs, les nobles luttes, les combats sans espoir, les fascinent, les entraînent et les transportent ; elles ne comptent jamais ni le nombre, ni les succès, ni les intérêts ; elles se rangent vaillamment avec les faibles et les opprimés contre les puissants et les oppresseurs... Toujours fidèles, toujours ardentes, elles ne connaissent ni les défaillances, ni les trahisons... Depuis cent ans, elles ont pris sous leur aile maternelle la Pologne, dont le vautour du Nord déchire les entrailles palpitantes, et elles n'ont jamais cessé de la protéger.

A chaque insurrection, ce sont les femmes qui mettent l'Europe en feu par leur active propagande ; ce sont elles qui placent les armes aux mains des volontaires, et par elles sont marqués au front, du sceau de la réprobation, ces corbeaux sinistres qui s'abattent sur le cadavre de la Pologne.

Et si la France indignée se réveille enfin et marche comme un seul homme à la délivrance de la nation martyre ; si elle va changer le monde outragé, accomplir sa mission providentielle et chevaleresque, c'est que les femmes auront prêché aux hommes, dans l'arche du foyer, la guerre sainte et juste, la guerre féconde et glorieuse, celle où l'on prodigue, sinon sans douleur, du moins sans regret, l'or et le sang, parce que l'honneur de l'humanité y est engagé, parce que c'est la croisade du beau contre l'affreux, du bien contre le mal...

Pauvre Pologne ! que de la coupe de l'espérance tombent sur tes lèvres sanglantes quelques gouttes d'ambroisie, pour ranimer tes forces et galvaniser ton courage !... Tout n'est pas perdu.

Nos femmes gauloises nous chantent les hymnes de guerre sur la lyre de Velléda, et le vieux sang de nos pères s'anime dans nos veines... Nous écoutons, frémissants, les accents inspirés de celles qui conduisaient nos ancêtres à l'ennemi... Attends ! attends encore !...

Nos mains frémissantes cherchent les glaives, nos yeux sont tournés vers le Nord... Attends !...

La grande nation s'agite, un souffle puissant a passé sur le monde ; c'est la Gaule qui s'éveille et regarde ; les plis de ses étendards s'agitent... Les aigles vont s'envoler seules... Pologne... pauvre sœur... attends encore !... L'heure sonnera peut-être où un flot de guerriers impétueux, irrésistible, va se ruer sur les bandes d'assassins qui t'égorgent.

Tu te relèveras, vierge du Nord aux blonds cheveux, pour tendre ton front à tes frères de la Gaule, après la victoire, comme la vierge brune du Midi après les triomphes de Magenta et de Solférino ! Et les trois nations chevaleresques, étendant leurs mains unies sur l'Europe, et se souriant dans leur force, formeront un faisceau inébranlable contre lequel les peuples oppresseurs ne prévaudront plus...!

Comme nous l'avons dit, Léda aimait Stanislas, et, en l'absence du jeune homme, elle éprouvait un bonheur indicible à faire raconter à sa mère mille détails le concernant.

Madame Jaëgler, quoique aveugle, avait deviné l'intérêt que portait sa fille au jeune Polonais ; mais elle avait de l'indulgence pour cette passion naissante.

Les deux mères étaient amies intimes : l'une, veuve d'un mari adoré ; l'autre, femme d'un mari détesté, auquel pourtant elle était fidèle. Elles avaient porté ensemble le joug du chagrin, s'étaient consolées, et chacune avait allégé l'autre de sa part de misère en en prenant la moitié.

La comtesse Volaska racontait en ce moment le départ de son fils pour la Pologne ; les trois femmes pleuraient d'attendrissement quand soudain un grand bruit se fit sur la place où donnaient les fenêtres de la chambre...

Léda se précipita à la fenêtre, poussa un cri de surprise et s'évanouit...

XXVII

LE DOCTEUR ZAMIDOFF A DES REMORDS.

Ainsi que nous l'avons raconté dans un précédent chapitre, Pierre, couché sur un lit de souffrance, dormait d'un sommeil de plomb, précurseur de la mort ; près de lui, Bidou se désespérait en vain ; derrière le commandant se tenait debout le docteur Zamidoff, qui assistait à l'agonie de l'homme qu'il avait empoisonné.

Bonne nature au fond, Zamidoff était bourrelé de remords ; il eût bien voulu sauver Pierre ; mais, d'abord, il fallait un contre-poison et le docteur n'en avait pas sous la main. Néanmoins il murmura un : Pauvre garçon ! bien senti, qui attira l'attention de Bidou. Le Gascon leva la tête et se retourna.

— Cap-de-diou ! — dit-il, — qui êtes-vous ?

— Un docteur russe fait prisonnier, — répondit Zamidoff en tremblant.

— Sandis ! vous arrivez à propos. Voilà un blessé qui

réclame vos soins ; tâchez de le sauver et l'on vous rendra à la liberté.

— Hum ! — fit le docteur du ton d'un homme qui tenait peu à retourner au camp de Jaëgler, et il reprit : — Monsieur, je me mets à votre disposition pour guérir ce pauvre colonel, auquel j'ai déjà prodigué tous mes soins ; mais il me faudrait des remèdes, et je crois que, malheureusement...

— Corpo-di-Baccho ! docteur, vous pouvez être tranquille ; les drogues ne manquent pas ici. On va vous apporter la pharmacie du château, elle est complète.—Bidou appela un zouave auquel il dit : — Tu vas te rendre avec le docteur à l'infirmerie où l'on a déposé nos blessés, et tu apporteras tous les remèdes qu'il te désignera.

— Par saint Serge ! — pensa Zamidoff,—si je ne trouve pas d'émétique, j'aurai bien peu de chance. — Et tout haut, il dit à Bidou : — Monsieur, votre ami est sauvé !

En effet, dix minutes après, le docteur avait composé une potion qui neutralisait l'effet du poison.

Pierre, en rouvrant les yeux, fut tout étonné de se trouver dans le château qu'il avait quitté deux jours auparavant. Bidou, en quelques mots, lui expliqua ce qui s'était passé ; mais il annonça en même temps à Pierre une triste nouvelle : Stanislas, Finette et Jean le Dogue avaient disparu depuis l'avant-veille, et l'on ignorait ce qu'ils étaient devenus.

Ce que Bidou supposait, c'est que Stanislas et Finette avaient été pris par les Russes ; il ne se trompait pas.

En effet, pendant le combat de l'avant-veille, le jeune comte, qui commandait une aile du bataillon des zouaves de la mort, s'était bravement porté sur la ligne des tirailleurs, et là, exposé aux balles plus que tout autre, il avait encouragé les volontaires.

C'était précisément la compagnie de Jean le Dogue qui était déployée en tirailleurs ; Finette y servait comme lieutenant.

Les Russes, plus nombreux que les Polonais, faisaient un feu terrible, mais ils tiraient un peu à l'aventure ; les Polonais, au contraire, bien embusqués selon la mode africaine, criblaient les masses ennemies; chaque insurgé, derrière un arbre, un buisson ou un roc, ménageait sa poudre, visait de son mieux et abattait son homme.

Lejars, Collier et les anciens soldats d'Afrique avaient déjà admirablement dressé les volontaires à la guerre d'embuscade. Jean le Dogue avait songé à utiliser sa force herculéenne ; il avait trouvé un fusil de rempart dans un vieux château où le bataillon avait fait une halte dans ses marches. C'était une arme de sept pieds au moins, dont le large canon pouvait contenir plusieurs biscaïens et une forte charge de poudre.

Jean s'était emparé de cet espèce de canon portatif, dont on ne se sert que dans les sièges avec un appui sur les murailles ; il le maniait aussi facilement qu'un fusil ordinaire. Au centre de sa compagnie, tout droit par dédain de la mort, Jean le Dogue faisait le coup de feu avec un grand succès ; on voyait, malgré les ténèbres, les Russes tomber à chaque décharge.

Peu à peu, attiré par l'attraction de la lutte, Jean s'avança de plus en plus et se rapprocha des Russes, s'isolant de ses soldats ; tout à coup il se trouva enveloppé par une compagnie qui, le voyant seul, s'était ruée contre lui. Il poussa un cri d'appel et tira son sabre, se défendant à outrance. Stanislas et Finette, entendant sa voix, se précipitèrent à son secours, entraînant la compagnie ; il y eut une lutte à l'arme blanche, et les Russes en désordre se repliaient déjà, quand le clairon sonna la retraite par l'ordre du commandant Bidou ; ce dernier, à cause de la nuit, ne pouvait pas bien juger la situation de ses tirailleurs.

La compagnie se retira à l'appel du clairon ; une dizaine de volontaires trop engagés restèrent entre les mains des Russes, et, parmi eux, Jean le Dogue, Stanislas et Finette. S'ils avaient formé un seul groupe, ils auraient pu se défendre vigoureusement ; mais, séparés entre eux, ils durent se rendre.

Les simples soldats furent massacrés avec une rage inouïe; on les hacha à coups de sabre, on les larda à coups de baïonnettes; on leur coupa le nez et les oreilles, les pieds et les mains; on leur creva les yeux, et ensuite, arrivés au camp, les Russes formèrent un grand cercle autour d'un immense bûcher ; ils l'allumèrent, entassèrent les cadavres sur ce brasier et les brûlèrent ; deux blessés respiraient encore quand ces cannibales les jetèrent au milieu des flammes.

Les officiers russes assistaient à cette scène...

Stanislas, Jean le Dogue et Finette, que leur uniforme désignait comme des chefs, furent seuls épargnés temporairement. On tenait à leur faire un procès sommaire et à les exécuter ensuite dans une ville polonaise pour terrifier la population.

Le général Jaëgler désigna Konskie comme lieu d'exécution, et les trois officiers insurgés y furent envoyés.

Comme ils arrivaient sur la grande place, Léda, attirée par les cris de la foule, s'était mise à la fenêtre et de là elle avait reconnu Stanislas.

Par une coïncidence due au hasard, la voiture qui amenait Alexandra, partie du camp plus tard, arrivait dans Konskie en même temps que les prisonniers, et les croisait sur la place.

Alexandra, par la portière de la voiture, reconnut son frère ; elle fit un effort si violent qu'elle se débarrassa de ses liens, se jeta à terre et se précipita au cou de Stanislas. Les soldats d'escorte n'avaient pu s'opposer à ce mouvement subit. Le frère et la sœur se tenaient enlacés et formaient le tableau le plus déchirant qui se pût voir.

La foule des habitants, émue jusqu'aux larmes, se pressait sur la place; mais une femme vêtue de noir fendit les flots de la multitude, parvint jusqu'aux deux jeunes gens, et, levant son voile, leur tendit ses bras. Ils s'y précipitèrent... C'était la comtesse Volaska.

Rita, du haut de son cheval, assistait à cette scène. Contrariée de ce contre-temps, inquiète des dispositions de la foule, elle s'étonnait de voir que la commune fût libre.

Les officiers d'escorte, fort embarrassés, sentaient tout l'odieux de leur rôle; les soldats seuls fronçaient les sourcils ; rien n'attendrit le cœur féroce de ces cosaques, dont le czar a fait une armée de gardes-chiourme au service de ses volontés sanguinaires.

En femme habile, Rita appela un sous-officier parmi la tête ignoble et sauvage annonçait les mauvais instincts ; elle lui glissa dans la main une pièce d'or, et, lui montrant une bourse bien garnie, elle lui dit :

— A toi cela si tu conduis les captifs à la prison de la ville.

— Et les officiers ? — demanda le cosaque.

— S'ils s'opposent à l'exécution de ton devoir, tu les feras massacrer par les soldats. Un officier qui empêche la volonté du czar de s'accomplir est un traître.

— Bon ! — fit le cosaque, — j'obéis.

— Puis-je compter sur toi ?

— Par saint Serge ! je vous jure que vous serez contente !

— Tu me trouveras, après le coup, à cet hôtel qui est en face.

— Bien, *petite mère*. (C'est le nom que les Russes donnent aux femmes des seigneurs.)

Rita se rendit à l'hôtel afin de ne pas rester exposée aux commentaires de la foule, que sa présence parmi les soldats étonnait. Elle se plaça sur le balcon d'une chambre qu'on lui donna sur sa demande, et elle regarda ce qui allait se passer sur la place.

Le sous-officier cosaque allait de soldat en soldat, prononçait quelques mots rapides et fomentait une petite émeute dont le résultat ne se fit pas attendre.

En effet, les soldats commencèrent à regarder de travers les officiers, et leur demandèrent l'ordre de repousser le peuple et d'emmener les prisonniers ; des menaces même leur furent adressées. Alors un capitaine tira son épée, prit un soldat insolent par le bras et lui intima l'ordre de se taire. Ce fut le signal d'un soulèvement général ; les révoltés croisèrent la baïonnette sur leurs chefs ; ceux-ci, le pistolet au poing, s'apprêtaient à leur tenir tête.

La situation devenait terrible ; la comtesse, les cheveux épars, le visage en larmes, tenait sa fille dans ses bras et couvrait son front de baisers. Les prisonniers, autour des deux femmes, cherchaient à les protéger en opposant leurs poitrines aux baïonnettes russes. Jean le Dogue avait soulevé une énorme pierre dont il menaçait les soldats ; Stanislas s'était emparé d'un couteau de boucher lancé par un habitant.

Insensiblement les officiers s'étaient rapprochés des captifs, pour unir leurs efforts aux leurs et tâcher d'échapper à la mort. Les cosaques les accablaient de reproches. Ils s'animèrent, s'excitèrent, et, le sabre au poing, engagèrent la lutte.

Jean le Dogue lança sa pierre et écrasa le plus hardi des révoltés ; ce fut le signal de la mêlée, qui allait devenir fatale aux captifs, quand tout à coup le tambour se fit entendre.

Trois compagnies de grenadiers, formant la garnison de Konskie, débouchèrent au pas de course sur la place ; à leur tête marchait le gouverneur de la ville ; avec ses hommes il cerna l'escorte et la somma de mettre bas les armes, ce qui fut exécuté sur-le-champ.

Le gouverneur était le beau-frère du général Jaëgler et par conséquent l'oncle de Léda ; la jeune fille, aussitôt revenue de son évanouissement, avait remarqué les dispositions des Russes, et, sachant quels terribles massacres s'étaient accomplis déjà, elle avait couru vers son oncle, le suppliant d'empêcher un crime affreux de se commettre. Le gouverneur, prévenu déjà du désordre, avait fait prendre les armes à la garnison.

Le colonel Alfort, nom de l'oncle de Léda, était un petit homme, maigre, nerveux, droit comme un I : la raideur militaire incarnée. Sa parole était brève ; les phrases tombaient une à une, rapides et sèches, comme les coups saccadés des grêlons sur un toit ; le front du colonel était bas, mais droit ; l'arête de son nez se dessinait rigidement ; ses lèvres minces formaient une ligne droite, ses sourcils même étaient d'une rectitude parfaite ; les épaules, au lieu d'être arrondies, formaient un angle de quatre-vingt-dix degrés ; tout enfin, dans la personne du colonel, était aligné au cordeau. Le moral répondait au physique.

Le colonel Alfort avait tout aussi rigide que son beau-frère pour la discipline ; mais c'était un homme d'honneur. Il avait mis son bras au service des Russes, et il les servait loyalement et avec une bravoure extrême.

Les Polonais se révoltaient, il les combattait ; mais il n'admettait pas qu'on agît envers eux comme s'ils eussent été des bêtes fauves. Plusieurs fois des prisonniers étaient tombés entre ses mains ; il les avait fait juger par un conseil de guerre régulier, et la sentence de mort prononcée contre quelques uns avait été exécutée selon les règles ordinaires.

Le code militaire a des lois cruelles : il les faisait exécuter, mais il ne supportait jamais la moindre infraction à un droit des gens relatif.

Il était furieux de la révolte de l'escorte ; pour lui, porter les armes contre un supérieur, c'était le crime le plus répréhensible que pût commettre un soldat. Il était pâle de colère. Il ordonna aux mutins de se ranger sur une seule ligne, descendit de cheval, et, en ayant reconnu trois comme les plus compromis, il les fit sortir des rangs. Parmi eux se trouvait le sous-officier qui avait fomenté l'émeute.

Le code militaire portait que, dans une sédition, les factieux devaient être fusillés sur-le-champ. Le colonel mit lui-même le revolver à la main, l'appuya au front de chaque coupable, et lui fit sauter le crâne.

Après cet exemple sommaire et énergique, il donna l'ordre de mener à la prison les prisonniers ; la comtesse y suivit ses enfants, qu'elle ne voulait point quitter.

La population et la troupe, terrifiées du drame qui venait de s'accomplir sous leurs yeux, restaient silencieuses et clouées au sol.

XXVIII

UN HOMME ET UN ONCLE.

Rita, exaspérée de l'intervention intempestive du gouverneur, se rendit de suite chez lui ; elle espérait abuser de son influence comme elle l'avait fait jusqu'alors avec tous les généraux auxquels elle avait eu affaire.

Le colonel Alfort, très-étonné de recevoir la visite de la baronne Touïourskoff, fut avec elle d'une amabilité de très-bon augure.

— Chère madame, — lui demanda-t-il en avançant un fauteuil de cuir, — qui peut donc me procurer l'honneur de votre présence ?

— Une affaire grave ! colonel, — répondit la baronne, d'un air qu'elle crut devoir rendre sévère.

— Seriez-vous assez bonne pour me mettre vite au courant ?

— Ne devinez-vous point ?

— Pas le moins du monde, je vous assure.

— Voyons, colonel, votre conduite de tout à l'heure ne vous cause-t-elle aucun remords ?

Le gouverneur fronça légèrement le sourcil.

— Aucun remords, aucun ! — fit-il en appuyant sur le dernier mot.

— C'est qu'alors vous n'avez pas encore mûrement réfléchi sur l'acte que vous avez commis.

— Vraiment, chère madame, je ne sais pas au juste de quoi vous voulez parler. S'agit-il des prisonniers polonais que j'ai envoyés en prison ou des soldats que j'ai punis ?

— Il n'y a pas un instant de doute à avoir ; les rebelles polonais ne méritent pas la pitié d'une bonne Moscovite ; quant à eux, je ne vous blâme pas d'avoir maintenu leur arrestation. Mais, sujette dévouée du czar, je déplore le trépas de trois de ses soldats, qui ont été bien mal récompensés par vous du zèle qu'ils montraient.

— Tudieu ! madame, brisons là ! — s'écria le colonel en se levant soudain. — Tant que j'ai pensé avoir en face de moi une parente et une amie venant solliciter une grâce pour quelqu'un, j'ai pu vous écouter ; mais, par saint Nicolas ! je ne souffrirai pas qu'une femme se permette de censurer les actes d'un gouverneur de district, du commandant militaire d'une place forte. — Puis, se calmant un peu, il reprit en raillant : — Est-ce que vous seriez chargée par le grand duc, chère baronne, de l'inspection générale des armées, y compris les officiers supérieurs et les généraux ?

— Peut-être, monsieur le colonel, — fit Rita en se levant à son tour.

— Morbleu ! c'est trop fort, — dit le colonel en riant aux éclats. — Madame la feld-maréchale serait-elle assez aimable pour me montrer son brevet ?

— Voilà quelque chose d'équivalent.

Et la baronne tendit le plein pouvoir à l'aide duquel elle avait jusqu'alors fait plier les têtes les plus illustres devant elle.

Le colonel jeta dédaigneusement les yeux sur cette pièce, la rendit et demanda :

— Après ?

— Ah ! vous vous décidez enfin à m'écouter et à tenir compte de mes observations, monsieur ! — dit à son tour Rita triomphante.

— Cela dépend.

— Quoi ! vous oseriez...

— Chère madame, ceci est un blanc-seing signé par le grand-duc et confié à votre mari, chef de la police secrête, pour être remis aux agents de son ressort, afin qu'ils en usent et qu'ils n'en abusent pas. Le baron de Touïourskoff, pour vous donner quelques facilités dans vos voyages, vous a sans doute confié un de ces pleins pouvoirs : avec cela on évite les lenteurs de la douane, les formalités de route, etc., etc. Mais que cela vous donne le plus petit brin d'autorité sur moi, c'est ce que je nie. — Rita était écrasée. Il avait suffi d'un homme énergique pour réduire en poussière l'arme terrible qu'elle s'était faite. Intelligente, elle se sentit sérieusement compromise; en effet, que d'abus de pouvoir n'avait-elle pas faits ? Le colonel ne manquerait pas d'en référer au grand-duc, de lui apprendre ce qui s'était passé; or, le grand-duc serait furieux, sans doute, de voir une femme profiter de la haute position de son mari au profit d'une intrigue. Néanmoins, avec de l'adresse, Rita pouvait parer le coup et redevenir plus puissante que jamais; elle trouva un plan de campagne en quelques minutes. — Colonel, — dit-elle avec hauteur, — je vous rends responsable de la disgrâce qui va vous atteindre ; au-dessus de vous et de moi, il y a des têtes qui jugeront notre conduite, les bras qui frapperont les sujets traîtres, les mauvais serviteurs de Sa Majesté le czar !... Adieu... ou plutôt au revoir... Vous vous repentirez de l'accueil que vous m'avez fait ; j'étais venue en amie, je pars en ennemie.

Et la baronne sortit avec une fierté d'allure superbe.

A peine Rita était-elle partie, qu'une jeune fille se précipita dans la chambre du colonel, lui sauta au cou et lui prodigua les marques de la plus vive et de la plus tendre reconnaissance. C'était Léda, qui, cachée derrière une tapisserie, avait tout entendu.

Le colonel, devant l'effusion de sa nièce, se raidit de toutes ses forces, prit un air digne, et, de sa voix brève, dit à la jeune fille :

— Voyons, voyons, la paix ! Qu'est-ce que signifient toutes ces démonstrations ?

— Mon oncle ! mon cher oncle ! — s'écria Léda, — comme vous êtes bon et généreux !

— Hein ! quoi ?... que veux-tu dire ?... Mais lâche-moi donc, sacrebleu ! — Le pauvre colonel étouffait sous les baisers et, malgré lui, l'émotion le gagnait ; enfin il embrassa sa nièce avec une rudesse affectée en disant : — Tiens... et que ça finisse !

— Merci, mon oncle ; oh ! vous êtes bien gentil ! — s'écria Léda.

Et elle se décida à lâcher le cou du vieux militaire, qui s'assit dans un fauteuil ; il n'en pouvait plus de joie ; il adorait sa nièce, mais il s'entêtait à affecter une indifférence complète en matière de sentiment. Léda n'était pas dupe de ses manières guindées.

— Voyons ça, mademoiselle, expliquez-vous ? — fit le colonel.

— Mon cher oncle, ne froncez pas les sourcils, je vous connais bien. Je suis votre fillette chérie et je n'ai pas peur de vos gros yeux.

— Hum !... hum !... On sait bien que ce n'est pas l'audace qui vous manque, petite espiègle; vous ne me respectez pas assez ; mais je me plaindrai là où de droit.

— Mon père, n'est-ce pas ?... c'est de lui dont vous voulez parler... Oh ! c'est mal à vous, mon oncle ! Il frappe rudement les siens. Ce pauvre Frantz, mon frère ! il est au Caucase maintenant, simple soldat, châtié ignominieusement, déshonoré, et par mon père... Oh ! mon oncle, c'est affreux !

Léda éclata en sanglots. Le vieux colonel n'y tint pas ; il l'appela, la mit sur ses genoux comme un enfant, la consola de son mieux, essuya lui-même ses larmes et la calma en lui jurant de solliciter la grâce de son frère. Léda le paya par un baiser.

— La ! la ! c'est bien, la paix est faite, — dit le colonel.

— A présent, causons raison. Pourquoi m'as-tu remerciée en entrant ici ?

— Mon cher oncle, c'est parce que vous avez remis à sa place cette méchante femme qui vient de vous quitter.

— Tu écoutais donc aux portes ?

— Oui, mais malgré moi.

— Ah ! c'est mal, cela, mon enfant.

— Petit péché de curiosité. Dites-moi, mon oncle, vous voulez donc sauver Stanislas ?

— Stanislas? De qui parles-tu là, petite ?

— Mais de ce jeune insurgé polonais.

— Ah ! vraiment ! Et pourquoi diable le sauverais-je du supplice qu'il a mérité ?

— Dame !... vous aviez l'air...

— Ma fille, tu t'es trompée. Je ne porte aucun intérêt à ce jeune homme ; je ne le connais pas.

— Pourtant votre résistance aux ordres de cette femme ?...

— Mais, ma belle, le motif en est tout simple ; voilà une pécore qui a quelque intrigue en train et qui veut s'immiscer dans les affaires du gouvernement; j'ai deviné cela. N'était-il pas de mon devoir de la rappeler à l'ordre ?

Léda devint toute triste.

— Et que va-t-il advenir ? — fit-elle.

— Cette drôlesse ira à Varsovie, à Pétersbourg peut-être ; elle cabalera contre moi, me fera destituer probablement.

— Que dites-vous là, mon oncle ?

— La vérité, ma pauvre enfant ; je connais les Russes, vois-tu, et j'ai eu tort de suivre les conseils de ton père, qui m'a engagé à entrer à leur service. Mais, n'importe, je serai fidèle à ma devise : *Le devoir avant tout !*

— Mon oncle !

— Quoi ?

— Je voudrais vous questionner encore, je n'ose pas.

— Va, je ne me fâcherai pas ; parle ?

— Ce jeune homme...

— L'insurgé polonais ?

— Oui...

— Eh bien ! ma chère enfant, il sera fusillé, c'est plus que sûr.

Léda devint affreusement pâle et fut près de chanceler. Elle se contint pourtant.

— Pourquoi tant de rigueur ? — demanda-t-elle.

— La loi est formelle. Un insurgé pris les armes à la main doit être passé par les armes après jugement ; je ne puis changer la loi.

— C'est atroce !

— Je ne dis pas non. Les Polonais sont libres de nous rendre œil pour œil; les représailles sont de droit à la guerre.

— Et si je me jetais à vos genoux pour demander sa grâce ?

— Pas de folie ! fillette. Tout serait inutile ; larmes prières, désespoir, rien n'y ferait. Mais pourquoi portes-tu tant d'intérêt à cet inconnu ?

— Inconnu !... vous vous trompez, mon oncle ; c'est un ami d'enfance. Sa sœur est presque ma sœur par la tendresse qu'elle me porte ; sa mère est aussi presque la mienne.

— Les deux dames, si coupables qu'elles soient, en seront quittes pour quelques mois de détention au fort.

— Et lui... lui...

— Son sort est irrévocable. Dame ! tu en prendras ton parti ; après tout, ce n'est ni ton fiancé, ni ton parent, c'est une connaissance banale, faite jadis, oubliée pendant de longues années, renouvelée ce matin. Ne voilà-t-il pas de quoi tourmenter ton oncle ?

Léda se leva, croisa ses bras sur sa poitrine, se recueillit un moment, puis regarda un instant le colonel étonné.

— Mon oncle, — fit-elle, — je ne mens pas, vous le savez.

— C'est une justice à te rendre : je t'estime, ma chère enfant, car ton cœur est noble.

— Eh bien ! sur mon honneur, et sans que le désir de sauver Stanislas soit pour rien dans mes paroles, je l'aime !

— Le colonel ne s'attendait pas à ce coup; il ne sut pas trouver un mot. —Je l'aime ! — reprit Léda avec exaltation,— et, s'il meurt, je mourrai ! Par la Vierge, par ma mère, par vous que je vénère, je l'aime ! je l'aime ! à tout sacrifier pour lui !

Le colonel, décontenancé, murmura :

— Pourquoi diable va-t-elle s'enamourer d'un Polonais!
— Puis il dit d'une voix convaincue, en prenant les deux mains de sa nièce : — Ma pauvre petite, ne l'exalte pas ; parlons un peu raison ; j'ai de l'affection pour toi, tu le sais ; je suis garçon, je te considère comme mon enfant. Eh bien ! je suis désolé que ton choix se soit porté sur ce jeune homme ; diable d'idée que tu as eue là, va ! S'aviser de donner son cœur à un de nos ennemis ! Je ne reconnais plus la fille de ma sœur, ma nièce à moi !

— Ah ! mon oncle, c'est précisément parce que Stanislas est dans les rangs de l'insurrection que mon âme a volé vers la sienne ! — s'écria Léda en s'animant. — C'est beau, voyez-vous, de se battre vaillamment comme il l'a fait pour délivrer son pays des Russes. Vous êtes soldat, vous ! N'est-il pas vrai qu'un Polonais doit agir comme il l'a fait? N'est-il pas vrai que celui-là est un lâche qui ne prend pas les armes quand la patrie l'appelle ?

— Mon Dieu ! je ne le nie pas, il a fait son devoir comme Polonais ; mais, dans notre armée, il y a des officiers qui font aussi leur devoir comme Russes. Pourquoi ne pas aimer l'un d'eux ?

— Non, jamais! — dit Léda frémissante, — jamais la main d'un Russe ne touchera la mienne ! Entre le héros qui défend la liberté de son foyer, l'honneur de sa patrie, l'humanité outragée dans ses lois les plus saintes, et les esclaves de tyrans qui prêtent leurs bras à l'injustice, à l'infamie, à l'atrocité, une femme ne peut hésiter. Je sens là un cœur polonais, mon oncle ! je serais fière d'être l'épouse d'un de ces patriotes qui luttent si bravement contre un odieux despotisme : je rougirais d'être unie à un de ces soldats féroces et lâches qui ne savent qu'incendier, piller et assassiner.

— Léda... assez!...

— Oh ! tenez ! que vous entendiez tout... Pour moi, pour nous toutes femmes, bons juges en fait d'héroïsme, les Polonais, glorieux martyrs, tombent avec une auréole au front; les Russes, vils bourreaux, glissent dans une boue sanglante qui les marque d'un stigmate honteux... Passant sur un champ de carnage, je laverais les saintes reliques des défenseurs de la liberté avec mes larmes, et les ensevelirais de mes propres mains... je laisserais aux vautours les cadavres des satellites de l'ogre du Nord.

— Léda, — s'écria le colonel, — tu es trop dure pour un vieillard ; ton oncle n'a jamais mérité ces cruels reproches.

La jeune fille s'apaisa à la vue d'une larme qui jaillissait de la paupière du colonel.

— Vous, — dit-elle en l'embrassant au front, — vous, je vous pardonne. Vous avez eu tort de mettre votre épée généreuse à la disposition de la Russie, mais vous ne l'avez jamais ternie. Votre grandeur d'âme va peut-être briser votre avenir, vous êtes toujours mon oncle et je suis fière de vous.

Il y eut un instant d'émotion indicible entre la jeune fille et le vieux colonel ; quand celui-ci fut un peu remis, il prit Léda encore une fois sur ses genoux.

— Mon enfant, — lui dit-il, — ta voix a réveillé ma conscience ; je sais ce que je dois faire et je le ferai. Tu comprends qu'abandonner les Russes en ce moment ce serait une lâcheté ; l'heure critique a sonné pour eux, je ne puis déserter mon poste. J'ai vendu mon sang, je payerai ma dette loyalement ; mais tu ne rougiras pas de moi. Écoute ! Relâcher Stanislas serait une félonie. J'ai accepté le poste de gouverneur ; quelque amers qu'en soient les devoirs, il faut les remplir. En ton âme et conscience, dis-moi, ai-je raison ?

— Oui ! — répondit Léda sans hésiter.

— Cependant tu peux sauver peut-être ce jeune homme, — reprit le colonel. —Pars pour Varsovie, va te jeter aux pieds du grand-duc, parle-lui franchement avec le cœur... Je te remettrai une lettre pour lui ; il me connaît particulièrement. Dis-lui que tu es ma nièce... il te croira. Dans quinze heures, par le chemin de fer, tu peux gagner Varsovie ; dans quatre jours tu peux être ici. D'ici là, je pourrai prolonger les formalités judiciaires et traîner le procès en longueur ; mais si le cinquième jour tu n'arrives pas, Stanislas est perdu...

Une heure après, Léda était en route pour Varsovie ; malheureusement Rita l'avait devancée.

La haine et l'amour étaient aux prises ; les deux passions les plus terribles qui puissent faire vibrer le cœur humain.

XXIX

LE GRAND-DUC CONSTANTIN ET RITA.

Le grand-duc Constantin, lieutenant général du royaume de Pologne pour l'empereur de toutes les Russies, se promenait dans son cabinet, attendant avec impatience l'arrivée du marquis de Vielopolski, qu'il avait fait mander.

Le marquis se présenta timidement devant le prince, qu'il savait de fort mauvaise humeur depuis plusieurs jours.

— Vous voilà donc enfin, monsieur ! — s'écria le grand-duc à sa vue. — En vérité, je croyais que vous ne viendriez jamais ; moins heureux que Louis XIV, je n'ai pas failli attendre... j'ai longtemps attendu.

— Monseigneur, daignez me permettre de vous expliquer les motifs...

— Les motifs...! Ah ! vous voilà bien... on a toujours des motifs d'avoir tort. Le sergent que j'ai fait fusiller hier avait des motifs pour vendre de la poudre à un Polonais ; le capitaine-trésorier que j'ai envoyé en Sibérie avant-hier avait des motifs pour voler dans la caisse de son régiment ; le sous-intendant que j'ai fait pendre avait des motifs pour vendre des fusils et des vivres aux insurgés ; le prince B... avait des motifs pour se laisser battre par ce damné colonel des zouaves de la mort ; le général Jaëgler avait des motifs pour ne pas écraser un certain commandant Bidou contre les murs de Kiela et lui laisser prendre le fort ; vous avez des motifs pour ne pas mettre plus d'ordre, vous, ministre, dans les affaires du royaume, qui sont toujours excessivement embrouillées ; enfin cet imbécile de Touïourskoff avait des motifs pour se laisser prendre par les rebelles...

— Le général Touïourskoff est pris ! — s'écria le marquis avec étonnement.

— Oui, monsieur, oui : pris comme un rat dans une ratière, pris d'une façon stupide, honteuse, ridicule ; et c'est vous qui m'avez engagé à nommer cet imbécile chef de police.

Le marquis baissa la tête ; il avait subi des influences et il s'en repentait.

— Je lui croyais du talent, — murmura-t-il avec embarras.

— Du talent! mais c'est un triple sot ; il s'est fait jouer d'une manière incroyable.

— C'est pendant son voyage que cette mésaventure lui est arrivée, sans doute ?

— Mais du tout, c'est ici, à Varsovie.

— Depuis ce matin alors, car je suis allé hier demander de ses nouvelles à son hôtel et l'on m'a répondu qu'il n'était pas rentré de sa tournée.

— Quoi, vous aussi vous étiez dupe ? Sachez, monsieur, que le général n'était pas en tournée le moins du monde ; ses secrétaires, sa femme, ses affidés enfin, ne sachant comment expliquer sa disparition, ont prétendu qu'il

s'était imposé une mission, qu'il parcourait la Pologne incognito. Mais pas du tout, le directeur de votre police, un homme qui devrait tenir du renard et du loup, a été dupe : on l'a enlevé dans son palais.
— Êtes-vous bien sûr de cela, Excellence?
— Trop sûr. C'est le colonel des zouaves de la mort qui a fait le coup lui-même ; il a ficelé Touïourskoff comme un paquet, il l'a emballé en chemin de fer avec l'aide de nos agents de police, il l'a conduit à son camp avec une voiture fournie par un de nos syndics. Par saint Serge ! quand je pense à cela, la colère m'étouffe... — Le marquis, ahuri, croyait rêver. Le grand-duc reprit : — Si j'avais quatre hommes comme ce Pierre (c'est son nom), je voudrais étouffer la rébellion en quatre semaines ; malheureusement, je suis entouré de fripons, de niais ou de traîtres.
— Votre Altesse est sévère...
— Pardieu ! marquis, à part vous et moi, — reprit le grand-duc un peu radouci, — trouvez-moi donc à Varsovie des serviteurs du czar sur lesquels on puisse compter ?
— Il est certain, — répondit le marquis, un peu rassuré par l'exception faite en sa faveur, — il est certain que nous sommes bien mal secondés.
On gratta à la porte du cabinet.
— Entrez ! cria le grand-duc. Un laquais vint présenter des dépêches de Saint-Pétersbourg sur un plateau d'argent. Le grand-duc les ouvrit précipitamment, et il entra dans une furieuse colère. — Sa Majesté sait tout! — s'écria-t-il. — La dépêche est courte, mais significative. Ecoutez, voilà ce qu'elle contient. — Et il lut : « Quand donc cesserez-vous d'être la risée de Paris et de l'Europe entière ! » Le marquis faisait une mine piteuse ; le grand-duc serrait ses dents l'une contre l'autre à les briser. Le sourcil froncé, il s'écria : — Coûte que coûte, il faut que cela finisse, que l'on ne recule devant aucune extrémité pour dompter ces brigands. Ah ! l'Europe se rit de nous ! par saint Serge ! nous verrons bien si elle rira toujours.
— Un laquais vint encore gratter à la porte, et il avertit le grand-duc qu'une dame désirait lui parler sur-le-champ. Le prince allait refuser de donner audience en ce moment, quand une femme voilée entra dans le cabinet avec une hardiesse qui stupéfia à la fois le grand-duc et le marquis ; elle leva son voile, et ils reconnurent tous deux la baronne de Touïourskoff. Le laquais s'était retiré. Il y eut entre les trois personnages un silence de mort ; la baronne, brisée de fatigue, s'était laissée tomber dans un fauteuil. Malgré l'étrangeté de sa démarche, le grand-duc s'approcha galamment et lui demanda : — Vous souffrez ?
— Oui, prince, je souffre ; l'indignation m'étouffe, la colère me suffoque, je suis outrée, exaspérée.
— Je conçois votre chagrin, madame. Votre mari a fait une sottise, mais vous n'en êtes pas responsable ; je n'oublie pas que, personnellement, vous avez déployé le plus grand zèle pour notre cause.
— Monseigneur, vous vous trompez sur la cause de mon chagrin. Quand mon mari est tombé aux mains des Polonais, je ne l'ai pas regretté, c'était une nullité de moins ; la preuve, c'est que, seule, me servant de sa signature comme d'un manteau, je suis parvenue à m'emparer du colonel des zouaves de la mort.
— Quoi ! madame, vous avez fait cela ?
— Oui, prince. A cette heure, ce Pierre si terrible, ce redoutable soldat, cet homme de génie est entre les mains du général Jaëgler. J'ai attiré à Kiela sa fiancée, j'ai envoyé à ce Pierre un faux espion pour l'en avertir. Comme je l'avais prévu, il s'est introduit dans le château ; mais je veillais. On s'était déjà saisi de sa personne, quand les zouaves de la mort ont donné l'assaut au château fort, et, grâce à la sottise du général Jaëgler, ils l'ont enlevé ; dans le désordre, ce Pierre s'était échappé, mais d'actives recherches l'ont fait retomber en notre pouvoir.

— Bravo ! madame, — s'écria le grand-duc ; — je vous remercie, car vous nous sauvez de ce grand suicide qu'on appelle le ridicule.

Rita triomphait ; sa petite histoire mensongère et habile avait produit son effet.
— Prince, — reprit-elle, voyant le grand-duc arrivé au point où elle voulait, — votre victoire n'est que momentanée.
— Que voulez-vous dire, madame?
— Tout le monde nous trahit.
— Que vous disais-je, marquis? — s'écria le grand-duc.
— Voyons, madame, de grâce, parlez !
— Avec ce Pierre on avait capturé une jeune fille, sa maîtresse, qui joue le rôle d'une Jeanne Darc polonaise, qui excite les troupes, fomente des séditions, sert d'espion, anime les courages. Son frère, un aide de camp du colonel Pierre, était pris aussi ; avec lui un lieutenant et un capitaine déjà fameux, Jean le Dogue.
— L'homme au fusil de rempart ? — demanda le grand-duc.
— Lui-même.
— Mais alors l'insurrection est décapitée si nous tenons ces chefs ?
— Hélas ! non. Les officiers ayant paru vouloir donner la liberté à ces rebelles, les soldats d'escorte, des fidèles ceux-là, ont menacé ces traîtres de les massacrer ; mais au moment où les prisonniers et leurs trop généreux protecteurs allaient être mis en pièces, au moment où d'un seul coup on allait en finir, un homme est venu arrêter la juste colère des troupes. A la tête de trois compagnies de grenadiers, il a cerné l'escorte.
— Son nom ?... madame, son nom ?
— Attendez, prince ; ce n'est pas tout.
— Qu'a-t-il donc fait encore ?
— Il a brûlé la cervelle à trois cosaques, trois braves cavaliers, qui lui représentaient respectueusement que les chefs avaient voulu délivrer les captifs.
— Pour l'amour de Dieu ! madame, nommez-moi cet homme ?
— C'est le colonel Alfort, gouverneur de Konskie, — dit Rita.

Le grand-duc sonna, écrivit une lettre, la cacheta et la remit à un capitaine de service.
— Portez ceci sur-le-champ à Konskie, — dit-il ; — [...] ce que j'ai consignés. Vous, madame, — ajouta-t-il, — recevez mes salutations sincères ; je souhaiterais un ministre tel que vous. Vous allez être satisfaite ; on fusillera les traîtres et les prisonniers, on déportera cette héroïne en Sibérie, et, à partir de ce jour, les affaires vont changer de face, car je veux en finir.

La baronne fit une profonde révérence et se retira radieuse.

Rita avait trop de haine dans le cœur pour ne pas tenir à assister à son triomphe ; elle reprit le chemin de fer pour arriver au plus tôt à Konskie. L'aide de camp l'y avait précédée.

La baronne de Touïourskoff eut l'insolence de se présenter chez le colonel Alfort et de lui demander audience.

On l'introduisit auprès du vieux militaire, qu'elle trouva assis dans son cabinet et en train d'écrire sur du papier timbré. Rita espérait avoir vaincu cette énergique nature et comptait que le colonel allait s'humilier devant elle pour obtenir qu'elle prononçât quelques mots en sa faveur.

Le colonel leva les yeux vers elle et lui dit avec une douceur mêlée d'amertume :
— Ah ! c'est vous, madame ! Veuillez vous asseoir un instant, je vous prie.

Et il indiquait du geste un fauteuil.
— Bon ! — pensa la baronne, — il est dompté. Il faut m'en faire un ami ; peut-être me servira-t-il plus tard.

Elle se laissa tomber dans le fauteuil, arrangea co-

quettement les plis de sa robe, prit son air le plus affable, mima son plus gracieux sourire et attendit. Au bout de cinq minutes, le colonel plia et scella le papier qu'il avait écrit; il sonna un domestique et lui dit:
— Va me chercher Nadief. — Le domestique obéit. La baronne voulut commencer la conversation, mais le colonel lui fit signe de la main qu'il n'était pas prêt; il mit un peu d'ordre dans les paperasses de son bureau. Bientôt un militaire parut; c'était un vétéran à la barbe grise; il avait une figure loyale, une tête martiale, l'air résolu; il avait toute la confiance du colonel.
— Nadieff, — lui dit ce dernier, — tu vas porter cette lettre à son adresse.
— Oui, mon colonel, — répondit le soldat.
— Quand tu auras accompli ta mission, tu feras valoir tes droits à la retraite.
— Oui, mon colonel.
— Et tu t'en iras en Bavière, à Munich; voici une seconde lettre que tu y remettras encore à son adresse.
Le soldat regarda les deux adresses, il savait lire; un instant il médita.
— Mon colonel, — dit-il, — je ferai votre commission; quant à la seconde, je ne la ferai pas.
— Pourquoi? — demanda le colonel.
— Je sais quel est votre projet, — répondit Nadieff, — vous voulez...
— Chut!...
— Soit, je me tais; mais je me joindrai aux insurgés.
— Toi?... un Moscovite?
— Oui... moi, mon colonel. Je suis bien vieux, c'est une cause de plus pour ne pas craindre la mort. Vous m'avez fait apprendre à lire et j'en ai profité de mon mieux; voici un livre qui m'a appris ce que j'ignorais. — Le vétéran tira de sa poitrine une brochure d'Hertzen adressée aux soldats russes, et il l'étala sur la table. — Voilà mon évangile maintenant, — reprit-il. — Les Polonais ont raison, ils doivent être libres; nous, pauvres serfs, nous devons les aider pour que, plus tard, ils nous aident à leur tour à renverser le despotisme.
Le colonel était étonné.
— Il y a-t-il longtemps que tu possèdes ce livre? — demanda-t-il.
— Deux ans déjà...
— Depuis deux ans la propagande est commencée, — murmura le colonel, — depuis deux ans l'armée et le peuple sont catéchisés par les apôtres de la liberté! Allons, tout est perdu pour les Russes et la Pologne triomphera.
— La démocratie russe triomphera aussi, — ajouta le vétéran avec conviction.
— Ainsi, tu veux me quitter? — fit le colonel.
— Non, c'est vous qui me quitterez.
Et, malgré lui, le vieux soldat essuya une larme qui coulait sur sa moustache grise. Le colonel, ému, serra la main de son vieux serviteur; tous deux s'étaient compris.
— Va, Nadieff, va, — dit le colonel; — pars de suite et prends garde, même les désormais ton ennemie. — Rita pâlit, mais ne répliqua rien. Le vétéran sortit. — Je suis à vous, maintenant, — dit le colonel.
— Monsieur, vous avez sans doute reçu la visite d'un aide de camp du grand-duc Constantin? — demanda Rita.
— Il y a une heure à peine qu'il m'a annoncé les volontés de Son Altesse.
— Et vous m'en voulez beaucoup, n'est-il pas vrai?
— Non, madame.
— Je suis sûre que vous m'en voulez, — reprit Ritta avec force, — et vous avez raison. J'ai agi contre vous; seulement, vous m'y avez forcée. Je veux réparer le mal, maintenant que vous ne me gênez plus; je suis de l'estime pour vous, et je demanderai votre grâce au grand-duc, qui me l'accordera. Me pardonnez-vous?
— Madame, — dit le colonel lentement, froidement, — je vous ai pardonné parce que je suis chrétien et que Dieu ordonne le pardon; mais je ne puis m'empêcher de vous mépriser.
— Ah! — s'écria Rita en se levant avec colère, — ah! vous me méprisez!
— Oui, madame.
— Eh bien! malheur à vous! Deux fois je suis venue avec de bonnes paroles, et deux fois vous m'avez repoussée et avilie; c'en est trop! Colonel Alfort, je veux votre tête, et je l'aurai; adieu!
— Un instant, madame; il est inutile de chercher à sortir. Nadieff a fermé les verrous, ainsi que je le lui en ai fait signe.
— Qu'est-ce à dire, monsieur?
— Que vous êtes ma prisonnière.
— Vous oseriez...
— Mon Dieu! oui.
Rita pensa que le colonel voulait lui arracher quelque serment, quelque garantie; elle s'écria:
— C'est un guet-apens!
Le colonel sourit avec une fierté écrasante.
— Il ne vous appartient pas de parler de guet-apens, — dit-il, et il saisit un pistolet qu'il arma. Rita poussa un cri d'effroi. — Madame, — lui dit-il, — rassurez-vous; je ne cherche pas à vous tuer. Seulement, comme vous auriez pu nuire à mon serviteur, qui porte au grand-duc des papiers importants, je vous ai privé de votre liberté pour quelques heures mais je vous tiendrai compagnie, par exemple. Ce n'est pas ma conversation qui vous gênera, je garderai le silence.
Et, appuyant le pistolet sous son menton, le colonel en pressa la détente; le coup partit aussitôt.
Rita, épouvantée, poussa un grand cri, puis elle s'évanouit. Quand elle revint à elle, elle était rouge du sang de sa victime; la cervelle du vieux militaire était répandue de tous côtés, sa figure horriblement mutilée. La baronne dut passer trois heures auprès de ce cadavre. Au bout de ce temps seulement, elle fut délivrée par un domestique, qui vint lui ouvrir la porte, attiré par ses appels. Elle quitta la chambre en laissant le domestique en larmes pleurer sur le corps de son maître.

XXX

UNE FLEUR D'AMOUR SUR LE BORD D'UNE TOMBE.

La journée s'écoula. Les prisonniers polonais furent jugés et condamnés. L'aide de camp du grand-duc présidait le conseil de guerre; il avait exprimé aux autres membres du tribunal son intention de *mener rondement* l'affaire. Personne ne protesta contre l'illégalité de la procédure et la précipitation du jugement.
A la dernière heure, on amena parmi les accusés un Russe déserteur qui, venant du Caucase, était sur le point de rejoindre les insurgés quand des cosaques l'avaient arrêté; par ordre de l'aide de camp, il fut de suite jugé, et la sentence de mort fut prononcée en même temps contre tous *les rebelles*. On devait les exécuter le soir même.
En sortant du tribunal, l'aide de camp du grand-duc apprit le suicide du colonel Alfort; il n'en parut pas ému et prononça cette phrase cruelle:
— C'est un traître de moins; il s'est fait justice lui-même.
De la salle du tribunal, les prisonniers furent conduits au lieu d'exécution. Rita se trouva sur le passage des prisonniers au moment où ils allaient au supplice; elle n'osa, cette fois, assister à l'agonie de ses victimes, le suicide du colonel Alfort l'avait terrifiée.
Selon les ordres du grand-duc Constantin, ils allaient

être fusillés en pleine place publique. On avait réclamé du renfort auprès du général Jaëgler, qui venait d'envoyer un bataillon ; la population, devant cette force imposante, ne pouvait faire la moindre manifestation.

Le bataillon, échelonné le long des rues et massé sur les places, la baïonnette au canon, la capsule sur le chien du fusil, se tenait prêt à toute éventualité ; le peuple, craintif, se glissait entre les haies de soldats et les maisons, jetant sur ses persécuteurs des regards obliques et contemplant les victimes avec pitié.

Le peloton qui servait d'escorte et qui devait exécuter les condamnés arriva sur la grande place et se rangea en ligne ; on avait dressé un mur de terre pour arrêter les balles qui ne frapperaient pas les prisonniers.

Jean le Dogue, à cause de sa stature colossale, avait tous les honneurs de la cérémonie funèbre. Il marchait en tête du premier peloton, les mains solidement attachées, les pieds entravés ; deux cosaques tenaient chacun un bout d'une corde passée sous ses aisselles, et ils avaient toutes les peines du monde à maintenir ce géant.

Quand il faisait un mouvement brusque, les cosaques étaient secoués si vigoureusement qu'il leur fallait se cramponner à la crinière de leurs coursiers pour ne pas tomber. A voir Jean le Dogue, on eût dit Samson au milieu des Philistins.

Après lui venait Stanislas, sur lequel Finette jetait les plus tendres regards ; le jeune homme y répondait par des sourires navrés. Ce n'était pas que le courage lui manquât pour lui-même ; mais il songeait à sa mère et à sa sœur, qui, sans appui et prisonnières, restaient livrées aux mauvais traitements des geôliers et dont l'avenir était affreux.

Finette n'avait que très-rarement adressé la parole à Stanislas depuis leur départ de Paris ; elle l'aimait plus que jamais. Un temps d'arrêt lui avait permis de se rapprocher de lui ; elle s'avança timidement à ses côtés, et, quand le convoi eut repris sa marche, elle marcha près de lui.

Stanislas, malgré ses préoccupations navrantes, fut profondément touché de la résignation avec laquelle la pauvre petite se soumettait à son sort ; il songea qu'il avait été presque cruel à son égard, car elle avait quitté Paris pour le suivre, et ce beau dévouement n'avait pas eu la plus petite récompense. Finette même allait mourir, mourir toute jeune, victime de son amour méconnu. Stanislas la regarda avec une affectueuse pitié et lui dit à demi-voix :

— Vous me trouvez égoïste, n'est-ce pas ? Mais les grandes joies et les grandes douleurs emplissent tellement le cœur qu'elles excluent tout autre sentiment ; et pourtant je n'aurais pas dû oublier votre dévouement pour moi. Croyez-le, à cette heure suprême, je me repens de n'avoir pas rempli envers vous le devoir que m'imposait votre conduite admirable.

— Oh ! monsieur Stanislas, — s'écria Finette, — que vous êtes bon ! Vos paroles me font du bien, merci ! Mais je ne vous en ai jamais voulu ; je savais bien qu'un grand seigneur comme vous ne pouvait pas aimer ni même estimer une petite grisette comme moi.

— L'amour ne se commande pas, — répondit Stanislas. — Je n'ai jamais senti mon cœur battre pour aucune femme, je l'avais donné tout entier à la Pologne ! mais si j'avais pu le distraire un instant du culte qu'il a voué à la patrie, vous êtes si jolie, si spirituelle et si bonne, que, sans doute, je vous aurais préférée à toute autre.

Finette était rouge comme une cerise ; ces compliments la troublaient comme si, pour la première fois, elle entendait des déclarations passionnées. Et pourtant... mais les femmes qui ont mené la vie la plus légère, lorsqu'elles aiment sincèrement, redeviennent pudiques et timides ; on dirait des vierges essayant leurs premiers pas dans les sentiers fleuris de l'amour, tout effarouchées des perspectives enchanteresses qu'on y découvre.

Finette était charmante avec ses joues empourprées, ses yeux voilés, sa contenance de gazelle effrayée.

— Monsieur Stanislas, — reprit-elle, — vous me rendez bien heureuse ; c'est généreux à vous de ne pas trop mépriser la folle danseuse de la Boule-Noire.

— Vous mépriser, mademoiselle ! — dit Stanislas avec conviction, — oh ! non ; je vous admire. Que vous ayez eu quelques torts en écoutant trop facilement les appels du plaisir, c'est possible ; mais vous aviez pour excuse les entraînements de la jeunesse. Depuis, vous avez effacé le passé par votre bravoure et la sublime énergie de votre conduite. Je vois en vous, maintenant, un compagnon d'armes, un jeune et excellent officier que j'estime du fond du cœur, dont je suis fier d'être l'ami ; et si je songe parfois que sous son uniforme se cache, non une rude poitrine d'homme, mais un sein charmant, doux nid d'amour, mon estime devient de la vénération, et vous vous grandissez à mes yeux jusqu'au piédestal que votre France a dressé à Jeanne Darc. — L'émotion de Stanislas était grande, celle de Finette était à son comble ; elle pleurait d'orgueil et de joie. On était arrivé sur la place ; mais elle avait tout oublié. Le peloton s'était rangé en bataille ; un commandement sonore retentit, qui arracha la jeune fille à ses rêves. Elle jeta un regard sur les bourreaux, un autre sur Stanislas ; puis elle sauta au cou du jeune homme et le couvrit de baisers brûlants. Stanislas se dégagea doucement. — N'oubliez donc pas, — lui dit-il en l'embrassant au front, — que les Russes nous regardent, que vous portez les épaulettes d'officier aux zouaves de la mort, et que nous avons à soutenir l'honneur de la Pologne et de la France par notre contenance en face de ces assassins.

— Allez ! monsieur le comte ! — répondit Finette ; — rassurez-vous, je mourrai sans faiblesse, car je meurs contente. Embrassez-moi une dernière fois !

Stanislas se prêta complaisamment à ce caprice de la jolie fille, qui se détacha de son cou et alla se camper avec audace en face des soldats ; à partir de ce moment, elle ne cessa pas de provoquer la mort avec une crânerie coquette. Stanislas éprouva quelque chose comme un regret, mais il fut bientôt arraché à ses préoccupations par les apprêts lugubres de l'exécution.

Devant le peloton s'avança, un parchemin déployé à la main, un officier qui lut à haute voix la sentence ; il terminait en disant :

— Ceci est pour servir d'exemple à tous les traîtres.

Le peuple, atterré, écoutait en silence. Tout à coup un jeune homme, un étudiant, bondit sur l'officier et lui donna un coup de poignard en pleine poitrine ; l'officier tomba sur-le-champ. Les troupes, à la vue de cette action, poussèrent des cris sauvages et les fusils s'abaissèrent, couchant en joue la foule.

Les Russes s'attendaient à une révolte générale ; mais ce n'était là qu'un acte isolé de vengeance dont l'auteur fut aussitôt puni par les cosaques, qui le hachèrent à coups de sabre.

Par un raffinement de barbarie, les condamnés devaient être exécutés un par un.

Un lieutenant avait ramassé la sentence, et il procéda à l'appel nominal des condamnés. Le premier fut le déserteur russe ; beau et grand jeune homme de vingt-cinq ans, il avait une attitude martiale et fière. Avant de mourir, il fit appeler l'aide de camp du grand-duc Constantin. Ce dernier s'approcha.

— Monsieur, — lui dit le jeune homme, — je connais quelque peu le général Jaëgler ; il est mon parent.

— Je suis fâché qu'il en soit ainsi, car, fussiez-vous son fils, votre sort n'en serait pas changé, répondit sèchement l'aide de camp.

— Je le sais, — reprit le jeune homme. — Vous êtes des misérables, morts à tout sentiment naturel ; mais n'importe ! Tenez, voici un objet précieux pour la famille Jaëgler ; c'est la pipe que de père en fils on se transmet depuis deux siècles. Je suis le dernier de ma branche ; veuillez donc remettre cette pipe au général, mon parent, pour en faire tel usage qu'il jugera à propos. N'oubliez pas que nous sommes Allemands et que le général tient aux usages de son pays ; il serait désolé si ce souvenir de famille tombait entre les mains d'un cosaque.

L'aide de camp ne crut pas devoir refuser cette satisfaction au jeune homme ; par égard pour le général Jægler, il prit la pipe, et se retira.

Il fit un signe aux soldats. Les canons de fusil s'abaissèrent, une détonation retentit, le condamné tomba mort.

Au même instant un galop rapide se fit entendre et le général Jægler parut à cheval ; il venait lui-même assister à l'exécution.

L'aide de camp courut à sa rencontre.

— Eh bien ! — lui demanda le général, — on a commencé, je crois ?

— Oui, — répondit l'aide de camp.

— Tant mieux ! — fit le général.

On enlevait le cadavre pour faire place à un autre captif ; Jægler jeta un coup d'œil indifférent sur le supplicié et il donna ordre de continuer.

On appela Stanislas. Le jeune comte serra la main de Finette, qui était sur le point de fondre en larmes malgré tous ses efforts.

— Allons, — lui dit-il, — du courage ! On nous regarde, tenons-nous bien.

Finette parvint à se contenir. Stanislas se plaça résolûment devant les soldats, ôta son bonnet de fourrure, et cria d'une voix assurée et retentissante :

— Vive la Pologne !

— Feu ! — ordonna aussitôt un officier.

Les canons s'abaissèrent, les coups partirent ; mais Finette s'était élancée entre Stanislas et les balles, dont elle fut criblée. Elle s'affaissa son regard mourant vers Stanislas ; elle eut la force de joindre ses doigts contre ses lèvres et de lui envoyer un dernier baiser. Stanislas la prit dans ses bras et la pressa sur son cœur.

— Merci ! — lui dit-elle, et elle rendit le dernier soupir.

Trois cosaques vinrent brutalement arracher son corps au jeune homme et le jeterent dans une ignoble charrette.

Stanislas, résigné, se retourna vers le peloton, qui venait de recharger ses armes.

— Joue ! — cria la voix de l'officier.

XXXI

L'OPINION PUBLIQUE.

Le grand-duc Constantin était resté avec le marquis Vielopolski après le départ de la baronne de Touïourskoff.

— Voilà une femme énergique, — dit le grand-duc avec admiration. — Qu'en pensez-vous ?

— Monseigneur, — répondit le marquis, — je ne nie pas son énergie.

— Vous dites cela d'une façon peu chaleureuse, à ce qu'il me semble ?

— Monseigneur, je crois sans peine à l'activité, au courage, à l'intelligence de madame la baronne de Touïourskoff ; mais je ne crois ni à sa vertu ni à son dévouement pour notre cause. Elle se sert en nous servant ; il y a certainement une intrigue sous jeu.

— Qu'importe ! — s'écria le grand-duc, — un service est un service. Un roi ne peut sonder la conscience d'un de ses serviteurs, comme Dieu, qui connaît les plus secrètes intentions. Nous autres, nous ne voyons que les actes et devons les récompenser. On apportait en ce moment les journaux de France, petits et grands, qui venaient d'arriver.

— Ah ! — fit le grand-duc en fronçant le sourcil, — voilà nos ennemis ! — Le marquis de Vielopolski ne dit rien, mais un malicieux sourire passa sur ses lèvres ; tout dévoué qu'il paraisse aux Russes, le marquis a une conduite énigmatique qui laisse beaucoup à penser. Le grand-duc remuait du doigt les feuilles périodiques entassées sur une table de marbre et ne savait évidemment par laquelle commencer ; il prit enfin son courage à deux mains, tendit le *Siècle* au marquis et lui dit : — Lisez-moi cela ! — Le marquis sourit, fit sauter le cachet, déplia le journal et y lut le Bulletin, qui résumait avec une rigoureuse conclusion trois dépêches télégraphiques où l'on constatait les défaites des Russes. Le grand-duc mâchonnait sa moustache avec une rage concentrée. Après le Bulletin, le marquis passa à un article de fond, qui causa au grand-duc un accès de rage. Le marquis de Vielopolski ne passait aucun détail, accentuait les mots, scandait les phrases. Après le *Siècle*, il prit l'*Opinion*, qui contenait des correspondances où les cruautés des Russes étaient développées et stigmatisées, et dans tous les journaux il en fut ainsi. Le grand-duc, exaspéré, s'était levé et se promenait avec agitation ; ses doigts craquaient l'un sur l'autre et s'entre-choquaient avec le bruit sec d'un briquet que l'on bat. — Marquis ! — s'écria-t-il, — l'opinion publique doit être bien contre nous, en France ?

— Plus encore que vous ne le croyez, monseigneur, — répondit le marquis de Vielopolski. — Il y a de tous les côtés des souscriptions en faveur des Polonais, et les listes montent, montent sans relâche.

— Il faudrait arrêter cela.

— Et comment ? Paris n'est pas sur notre territoire.

— Heureusement pour les Parisiens... Voyons, l'opinion publique s'est montrée contre nous par la lecture des correspondances où l'on raconte des massacres commis par les nôtres.

— C'est là la principale cause du mal, évidemment.

— Voici le remède : on prépare à la chancellerie une pièce justificative où l'on établira la fausseté de toutes les correspondances des journaux hostiles ; on enverra ce démenti sous forme de circulaire, et l'on en inondera la France et l'Europe.

— Les Français ne croiront pas un mot de notre circulaire.

— Elle sera émanée d'une source officielle ; mon cachet...

— Monseigneur, permettez-moi de vous dire que les Français, si haut que soit placé un personnage, ne le croient pas sur parole. Ils contrôlent ce qu'ils lisent. — Puis, après un moment de silence, le marquis reprit :

— Monseigneur ne sait pas encore tout. J'ai là, sous les yeux, un rapport d'un de nos gouverneurs de province, qui atteste *officiellement* les meurtres et les incendies dont nos troupes se sont rendues coupables. Or, il y a trois jours, ce document secret a été publié par toute la presse parisienne.

— Par saint Serge ! qui a pu envoyer cette pièce à Paris ?

— Qui ?... Tout le monde et personne, monseigneur. J'ai en vain cherché le traître, je ne l'ai pas trouvé. Toujours est-il que nous ne pouvons donner un démenti à notre administration elle-même, dont tous les mystères sont découverts.

Le grand-duc comprenait la toute-puissance de l'opinion publique, contre laquelle il se brisait, lui, le lieutenant d'un autocrate, armé de la toute-puissance des czars, ayant en main toutes les forces d'un grand empire. Il comprenait aussi la toute-puissance de la presse, qui triomphait de ses légions. L'idée l'emportait sur la matière, la vérité sur l'encens.

Le grand-duc, après un quart d'heure d'une agitation fébrile, se laissa choir dans son fauteuil, prit sa tête à deux mains et réfléchit longuement ; le marquis de Vielopolski le regardait avec un sourire étrange.

Enfin le grand-duc leva la tête, prit une plume et traça quelques mots qu'il envoya à Pétersbourg par le télégraphe électrique. Il attendit la réponse.

— Savez-vous ce que je viens de demander à l'empereur, monsieur ? — demanda-t-il au marquis.

— Si Son Altesse daignait s'expliquer, je ne me permettrais même pas une conjecture, — répondit monsieur de Vielopolski.

— Eh bien ! monsieur, je viens de demander au czar s'il lisait les journaux de Paris et ce qu'il en pensait. — Sur ce, le grand-duc se promena tout rêveur jusqu'au moment où la dépêche de Pétersbourg revint. Elle ne tarda pas. Le grand-duc ouvrit la lettre que le chef de son bureau particulier lui faisait passer. Elle contenait ces mots : « Oui. Passez outre. »

— C'est court, mais c'est clair, — fit le grand-duc contrarié. — Je suis forcé de continuer à marcher dans la voie des répressions.

— Tant pis ! — s'écria le marquis.

— Oui, tant pis ! car tout cela m'ennuie plus que je ne saurais dire. En somme, j'ai une réputation de croquemitaine, de loup-garou, qui me rend odieux à toute l'Europe. — Et le grand-duc ajouta : — Je suis sûr que les mères de famille françaises font peur aux petits enfants avec mon nom. — Et le prince Constantin eut un sourire pénible. Un huissier apporta une lettre. — Encore ! — fit le duc. Et il lut : — C'est du colonel Alfort, — dit-il. — J'ai été rude pour lui ; après tout, c'est un vieux compagnon d'armes et je lui dois la vie. Voyons, voyons, que m'annonce-t-il ? L'arrivée de sa nièce, fille du général Jaëgler. Qu'elle entre ! — Léda se précipita aux pieds du grand-duc, elle était tout en pleurs. — Ma chère enfant, relevez-vous, — lui dit le prince.

Et il lui présenta galamment un fauteuil.

Léda se releva, mais ne s'assit pas. Elle fixa sur le grand-duc son grand œil intelligent et fier ; elle essaya de lire dans l'âme de celui qui tenait entre ses mains le sort de son fiancé.

— Monseigneur, — lui dit-elle, — je suis venue me jeter à vos genoux pour obtenir une grâce...

— Que je suis prêt à vous accorder, ma chère enfant ; déjà j'étais disposé à la clémence.

— O monseigneur, merci mille fois ! — s'écria Léda avec le plus vive reconnaissance ; — je savais bien, moi, que vous étiez bon !

— On me dit donc bien méchant ? — fit le grand-duc avec amertume.

— Monseigneur, — dit Léda embarrassée, — monseigneur, on vous attribue des ordres donnés aux troupes.. Pardonnez-moi ma franchise, mais vous méritez trop ma reconnaissance pour que je ne vous prévienne pas des calomnies qui courent à votre sujet. Je veux, moi, proclamer bien haut, partout, combien vous êtes généreux.

— Mais, mademoiselle, d'après vous, si j'avais donné ordre à mes soldats de se *bien battre* (le prince souligna ce mot), je serais donc un monstre ?

— Monseigneur ! — Le marquis de Vielopolski fit un signe à Léda ; celle-ci comprit qu'elle s'était engagée dans une mauvaise voie. Elle reprit avec ce tact qui n'abandonne jamais les femmes : — Je suis une jeune fille ignorante de ce qui se passe, n'entendant rien à la politique. Ce que je sais, c'est que je n'oublierai jamais vos bontés pour moi.

Le prince cessa de froncer le sourcil et regarda moins sévèrement la jeune fille.

— Je vais envoyer l'ordre de réintégrer votre oncle dans ses fonctions, — dit-il ; — vous pouvez vous retirer, mademoiselle. Je pense que vous ne me considérerez pas comme un ogre.

— Mais, monseigneur, jamais je n'ai eu cette idée.

— C'est bien, c'est bien, mon enfant... Allez.

Léda allait s'éloigner toute joyeuse, mais elle s'arrêta.

— Monseigneur, permettez-moi d'insister encore ; j'ai peur que l'ordre n'arrive pas assez vite pour empêcher l'exécution.

— Quelle exécution ?

— Celle de mon fiancé, — fit Léda en rougissant.

— Mademoiselle, nous ne nous entendions pas. J'avais cru que vous veniez solliciter pour votre oncle ; je m'aperçois qu'il s'agit d'un amoureux.

— D'un fiancé, monseigneur, d'un fiancé.

— Soit, le mot ne fait rien à la chose. Mais quelle faute a donc commis celui dont vous voulez faire votre mari ?

Léda était devenue pâle et tremblante.

— Monseigneur, — dit-elle, — mon fiancé est le comte Volaski ; il a...

— Le comte Volaski, l'aide de camp des zouaves de la mort ! — s'écria avec explosion le prince Constantin. — Et c'est là l'homme que vous voulez épouser, celui pour qui vous m'implorez ?... Jamais, jamais, mademoiselle, je n'accorderai cette grâce !

Léda, sentant tout son espoir s'évanouir, tomba sur le parquet en poussant un cri de désolation...

XXXI

LA PITIÉ D'UN PRINCE RUSSE.

Le marquis de Vielopolski, qui avait paru s'intéresser à Léda, s'empressa auprès d'elle ; le grand-duc était embarrassé d'avoir douloureusement atteint le cœur de cette enfant en lui refusant brusquement la grâce qu'elle sollicitait.

Le marquis avait relevé la jeune fille et l'avait placée sur un fauteuil ; il demanda au grand-duc la permission de sonner pour faire venir des sels.

Mais le prince sentait le ridicule odieux qu'il venait de se donner ; il alla lui-même dans une pièce voisine et il en rapporta un flacon. Il évitait ainsi les commentaires de la domesticité.

Il joignit ses efforts à ceux du marquis pour rappeler Léda à la vie, et, malgré lui, il contemplait avec attendrissement les traits gracieux de cette jeune fille auxquels le chagrin venait de donner un cachet touchant de tendresse blessée ; sa tête pâle se penchait languissamment sur son sein ; ses bras, d'un modelé admirable, tombaient sans force sur la jupe en désordre ; tout son corps, si merveilleusement sculpté, s'était affaissé sous le poids d'une mortelle langueur, et ses magnifiques contours avaient emprunté à l'abandon de sa pose un irrésistible attrait, le seul qui manquât à cette énergique nature, la morbidesse !

Sans qu'un désir immédiat et brutal s'empare pour cela d'un homme, il n'en est pas moins vrai que la beauté exerce toujours une fascination puissante ; Léda était ravissante ainsi, et le grand-duc eut un remords d'avoir manqué de pitié.

Il éprouvait un sentiment qui ressemblait assez au regret qu'on ressent en revoyant flétrie une fleur dont on a brisé la tige.

— Quelle sensibilité ! — murmurait-il. — Mon Dieu ! si j'avais pu prévoir cela, je n'aurais pas été si sévère ; il est difficile par moment de faire son devoir, et ma tache est lourde. On dirait qu'elle revient à elle ?

— Pas encore, — fit le marquis. — Votre Altesse me permettra-t-elle une observation ?

— Parlez, monsieur, parlez !

— Après la lecture des journaux de France, ne croyez-vous pas, monseigneur, qu'un acte de clémence serait nécessaire?

— Certainement. Mais vous avez lu la dépêche de Saint-Pétersbourg : on me recommande de *passer outre*. Je ne puis faire grâce. On frappe, voyez donc ce que c'est ?

— Monseigneur, un vieux soldat demande à vous parler.

— Qu'il entre ; c'est-à-dire, non, qu'il attende. C'est ridicule, mes appartements sont envahis, tout le monde peut pénétrer jusqu'à moi. Je vais voir ce que veut ce soldat.—Et le grand-duc quitta le fauteuil auprès duquel il était penché, heureux d'échapper aux regards de Léda, qui venait d'ouvrir les yeux. Le prince Constantin venait d'éprouver ce trouble qui saisit le chasseur quand se fixe sur lui la prunelle mourante de la gazelle blessée. Il recommanda d'un geste au marquis de prendre soin de la jeune fille. Il trouva dans la chambre voisine un vétéran qui, calme, le regard assuré, la contenance digne, l'attendait debout ; il était couvert de boue, il avait rapidement voyagé pour un message pressant sans doute. Ses cheveux blancs, son air vénérable, la fermeté de sa contenance, firent penser au prince que c'était quelque officier déguisé en simple soldat, par suite des nécessités de la situation. — Qui êtes-vous ?—lui demanda le grand-duc avec une certaine politesse.

— Un simple grenadier, monseigneur, — répondit le soldat.

— Ah ! — fit le prince avec une nuance de désappointement. Et il reprit : — Pourquoi m'avez-vous fait demander une audience?

— Pour vous remettre ce message de la part du colonel Alfort.

Et le vétéran tendit la missive que lui avait confiée l'oncle de Léda.

Le prince, après l'avoir lue, poussa un cri de colère et de stupéfaction ; le marquis entr'ouvrit la porte, comme s'il eût craint qu'il fût arrivé un accident au grand-duc.

— Monseigneur m'a appelé ? — demanda-t-il.

— Non, monsieur,—répondit le prince.— Mais, puisque vous voilà, lisez !

Et il remit à son tour le message tout ouvert aux mains du marquis.

— Le colonel Alfort s'est suicidé ! — fit celui-ci avec explosion, après avoir parcouru la lettre du regard. Il reprit : — C'est le deuxième officier supérieur qui prétend échapper au déshonneur par la mort. Encore un scandale ! encore un sujet de diatribes pour les feuilles parisiennes !

— C'est vrai ! c'est vrai ! — s'écria le prince, — et l'on va me rendre responsable de cette mort comme des autres !

— Et l'on associera mon nom au vôtre dans le concert des malédictions qui s'élèvera par toute l'Europe !

Le grand-duc regarda monsieur de Vielopolski et s'aperçut qu'une douleur profonde était empreinte sur son visage.

— Consolez-vous, monsieur,—dit-il ;— nous portons le fardeau à deux, et, comme je suis plus haut que vous, il me pèse davantage. — En cet instant il regarda le vétéran.

— Que fais-tu ? qu'attend-tu ? — lui cria-t-il, courroucé d'avoir eu l'apparence d'une faiblesse en présence de cet obscur subordonné.

— Monseigneur, — dit le vétéran, — permettez à un bon Russe, à un homme qui s'est battu trente ans pour sa patrie, de vous donner un avis, un avis salutaire,— reprit-il après une pause. Comme personne ne lui répondait, le soldat se crut autorisé à continuer : — Je suis venu, — reprit-il, — messager de la mort, jeter ici la tristesse et l'inquiétude ; j'en suis heureux, si l'avertissement porte ses fruits, car c'est un avertissement donné par Dieu que le suicide du colonel Alfort. Quand un homme se tue plutôt que de trahir la foi jurée à son souverain, c'est une brave et loyale nature ; quand il se tue parce qu'il ne veut pas exécuter les ordres qu'il reçoit, c'est que ces ordres sont infâmes et atroces. J'ajoute : Il faut réfléchir, monseigneur.

— Silence, misérable ! — s'écria le grand-duc avec un éclair de fureur. Et il leva la main contre le soldat.

Celui-ci se dressa de toute la hauteur de sa grande taille, son front rayonna d'une audace surhumaine, son œil se dilata, lançant des jets de flamme. Ce vieillard inspiré par un sentiment sublime parut si imposant au prince Constantin qu'il s'arrêta ; il lui semblait voir se dresser un spectre gigantesque.

— Tu veux étouffer ma voix, fils des Romanoffs ! — dit le vétéran ; — tu lèves la main sur un guerrier comme s'il était ton valet. Va, l'heure des tyrans a sonné, et je viens te l'apprendre...! Je suis la Russie, moi, la Russie esclave qui sent enfin ses chaînes et qui va les briser. Toi et les tiens, vous avez comblé la mesure, le vase déborde, vous allez périr ! Vous mettez des armes aux mains des serfs pour qu'ils vous aident à assassiner la Pologne ; ces armes se retourneront contre vous. J'ai compris, moi ; d'autres comprendront bientôt nous rivons nos propres fers en rivant ceux de nos frères slaves. Nous unirons nos forces contre l'ennemi commun, et ce jour-là les Romanoffs auront vécu... » Le prince allait répondre, mais le vétéran continua avec véhémence :

— Qu'avez-vous fait de la nation ? Notre noblesse est avilie devant les degrés de votre trône, et les plus grands noms de la Moscovie sont traînés dans la boue sur un caprice du czar. Nos boyards sont les premiers d'entre vos serfs. Et le peuple ? Abâtardi, ignorant, stupide, il reste plongé dans les ténèbres honteuses de la barbarie et de l'ignorance ; seul parmi ceux de l'Europe il est resté croupissant dans la fange de ses vices. La Russie, immense empire, pouvait devenir la plus grande nation du monde, sans guerre fratricide, sans lutte impie. Vous deviez, vous, ses chefs, la conduire dans la voie tracée par Dieu. Vous deviez l'instruire d'abord, la policer, l'élever à la hauteur de ses glorieuses destinées, et ensuite la lancer pacifiquement sur l'Orient, pour y implanter la civilisation. Alors le peuple russe, marchant à l'avant-garde du progrès, aurait secoué le flambeau de la science moderne sur la tête de quinze cents millions d'hommes endormis dans la nuit de l'ignorance ; trait d'union entre l'Europe et l'Asie, notre nation aurait initié la plus vaste partie du monde au splendide festin d'avenir réservé à l'humanité, et vous, fils des Romanoffs, vous auriez l'insigne honneur d'avoir marché à notre tête. C'était là une œuvre grande et généreuse qui eût ceint vos fronts d'une immortelle auréole, devant laquelle la postérité se fût respectueusement inclinée de siècle en siècle. Mais vous n'avez pas su accomplir vos destins. Vous avez voulu arrêter dans sa route ce fleuve immense de l'humanité qui va roulant toujours... vous avez opposé une digue à ses flots envahissants. Insensés ! vous avez cru pouvoir dire, comme Dieu aux vagues de la mer : *Vous n'irez pas plus loin !*... Qu'en est-il résulté ? Le flot augmente, grossit, s'élève, s'enfle et monte sans cesse ; vous l'entendez qui murmure, gronde, menace et mugit ; il bat en brèche votre digue, qui craque de toutes parts et va s'écrouler. Encore quelques heures, quelques minutes, quelques secondes peut-être, et c'est fini !... Alors vous aurez le châtiment que vous méritez pour avoir fait de votre peuple un objet de mépris aux forts, d'exécration aux faibles, de haine à tous ; notre Moscovie est devenue sous votre sceptre la honte de l'Europe, une tache dans le monde, une plaie hideuse sous le soleil de Dieu... Encore une fois, vous serez punis ! Et moi, vieillard, qui touche à la dernière heure, je vais, apôtre de la liberté, prêcher une croisade contre vous aux peuples de la Lithuanie. Dans huit jours, j'aurai levé une armée de paysans qui écrira sur ses drapeaux : Emancipation. Alors on ne verra plus des princes torturer, comme vous le faites, le cœur de pauvres jeunes filles demandant grâce pour leurs fiancés.

En disant cela, le vétéran leva la tapisserie qui le séparait de la chambre où Léda, à genoux, priait pour Stanislas. Avant de partir, il jeta sur une table le journal d'Hertzen, qui porte ce nom mystérieux *la Cloche*.

C'est dans les œuvres de cet écrivain de génie, qui sait parler aux masses, que ce simple soldat avait puisé son éloquence et ses sentiments élevés. Nous le retrouverons plus tard.

XXXIII

LA GRACE.

Le grand-duc et le marquis étaient comme frappés de stupeur après avoir entendu les énergiques paroles que le vieillard avait prononcées devant eux ; ils le laissèrent se retirer sans s'opposer à sa retraite.

Le prince Constantin regarda monsieur de Vielopolski d'un air étrange.

— C'est un fou ! —dit le marquis.

— Peut-être ! — répondit le grand-duc avec une intonation de voix presque lugubre. Pour lui, en effet, la cloche avait sonné, et ses tintements lugubres avaient jeté son âme dans une tristesse profonde. Il se souvint qu'il avait laissé Léda dans la chambre voisine. — Et cette jeune fille ? — demanda-t-il au marquis, — que fait-elle !

— Elle attend toujours, monseigneur.

— Allons, je vais faire pour elle ce que je pourrai.—Et le grand-duc se mit à écrire rapidement un ordre, qu'il signa, et auquel il apposa son sceau. — Les prisonniers auront la vie sauve, — dit-il, — mais ils seront envoyés en Sibérie ; plus tard, quand les hostilités seront finies, nous verrons à adoucir leur peine.

Le marquis de Vielopolski prit la lettre de grâce des mains du grand-duc, qui se retirait, et il la porta à Léda. Celle-ci, revenue à elle, avait tiré de son sein une petite image de la Vierge, et s'était jetée à genoux ; elle priait avec ferveur.

Le marquis s'approcha d'elle, et murmura avec pitié et admiration :

— Pauvre enfant ! Pourquoi faut-il que les femmes aient à souffrir de nos discordes civiles ? la guerre devrait les épargner. — Puis il la toucha légèrement du bout du doigt ; elle se leva et se retourna vers lui. — Voici une commutation de peine,—lui dit-il,— courez vite au chemin de fer et montrez ce laissez-passer. Allez, mademoiselle, et que Dieu bénisse votre amour ! Léda voulut se jeter aux pieds du marquis ; elle était folle de joie ; monsieur de Vielopolski la retint. — Ne perdez pas une minute, — lui dit-il, — et tâchez d'arriver à temps. Mon briska est en bas, prenez-le.

La jeune fille disparut dans les couloirs avec la légèreté d'un oiseau ; la femme retrouve ses ailes d'ange quand il s'agit de voler au secours de celui qu'elle aime.

Pendant que Léda apportait l'ordre de grâce, Rita et le bossu causaient à Konskie, le matin même du jour où l'exécution devait avoir lieu. Rita avait pris des airs triomphants ; elle était certaine de vaincre.

— Madame, — disait Paulo à la baronne ; — vous vous endormez dans une sécurité trompeuse ; à votre place, je prendrais quelques mesures.

— Mais faudra-t-il encore vous répéter que j'ai parlé moi-même au grand-duc, qu'il m'a donné toute sa confiance, qu'il a consenti tacitement à me laisser agir à ma guise pour le service du czar ! Une dernière fois, vous êtes difficile à contenter, monsieur Paulo ! Dans une heure ou deux, le frère de votre Alexandra va mourir ; un obstacle de moins. Pierre, votre ennemi, est assiégé et blessé ; on le prendra bientôt. La mère d'Alexandra est entre nos mains avec sa fille... vous touchez au but, et vous semblez inquiet quand nous tenons la victoire.

— Madame,— fit Paulo,— vous ignorez que la nièce du colonel Alfort est partie pour Varsovie ?

— Qu'importe ! l'oncle est mort ; elle sollicitera en vain pour lui.

— Ce n'est point pour son oncle qu'elle est partie, mais pour Stanislas.

— Qu'en savez-vous ?

— J'en suis sûr. Tout enfant, elle l'aimait déjà ; aujourd'hui elle en est follement éprise ; elle saura si bien supplier le grand-duc qu'elle obtiendra un sursis, une commutation, que sais-je, moi ? Les femmes qui aiment sont capables de tout.

— Celles qui haïssent aussi ! Dans le cas où elle reviendrait de Varsovie avec la grâce des captifs, nous trouverons bien le moyen de les perdre malgré cela.

— Il y aurait quelque chose de plus sûr.

— Quoi ?

— Empêcher cette jeune fille d'arriver aujourd'hui ; comme l'exécution va avoir lieu bientôt, nous serions bien plus certains de notre affaire.

— Il y a un obstacle à ce plan.

— Lequel ?

— Si la nièce du colonel Alfort est munie d'un ordre paraphé par le prince Constantin, je ne puis m'opposer à son entrée dans la ville. Je compromettrais mon crédit, je m'attirerais une disgrâce ; déjà j'ai eu besoin de déployer toute ma ruse et mon audace pour triompher, il y a quelques jours, de la résistance du colonel Alfort.

— Madame la baronne, — fit le bossu, — je comprends vos appréhensions ; mais, si vous n'osez pas agir, je puis me mettre en avant, moi. Vous avez encore le plein pouvoir qui nous a permis d'accomplir tant de choses, veuillez me le confier.

— Et à quoi vous servira-t-il ?

— Aux portes de la ville se trouve un poste de cosaques, gens ignorants et fanatiques ; il me suffira de leur montrer mon plein pouvoir pour obtenir une obéissance passive. Je me fais fort d'arrêter mademoiselle Léda aussi longtemps qu'il sera nécessaire. Après quoi je fuirai, vous laissant le soin d'en finir avec Pierre.

— Bien ! — fit la baronne, — vous êtes un allié fidèle ; voici l'écrit, faites-en bon usage, et tâchez de disparaître pendant quelques jours.

— Comptez, madame, que je saurai échapper à toutes les recherches ; du reste, le grand-duc ne sera peut-être pas fâché que l'exécution ait eu lieu, malgré l'acte de pardon qu'on lui a arraché.

— Vous avez raison.

Et le bossu partit.

Léda avait déployé une telle activité, qu'elle arriva aux portes de Konskie lorsque les captifs débouchaient seulement sur la place ; elle était montée dans une légère voiture dont l'attelage, lancé à toute vitesse, était conduit par un cocher habile.

Encore quelques minutes, et pas un seul prisonnier ne tombait sous le plomb des Russes. Malheureusement le bossu, usant de son plein pouvoir, barra le chemin à Léda avec une dizaine de cosaques.

— Emparez-vous de cette femme ! — dit-il aux soldats, —et conduisez-la au corps de garde.

En ce moment un coup de feu retentissait ; le premier condamné était mort.

Léda poussa un cri de désespoir et opposa une résistance énergique aux cosaques, que du manche de son fouet le cocher repoussait avec vigueur.

Ce cocher n'était autre que Nadieff, le vétéran ; il avait rencontré la nièce de son colonel au milieu des rues de Varsovie, et il lui avait offert ses services.

Le bossu excita les cosaques, qui se ruèrent avec fureur sur la voiture et allaient se rendre maîtres de Nadieff, quand ce dernier, tirant un revolver, brûla la cervelle à un cosaque et en blessa deux ou trois.

Une seconde détonation retentissait dans la ville, redoublant les angoisses de Léda.

Elle vit que le cercle des cosaques s'élargissait un peu, et, avec une prudence d'esprit admirable, elle ramassa le fouet abandonné par Nadieff et frappa l'attelage, qui s'enleva. Mais le bossu, qui s'était glissé près des chevaux, coupa le jarret à l'un d'eux... Tout était perdu !

Tout à coup un galop retentit, et deux cavaliers apparurent... Léda reconnut son père, qu'elle appela à son aide. Le général Jaëgler ne vit qu'une chose, sa fille insultée par une bande de cosaques. Il mit l'épée à la main, en jurant et frappa à coups redoublés sur les assaillants, qui s'enfuirent.

Léda s'approcha de l'aide de camp de son père et le pria de descendre à bas de sa monture ; l'officier ne se fit pas répéter deux fois cette prière. Léda, avec une décision qui eût fait honneur à un homme, sauta en selle et disparut dans les rues de la ville.

Léda arriva sur la place au moment où les Russes couchaient Stanislas en joue ; elle courut se placer entre lui et les Russes, et, agitant l'ordre du prince, elle cria :

— Grâce ! grâce !... —Stanislas était sauvé. Le général Jaëgler arriva sur la place presqu'en même temps que sa fille ; il ne savait que penser de ce qui se passait. L'aide de camp du grand-duc avait lu à haute voix l'ordre de commutation aux troupes, qui, après quelques murmures, s'étaient résignées à ne pas tuer un plus grand nombre de Polonais. Léda, l'œil radieux, contemplait Stanislas, qui ne reconnaissait plus en elle la petite fille d'autrefois, et restait stupéfait de la grâce qui lui arrivait en ce moment. Léda ne pouvait, n'osait pas s'approcher ; il fit quelques pas vers elle ; aussitôt elle sauta à terre et vint à lui : — Stanislas, — lui dit-elle, — m'avez-vous donc complétement oubliée ?

Le jeune homme fixa sur elle un regard qui la fit tressaillir, car ce regard était froid ; mais peu à peu la mémoire revint au jeune comte ; son visage prit une expression souriante qui rendit Léda toute joyeuse, et il murmura ces mots qui résonnèrent doucement à son oreille :

— Dieu ! qu'elle est embellie ! — Puis il ajouta : — C'est donc à vous que je dois la vie ! Elle ne répondit pas ; mais un sourire ineffable se dessina sur ses lèvres. Stanislas comprit que la modestie empêchait la jeune fille de parler ; il se rapprocha d'elle encore, prit sa main, le porta à ses lèvres, l'y tint pressée longtemps ; puis, les yeux humides et la voix émue, il dit : — Léda, c'est bien à vous, à l'heure du danger, de vous être souvenue de vos amis d'autrefois. Permettez-moi maintenant de vous demander des nouvelles de ma mère et de ma sœur ; dans la prison on nous a tenus séparés. J'allais mourir sans les avoir vues.

— Elles ignoraient votre condamnation , — répondit Léda ; — du reste, elles ne courent aucun danger.

A peine la jeune fille achevait-elle ces mots, qu'une rumeur confuse s'éleva dans les rangs des soldats.

Le général Jaëgler venait de briser un objet que l'aide de camp du prince Constantin lui avait remis.

Voici ce qui avait causé ce mouvement du général : l'aide de camp avait voulu tenir la promesse qu'il avait faite au premier condamné, et il s'était présenté devant le général Jaëgler en lui disant :

— Mon général, j'ai à m'acquitter d'une commission auprès de vous.

— De la part de qui ? — demanda Jaëgler surpris.

— D'un mort, — répondit l'aide de camp.

— Singulier message ! Quel était ce mort ?

— Un de vos parents, paraît-il.

— Vous m'inquiétez ; soyez assez bon pour me confier ce qu'il a pu dire.

— Il m'a remis cette pipe en m'affirmant que vous y teniez beaucoup.

— C'est une plaisanterie.

— Je ne sais... Voici cette pipe.

Le général regarda l'objet que lui présentait l'aide de camp et il pâlit beaucoup ; ses mains tremblèrent et laissèrent échapper la pipe, qui se brisa.

— Vous dites que celui qui vous a chargé de cette commission est mort ? — demanda-t-il d'une voix altérée.

— Oui ! — fit l'aide de camp.

— Où et quand ?

— Ici et à l'instant.

— Vous avez tué mon fils, monsieur !...— s'écria avec explosion le général, qui comprit tout.

Ce fut pour lui un coup de massue ; il avait voulu se montrer sévère pour son enfant, il lui avait infligé un châtiment cruel ; mais sa servilité n'allait pas jusqu'à sacrifier au czar l'unique rejeton de sa race.

Il espérait même tôt ou tard le réintégrer dans son grade et lui faire parcourir d'autant plus rapidement le chemin des honneurs, que la punition outrée lui aurait mûri le jugement et assoupli le caractère.

Et maintenant son fils était mort... mort sous les balles russes !

L'aide de camp essaya de lui donner quelques-unes de ces consolations banales que l'on se croit forcé d'offrir, même à ceux pour lesquels on n'éprouve que de l'indifférence ; mais le général lui fit signe de la main qu'il lui épargnait la peine de l'accabler par ses condoléances.

Il quitta la place et gagna l'hôtel où se trouvait sa femme : celle-ci avait toujours été si bonne, si douce, si résignée envers lui, qu'il éprouvait une tendresse respectueuse pour elle.

Souvent il avait éprouvé des remords quand il songeait à la douleur de cette pauvre mère à laquelle il avait refusé la grâce de son fils ; mais la rigidité stupide de la discipline l'avait toujours emporté sur ses velléités de pitié.

Il arriva à la porte de l'appartement occupé par madame Jaëgler, et il sonna avec une précipitation causée par l'agitation nerveuse où il se trouvait en ce moment ; il tremblait à l'idée de paraître devant sa femme qui allait lui réclamer son enfant ; mais il avait l'espoir que le bruit de sa mort n'était pas encore arrivé jusqu'à elle.

Une vieille servante vint ouvrir.

— Marthe, — lui demanda le général, hésitant à entrer ; — ta maîtresse est là, sans doute ?

— Oui, monsieur, — répondit la vieille femme avec une intonation qui sembla funèbre au général.

— Marthe, — demanda-t-il encore, — tu as l'air triste ; serait-il arrivé quelque malheur ?

— Suivez-moi, maître ; vous jugerez par vos propres yeux.

Le général n'osait faire un pas ; néanmoins, la vieille s'étant dérangée pour lui faire place, il crut apercevoir des reflets de lumière dans la chambre de madame Jaëgler.

Des flambeaux allumés en plein jour font toujours un effet singulier.

Le général fit quelques pas en avant, poussa une porte entr'ouverte, et un spectacle lugubre frappa ses yeux. Madame Jaëgler était étendue morte sur son lit ; un linceul la couvrait tout entière, à l'exception de sa figure qui avait une expression de douleur auguste ; les souffrances que toute sa vie elle avait refoulées au fond de son cœur étaient venues à la dernière heure se refléter sur sa noble physionomie ; c'était une accusation muette, mais terrible contre son mari. Dans la main de la morte était une lettre que prit en frissonnant le général ; c'était un adieu : un de ces adieux dont on se souvient jusqu'au bord de la tombe...

« Je vous quitte, » avait écrit madame Jaëgler ; « je vous
» quitte après avoir pardonné ; vous avez causé la
» mort de mon frère, celle de mon fils, peut-être causerez-
» vous celle de ma fille. Dieu vous attend pour vous ju-
» ger ; il ne vous pardonnera pas d'avoir immolé vos tro-

» ches à cette idole monstrueuse et altérée de sang hu-
» main qui s'appelle le czar de toutes les Russies. Adieu. »

Le général tomba à genoux près de la morte et resta longtemps la tête appuyée sur sa main.

. . . . . * . . . . . .

Un mois plus tard, un homme vêtu de noir et ayant l'aspect d'un ancien militaire se promenait lentement et mélancoliquement le long des rues de Munich. Cet homme était le général Jaëgler.

Il avait donné sa démission de général et s'était retiré dans son pays. Il était si maigre que l'on eût dit un squelette; son front était creusé de rides profondes; il semblait en proie à un chagrin qui le minait. Et, sur son passage, les bourgeois de Munich se répétaient les uns aux autres en le montrant du doigt:

— Voilà l'homme qui a fait massacrer les Polonais !

Nul n'allait lui serrer la main et les petits enfants se sauvaient à son approche.

De temps en temps l'ex-général répétait :

— Léda, ma pauvre Léda ! Encore si je savais ce qu'elle est devenue ! Mais elle m'a fui comme un mauvais père ; j'ai les mains rouges du sang de mon fils.

Et alors le vieux général pleurait...

DEUXIÈME PARTIE.

LA SIBÉRIE.

I

QUELLE IDÉE FUT SUGGÉRÉE AU COMMANDANT BIDOU PAR UNE POTION DU DOCTEUR ZAMIDOFF.

Le siège de Kiela continuait toujours.

Pierre, blessé, mais soigné avec dévouement par le docteur Zamidoff, allait chaque jour un peu mieux ; il avait de fréquents entretiens avec Bidou, qui passait auprès de lui le temps qu'il n'employait pas à la défense de la place.

Les Russes avaient creusé une véritable tranchée, et ils allaient sous peu dresser une batterie ; ils voulaient ouvrir une brèche régulière pour donner l'assaut.

Les insurgés s'attendaient de jour en jour à être criblés de bombes et de boulets ; leur situation, dès que la batterie serait élevée, menaçait de devenir insoutenable. Il fallait prendre un parti et tâcher de traverser les lignes russes après avoir abandonné Kiela.

Pierre était dans une inquiétude mortelle au sujet d'Alexandra ; il ne savait rien, absolument rien sur son sort. Sa tristesse était profonde ; néanmoins, il s'occupait de trouver un plan pour échapper aux Russes.

Un jour il assembla en conseil Bidou, Tête-de-Pioche, et tous les officiers de la garnison ; il présida cette réunion pendant deux heures au moins. On discuta sur la meilleure manière de quitter Kiela, et tout le monde était d'avis qu'il fallait faire la nuit une trouée à travers les assiégeants.

Pierre désirait trop conquérir sa liberté d'action pour ne pas se ranger à l'opinion générale ; il commençait déjà à pouvoir marcher un peu, et les baumes du docteur Zamidoff cicatrisaient merveilleusement la plaie.

En conséquence, il fut décidé que la garnison sortirait de Kiela dans la nuit prochaine, qu'elle attaquerait les postes, les culbuterait et se retirerait dans les forêts.

Mais Bidou, en sortant de la séance, se rencontra avec le docteur Zamidoff, qui entrait en tenant dans une petite bouteille une potion.

Le docteur heurta le commandant, la potion tomba et se renversa ; il en résulta une exclamation de mauvaise humeur de la part du docteur.

— Ah ! sapristi, commandant ! que venez-vous de faire là !

— Sandious ! docteur, — répondit le Gascon, — j'ai fait une maladresse, voilà tout. Est-ce qu'elle est irréparable ?

— Non, pas tout à fait. Cependant j'avais donné tant de soins à cette préparation que je regrette de la voir répandue par terre.

— Serait-ce de l'élixir de longue vie, docteur ? La recette est-elle perdue ? Allons, allons, un peu de dévouement ! retournez à la pharmacie, recomposez une nouvelle drogue et guérissez vite mon ami Pierre. Vous en serez récompensé quand nous serons sortis d'ici.

— Si nous en sortons ! — fit le docteur.

— En douteriez-vous ?

— Hein ! oui. Les Russes sont bien plus nombreux que vous, et il me semble impossible que vous puissiez leur échapper.

— Sandious ! vous avez donc une bien bonne opinion de l'armée russe ?

— Je sais qu'elle ne vaut pas cher, — fit le docteur avec dédain ; — mais *les gros bataillons finissent toujours par l'emporter*.

— Corpo-di-Baccho ! le proverbe sera démenti cette nuit, — s'écria Bidou.

— Vous dites ?...

— Je dis que nous passerons sur le ventre aux cosaques.

— Cette nuit ?

— Et mordious ! combien de fois faudra-t-il vous le répéter ?

— On se battra donc ?

— Cadédis ! je l'espère.

— Et moi ?

— Vous serez placé au centre d'une compagnie et nous vous emmènerons avec nous.

— J'aimerais mieux rester ici.

— Impossible, vous êtes trop savant et nous avons trop besoin de vos services. Nous vous emmènerons.

— Mon cher commandant...

— Il n'y a pas de mon cher qui tienne... Un homme de votre mérite ne saurait être abandonné quand on le possède légitimement par droit de conquête.

— Ah ! mon Dieu !...

— Mais, cap-de-dious ! pourquoi tant de jérémiades ?

— Mon bon monsieur Bidou, il faut que je me confesse à vous.

— Confessez, confessez.

— J'ai un défaut.

— Vous êtes bien heureux, si vous n'en avez qu'un seul.

— Il est si grave !

— Bah !...

— Quand vous le connaîtrez, vous aurez pitié de moi.

— Je ne pense pas ; néanmoins, parlez toujours.

— Je suis...

— Allez donc, ventrebleu ! vous me faites mourir avec vos réticences.

— Je suis poltron !

— Tonnerre ! c'est pour me conter de pareilles sornettes que vous me retenez depuis une demi-heure !

— Mais, commandant, ce ne sont pas là des sornettes ; j'ai peur, grand'peur, et pour tout au monde je ne voudrais pas affronter les balles cette nuit.

— Merci de m'avoir prévenu ; on vous ficellera, et trois hommes vigoureux vous emporteront sur leurs épaules.

Le docteur poussa un gémissement profond, et il murmura ces mots qui firent dresser l'oreille à Bidou :

— Ah ! si seulement chaque Russe avait dans le ventre une potion pareille à celle que vous venez de briser...

— Cadédis ! qu'arriverait-il ?

— Nous passerions sans tirer un coup de fusil, un seul...

— Parce que ?

— Ils seraient endormis, parbleu ! cette fiole contenait de l'opium.

— Corpo-di-Baccho ! — s'écria Bidou, — vous venez de me donner une idée.

— J'en suis bien heureux, commandant ; en récompense, permettez-moi de ne pas vous suivre.

— Cher docteur, rassurez-vous. Il n'y aura pas de danger à courir et nous ne brûlerons pas une amorce. — Trois minutes après Bidou montait sur les remparts du fort, et il lâchait dans l'air quatre colombes au cou desquelles était attaché une petite lettre. Les insurgés avaient soin d'emporter toujours quelques-uns de ces petits oiseaux avec eux, afin de correspondre avec des affidés, dans le cas où ils seraient cernés. Les colombes s'élevèrent à une hauteur prodigieuse, planèrent pendant quelques instants et disparurent bientôt. — Bon, mille-dious ! — fit Bidou, nous n'aurons pas de chance si l'une ou l'autre n'arrive pas à destination.

II

UNE GRATIFICATION.

L'on avait décidé que l'on remettrait le départ de vingt-quatre heures. En attendant, la garnison faisait ses préparatifs ; au camp russe les travaux continuaient avec vigueur.

Le général Jaëgler avait été remplacé provisoirement par le général de division le plus ancien.

Ce dernier était un brave militaire, un peu obtus, mais très-capable néanmoins de mener au feu quelques milliers de soldats. Il entendait assez bien les opérations militaires, quoique dans un salon il se laissât berner par les mauvais plaisants, qui, on le sait, pullulent en Russie autant qu'en France, ce qui n'est pas peu dire.

Le brave général avait ordonné de recruter tous les paysans d'alentour pour travailler aux tranchées avec les soldats ; il tenait à pousser rapidement les opérations. Les caporaux, le knout à la main, frappaient ceux qui faisaient mine de se reposer ; ils tapaient aussi bien sur les soldats que sur les paysans : c'était l'égalité devant le knout. Mais il faut dire aussi que, relativement bon, le général, chaque soir, faisait distribuer une ration de cognac aux pionniers, quand la besogne avait bien marché. Placés entre le knout et le *chnick*, les travailleurs n'hésitaient point ; ils fouillaient la terre avec acharnement.

Le soir même du jour où les insurgés devaient tenter leur sortie, vers cinq heures environ, on vit arriver dans le camp russe un grand convoi escorté par un sous-officier et une dizaine de cosaques.

Le sous-officier se rendit directement à la tente du général et lui annonça qu'il venait de Konskie lui amener, de la part de l'aide de camp du grand-duc Constantin, un chargement de liquides. En même temps il remit au général une lettre que lut celui-ci. Voici ce qu'elle contenait :

« Mon cher général,

» Je vous envoie, par ordre de Son Altesse le prince
» Constantin, une dizaine de chariots pleins de tonneaux
» de vin enlevés aux insurgés.
» Distribuez, le jour même de l'arrivée, une large gra-
» tification à nos braves soldats pour stimuler leur zèle.
» Qu'ils boivent à la santé du czar et de notre cher
» prince.
» Il y a de plus cinq cents bouteilles destinées aux of-
» ficiers ; vous trouverez dans une caisse cent bouteilles
» de champagne pour votre table.
» Je regrette de ne pas me trouver au dîner que vous
» ne manquerez pas d'offrir *impromptu* à votre vaillant
» état-major ; j'y serais en bonne compagnie.
» Au dessert, vous ferez proclamer dans le camp la
» grande victoire que nous venons de remporter, et à la
» suite de laquelle ce vin est tombé entre nos mains.
» Les insurgés ont été battus à Kasimierz et complète-
» ment anéantis.
» Vive l'empereur ! »

— Vive l'empereur ! — répéta le général enthousiasmé. Et il fit sonner l'*assemblée*.

Aussitôt les ordres du grand-duc furent exécutés ; chaque compagnie défonça une barrique ; les Russes, joyeux d'une aussi bonne aubaine, se mirent à danser et à chanter autour de grands feux, qu'ils allumèrent en signe de jubilation. Pendant ce temps, les officiers faisaient bombance dans leurs *popotes* (cuisines spéciales), et le général donnait un banquet aux principaux d'entre eux. Toute l'armée festoyait...

Seulement, vers dix heures du soir, le silence succéda petit à petit aux refrains et aux cris ; les buveurs tombaient lourdement sur le sol et se mettaient aussitôt à ronfler. Le plus singulier, c'est que les sentinelles et les hommes de garde, aux avant-postes, étaient pris d'un irrésistible sommeil. Ils n'avaient bu pourtant qu'une demi-mesure par soldat, à cause des nécessités du service.

Bientôt le bivac présenta l'aspect d'un immense dortoir en plein air.

Le commandant Bidou, à onze heures sonnant, fit rassembler la garnison et la forma en colonne. Pierre monta à cheval, et, comme sa blessure était presque guérie, il voulut prendre le commandement.

— Mon cher, — lui dit Bidou, — laisse-moi guider encore aujourd'hui le bataillon. Tes forces te trahiraient peut-être ; moi, je me sens en veine de lui faire opérer des manœuvres stupéfiantes.

— Va ! — fit Pierre qui n'avait pas d'amour-propre.

Bidou ordonna de baisser le pont-levis, et il cria à ses hommes :

— Remettez la baïonnette au fourreau et placez l'arme sur l'épaule droite.

— Mais, — fit Pierre, — nous allons être forcés d'enlever les postes à l'arme blanche ; pourquoi fais-tu replacer les baïonnettes au fourreau ?

— Cadédis ! c'est une idée à moi ; je t'assure que nous n'aurons pas le plus petit engagement cette nuit.

— Ma foi ! tu m'étonnes, — dit Pierre.

On entendit des cris en ce moment.

C'était le docteur Zamidoff, que deux volontaires forçaient à marcher et qui voulait rester au fort, dans la crainte des balles.

— Docteur, — lui dit Bidou, — montez à cheval et placez-vous à mes côtés. Si vous ne me suivez pas, je vous brûle la cervelle.

— Oh !... commandant !... — s'écria le docteur navré.

Mais Bidou le terrifia par un regard qui coupa court à toute observation.

La colonne se mit en marche, et tous les zouaves

étaient bien intrigués de la façon dont on les conduisait à l'ennemi.

Ils s'entretenaient à voix basse, quand Bidou leur cria d'une voix sonore :

— Ne vous gênez pas, mes enfants! Fumez, chantez, parlez, faites comme si vous étiez à la promenade; en avant la musique! que l'on sonne une marche!

— Es-tu fou ? — observa Pierre.

— Non, — répondit Bidou.

— Vous allez nous faire massacrer ! — hurla le docteur.

— Poltron ! — dit Bidou. Les clairons et les tambours s'étaient mis à jouer un pas redoublé ; le bataillon faisait un train d'enfer. On arriva au premier poste... tout le monde était endormi... à la tranchée.... les Russes ronflaient... — Prenez les armes de ces ivrognes! — cria Bidou.

Les insurgés ne se firent pas prier; ils dépouillèrent les Russes de leurs carabines et de leurs fournimens.

Au camp, les compagnies couchées à terre ne bougeaient pas; tout le monde semblait ivre mort. Les insurgés prirent les canons, les caissons, les armes, la poudre, tout enfin; puis ils passèrent.

Pierre avait sauté au cou de Bidou ; il avait compris.

Le vin n'était pas envoyé par l'aide de camp du grand-duc, et il contenait de l'opium.

Nous renonçons à dépeindre le réveil de l'armée russe.

III

A TRAVERS LES STEPPES... POUR LA SIBÉRIE.

Par ordre de l'aide de camp du grand-duc, les condamnés à mort dont la peine avait été commuée en celle d'une déportation en Sibérie furent dirigés sur-le-champ vers Varsovie.

C'est de cette dernière ville que partaient chaque jour ces immenses convois de Polonais que, sur un soupçon, le gouvernement russe envoyait périr sous le climat mortel du pôle.

Depuis le commencement de la guerre, plus de dix mille patriotes ont été dirigés vers cet enfer de glaces, où les czars font expier à leurs sujets la faute énorme de ne pas se prosterner à genoux devant leur autorité toute-puissante.

Pauvres rois, qui veulent jouer le rôle de Dieu, et qui, après avoir rêvé l'omnipotence sur la terre, voient leur empire crouler dans la boue ou dans le sang!

Le souffle de la liberté a soulevé le voile qui couvrait les turpitudes et les horreurs de cette tyrannie ; le monde a vu avec dégoût l'épouvantable série d'atrocités de cette cour, où depuis des siècles les crimes se sont entassés de telle sorte que l'histoire de la Russie est un horrible et sanglant chaos dont les yeux les plus clairvoyants n'ont encore pu sonder les ténébreuses profondeurs.

Quelle monarchie que celle où un Ivan le Cruel dépasse par ses fureurs insensées les sauvages emportements d'un Néron ; ou un Pierre le Grand, par sa férocité, parvient à ternir l'éclat du plus grand génie qui ait brillé à l'aurore d'une monarchie ; où une Catherine, que l'histoire n'ose pas surnommer, réunit sous la même robe les deux types de courtisanes couronnées les plus hideux que nous ait légués l'antiquité: Messaline qui se prostituait aux portefaix de Rome; Agrippine, qui se vautrait dans la fange d'un vice hideux. Et enfin, de nos jours, n'avons-nous pas vu un Nicolas, que la postérité nommera l'Inflexible, ne l'avons-nous pas vu, ce maniaque, atteint de la monomanie des czars, se déclarer le grand-prêtre de l'absolutisme ? et, pour gagner ce titre, n'a-t-il pas couvert la Pologne de ruines et de meurtres ?

Puis dans son délire ridicule s'il n'eût été infâme, n'a-t-il pas décrété que la tendresse la plus vive devait animer le cœur de ses sujets en sa faveur ? N'a-t-il pas forcé les Polonais à lui voter des félicitations pour avoir assassiné leur patrie ?

Et aujourd'hui comme en 1832 des fleuves de sang sont répandus, des incendies immenses sont allumés, perpétuant les traditions de la famille des Romanoffs.

Eh bien ! selon nous, ce ne sont pas les massacres, ce sont les déportations en masse qui doivent révolter le cœur d'un honnête homme !

Un soldat, les armes à la main, tombe au milieu d'une lutte désespérée, sans regret, presque sans réflexion ; au jour de révolte contre les oppresseurs du pays, un citoyen atteint dans les rangs de l'émeute est atteint par la lance d'un cosaque : il meurt avec cette exaltation qui s'empare des foules aux grandes époques des manifestations héroïques du peuple sans défense contre les satellites armés.

Mais être arraché à son toit, aux saintes joies du foyer, quand tous, frères et sœurs, enfants et mère, sont réunis sous l'œil ému du chef de famille ; sentir la main brutale des sbires se poser sur une épaule que son contact flétrit, et voir leur poing odieux repousser la femme que l'on aime et brutaliser les pauvres petits êtres auxquels on a donné la vie ; entendre les rires grossiers des bourreaux, répondre aux larmes de ses parents à genoux, puis partir pour la terre aux neiges éternelles, avec l'écho de ces pleurs vibrant encore dans la poitrine... rester dix ans, vingt ans, toujours au milieu des steppes désolées de l'Asie du Nord, sans que jamais une nouvelle puisse vous parvenir sur les vôtres... perdre enfin jusqu'à l'espérance de les revoir et attendre la mort ainsi... c'est un supplice effrayant !

O les tyrans ! comme ils se ressemblent tous par les raffinemens de leur barbarie ! A Louis XIV la Bastille, ce linceul de pierre ; à l'Autriche le Spielberg, cette tombe de granit ; aux czars la Sibérie, qui a toutes les horreurs des autres prisons, et de plus le mystérieux effroi qu'inspire son immensité !

Et ils sont partis par longues chaînes, les martyrs polonais, pour le pôle, où le vent du nord fige leurs larmes sur leurs joues gercées.

Ils sont partis, hommes, femmes et petits enfants, garrottés comme des bandits que le bagne réclame, accompagnés par des cosaques qui les menaient à coups de knout !

Et c'était l'élite d'une nation héroïque que les sauvages tribus des bords du Don traitaient avec la brutalité des bouchers qui poussent un vil bétail vers l'abattoir !

Ils ont semé les étapes de lamentables traînées de cadavres abandonnés aux corbeaux du ciel et aux loups des forêts. Le chemin, jonché de squelettes blanchis, est sillonné chaque jour par de nouvelles victimes.

Qui sait quand finira cette émigration !

Un soir, à Varsovie, les casemates de la citadelle regorgeaient de captifs ; tout était plein, depuis les batteries jusqu'aux cachots humides, et les patriotes, entassés les uns sur les autres, dormaient debout, faute de place pour se coucher.

Néanmoins une centaine de suspects furent encore amenés dans la citadelle, dont les portes se refermèrent avec un bruit sinistre ; les nouveaux venus passèrent au milieu des huées des soldats de la garnison, qui hurlaient des insultes contre eux.

Parmi ces prisonniers se trouvaient plusieurs femmes, entre autres la comtesse Volaska et Alexandra, sa fille.

Les femmes formaient un groupe séparé ; mais comme les hommes elles marchaient à pied.

Stanislas et Jean le Dogue se trouvaient aussi parmi les captifs ; ils semblaient résignés tous deux ; seulement, de temps en temps, le jeune homme lançait du côté de sa mère et de sa sœur un regard navré.

Les cosaques d'escorte, en entrant dans la forteresse, répondirent aux hourras dont leurs camarades les saluaient par des cris de joie ; on eût dit des hyènes auxquelles la vue d'une proie arrachait des hurlements.

C'étaient encore cent victimes sur lesquelles les Russes allaient se venger de leurs défaites honteuses ; pour souhaiter la bienvenue à ces malheureux patriotes, les soldats se glissèrent entre les cosaques, qui s'écartaient afin de les laisser passer.

Ces misérables, acharnés contre les vaincus, ne pouvaient se contenter de l'insulte : il leur fallait frapper ; ils allaient d'un prisonnier à l'autre et s'amusaient (quel mot pour une pareille chose !) à leur tirer les moustaches, qu'ils arrachaient à pleines mains, puis ils les soufflétaient et leur crachaient au visage.

Les Polonais, enchaînés, ne pouvaient opposer aucune résistance à ces odieux traitements ; il fallait subir l'outrage avec résignation, sans mot dire, car, si quelqu'un se plaignait, un éclat de rire accueillait ses soupirs.

Ils eurent l'audace sacrilége, ces Russes, de s'approcher des prisonnières, et à elles aussi ils prodiguèrent l'outrage !

Les plus féroces tribus de l'Afrique épargnent la faiblesse des femmes ; l'Orient, qui ne les croit pas douées d'une âme, a dit par la bouche d'un de ses poëtes :
« Il ne faut pas frapper une femme, même avec une fleur ! »

Les Touaregs, ces pirates du Sahara, épargnent le sexe faible dans les razzias; les Indiens le respectent même dans leurs vengeances, et eux, les Russes, dans cette guerre et sous nos yeux, massacrent les filles et les sœurs de nos frères Polonais.

Aussi un cri de réprobation s'échappa-t-il de toutes les poitrines polonaises quand un cosaque eut levé la main sur Alexandra, tandis qu'un autre menaçait la comtesse ; ni l'innocence d'une jeune fille, ni les cheveux blancs d'une noble mère ne purent arrêter ces brutes.

Mais soudain un captif à la colossale stature brisa ses liens aussi facilement que si les cordes eussent été des fils légers, et il se précipita sur les cosaques ; d'une main vigoureuse, il en saisit un qu'il lança dans l'air ; il saisit l'autre à la gorge et l'étrangla.

Cet homme était Jean le Dogue.

Cet acte d'énergie excita une fureur aveugle parmi la garnison, qui s'élança sur les captifs pour les massacrer, quand soudain une voix menaçante résonna.

Les soldats s'arrêtèrent.

Un homme enveloppé d'un manteau s'était avancé, suivi de nombreux officiers. La garnison avait reconnu le grand-duc. Aussi silencieux qu'ils étaient bruyants auparavant, les Russes s'écartèrent.

Le grand-duc, témoin de ce qui s'était passé, avait honte de son armée ; il maîtrisa néanmoins son indignation. Quand on commande à des bouledogues, il faut prendre garde de les irriter.

Il se contenta de faire former un cercle aux captifs ; puis il les plaça sous la protection d'un cordon de sentinelles ; à l'officier qui commandait il annonçait qu'il répondait sur sa tête de la vie des Polonais.

Puis il se retira le cœur plein de colère ; c'était la première fois qu'il assistait à une scène de ce genre ; jusque alors, au fond de son cabinet, il n'avait pu se rendre compte de l'effet que produisent sur un homme quelque peu policé les violences de la soldatesque.

En rentrant, il fit mander le marquis de Vielopolski, et lui confia son indignation ; puis il lui ordonna de faire vider les casemates et de faire diriger au plus tôt les prisonniers sur Tobolsk, capitale de la Sibérie.

Il lui semblait que, les captifs une fois hors de la Pologne, sa responsabilité serait dégagée.

Les prisonniers partirent le soir même... Ils étaient cinq cents.

Il faisait un temps affreux, et la pluie, froide, glaciale, tombait par torrents.

Les cosaques, à cheval, enveloppés dans de bons manteaux, n'en étaient pas moins furieux d'être mouillés, et ils faisaient retomber leur mauvaise humeur sur les prisonniers.

Ces derniers, à pied, mal chaussés, mal vêtus, souffraient des intempéries de la saison ; une fois hors de Varsovie, la route s'allongeait au loin devant eux, fangeuse, sombre, au milieu des ténèbres, marquée par deux rangées d'arbres géants qui allaient se perdre en diminuant dans un noir horizon.

Mais ce qui surtout faisait pitié, c'est qu'une trentaine de femmes marchaient au milieu de la boue glaciale.

Parmi ces femmes se trouvaient Alexandra et madame de Volaska, condamnées à cette torture lente et cruelle d'un voyage aussi pénible.

Quoique patriciennes, habituées au luxe, aux aises de la vie, les deux nobles dames montraient un courage héroïque qu'admireraient les femmes du peuple, compagnes de leur exil et de leur malheur. Ces femmes étaient les héroïnes de Siematyche, qui expiaient leur conduite courageuse.

Siematyche était assiégée par les Russes, et les insurgés la défendaient avec acharnement.

Les Russes (sans doute c'était un piége pour avoir des otages) firent sommer la ville de se rendre, et le général Maniukine fit engager les femmes à sortir de la ville avec leurs enfants pour éviter les tristes conséquences de l'attaque. Ces femmes firent la réponse suivante :

« En Pologne, les femmes n'abandonnent pas leurs
» maris ; dans de pareilles circonstances, elles meurent,
» ainsi que leurs enfants, à côté de leurs protecteurs naturels. »

Une fois la ville prise, les Russes avaient massacré ses défenseurs et condamné à la déportation les quelques femmes qui survivaient.

Robustes, énergiques, vigoureuses de corps et d'âme, les braves habitantes de Siematyche subissaient leur peine avec une vigueur toute virile.

Malheureusement, ni madame de Volaska ni Alexandra ne purent résister au froid et aux fatigues de la marche. Après deux heures de lutte contre leur faiblesse, elles s'évanouirent.

Stanislas enchaîné, Jean le Dogue triplement garrotté et tenu en respect par trois cosaques, ne pouvaient porter aucun secours aux deux dames.

Leur évanouissement avait arrêté tout le convoi, et les femmes s'étaient empressées autour de ces malheureuses victimes, qu'elles secouraient de leur mieux.

Les Russes maugréaient de ce retard ; plusieurs mirent pied à terre et écartèrent les femmes pour s'approcher de la comtesse et de sa fille ; la pluie avait redoublé, avec elle la mauvaise humeur des soldats, si toutefois on peut appeler cela des soldats...

— Allons ! fit l'un d'eux, un sous-officier, — ces bégueules font semblant d'être malades pour nous faire enrager.

— Oui ! s'écria un autre.

— Debout ! cria un troisième.

Et du pied il frappa les victimes...

Qui oserait prétendre que des cœurs d'hommes battent dans les poitrines de pareils sauvages !

Cependant les deux dames ne se levaient pas.

— Vous voyez bien, dit une femme, — qu'elles sont incapables de marcher.

— Tais-toi, pécore ! — répondit un cosaque.

Et il donna un soufflet à l'imprudente qui avait osé faire cette observation.

L'officier qui commandait s'approcha.

— Voyons ! — dit-il à son tour, — je ne puis abandonner les prisonnières tant qu'elles seront vivantes ; je réponds d'elles.

— Il y a un moyen, — fit un cosaque.

— Lequel ? — demanda l'officier.

— En leur donnant un coup de baïonnette, on s'en débarrasserait ; puis ça donnerait aux autres un exemple.

— C'est cela, — fit le sous-officier, — personne n'aurait plus envie de flâner.

L'officier sentait bien que ses soldats auraient mérité la corde pour un aussi horrible langage ; mais que faire ? Au moindre soupçon, une compagnie se révoltait contre ses chefs. Il chercha le moyen de sortir d'embarras.

— Que deux de vous prêtent leurs chevaux, — dit-il ; — à tour de rôle on se relayera dans le peloton pour transporter les captives.

Un éclat de rire accueillit cette proposition, et, au milieu des rires, quelques sourds murmures se firent entendre ; l'officier sentit venir l'orage.

— Voyons ! petit père (nom donné à leurs chefs par les Russes), tu veux rire, n'est-ce pas ? Il ne peut pas t'être venu à l'idée de faire marcher dans la boue un bon Moscovite pour épargner des femmes de rebelles ?

L'officier était un homme sans caractère, et il se mit à sourire en disant ce mot lâche, indigne d'un militaire qui porte épaulettes :

— Oui, mes enfants, c'était une plaisanterie.

IV

OÙ LE LECTEUR COMMENCE A ESPÉRER QU'ALEXANDRA N'IRA PAS JUSQU'EN SIBÉRIE.

La veille même du jour du départ des captifs pour la Sibérie, deux hommes se trouvaient dans cette petite maisonnette du ghetto de Varsovie par où l'on descendait aux souterrains qui servent de refuge aux membres du comité polonais.

Ces deux hommes, enveloppés dans de larges manteaux, causaient à mi-voix ; l'un avait un accent gascon très-prononcé ; l'autre parlait moitié en français, moitié en arabe.

Survint un troisième personnage.

Il s'approcha des deux premiers et dit à l'un ces mots qui le firent tressaillir.

— Sans trahir ta patrie, tu pourras la sauver...—Puis il mit un doigt sur ses lèvres pour recommander le silence. Bientôt une trappe s'ouvrit, les trois personnages descendirent, et, au bas du couloir, le dernier arrivé les quitta en leur disant : — Attendez !...

C'était le président du comité.

Nous avons déjà entretenu nos lecteurs du comité national qui préside ici en ce moment aux destinées de la Pologne. Ce comité, à mesure que la guerre a pris un plus grand développement, a tout envahi ; il a su inonder de ses agents l'armée, l'administration, la police russe. Chaque jour on cite de lui des traits incroyables ; on raconte entre autres le fait suivant, que son intervention a seule pu rendre possible, et qui est certifié par les journaux de Vienne :

« Il y a quelques jours, dans une conférence des autorités russes à Varsovie, le secrétaire du sénat, monsieur Enoch, proposa une guerre d'extermination contre les Polonais.

» Quelle fut la terreur de ce zélé fonctionnaire lorsque, en rentrant chez lui, il trouva cloué sur sa porte, au moyen d'un poignard, une sorte d'arrêt de mort s'appuyant sur la proposition qu'il venait de défendre au sein de la conférence. Il se mit sur ses gardes et fit défendre l'accès de sa maison.

» Cependant, à peine se trouve-t-il dans son cabinet, qu'un officier des insurgés y entrait. Persuadé qu'il venait pour exécuter le terrible arrêt, monsieur Enoch saisit un revolver ; mais, avant qu'il l'eût armé, le visiteur le menaçait d'une arme pareille.

« Monsieur, » dit-il très-poliment au secrétaire du sénat, « je viens recevoir votre contribution à l'impôt » national : c'est quarante mille florins. » Monsieur Enoch se récria, dit qu'il ne possédait point une pareille somme.

« Donnez-moi, je vous prie, la clef de votre caisse, » poursuivit l'autre. Il fallut obéir.

» Cet étrange percepteur prit les quarante mille florins, et sortit après avoir salué monsieur Enoch. Celui-ci, hors de lui, courut se plaindre au marquis Vielopolski.

« — Calmez-vous, monsieur le secrétaire, » lui répondit le ministre d'un air stoïque, « j'ai bien été contraint, moi, » de verser cinquante mille florins au trésor national. »

« On attribue ce trait d'audace à un chef insurgé, ex-zouave, nommé Bidou. »

Le comité siégeait dans ces souterrains où nous avons déjà introduit le lecteur.

Les membres de ce gouvernement occulte étaient assis sur leurs sièges et écoutaient les rapports des courriers, au milieu du profond silence qui régnait. Ils conservaient leurs masques, selon l'usage.

Un officier avait remis une dépêche de Lithuanie, ainsi conçue, au président, qui venait d'arriver, et qui en fit la lecture ; voici ce qu'elle contenait :

« Les rigueurs, les persécutions recommencent. Le 31 » mai, premier jour de Pentecôte (ancien style), la prin- » cesse Oginska et une jeune fille de ses parentes quê- » taient ici, à l'église Saint-Jean, pour les orphelins, » lorsqu'au milieu de l'office elles se virent entourées par » la police, arrêtées et conduites sous escorte au poste, » où on leur fit subir la plus vexatoire des inquisitions. » Après quoi, la quête saisie, on les relâcha. La même » chose arrivait en même temps dans l'église du Saint- » Esprit, à la respectable comtesse Wessenkoff, qui quê- » tait pour la restauration du maître-autel, et se vit litté- » ralement enlevée au milieu de l'office.

» L'argent fut également saisi. Quelques jours aupara- » vant, une perquisition avait eu lieu au couvent des » chanoines réguliers de Saint-Pierre. On cherchait des » armes et du papier ; on découvrit une somme assez » considérable qu'on enleva, quoiqu'elle n'appartînt pas » au couvent ni ne s'y trouvât qu'en dépôt. Tout argent » recueilli pour de bonnes œuvres paraît au gouverne- » ment ramassé pour l'insurrection. C'est en effet main- » tenant la plus sainte et la meilleure des œuvres.

» Le nouveau gouverneur général de la Lithuanie, le » général Mouraview, fait tout pour qu'il en soit ainsi. » Le 30 mai, ayant fait venir le maréchal de la noblesse, » monsieur Brochocki, il le somma de retirer sa démission, » sous peine d'être fusillé dans les vingt-quatre heures. » Il voulut en outre qu'on lui dressât la liste des pro- » priétaires dévoués au gouvernement. N'ayant pu satis- » faire à cet ordre faute de noms qu'on pût en conscience » y inscrire, monsieur Brochocki fut immédiatement » arrêté. La même scène se renouvela le lendemain en- » vers monsieur Jelinski, maréchal de Troki, mandé de- » vant monsieur Haller, notre gouverneur civil. A la » demande des propriétaires loyaux, » il répliqua que, si par là on entendait l'honnêteté, » il répondrait de tout le monde, mais que si l'on entendait » le dévouement, il ne répondrait de personne. »

Le président se leva après avoir terminé cette lecture ; il fit un signe à l'officier de se retirer et consulta ses collègues :

— Ne vous semble-t-il pas messieurs, — dit-il, — que l'heure soit venue de soulever la Lithuanie ?

— C'est un peu tôt, — fit observer un membre du comité.

— Quelles raisons surtout vous détermineraient, monseigneur ? — demanda l'un et l'autre ministre.

— Voici, — fit le président : — La Lithuanie est le chemin de la Sibérie ; c'est par là que les condamnés sont conduits en exil. Il serait important, selon moi, de couper la route et d'arrêter les convois de captifs.

— C'est un motif sérieux, — fit un des membres ; — mais j'y vois de graves inconvénients. D'abord, il est trop tôt ; nos relations nous annoncent que le moment n'est pas propice ; Mouraview a tellement terrifié le pays, que nous trouverions peu d'adhérents. Ah ! si nous avions un noyau, un petit corps d'armée pouvant servir de point de ralliement, je croirais au succès ; si nous avions un homme capable de parler aux paysans, ayant avec eux des ramifications, je serais convaincu du triomphe. Mais nous n'avons là ni corps d'armée, si petit qu'il soit, ni affilié qui puisse agir sur les campagnards.

— Si ces obstacles étaient levés, — fit le président, — que penserait-on de mon projet ?

— Rien ne s'opposerait à son exécution, — répondit le comité en masse.

— Nous pourrions appeler la Lithuanie aux armes ?
— Sans retard.

— Eh bien ! jugez vous-mêmes, messeigneurs, de la situation : j'ai trouvé le moyen d'avoir un corps d'armée et j'ai rencontré un homme....

— Voyons l'homme d'abord ?

Le président sonna, et aux gardes qui s'avancèrent il donna quelques ordres. Aussitôt parut un homme garrotté et les yeux bandés.

— Ôtez-lui ses liens, — ordonna le président. Aussitôt les cordes furent coupées. — Enlevez le bandeau, — continua-t-il ; le bandeau tomba. L'homme était Nadieff. — Attendez ! — dit le président à un membre qui voulait interroger le vétéran. Et il appela à haute voix : — Colonel Pierre, avancez à l'ordre ! — Aussitôt Pierre, appuyé sur Bidou, s'approcha du bureau occupé par le comité. — Et maintenant, messieurs, — fit le président à voix basse, sachez qu'avec ces deux hommes vous allez faire crouler l'empire russe !

V

LES SOCIÉTÉS SECRÈTES DE LA RUSSIE.

Nous avons laissé Pierre, Nadieff et Bidou en face du gouvernement national.

Le comité connaissait les exploits de Pierre, et chacun de ses membres tenait en haute estime le vaillant colonel des zouaves de la mort. Mais tous gardèrent leur attitude grave et digne ; on eût dit des sénateurs romains sur leurs chaises curules.

La force de ce gouvernement national consiste surtout dans le secret qui couvre ceux qui en font partie ; on en ignore complètement les noms, on soupçonne tout le monde et personne. On accuse tous les plus hauts personnages d'en être, voir même le marquis de Vielopolski, qui y siégerait en qualité de président. Ceux qui soutiennent cette opinion expliquent ainsi sa conduite. D'après eux, le marquis n'aurait poussé les Russes à la cruauté, aux répressions inhumaines, que pour exaspérer les Polonais et les forcer plus vite à se jeter dans la révolte.

Quoi qu'il en soit, après ce que nous avons raconté déjà, personne ne pourrait douter que des dignitaires importants ne se trouvassent parmi les membres de ce mystérieux comité, qui ressemble assez au célèbre tribunal des Dix de Venise.

Le général Berg, venu à Varsovie par ordre du czar pour découvrir à tout prix le comité, était interrogé, après un mois de recherches infructueuses, par le grand-duc Constantin, sur l'état où se trouvaient ses perquisitions.

— Monseigneur, — répondit le général d'un air sombre, — j'ai acquis la certitude que, sauf vous et moi, tout le monde est de ce maudit comité.

Et, depuis, le gouvernement national a redoublé d'énergie et il travaille à établir une puissante concentration. Ses agents sont répandus partout et partout écoutés ; il donne des ordres, et il est obéi. Il perçoit des impôts, non-seulement dans le royaume, mais encore en Gallicie et dans le duché de Posen. Enoch et Vielopolski lui-même ont dû donner, le premier quarante mille florins, le second cinquante mille.

Ainsi que nous l'avons raconté, les Russes sont partout entourés par le comité et sont saisis d'une terreur panique. Le gouvernement du czar ne touche plus un centime d'impôts.

Un propriétaire du royaume, effrayé de l'approche des Russes, voulut se mettre en règle et se rendit au chef-lieu du cercle pour payer. Le receveur lui déclara qu'il ne pouvait accepter, parce qu'il avait une défense du gouvernement national.

Sa tâche ne consiste pas seulement à développer toutes les ressources capables de fortifier l'insurrection, mais à affaiblir en même temps l'ennemi en lui enlevant les moyens de continuer la lutte. Les fonds du pays ne doivent servir qu'au pays et à son affranchissement.

Les employés aux finances de la Russie, Stanislas Jonowski et Stanislas Hebda, ont versé, par ordre du gouvernement national, la somme de vingt-quatre millions douze mille neuf cent quatre-vingt-douze florins polonais vingt gross de la caisse générale aux caisses du gouvernement national.

Le gouvernement national, en portant ce fait à la connaissance publique, a déclaré que ces deux employés avaient bien mérité de la patrie. Pour les soustraire à la vengeance des Russes, il les a dirigés sur l'Italie, avec mission de recueillir des fonds pour la cause polonaise.

On conçoit que ce gouvernement, touchant tous les impôts, recevant toutes les souscriptions et enlevant à chaque riche fonctionnaire russe des sommes de cent mille francs, et à la banque cinquante millions, on conçoit, disons-nous, que ce gouvernement soit riche.

Les hommes qui avaient réalisé ces merveilles, sous les yeux mêmes des Russes, à Varsovie, pouvaient conserver en face de Pierre lui-même l'attitude du commandement.

Le colonel, du reste, montrait par son attitude toute sa déférence pour le comité. Il était appuyé au bras de Bidou ; mais le président fit signe à un garde d'apporter un siège sur lequel Pierre prit place.

— Colonel, — dit un des membres assis à gauche du président, — vous avez, paraît-il, un plan pour improviser le noyau d'un corps d'armée en Lithuanie ?

— Oui, comte, — répondit Pierre.

Celui que le colonel appelait comte se troubla légèrement ; il parut surpris que l'on connût son titre.

— Inutile de me donner une qualification, — dit-il. — Appelez-moi monsieur. Me connaissez-vous réellement ? — reprit-il.

— Oui ! — fit Pierre.

— Alors vous devez comprendre combien vous avez mal agi en me désignant, même vaguement.

— J'ai commis une maladresse, non une mauvaise action, — dit Pierre avec une noble fierté et un grand calme. — L'habitude l'a emporté sur la prudence ; je prendrai garde une autre fois.

— Bien ! — fit le président.

Celui qui avait parlé le premier reprit la parole :

— Comment comptez-vous réunir votre petite armée ? — demanda-t-il. — Comment espérez-vous échapper aux recherches que vos recrutements provoqueront ? Avant d'avoir rassemblé cent hommes, vous serez cerné. Et même si vous aviez cent, deux cent mille hommes, ce ne serait point des soldats aguerris, aguerris pour résister à une attaque.

— Vos objections sont justes, — répondit Pierre; — seulement elles tombent à faux.
— Expliquez-vous ?
— Mon intention n'est pas de lever en Lithuanie le noyau d'une armée, mais d'y conduire trois mille hommes formés depuis longtemps aux combats.
— Vous parlez sans doute de vos zouaves de la mort?
— Oui, monsieur.
— Il sera impossible de leur faire passer la frontière de Lithuanie.
— Mille pardons! mais j'ai vécu en France et j'y sais un proverbe qui dit : « Le mot impossible n'est pas fran-» çais. » Le mot impossible ne doit pas être polonais non plus.

Tous les membres du comité se mirent à sourire sous leurs masques.

L'interrogateur de Pierre continua :
— Lisez ceci ; c'est le bulletin des positions actuelles des troupes russes.

Et il passa au colonel un bulletin ainsi conçu :
« On fait partir chaque jour de Saint Pétersbourg pour la Pologne des régiments de la garde. Une partie des premiers renforts occupe la Lithuanie. Un bataillon des chasseurs de l'empereur a même été envoyé à Varsovie. Dix divisions occupent actuellement le royaume de Pologne avec ses anciennes provinces, ce qui fait cent cinquante mille hommes. On attend encore dix mille hommes de renfort. »

— Je savais cela, — fit observer Pierre.
— Vous voyez donc,—reprit son interlocuteur,—que la Lithuanie est sillonnée de renforts ; soixante mille hommes l'occupent sur les cent cinquante mille qui sont opposés à l'insurrection. Il reste cent mille hommes en Pologne. Je le répète, en face de ces masses imposantes, il vous est impossible de passer la frontière.

— D'abord, — fit Pierre, — il n'y a pas cent mille hommes en Pologne ; car, dans la Podolie, la Volhynie et l'Ukraine, on ne compte que vingt mille hommes, qui sont absolument nécessaires pour contenir les villes de Kiev, Zitonin, Berdyczow, Human, Kameniec, Podolski. On voit par là qu'il sera impossible au cabinet de Saint-Pétersbourg d'étouffer de sitôt l'insurrection, qui commence à prendre des racines, même dans les provinces polonaises les plus éloignées de Varsovie. Il ne reste donc en Pologne que quatre-vingt mille soldats; or, trente mille d'entre eux occupent Varsovie, vingt-cinq mille les cinq forteresses ; l'armée active n'est donc que de vingt-cinq mille hommes. C'est peu pour tenir la campagne, et si c'est par ces forces que les frontières sont gardées, elles le sont mal. Passons à la Lithuanie ; on y compte soixante mille hommes, mais ils ne peuvent contenir ce pays, aussi grand que la Hongrie. Les seules villes de Vilna, Grodno, Bialistock, Kovno, Dunabourg, Polock, Vitebsk, Molihev, Bobruks, Miok, Pinsk, Riga, Mittau, absorbent toutes ces forces. Vous le voyez, messieurs, j'ai le champ libre et c'est presque une promenade militaire que d'aller à Varsovie, capitale de la Pologne, à Vilna, capitale de la Lithuanie. Les membres du comité se regardaient, étonnés de la précision mathématique avec laquelle Pierre venait de développer ses idées. Seul, il avait recueilli des renseignements, aussi exacts, plus exacts peut-être que ceux du comité. Il reprit : — Si vous voulez envoyer l'ordre à vos émissaires des villes d'entretenir un peu d'agitation pour tenir en échec les garnisons, les Russes ne pourront dégarnir les forteresses et former des colonnes mobiles : il est important surtout qu'à Varsovie on fasse une manifestation, parce que sept mille hommes, qui me coupent la route de Lithuanie, seraient rappelés sur-le-champ comme renfort.

Pierre cessa de parler ; un murmure flatteur accueillit ses paroles.

Les membres du comité se mirent à causer à voix basse, et il fut décidé que l'on appellerait sans délai la Lithuanie aux armes. Le président l'annonça au colonel, et il ajouta que l'ordre d'inquiéter l'autorité par des manifestations allait être envoyé de tous côtés.

Pierre allait se retirer, mais le président lui fit signe de rester.

— Vous aurez sans doute à vous entendre avec un allié que nous allons vous donner, — dit-il.

Et il montrait Nadieff, debout, impassible, en apparence indifférent.

Le président invita le membre qui siégeait à sa droite à interroger le vétéran.

— Vous vous nommez Nadieff et vous voulez soulever les paysans lithuaniens ? — demanda le membre du comité.

— Oui, — répondit Nadieff.
— Vous avez des moyens d'action ?
— Oui.
— Vous savez que, jusqu'ici, les paysans ont plutôt été hostiles que favorables à l'insurrection ?
— Parce que vous n'avez pas pris de bonnes mesures. Le paysan ne voit dans la noblesse que la classe qui détient ses terres ; le paysan veut devenir propriétaire et n'entend pas donner son secours aux seigneurs qui l'ont réduit jadis à l'état de serf. — Il se fit un grand silence. L'on sentait que Nadieff, homme du peuple connaissant le peuple, disait juste. Il reprit : — Être esclave des Russes ou de la noblesse importe peu au campagnard. Il préférerait même les oppresseurs étrangers, parce que, gouvernant de loin, ils sont moins gênants. Il est inutile de parler à un homme de sa patrie dès que cet homme est enchaîné à la glèbe; il n'y a pas de patrie là où il n'y a pas de liberté. Demain, décrétez que le paysan est devant la loi l'égal du seigneur ; que le champ qu'il occupe est à lui, et vous aurez bientôt une formidable armée.

— Mais les seigneurs vont perdre leur fortune en perdant les revenus qu'ils tirent de leurs terres ?

— Quand on veut la fin, on veut les moyens. Messieurs, — s'écria Nadieff, — reculer devant un sacrifice serait une honte pour l'aristocratie ! En 1789, la noblesse française a donné un grand exemple quand elle a brûlé ses parchemins et ses priviléges ; cet exemple sera suivi par la noblesse polonaise. Cependant il y aurait un moyen de tout concilier — en indemnisant les propriétaires.

— Bien, — répondirent les membres du comité, d'un accord unanime.

Nadieff s'arrêta quelques instants, puis il reprit :
— Ce n'est pas tout : La Lithuanie et la Ruthénie veulent conserver leur autonomie ; elles ne consentiraient pas à être réunies à la Pologne, comme autrefois, par droit de conquête. Il faudrait déclarer qu'au jour de la liberté ces deux peuples auraient à choisir entre s'unir volontairement à la Pologne pour former un seul Etat, ou se constituer en Etats particuliers reliés par une fédération.

— Nous sommes disposés à promettre cela, — dirent les membres du comité. — Jusqu'ici vous nous avez donné des conseils excellents ; du reste, notre volonté était conforme à vos désirs, car deux décrets sont préparés dans le sens dont vous venez de parler. Mais nous attendons de vous autre chose que votre avis.

Nadieff sourit.
— Messieurs, — dit-il, — vous savez qu'il existe parmi les paysans lithuaniens et ruthéniens une vaste société secrète qui date de plusieurs siècles ; étouffée pendant trente ans, elle a repris vigueur, et depuis cinq ans elle a jeté dans les pays de racines profondes. Cette société a attendu et attend encore le moment de juger l'insurrection actuelle ; du jour où elle aura un caractère émancipateur, du jour où les paysans pourront espérer qu'avec son triomphe viendra le leur, cette société dont je vous parle vous aidera de tout son pouvoir. Bien mieux, son comité central fusionnera avec le vôtre.

Cette déclaration fit tressaillir tous les membres du gouvernement national sur leurs siéges. Ils étaient profondément émus. Le président lui-même paraissait troublé; il avait eu une entrevue avec Nadieff, mais il ne s'attendait pas à une proposition aussi importante de sa part. Il se leva.

— Frère, — dit-il, — pour nous faire une offre pareille, qui donc êtes-vous ?

— Je suis, — répondit Nadieff, — le président de la société secrète, qui compte trois millions d'adeptes en Lithuanie, cinq millions de fidèles en Ruthénie. J'ai consulté mes frères et ils m'ont donné pleins pouvoirs. — Il se fit un grand silence. — Ne vous étonnez pas, — fit Nadieff, — si je suis resté caché sous l'uniforme de simple soldat russe : j'étais mieux à l'abri au milieu d'un régiment du czar que partout ailleurs. Puis, établi au cœur même de l'armée, ayant plusieurs de mes meilleurs associés et compagnons dans chaque bataillon russe, je pouvais diriger plus facilement l'œuvre de prédication par moi entreprise. Mon but était de me faire de nombreux partisans dans les troupes ; j'ai réussi. Car il faut vous le dire, messieurs, je suis Russe, moi, et je travaille au salut de la Russie par le renversement des czars ; j'ai donc aussi fondé une autre société secrète parmi les serfs, société qui a huit millions d'adhérents. Oui, messieurs, n'en doutez pas, huit millions... Et ces serfs de Moscovie sont les amis des paysans lithuaniens et ruthéniens, des Polonais insurgés, si vous le voulez, car nous voulons tous abattre la tyrannie, et nous ne voulons pas la rétablir en nous asservissant les uns les autres. Si donc vous acceptez, dites oui. J'attends.

Pierre regardait Nadieff avec admiration.

Bidou murmurait entre ses dents :

— Sandious ! je n'aurais jamais cru que ce simple vétéran commandait à quinze millions d'hommes !

Et les membres du comité semblaient cloués à leur place.

Nadieff, avec sa barbe blanche et sa tête vénérable, ressemblait à un de ces patriarches-rois qui sont aujourd'hui encore les types les plus parfaits de l'autorité majestueusement familière et augustement simple.

Par un mouvement spontané, tout le comité se leva, et le président, descendant de son siège, y fit asseoir Nadieff.

— Frère ! — dit-il, — sois des nôtres, nous sommes des tiens !

A partir de ce jour, l'union des sociétés secrètes fut consacrée.

Le comité, sous la présidence de Nadieff, discuta sur les mesures à prendre. Pierre et Bidou, par discrétion, s'étaient éloignés.

Un quart d'heure après, le président (le lecteur se souvient qu'il était son oncle) s'approchait de Pierre et lui disait :

— Monte à cheval. Voici l'ordre de te rendre en Lithuanie avec tes zouaves ; souviens-toi quel va traverser le pays où je t'envoie ; tâche de le sauver !

— Oh ! merci, mon oncle ! — s'écria Pierre.

Bidou s'approcha pour aider Pierre à partir.

— Un instant !—lui dit le président ;—les faucheurs ne partiront qu'un peu plus tard, et ils prendront un autre chemin que les zouaves. Comme commandant, vous les conduirez. En attendant, voici une mission qui demande de l'audace. Le sénateur Petrow se trouve à sa maison de campagne près de Varsovie. Le corps de Langiewicz a un détachement à cinq lieues de l'habitation de Petrow. On va vous donner des chevaux de l'Ukraine, rapides comme le vent, un guide, un déguisement et le mot de passe. Vous irez frapper à la maison du sénateur ; vous lui annoncerez qu'on le mande à Varsovie par ordre du grand-duc. Quand il sera sorti, vous le garrotterez et le mènerez au détachement de Langiewicz, qui l'attend. Nous tenons à ce que ce sénateur juge par lui-même de l'état où se trouve l'insurrection.

— Cap-de-diou ! le sénateur Petrow sera emballé comme le Touïourskoff ! — s'écria Bidou.

Et il partit après avoir serré la main de Pierre.

Il est à croire que le Gascon réussit dans son entreprise, car voici ce que les journaux ont raconté :

« On sait que le sénateur Petrow, qui a été secrétaire
» d'Etat en Pologne pendant plusieurs années, est tombé
» au pouvoir des insurgés. Langiewicz l'a gardé cinq
» jours et l'a rendu ensuite à la liberté, à la condition
» qu'il lui donnerait sa parole d'honneur de se charger
» d'une lettre cachetée pour le grand-duc, lettre qui devait être remise en mains propres.

» Arrivé à Varsovie le 23 février, monsieur Petrow se
» rendit immédiatement au château, et s'entretint pendant une heure avec le grand-duc.

» On ignore le contenu de la lettre, mais la conversation de Langiewicz avec Petrow est connue de tout le
» monde.

» Votre présence ici, » disait le général polonais, « vous
» convaincra sans doute que nous ne sommes ni des brigands, ni des bandits, comme se plaît à nous appeler
» l'organe officiel. Nous savons très-bien que nous ne
» sommes pas en force pour combattre la Russie ; mais
» notre lutte désespérée éclairera peut-être les Russes, et
» leur prouvera qu'on ne s'attaque pas impunément à nos
» traditions et à nos sentiments les plus sacrés, et que,
» malgré leur terrorisme, ils ne parviendront jamais à
» détruire une nation qui possède tant de vitalité. »

» Petrow répondit que le gouvernement russe commençait pourtant à être juste envers les Polonais ; mais
» Langiewicz répliqua que les réformes promises ne signifiaient rien, qu'elles étaient plutôt une amère
» ironie, et qu'elles ne montraient nullement l'intention du gouvernement d'être enfin juste envers les
» Polonais. « Du reste, » dit-il, « même des réformes
» plus libérales ne produiront plus aucun effet ; depuis
» quarante-cinq ans la Russie ne cesse de nous tromper.
» Lorsqu'il était de ses intérêts de nous gagner à sa cause,
» elle nous fit des promesses qui n'ont jamais été tenues ;
» croit-elle que nous serons assez niais maintenant pour
» ajouter foi à ses paroles.

» Monsieur Petrow fit observer que, même en étant de
» l'avis du général, il devait lui rappeler encore une fois
» l'inutilité de la lutte et désapprouver complétement
» l'insurrection. qui, selon lui, ne pouvait avoir aucune
» chance de réussite.

» Le général polonais maintint pourtant sa façon de
» voir, ajoutant qu'une lutte inégale et désespérée était
» préférable pour un peuple à sa ruine et à sa soumission
» tacite.

» Cette conversation a produit une grande impression
» sur le grand-duc et sur tous les Russes qui sont ici.

» Petrow fait le plus grand éloge de Langiewicz et fait
» grand cas de ses talents. »

Le commandant Bidou se signala encore par un service rendu au comité national.

Voici le fait raconté par les journaux de Vienne :

« Un monsieur se présente chez le directeur de la police de Varsovie. Il lui annonce, papiers en main, qu'il
» est colonel russe, envoyé par l'archiduc Constantin pour
» témoigner sa reconnaissance à la police de son zèle.

» Son Altesse, » ajoutait-il, « désire récompenser ceux
» qui ont le mieux mérité d'elle. Ayez donc la bonté de
» me donner la liste de ceux qui se sont le plus distingués
» dans cette chasse aux rebelles. La récompense ne se
» fera pas attendre.

» Notre directeur, tout ébahi, croit déjà voir les roubles
» pleuvoir dans sa cassette ; il s'empresse de donner la liste
» demandée, ayant soin de placer son propre nom en tête.

» Quelle ne fut pas sa surprise, quelques jours après, de recevoir une lettre du comité de Varsovie le remerciant
» d'avoir bien voulu lui communiquer des noms qu'il désirait connaître depuis si longtemps. »

VI

LES COSAQUES.

Nous avons vu Nadieff promettre au comité polonais le soulèvement des paysans lithuaniens et ruthéniens ; nous avons vu aussi que Nadieff avait des ramifications dans l'armée.

Nous allons raconter comment le vétéran, par l'intermédiaire d'un chef vénéré, agit sur les Cosaques, qui dans ces derniers temps ont fini par s'amender et à se souvenir qu'eux aussi sont Ruthéniens, c'est-à-dire d'une branche de la race polonaise.

Nous avons laissé Alexandra et sa mère évanouies sur le chemin de la Sibérie.

La nuit était devenue de plus en plus obscure, le vent soufflait avec une violence inouïe : vent de bise, humide et glacé, qui fait pénétrer le froid jusqu'aux os ; sous ses efforts furieux, les arbres gémissaient, pliant leurs hautes cimes élevées jusqu'à moitié de leur hauteur et les redressant avec la vigueur d'un coup de fouet gigantesque, quand la bourrasque était passée.

La pluie glacée continuait à tomber, inondant le sol et formant verglas à sa surface ; au milieu de la route, enveloppé dans les ténèbres, le convoi arrêté ressemblait à une de ces bandes de fantômes dont l'imagination populaire peuple les nuits d'orage.

L'escorte entourait les deux femmes et les cosaques voulaient les massacrer pour mettre à couvert la responsabilité d'un officier ; ce dernier ne pouvait pas dire : Je les ai abandonnées, puisqu'on les lui avait confiées.

Mais il pouvait écrire sur son rapport : Mortes pendant la route.

C'était là une de ces heureuses combinaisons qui simplifient les choses et aplanissent les difficultés ; ce plan si simple sortait de la cervelle d'un cosaque...

Il n'y a que ces gens-là pour trouver le moyen de tourner les obstacles.

L'officier aurait bien essayé de faire donner deux chevaux aux prisonnières, mais les cavaliers avaient trouvé la prétention si exorbitante, qu'ils l'avaient prise pour une plaisanterie.

Et lui, le lâche, n'avait pas brisé la cervelle au misérable qui avait osé lui dire avec insolence : « Tu veux rire, petit père ! » il avait cédé...

Bien lui en avait pris, du reste, d'être poltron ; car souvent déjà les Russes avaient massacré leurs chefs soupçonnés de sympathies en faveur de la Pologne.

Les bras croisés, l'épée au fourreau, l'air indifférent, l'officier se mit à siffloter un refrain moscovite.

— Eh bien ! petit père, — demanda un cosaque, — que décides-tu ?

— Rien ! fit l'officier embarrassé.

— Nous ne pouvons point rester là, — observa un cosaque.

— C'est vrai, mes enfants.

— Que faire ?...

— Mais je ne sais pas, moi ! — s'écria l'officier. — Vous ne voulez point céder deux chevaux, n'est-ce pas ?

— Non certes !

— Je ne puis non plus partir et laisser là ces femmes. Si on les retrouvait vivantes, on m'accuserait de leur avoir donné la liberté.

— Et tu serais fusillé, petit père ! — fit un cosaque d'un air railleur.

— Je suis vraiment très-ennuyé.

Les cosaques riaient. Ils savaient bien qu'au fond de l'âme leur chef désapprouvait leur barbarie ; ils se doutaient que, s'il n'avait pas eu peur, il les aurait blâmés et même châtiés ; aussi se faisaient-ils un cruel plaisir de jouir de son embarras et tenaient-ils à le forcer de donner ordre de mettre à mort les prisonnières. C'est ce qui arriva...

Après une minute d'hésitation, l'officier se mit à dire
— L'un de vous a eu tout à l'heure une idée.

— Mais oui, petit père ; il s'agissait de donner un coup de baïonnette à ces paresseuses. Comme ça, tu ne risques pas d'être réprimandé par les chefs supérieurs.

L'officier frissonna. Mais il fallait en finir d'une façon ou d'une autre.

— Faites à votre fantaisie, — dit-il.

— Non pas ! — s'écria un sous officier. — Nous attendons les ordres ; tu es notre commandant, et c'est à toi de prendre la responsabilité.

— C'est cela ! — firent en chœur les cosaques ; — nous sommes de simples soldats, exécutant la consigne donnée par toi. Va, petit père ; parle, nous agirons.

Et les cosaques riaient, mais d'un rire menaçant, sinistre.

L'officier tremblait de dégoût et d'effroi.

— Faites, — dit-il, — je prends tout sur moi...

Et voilà le résultat des fausses situations.

Du moment où un homme a pactisé avec l'infamie, il est souvent forcé de suivre la pente fatale jusqu'aux abîmes les plus fangeux.

En face de la conduite de l'armée russe, les hommes de cœur, imitant le colonel Korff, se sont brûlé la cervelle, comme le témoignent des pièces authentiques, ou ont donné leur démission.

Ceux qui restent au service du czar doivent s'attendre à payer de leur vie leur résistance trop tardive à des instructions déshonorantes ou à boire jusqu'à la lie le calice de l'infamie.

Jusqu'alors, personne dans le convoi n'avait compris le dessein des Russes, faute de savoir leur langue. Les prisonniers, retenus à distance par une partie de l'escorte, ne voyaient ni entendaient rien. Les femmes de Siematyche, empressées près des dames évanouies, cherchaient à les ranimer.

Mais à peine l'officier avait-il fini de parler que les cosaques écartèrent à coups de lance les compagnes d'exil de la comtesse et de sa fille, et l'un d'eux porta à Alexandra un coup terrible.

Heureusement, les femmes comprirent l'abominable décision que venaient de prendre les cosaques ; elles se précipitèrent entre eux et leurs victimes, et elles parvinrent à détourner le coup destiné à la jeune fille.

Les cosaques, furieux, poussèrent des cris féroces ; ils se reculèrent pour prendre du champ et revenir à la charge.

Les héroïques Polonaises se mirent à genoux sans faiblir, et, résignées à mourir, elles attendirent...

L'officier, malgré sa lâcheté, s'en émut ; il se plaça devant ses cavaliers :

— Arrêtez ! — cria-t-il. — Je vous ai autorisés à en tuer deux, mais je m'oppose à ce que vous massacriez les autres.

— Au large ! — grondèrent les cosaques qui avaient enfin levé le masque ; — au large, chien ! ou tu vas mourir aussi !

Massés à vingt pas, ils éperonnèrent leurs chevaux, qui déjà bondissaient... L'officier se jeta de côté, les femmes baissèrent la tête ; comme une trombe, le peloton de cavaliers allait passer sur elles.

Mais, par derrière, retentit un galop rapide... Un cavalier, distançant une troupe nombreuse de plusieurs centaines de mètres, se jeta entre les femmes et les cosaques :

— Halte ! — cria-t-il d'une voix tonnante. Les cosaques ignoraient à qui ils avaient affaire. Mais l'inconnu avait lâché la bride de son cheval, tirait deux pistolets et les tenait braqués sur les sauvages bandits du czar. — Halte ! — répéta-t-il, — ou je brûle la cervelle à ceux qui avanceront.—L'officier, qui s'était enfui, voyant du renfort lui arriver, accourut se placer près du défenseur des Polonaises. — Capitaine, — lui dit le hardi cavalier, — je suis hetman colonel du 2ᵉ régiment de cosaques réguliers ; je m'aperçois que je suis venu fort à propos pour empêcher un massacre.

— Mon colonel, — répondit le capitaine fort embarrassé, — mes soldats se sont révoltés, et je n'ai pu, au milieu de ce désert, m'opposer à leurs desseins.

L'hetman se pencha vers l'officier et lui demanda son nom.

— Badatra, — répondit-il.
— Vous êtes Polonais ?
— Oui, colonel,
— Eh bien ! vous êtes un lâche, — fit l'hetman à voix basse.
— Mais, colonel !... — exclama l'officier.
— Oui, un lâche ! — répéta l'hetman. Et il reprit : — Votre devoir était de vous faire tuer plutôt que d'abandonner vos malheureux compatriotes à la fureur de ces misérables.
— Mais ma mort n'aurait servi à rien.
— Elle aurait servi à vous sauver l'honneur... — Le capitaine baissa la tête. — Un mot encore ? — dit l'hetman.
— J'écoute, — fit l'officier tout confus.
— Vous pouvez racheter votre faute en vous joignant à vos frères insurgés quand vous en trouverez l'occasion. Tâchez qu'une balle russe vous rencontre sur quelque glorieux champ de bataille ; votre sang lavera votre crime. Je sais qu'au fond de l'âme vous aimez encore votre patrie.
— Oh ! c'est vrai, mon colonel, — s'écria l'officier en portant sa main à ses yeux humides.
— Maintenant, silence ! — fit le colonel ; — on nous observe ; il ne faut pas qu'on nous soupçonne. Seulement, dans huit ou dix jours, il y aura pour vous, pour moi, pour tous les gens de cœur, une occasion de quitter un service honteux pour soutenir une noble cause.
— Je désirerais maintenant partir de suite.
— Attendez... l'heure n'est pas propice.

L'hetman mit un doigt sur ses lèvres pour recommander au Polonais le silence, et il s'avança vers les cosaques, qui avaient baissé leurs lances.

Il jeta son manteau et leur montra son uniforme.

— L'hetman Bataroff ! — s'écrièrent aussitôt les soldats avec étonnement.

— Oui, moi ! — fit-il ; — moi, qui viens vous reprocher d'agir comme des insensés.

Il y eut un moment de silence.

L'hetman Bataroff était un des plus puissants chefs des tribus du Don ; il était respecté et aimé de tous les Cosaques. Sa fortune immense, son brillant courage, sa générosité le faisaient adorer. Il avait rendu de grands services à ses compatriotes, en contribuant à leur obtenir d'excellentes conditions pour servir dans l'armée russe, au moment de la guerre de Crimée.

Les cosaques sentaient que leur chef désapprouvait leur conduite ; ils cherchèrent à se disculper, et l'un d'eux lui dit :

— Petit père, les prisonniers se sont révoltés, nous avons dû...

— Assez ! — fit le colonel, — je sais à quoi m'en tenir. Je vous pardonne, mais je vous recommande à l'avenir plus de pitié. Les Polonais, qui veulent être libres (il appuya sur le mot), se battent contre les Russes, nos alliés. Notre devoir est de soutenir ceux qui nous payent, soit ; mais nous sommes soldats et non bourreaux. Si demain les Russes nous enlevaient toutes nos franchises, nous privaient de nos droits, nous forçaient à servir sans solde, comme les serfs, que feriez-vous ?

— On se révolterait, petit père !

— Si alors les Polonais, s'alliant aux Russes, venaient chez vous et ravageaient nos tribus, massacraient vos femmes et vos enfants, que penseriez-vous ? — Il n'y eut pas de réponse, mais un silence significatif. — Allons ! allons ! — fit l'hetman, — réfléchissez à mes paroles, mes enfants. Je vous aime, moi, et connais vos intérêts ; nous recauserons... — Puis, promenant son regard sur tous les soldats, il ajouta : — Redites mes paroles à vos amis, méfiez-vous des traîtres et des mouchards ; s'il y en a, que vos sabres coupent leurs langues.

Les cosaques comprirent le langage de leur chef vénéré ; ce fut pour eux une révélation. Un sous-officier s'approcha et lui dit :

— Petit père, la lumière s'est faite, nos yeux sont ouverts.

— Chut ! — fit l'hetman. Un détachement de cavaliers arrivait. C'était l'avant-garde du 2ᵉ régiment de l'hetman, qui se rendait en Lithuanie pour prêter main-forte au gouverneur Mouraview. Les prisonniers polonais, voyant les rangs des cosaques s'ouvrir, s'empressèrent tous de s'approcher des femmes. — Déliez-les, — dit l'hetman, — je réponds d'eux.

Les cosaques s'empressèrent d'obéir.

Les Polonais étaient stupéfaits du changement qui s'était opéré dans les manières de leurs gardiens.

Stanislas courut se jeter au cou de sa mère, puis il pressa Alexandra sur son cœur ; sa voix les fit sortir toutes deux de leur évanouissement.

Le colonel était descendu de cheval ; il s'avança vers Stanislas, et, lui mettant la main sur l'épaule, il lui dit :

— Comte, j'ai une bonne nouvelle à vous annoncer. Vous et vos compagnons, vous n'aurez plus à marcher dans la neige ; j'ai ordre de vous conduire à la plus prochaine station du chemin de fer, et un convoi vous emmènera le plus loin possible ; de là des traîneaux ou des briskas vous transporteront jusqu'en Sibérie. — Tous les captifs entendirent ces mots, et ils tombèrent à genoux en criant : Merci, au généreux colonel ; les femmes couvraient ses mains de baisers. — Mes chers amis, — dit l'hetman, — ce n'est pas à moi que vous devez cette grâce !

— Et à qui donc ? — demanda Stanislas.
— A un ange ; et, tenez, le voilà.

Une femme s'avançait, en effet, enveloppée dans une mante aussi blanche que la neige.

⁂

Le régiment tout entier avait rejoint le convoi pendant que se passait la scène que nous avons décrite.

Le colonel se pencha vers Stanislas et lui dit tout bas :

— Comte, peut-être n'irez-vous pas jusqu'en Sibérie ; espérez !

Stanislas écoutait, stupéfait.

— Vous voyez ces hommes, — fit le colonel, — eh bien ! presque tous ont dans leur portemanteau des proclamations d'Hertzen. Huit jours plus tard, et j'aurais pu vous sauver ; car ils auraient été gagnés à la cause polonaise ; mais il est encore trop tôt. En attendant, espérez !

Cependant, la jeune femme vêtue de blanc touchait presque au groupe de prisonniers, et sa voix murmura le nom d'Alexandra.

VII

UNE EXÉCUTION.

Cette femme qui s'avançait vers les exilés c'était Léda. Elle tendit sa main à Stanislas stupéfait ; elle embrassa la comtesse et Alexandra toutes surprises.

— Me voilà, — fit-elle d'une voix douce et profondément émue, — me voilà des vôtres, maintenant !

— Quoi ! — s'écria Stanislas, — vous avez aussi été condamnée ?

— Oui, — répondit Léda. — N'ai-je pas déplu aux Russes, tout comme votre mère et votre sœur, pour avoir secouru des insurgés.

— Oh ! les Russes sont infâmes ! — dit Stanislas avec colère. — Le grand-duc, qui vous avait écoutée, ne vous a donc pas pardonné votre généreuse requête ?

— Mon ami, ne le blâmez pas, — fit Léda avec embarras.

— Pourtant il a signé votre arrêt d'exil, et c'est une injustice odieuse.

— Non, non, mon ami, le grand-duc n'est pas aussi cruel que vous pouvez le penser. J'ai mérité la déportation en trempant dans un complot depuis votre départ pour la Sibérie.

Léda disait cela d'une façon étrange ; le colonel Bataroff la regardait en souriant ; elle l'implorait du regard.

Stanislas ne savait que penser.

— N'importe, — dit-il, — le grand-duc est d'une cruauté révoltante.

— Mon ami, — fit Léda avec un accent de vérité qui frappa le jeune comte, — ne maudissez pas le prince Constantin. Je vous jure qu'il a le cœur plus doux que les généraux qui l'entourent à Varsovie, que les hauts dignitaires qui le guident de Saint-Petersbourg. De là surtout émanent les ordres terribles que le grand-duc n'accomplit qu'avec regret et amertume. Et, tenez, Stanislas, je suis, ou plutôt nous sommes une preuve de sa clémence ; il m'a accordé, pour vous tous et pour moi, la permission de faire le trajet en chemin de fer. C'est bien à lui, n'est-ce pas ?

Stanislas ne répondit rien, mais un sourire d'incrédulité se dessina sur sa lèvre railleuse.

— Allons, — dit le colonel Bataroff, — il faut partir. Permettez-moi d'offrir à madame la comtesse et à sa fille ma calèche, qui a déjà eu l'honneur de transporter mademoiselle.

— Mille grâces, monsieur, — répondit la comtesse en s'inclinant, — nous vous serons éternellement reconnaissantes ; vous nous avez sauvé la vie.

— Madame, — répondit le colonel, — je suis fier d'avoir rendu un service à la plus noble femme de la Pologne, à l'épouse du comte Volecki, un héros que j'admire.

— La comtesse s'inclina les larmes aux yeux. — Mademoiselle, — dit le colonel en passant auprès d'Alexandra, — prenez ceci, et lisez quand vous serez seule.

— Oh ! monsieur ! — murmura Alexandra d'une voix indignée.

Et elle repoussa une lettre que lui tendait le colonel.

— Vous vous méprenez, — dit-il. Et, avec un sourire, il reprit : — Elle est de *lui* !

— De *lui* ! — répéta la jeune fille dans un trouble inexprimable.

— Oui, de *lui* ! Je l'ai vu, je lui ai parlé ; prenez, prenez ! c'est un fiancé qui vous écrit. — Alexandra, émue, frémissante, saisit la lettre et la cacha dans les plis de sa robe. Elle était devenue radieuse. — Charmante enfant ! — murmura le colonel, — Pierre, avec elle, aura sa récompense. — Il accompagna les trois dames jusqu'à sa calèche. En chemin on marchait à travers les cosaques rangés de chaque côté de la route, en chemin, disons-nous, le colonel offrit son bras à Léda. — Je vois, — lui dit-il finement, — qu'il ne faut plus vous appeler madame.

— Épargnez-moi, monsieur, — dit Léda en rougissant beaucoup.

— Non, mademoiselle, non, je ne vous épargnerai pas l'expression de mon admiration et de mon profond respect. Oh ! ce que vous faites là est beau et touchant ; je vous vénère comme une sainte. Quand l'amour est aussi sublime de dévouement, il est trois fois saint. On arrivait près de la calèche. Le colonel présenta sa main à Léda et s'inclina profondément devant elle. Toutefois il crut devoir crier à un peloton de cosaques, d'une voix rauque : — Entourez cette calèche ! Sur votre tête, vous me répondez des personnes qu'elle contient ! Ceci, — ajouta-t-il à l'oreille de Stanislas, — est une mesure un peu hypocrite destinée à tromper les autorités russes de Vilna. Vous, comte, accompagnez-moi, on va vous donner un cheval.

— Et les autres prisonniers ? — demanda Stanislas.

— Les femmes sont placées sur les fourgons, les hommes marchent à pied. — Mon cher ami, — dit le colonel Bataroff à Stanislas quand ils furent à cheval tous deux, vous devez être bien heureux ?

— Oh ! oui, — fit le comte, — trois fois heureux. Je n'espérais pas tant ! Non seulement la Pologne sera libre, mais les nations lithuaniennes et volhyniennes, ainsi que les tribus cosaques, toutes du même sang qu'elles, seront libres aussi. En Europe il ne restera plus que quelques millions d'opprimés ; le bon sens des peuples forcera les rois à affranchir bientôt le peu de Slaves et de Bulgares qui resteront sous le joug étranger. Les Russes eux-mêmes secoueront facilement la tyrannie du czar, affaibli par nos triomphes.

— Les vues larges que vous émettez sont les miennes, ou, disons mieux, celles de notre siècle, — fit le colonel.

— Ce qui fait notre force, c'est que la lumière luit partout si brillante, si claire, que tout homme de bonne volonté peut la voir. Autour du flambeau de la vérité se rallient tous les esprits honnêtes, intelligents, généreux. L'union sera bientôt parfaite entre les membres d'élite de toutes les nations ; ce jour-là, la paix universelle régnera sur la terre. Nous autres Slaves, en nous groupant en un faisceau de peuples libres, nous faisons disparaître un des plus grands obstacles qui s'opposent à la marche du progrès.

— Colonel, — fit observer Stanislas, — vous parlez bien haut : on vous entend.

— Mon cher comte, peu m'importe. Mes soldats me sont dévoués ; l'éveil est donné sur les traîtres ; ils massacreraient ceux qu'ils découvriraient. Voilà un des avantages de nos régiments cosaques ; ils forment une famille tirée de la même tribu. Les soldats sont frères. Du jour où moi, leur chef dévoué, j'ai indiqué une voie nouvelle, ils la suivent, convain us que je veux leur intérêt.

— Cependant, — dit Stanislas, — il y a bien certainement dans chaque régiment des émissaires stipendiés par la police.

— Dans mon régiment, il y en a eu et beaucoup. Aujourd'hui il n'y en a plus ou très-peu. Je m'en suis débarrassé.

— Et comment ?

— De la façon la plus facile.

— Me l'expliquerez-vous ?

— Très-volontiers. J'ai songé qu'un espion, par ses dénonciations, se rendait coupable d'homicide au moins trois fois en un mois dans les circonstances actuelles. Au tribunal de ma conscience, j'ai jugé que ces gens-là méritaient plus la mort que les assassins des grandes routes ; j'ai fait exécuter mon jugement.

— Vous avez pris là une grande responsabilité, colonel ?

— Nous vivons en temps de révolution. Dans ces moments-là l'arbitraire règne, les lois ordinaires sont suspendues, chacun a pour règle son honneur. Et, je le jure sur l'honneur ! ces misérables méritaient la mort. Ils l'ont reçue !

— Mais combien en avez-vous trouvé dans vos escadrons ?

— Cent et quelques.

— Oh ! — fit Stanislas en frémissant, — que de sang répandu !

— Enfant ! Songez donc que vingt de mes meilleurs officiers avaient été fusillés à cause de ces infâmes ! Songez donc que des milliers de victimes sont tombées par suite de leurs excitations ; mes cosaques, à cause d'eux, étaient devenus altérés de meurtre. J'ai vengé la société d'abord et j'ai épargné bien des têtes innocentes en retranchant celles-là.

— Quel genre de supplice avez-vous infligé à ces hommes ?

— Voici : J'ai institué un comité de sous-officiers qui instruisent le procès de ceux qu'on soupçonne. Je vois les accusations et je prononce l'arrêt qui est exécuté de différentes façons. Mes gens ont l'esprit inventif. Tantôt c'est un accident, tantôt une rixe, souvent une maladresse, d'autres fois une maladie qui débarrasse le régiment d'un témoin incommode. Tenez, cette nuit même, vous jugerez de l'imagination de mon comité. J'ai condamné un mouchard.—Au même moment on entendit un coup de feu. — C'est fait, — dit le colonel. Stanislas tressaillit. Presque aussitôt un sous-officier accourait et saluait le colonel. — Qu'y a-t-il ? — demanda ce dernier.

— Un soldat vient de commettre un malheur, — dit-il; —en voulant placer une capsule sur son pistolet, le coup a parti et il s'est tué.

— L'imbécile ! — fit le colonel.

— On a trouvé cette lettre sur lui, — ajouta le sous-officier.

— Bien, va ! — dit le colonel. Et il ajouta en s'adressant à Stanislas : — Vous pensez que c'est ce sous-officier qui a exécuté ma sentence, et que le soldat ne s'est pas suicidé ?—Stanislas, malgré lui, ne pouvait surmonter son trouble. — Voyons ! voyons ! — fit le colonel, — lisons cette lettre.

Sous prétexte d'allumer un cigare, le colonel fit flamber une allumette-bougie et il lut :

« *Au directeur de la police de Varsovie :*

» Je soupçonne l'hetman Bataroff de conspirer ; il a
» causé avec un chef insurgé nommé Pierre, qui est
» venu au camp.
» J'ai reconnu ce chef pour l'avoir gardé quand il était
» prisonnier. »

— Qu'en pensez-vous ? — demanda le colonel.— Il n'en faudrait pas plus...

— Pour vous faire fusiller, — termina Stanislas.

— Si ce n'était que cela !—reprit avec feu le colonel.— La mort est peu de chose pour moi et je sacrifierais volontiers ma vie; mais je tiens à seconder la révolution polonaise ; je veux qu'elle réussisse, et, par ma position de colonel, je puis porter un grand coup. Aussi, comte, dans l'intérêt de notre cause, je me défends de mon mieux.

— Avant de vous connaître, — s'écria Stanislas, — j'estimais un homme au-dessus de tous les autres ; mais, maintenant, je vous élève à sa hauteur dans mon admiration.

— Et cet homme, c'est ?...

— Pierre !

— Oh ! le prince !

— Quoi : vous aussi connaissez son rang ?

— Oui. Nous sommes cousins par alliance. Oh ! comte, ne me comparez pas à lui ; je ne crois pas qu'il soit plus amoureux que moi de la liberté et de la patrie, sous ces rapports, nous avons des milliers d'égaux ; mais, comme génie, comme abnégation surhumaine, il me domine de cent coudées. Il vous aime, n'est-ce pas, j'oserai même dire plus : je crois qu'il aime votre sœur. Dieu sait quels orages une passion doit soulever dans sa large poitrine. Eh bien ! cher comte, il vous aurait laissé aller en Sibérie si son devoir ne l'avait pas appelé à Vilna. Heureusement, votre délivrance coïncidait avec un plan de soulèvement dans la Lithuanie.

— Pierre va donc tenter de nous sauver ?

— Certes, oui. Croyez-vous que s'il n'en avait pas trouvé le moyen, je n'essayerais pas de vous délivrer ? Mais le comité m'a ordonné de ne pas me compromettre avant d'avoir reçu des ordres formels, et, puisque Pierre s'occupe de vous, je dors tranquille. Dites-moi donc, vous ne saviez rien de tout cela ?

— Non.

— Et vous ne me questionnez pas, me sachant des vôtres ?

— Non. Un homme comme vous dit à un frère ce qu'il peut dire. Lui adresser une demande serait une indiscrétion, presque une insulte.

— Mon cher comte, vous êtes taillé sur le modèle des héros de Plutarque.

— Je suis à l'école de Pierre ! — fit modestement le jeune homme.

Le colonel rêva quelques instants, puis il reprit :

— Comte, nous allons entrer à Vilna. Observez tout, méfiez-vous de tout, et attendez-vous à voir votre ami.

— J'aurais ce bonheur !

— Et celui bien plus grand de lui devoir la liberté. Je n'en sais pas plus long, par exemple ; mais, à coup sûr, Pierre est à Vilna.

— Quel bien et quel mal vous me faites ; je suis heureux de le savoir si près, désolé des dangers qu'il court.

— Il est habile.

— N'importe, je tremble.

Le colonel voulut détourner la conversation.

— Comte, — demanda-t-il, — si une jeune femme aussi pure que la Vierge, aussi belle qu'une rose blanche, aussi noble de cœur qu'une martyre de notre cause, vous aimait en silence, sauriez-vous gré à un ami de vous en prévenir ?

— Colonel, — dit Stanislas troublé, — je serais reconnaissant ; mais pourquoi cette question ?

— Parce que quelqu'un que vous connaîtrez bientôt vous a voué une chaste et vive tendresse. Je ne puis vous en révéler davantage, j'ai fait un serment. Mais cherchez, ne cherchez pas loin, et vous trouverez. Quand vous aurez deviné, rappelez vous que si cette personne est près de vous, c'est par suite d'un sacrifice héroïque. Comte, nous approchons de Vilna, permettez-moi de vous faire marcher à pied.

Stanislas, ému, ne sachant que penser, prévoyait à demi la vérité ; il descendit de cheval après avoir échangé avec le colonel une de ces poignées de main qui signifient : A la vie et à la mort !

VIII

MOURAWIEW

On entra bientôt dans Vilna ; Vilna, que nous allons trouver sous la domination d'un monstre : Mourawiew !

Que nos lecteurs nous permettent de leur dépeindre le farouche proconsul de la Russie ; ils verront si les plus sanguinaires figures de l'histoire ne pâlissent pas devant celle-là.

Néron, Caligula, Louis XIV, l'homme des dragonnades; Carrier, qui excita la réprobation de Marat, ne sont que des tigres à l'eau de rose auprès de celui-là. Trouvant ses gouverneurs trop faibles, trop cléments, la Russie a envoyé à Varsovie le féroce général Berg, pour stimuler le zèle du grand-duc, fatigué de frapper. A Vilna, la cour de Pétersbourg a placé Mourawiew.

Nous allons mettre sous les yeux de nos lecteurs quelques actes authentiques de cet *assassin légal.*

Voici d'abord Budeslas Kolysko et quelques autres, qui montreront comment Mourawiew faisait juger et exécuter, quant il prenait encore la peine de juger et de garder quelques mesures.

Kolysko, chef du détachement d'insurgés dans le palatinat de Vitebsk, fait prisonnier, a été pendu sur la place de Lukiski.

Voici la troisième victime qui, depuis huit jours a péri dans cette fatale localité destinée à une triste célébrité dans les annales de l'insurrection nationale de Lithuanie. Dans l'exécution de ces sentences sanguinaires, les lois de l'humanité ont été violées aussi bien que celles (déjà si dures) de la domination russe. Ainsi, d'après la législation russe, les jugements militaires devraient avoir lieu publiquement et les accusés devraient être défendus. S'il s'agit d'un ecclésiastique, un délégué clérical devrait assister à l'interrogatoire et à la sentence. Sans tenir compte de ces lois, les jugements ont été rendus dans le plus profond mystère.

Le prisonnier n'a pas pu présenter de défense, le clergé n'a pas été admis à envoyer des délégués pour assister aux débats. Le jugement n'a pas été rendu à la connaissance de l'accusé : on s'est borné à lui envoyer un prêtre une heure avant l'exécution, pour lui donner les dernières consolations de l'Église.

Dans la soirée qui précède le jour fatal, le public apprend, par une vague rumeur qui circule en ville, que le lendemain une condamnation à mort sera exécutée, mais on ignore et le nom de la victime et la cause de son arrestation.

Le lendemain, le tambour bat, on donne lecture de l'arrêt, conçu dans les termes les plus laconiques.

Il est impossible de décrire alors le désespoir et l'indignation du public.

Mourawiew le sait, mais que lui importe ! Il voudrait voir quelques troubles éclater en ville.

Il a environné de pièces d'artillerie le lieu de l'exécution, les mèches sont allumées, les canons sont prêts à foudroyer la ville au moindre signe de résistance.

Une des victimes de la dernière exécution, l'abbé Stanislas Tszora, a été condamné par le conseil de guerre à cinq ans de travaux forcés. Le général Mourawiew a changé arbitrairement cette sentence en une condamnation à mort.

Les détails de l'exécution sont aussi révoltants que les formes de la procédure ont été iniques.

Les soldats chargés de l'exécution de l'abbé Tszora ont fait feu sur lui, attaché à un poteau, à une distance de douze pas.

Le croirait-on ? le condamné n'était pas mort. Une réserve de soldats aurait dû être là pour achever la victime. Nullement, les mêmes soldats ont reçu l'ordre de recharger leurs armes.

A la deuxième décharge, l'abbé a été tué : une pause de cinq minutes avait eu lieu pendant cette double exécution.

Les choses se sont passées de même le 5 juin, lors de l'exécution de l'abbé Raimond Tiemacki et de monsieur Albert Laskowicz ; on ne saurait donc attribuer ces actes de cruauté raffinée au hasard ; il est naturel de supposer que des instructions formelles sont données.

L'exécution de monsieur Kolysko, qui vient d'avoir lieu, porte le même caractère de cruauté préméditée.

La corde a été placée autour du cou du condamné, au pied du gibet, et on l'a hissé avec une attention marquée.

Tout à coup, lorsque le condamné a eu atteint une certaine hauteur, on l'a laissé tomber brusquement, comme par accident, au milieu des vociférations et des trépignements des soldats qui entouraient l'échafaud et des grognements de la multitude.

A demi mort, le malheureux jeune homme a été laissé sur place pendant plus de dix minutes. On a mis fin à ses souffrances et son corps est resté exposé au gibet jusqu'au soir.

Voici encore des détails sur les victimes des dernières exécutions. D'après la législation russe, un prêtre ne peut être puni qu'après une sentence du tribunal ecclésiastique qui lui enlève son caractère sacerdotal.

Les autorités ecclésiastiques n'ont reçu aucun avis au sujet du procès de l'abbé Tszora ; aucune des formalités nécessaires n'a été remplie.

L'abbé Tszora était vicaire de la paroisse de Tolsedek, dans le district de Lida. Il était accusé d'avoir promulgué le manifeste du gouvernement national donnant aux gens de la campagne le droit de propriété ; il avait quitté le camp des insurgés et il s'était livré aux Russes afin de sauver son curé, accusé lui-même d'avoir pris part à la publication du manifeste ; il n'a pu être pris les armes à la main, puisqu'il s'est livré volontairement le 1er mai. Aux termes du décret d'amnistie, il ne devait pas être appelé devant la justice. Il avait vingt-neuf ans, l'abbé Tiemacki, soixante, et Laskowicz seulement vingt-deux ans.

Après l'exécution, l'abbé Tszora a été dépouillé de ses vêtements (il était en robe), son corps a été jeté dans un trou creusé au bas du gibet et rempli de chaux.

Un escadron de dragons a passé sur cette tombe afin qu'il n'en restât pas vestige.

Voici maintenant comment Mourawiew se plaît à jouer avec ses victimes, comme le chat avec la souris.

Madame M..., propriétaire des environs de Vilna, lui écrivit un jour une supplique, pour le prier de daigner revoir encore le dossier de son mari, condamné injustement par l'ancien gouverneur Narimow, pour délit politique, à six ans d'internement dans un gouvernement éloigné de l'empire.

Mourawiew l'écouta très-poliment et lui promit de lui faire connaître le résultat. En effet, madame M... était informée, le 8 juin, que son mari était condamné à être fusillé. Le 10 juin, cette sentence était exécutée.

Mourawiew avait donné l'ordre d'arracher les vêtements de deuil aux femmes dans les rues de Vilna.

Les soldats ont exécuté ses ordres de la façon la plus brutale, en distribuant des coups de crosse et des coups de poing.

Il en est résulté un rassemblement considérable de la population, qui s'est précipitée sur la soldatesque, et a soustrait de ses mains une malheureuse victime.

Les soldats ont alors chargé à la baïonnette la foule désarmée ; quarante personnes ont été ainsi assassinées.

La citadelle de Vilna est remplie de prisonniers.

Chaque prisonnier, sans distinction d'âge et sans égards pour l'état de sa santé, ne reçoit pour toute nourriture que deux livres de pain et un litre d'eau par jour.

Non content de tyranniser les hommes, Mourawiew s'est fait le bourreau de femmes.

Il y a dans les cachots de la citadelle de Vilna une foule de femmes emprisonnées pour leur dévouement ; plusieurs d'entre elles (et je citerai dans le nombre mademoiselle Marie Lapasinki, appartenant à une famille du district de Lida) ont été trouvées asphyxiées dans leur cellule.

Beaucoup d'autres sont mortes en prison par l'effet de la terreur, du désespoir ou des mauvais traitements.

Beaucoup de paysans commencent à profiter de la permission tacite du pillage que leur donne la dernière circulaire de Mourawiew.

La soldatesque maltraite la noblesse.

Un propriétaire noble, monsieur Sulistrowski, a réussi par miracle à échapper à ses bourreaux.

Son régisseur et le curé de ses domaines ont reçu chacun cent coups de verges.

Un autre propriétaire, monsieur Kiersnowski, n'a dû son salut qu'à l'attitude énergique de ses paysans.

Parmi les personnes emprisonnées depuis quelque temps dans la citadelle de Vilna, beaucoup ont disparu sans qu'on sache ce qu'elles sont devenues.

Les églises sont cernées pendant les cérémonies religieuses par la police et la soldatesque, qui sont chargées de veiller sur les dames qui sortent.

Dans ces occasions, le moindre signe de deuil ou tout autre prétexte suffit pour donner lieu à des actes de violence et même à de nouvelles profanations de la maison de Dieu.

Pour empêcher la population d'aller vénérer la sépulture des nouveaux martyrs, Mourawiew a fait couvrir d'immondices la terre qui recouvre les corps de ses dernières victimes.

Les prêtres exécutés à Vilna n'ont pas été dépouillés préalablement de leurs ordres sacerdotaux, et il en a été de même à Varsovie pour l'abbé Konarski.

Une amende de vingt-cinq roubles est infligée aux femmes qui seront arrêtées vêtues de deuil ; en cas de récidive on payera cinquante roubles ; à la troisième fois les récalcitrantes seront jugées comme des « personnes prenant part à l'insurrection. »

Les agents russes arrêtent dans les rues les femmes vêtues de deuil, les jettent de force en voiture, et les conduisent au bureau de police, où elles sont menacées et brutalement insultées.

Les plus riches payent l'amende, mais une vingtaine de pauvres femmes qui ne pouvaient payer ont été fouettées. Quelques unes ont reçu jusqu'à cent coups de knout ; la plupart de ces malheureuses créatures nageaient dans le sang et se sont évanouies.

Tel est Mourawiew.

D'après ces actes on peut juger l'homme. Si jamais il échappait à la vengeance du peuple de Vilna, qu'il ne mette jamais les pieds à Paris !

Nos faubouriens le fustigeraient comme Haynau l'Autrichien fut fustigé par les brasseurs anglais.

Le misérable sent bien que la colère de la population le menace.

Si Mourawiew remplit les prisons de notabilités polonaises, il est, de son côté, tenu prisonnier parmi les Polonais.

Depuis le jour de son arrivée à Vilna, le féroce proconsul n'est pas sorti une seule fois de son palais, autour duquel veille jour et nuit une garde nombreuse.

Son médecin soumet à l'action des réactifs chimiques tous les aliments servis à sa table.

Lorsque le 2ᵉ régiment de cosaques arriva à Vilna, Mourawiew osa se montrer en présence du public entouré d'une nombreuse escorte et couvert d'une cotte de mailles.

Trois mille hommes d'infanterie étaient échelonnés le long des rues de la ville ; dix mille, massés sur les places, contenaient toute tentative de manifestation.

Mourawiew méditait une exécution et voulait atterrer la population ainsi que l'armée.

Il était quatre heures du matin environ quand le colonel Bataroff déboucha sur la place d'armes, en face du farouche gouverneur.

Toute la place était éclairée aux flambeaux, et la face de tigre du terrible proconsul se profilait d'une façon saisissante au milieu de l'éclat sinistre des lumières.

L'hetman Bataroff, se détachant de son régiment, vint s'incliner devant son supérieur.

— Colonel, — lui dit Mourawiew, — montrez-moi donc, je vous prie, vos pistolets ? je crois qu'ils ne sont pas d'ordonnance.

— Ce sont des revolvers, — répondit l'hetman ; — voyez, mon général.

— Le règlement n'a pas adopté ce genre d'armes à feu, — dit Mourawiew en prenant les pistolets. — Et votre épée, — ajouta-t-il, — passez-la moi donc, elle est ornée de pierres fines, ce me semble ?

— Mon Dieu ! oui, général, — fit encore l'hetman ; — la poignée est garnie d'émeraudes.

Et il tendit aussi son épée.

Deux aides de camp s'étaient approchés de l'hetman.

— Vous voilà désarmé, traître ! — s'écria alors le gouverneur d'une voix tonnante. — Vous serez bientôt jugé et exécuté ; tous vos pareils périront ainsi, dussé-je changer la Lithuanie en une mer de sang !

L'hetman fut aussitôt saisi par les aides de camp du général, qui le livrèrent à des dragons.

Le malheureux colonel n'eut pas le temps de faire la moindre résistance ; ses cosaques, en le voyant arrêter, eurent un moment la pensée de le délivrer ; mais deux bataillons les couchèrent en joue, et pas un ne broncha.

Mourawiew les fit ranger en bataille et les inspecta ; il fit ensuite lire une proclamation où il déclarait que tout déserteur serait pendu, que toute communication avec les rebelles serait punie de mort ; il promit de l'avancement à ceux qui dénonceraient les mauvais serviteurs du czar, et il fit sortir des rangs les vingt sous-officiers qui composaient le comité de l'hetman Bataroff.

Vingt potences étaient dressées sur la place ; il les y fit accrocher sans autre forme de procès.

Toute l'armée frémissait de terreur. Elle dut défiler, musique en tête, devant les suppliciés qui s'agitaient dans l'air avec la frénésie d'une longue agonie.

— Mes camarades, — dit Mourawiew à ses soldats, quand ils rentrèrent dans leur caserne, — vous devez être contents, je vous ai fait assister à une danse agréable, celle des pendus !

Le mot est digne de Caligula ou de Charles IX. Il a la cruauté spirituelle, cet atroce misérable ! Parent d'un patriote pendu par ordre de Nicolas à la suite d'une révolte, il fut questionné à ce sujet : « Monsieur, » répondit-il au curieux, « le Mourawew dont vous parlez est de la branche que l'on pend ; moi, je suis de la branche qui pend les autres ! »

IX

LE TIGRE ET LE LYNX.

Après cette exécution, le gouverneur rentra chez lui ; il donna aussitôt un ordre à un laquais.

Quelques minutes plus tard, un homme vêtu du costume des paysans lithuaniens entra dans son cabinet. Cet homme, grêle, contrefait, bossu, n'était autre que Paulo.

— Eh bien ! monseigneur, — demanda-t-il avec assurance, — avais-je menti ?

— Attends que je t'interroge, drôle ! — s'écria Mourawiew.

— Cependant...

— Silence ! Tu es bien audacieux !

— Monseigneur, — reprit intrépidement le bossu, — sachez bien que je ne suis ni un serf, ni un lâche ! Je suis venu librement à vous, je vous ai rendu un grand service en vous dénonçant une conspiration dont vous ne vous doutiez pas. Vous avez craint que je ne fusse un émissaire polonais, que le complot révélé par moi n'existât point, enfin vous m'avez soupçonné. Or, j'ai vu à travers les barreaux de ma fenêtre que vous faisiez pendre vingt hommes. Il est donc certain que la conspiration était réelle.

— Niais, va ! — fit Mourawiew.

— Pourquoi ?

— Tu te figures, parce que je sacrifie quelques hommes, que je crois à leur culpabilité. Tu te trompes.

— Pourtant...

— Tu te trompes, te dis-je ! Je voulais depuis dix jours faire un exemple et ôter l'envie de trahir à mes soldats. Je cherchais un prétexte pour accrocher à une potence quelques hommes accusés de trahison. Tu entends, je dis accusés ! Que ce soit à tort ou à raison, peu m'importe. Tu es venu, tu as parlé, tu es le prétexte. Tout à l'heure au procès de l'hetman Bataroff, vrai ou faux, ton témoignage suffira pour justifier la rigueur que je viens de montrer. Mais ce n'est pas tout : les simples soldats sont avertis de ce qui les attend en cas de révolte ; mais les hauts officiers peuvent se croire à l'abri de mes coups. Il me faut donc leur jeter au visage le sang de

Bataroff, un grand seigneur ; ceux qui ont un pied dans le sentier de la révolte reculeront d'effroi.

— Je dirai ce que j'ai vu, — dit le bossu avec un peu d'effroi.

— Tu ajouteras ce que tu n'as pas vu ; tâche d'inventer des crimes inouïs, quelque chose de révoltant. Dis, par exemple, qu'il a fait manger aux sous-officiers de son comité les cœurs des espions par eux massacrés. Sois inventif, enfin. Tu as l'air d'avoir l'imagination vive. — Le bossu avait les yeux fixés sur son interlocuteur et il ne pouvait les en détacher. Ce tigre altéré de sang, implacable, sans foi, sans loi, le dépassait de cent coudées dans les profondeurs du crime : il se sentait petit devant ce monstre. Le général s'en aperçut ; il eut un sourire semblable à un rictus de bête fauve. — Eh ! eh ! — dit-il, — tu as peur de moi, drôle !

— Général, vous voyez devant vous un homme qui croyait avoir étouffé dans son cœur tout sentiment de pitié ; mais je suis un agneau auprès de vous.

— Flatteur ! — fit Mourawiew, ravi de ce compliment odieux.

— Oui, — reprit le bossu, — vous marchez dans le vice bien plus carrément que moi ; je dis vice pour employer un mot selon moi ridicule et emprunté au vocabulaire des niais.

— Bien ! — fit Mourawiew. — Continue.

— Je reprends. Tel que vous êtes, vous m'allez, monseigneur ; je vois en vous un chef digne d'être obéi fidèlement par Paulo, votre serviteur. Seulement, tout en vous reconnaissant comme mon supérieur, je sais que je vaux quelque chose.

— Peuh ! Tu crois, tu crois ! — fit Mourawiew en faisant claquer ses doigts.

— Oui. Et vous en jugerez. Je vous prouverai que, malgré la distance qui nous sépare, vous trouverez encore difficilement un acolyte capable de me remplacer. Que voulez-vous ? tout le monde ne peut pas être un Mourawiew, vous êtes si grand !

— En somme, j'ai dix mille soldats qui ne reculeraient devant aucune mission, pas plus que toi.

— Ces soldats sont des bras. Fi ! monseigneur, de me comparer à des brutes. Je suis une tête, moi !

— Résume-toi. Voyons, où veux-tu en venir ?

— D'abord, général, je désire être bien payé... environ dix mille francs par mois ; ensuite je demande à être traité avec des égards ; enfin je mets comme condition sine quâ non de mes services que si le colonel Pierre, des zouaves de la mort, est jamais pris, il sera pendu.

— Cette dernière condition est des plus faciles à exécuter, parce que tout rebelle qui tombe entre nos mains est un homme mort. Quant aux deux autres, mon cher monsieur Paulo, elles sont d'autant plus exorbitantes que je vous tiens dans ma main.

— Vous ne devez pas compter sur moi, alors ?

— Niais, tu te refuserais de témoigner contre Bataroff ! Mais songe donc que je trouverai gratis mille témoins si je veux, dix mille, vingt mille... et toi tu périras sous le knout.

— Monseigneur, nous ne nous comprenons point, je le vois. Vous supposez que pour une déposition j'exige une récompense : vous vous trompez. Je donne ça par-dessus le marché que je vous propose.

— Explique-toi donc ?

— Voilà, monseigneur : En vous proposant mes services, je voulais dire me dévouer corps et âme à vous. Tenez, voici une de mes idées ; écraser les Lithuaniens, l'armée restant spectatrice, le fusil au bras.

— Oh ! oh ! — fit Mourawiew.

— Oui, oui, monseigneur. Voici le plan : Les seigneurs ont la terre, décrétez qu'elle appartient aux paysans qui combattront pour les Russes. Décrétez aussi que les paysans ont le droit de saccager, piller et brûler les châteaux des nobles. Formez des compagnies de milice qui devront surveiller les seigneurs, et qui tout naturellement les massacreront pour s'emparer de leurs richesses, de leurs fortunes et de leurs femmes. Faites cela, et vous aurez demain une force immense à votre service, une force qui vaincra.

— Oh ! oh ! — fit à son tour Mourawiew surpris ; — tu es fort, mon ami.

— Vous commencez à me rendre justice et à voir en moi plus qu'un instrument.

— Oui. Mais l'heure du jugement approche ; nous reprendrons cette conversation.

— Merci, monseigneur. N'oubliez pas que j'aurai une petite faveur à vous demander ?

— Laquelle ?

— Une jeune fille est destinée à partir pour la Sibérie dans le convoi qui vient d'arriver, je la voudrais posséder.

— On verra, — fit Mourawiew. — Elle se nomme ?

— Alexandra Volaska.

— Une comtesse ! Vous n'êtes pas dégoûté, monsieur Paulo ; toutefois, nous en reparlerons après l'audience du conseil de guerre.

X

LES AGENTS PROVOCATEURS.

La nouvelle de l'arrestation du colonel Bataroff se répandit rapidement dans Vilna ; malgré les espions, on en parlait de tous côtés.

Les cafés étaient remplis de bourgeois, les cabarets pleins d'ouvriers, les cantines encombrées de soldats, qui tous discutaient sur l'événement du jour.

Tout le monde, du reste, même les militaires, s'accordait à blâmer le gouverneur.

Des émissaires mystérieux glissaient partout des mots aux magiques ; ils parlaient aux bourgeois de franchises à reconquérir, aux ouvriers de liberté à obtenir, aux soldats d'avancement sous un régime d'égalité, à tous de nationalité.

Et ceux qui prêchaient ainsi et à demi-voix la révolte étaient des habitants de Vilna, des amis, des parents de ceux auxquels ils s'adressaient.

Ils n'excitaient point la défiance comme des étrangers, ils couraient moins de dangers aussi, car ils connaissaient leur entourage et mesuraient leurs paroles selon les hommes auxquels ils parlaient.

Tous ces agents étaient des affiliés de la société secrète fondée par le vieux Nadieff ; l'ordre d'agir venait de leur être expédié, et ils avaient déjà obtenu d'immenses résultats.

Dans un cercle militaire où se réunissaient les officiers russes, on discutait vivement sur la condamnation du colonel Bataroff.

L'armée se sentait atteinte au cœur ; les officiers étaient mécontents.

Par ordre de Mourawiew, ils avaient dû se réunir autour d'un bol de punch gigantesque ; l'objet officiel de cette réunion était de forcer l'état-major des régiments à affecter une joie de commande à propos de l'arrestation du traître Bataroff.

Les officiers, qui plaignaient l'hetman, étaient de fort mauvaise humeur ; aucun ne manqua au rendez-vous, mais presque tous fronçaient le sourcil ou mordillaient leurs moustaches en face du punch qui flambait sur une immense table au milieu d'un vaste salon. Au fond de tous les cœurs grondait un orage, qui n'attendait qu'une occasion pour éclater.

Mourawiew savait que ses officiers accueilleraient fort mal l'arrestation du colonel ; il tenait à compromettre les plus exaltés afin de s'en débarrasser.

Il avait parmi les capitaines deux hommes capables de jouer le rôle d'agents provocateurs ; il leur donna la mission de déblatérer contre lui, afin d'exciter les mécontents à formuler leurs plaintes.

Les deux capitaines étaient au milieu de leurs camarades, plus sombres qu'eux en apparence.

Le punch s'éteignit ; le moment de boire était arrivé, on s'assit. Mais voilà que deux officiers étrangers à la garnison entrèrent dans le salon ; ils portaient le costume d'un régiment de la garde impériale, et l'un d'eux tenait une lettre à la main. Il la remit au président du cercle, après avoir salué l'assemblée.

— Messieurs, — dit le président, — je vous présente monsieur le comte Petroski et monsieur le baron Bidouskoff, tous deux capitaines au 2ᵉ régiment de grenadiers de Sa Majesté le czar. Ces messieurs se rendent à Varsovie en mission ; ils attendent le convoi à Vilna et ils ont voulu prendre part à notre fête de famille. L'aide de camp de notre gouverneur me recommande ces messieurs.

Les officiers s'inclinèrent, ainsi que les nouveaux arrivés, qui, libres de leur choix, s'assirent en face des agents provocateurs, inconnus bien entendu à leurs collègues.

Le comte Petroski, un grand et beau jeune homme qui paraissait avoir trente ans, se leva quand son verre fut plein :

— Messieurs, — dit-il en français, langue en usage dans la bonne société russe, — nous sommes tous les fidèles sujets du czar ; je propose de boire à sa santé et à la honte du traître qui va mourir. — La plupart des officiers se levèrent, mais les capitaines chargés d'amener une explosion restèrent assis en murmurant. — Messieurs, — leur demanda le comte Petroski, n'aimez-vous donc pas notre père bien-aimé le czar de toutes les Russies ?

— Pardon, — répondit un capitaine, — nous vénérons notre empereur, mais nous ne pouvons nous associer à la seconde partie de votre toast.

— Et pourquoi, s'il vous plaît ?

— Parce que le colonel Bataroff est plus à plaindre qu'à punir. Il s'est laissé entraîner. Après tout il est Cosaque et non Russe ; il est plus excusable.

Il se fit un grand silence.

Le comte Petroski, furieux, toisa les deux capitaines d'un air méprisant.

— Vous êtes de mauvais patriotes et des lâches ! — leur cria-t-il.

— Sang et tonnerre ! mon ami a raison, — s'écria à son tour le baron Bidouskoff, qui dressa sur ses jambes nerveuses, sa petite mais agile personne.

Les deux capitaines de la garde, au milieu de la stupéfaction, reprirent :

— Oui, tout officier qui approuve la trahison est un infâme. Quand on sert un drapeau on doit lui rester fidèle, ou l'on n'a pas de cœur.

— Vous êtes bien exaltés, messieurs ! — firent les agents provocateurs en examinant tous les officiers présents, et les appelant de l'œil à appuyer leur conduite.

Mais personne ne bougea.

Les capitaines de la garde continuèrent :

— Oui, nous sommes exaltés. Nous vous le disons en face : ceux qui sont de votre avis méritent d'être pendus, et, pour notre part, si vous vous jugiez capables de répondre à un soufflet, nous vous le donnerions.

Les agents provocateurs étaient fort embarrassés ; un duel était imminent. Pour leur honneur, ils durent faire bonne contenance, tout en étant furieux de se battre contre des hommes qui semblaient aussi dévoués qu'eux-mêmes à la cause russe.

— Assez d'insultes ! — dirent-ils à leur tour, — nous sommes prêts à vider demain l'affaire sur le terrain.

Ils espéraient que le lendemain matin le gouverneur arrangerait l'affaire ; mais le comte Petroski leur dit avec un sourire écrasant :

— Demain, dans une semblable circonstance, est le mot des poltrons ; nous allons partir par le convoi prochain, ainsi qu'on vous l'a annoncé ; si donc vous avez du sang dans les veines, allons nous battre de suite.

Et comme les agents provocateurs hésitaient, le baron Bidouskoff bondit sur l'un d'eux et le souffleta vigoureusement.

Après quoi il s'écria :

— Voilà qui vous décidera, je pense !

Il était impossible de reculer ; il y eut un moment de tumulte parmi les officiers, qui étaient restés neutres jusqu'alors.

Les uns prirent parti pour leurs camarades, les autres pour les nouveaux arrivés ; parmi ces derniers, le baron Bidouskoff prit un témoin, son ami un autre ; parmi leurs partisans, les agents provocateurs choisirent leurs seconds. On se dirigea vers les fossés des fortifications, où avaient lieu ordinairement les exécutions militaires.

Arrivés là, les adversaires mirent habit bas, tirèrent leurs épées, et le duel s'engagea. Les quatre témoins regardaient, les bras croisés.

— Monsieur, — dit le comte Petroski à son adversaire, — vous allez mourir, parce que vous êtes un misérable, un espion, un infâme ! Je suis le colonel Pierre, des zouaves de la mort ; votre témoin et le mien sont deux de mes intimes amis. Toutefois, je vous déclare que vous serez tué loyalement.

— Sandious ! — criait le baron Bidouskoff à son ennemi, — tu es flambé, canaille ! Je suis le commandant Bidou, des faucheurs de la mort ; ton témoin et le mien sont des affiliés à notre société secrète. Néanmoins, je t'éventrerai dans les formes voulues par l'honneur.

Les témoins avaient le sourire aux lèvres ; les agents provocateurs étaient pâles comme des trépassés.

Les fers se croisèrent. A la deuxième passe, un des misérables espions tomba, l'épée de Pierre lui avait traversé le cœur ; une minute plus tard, Bidou trouait la poitrine de l'autre capitaine.

Alors Pierre salua les officiers, et, prenant la main de l'un d'eux, il lui dit :

— Mon cher, vous êtes chargé de l'exécution du colonel Bataroff ; suivez mes instructions de point en point, et tout sera pour le mieux.

— Soyez tranquille, — répondit l'officier.

Et Pierre se retira avec Bidou.

Le conseil de guerre annoncé par Mouraview eut lieu en effet.

Le bossu fit si bien que l'hetman fut condamné ; du reste, en face de juges prévenus, le résultat eût été le même avec un témoin impartial.

Une circonstance malheureuse, c'est que la famille de l'hetman l'attendait à Vilna. Ses parents apprirent avant lui sa condamnation, qu'on lui laissa ignorer jusqu'au dernier moment. L'exécution devait être immédiate dans les fossés des remparts.

Le colonel marcha à la mort, calme et résigné, pour la liberté de sa patrie.

Ce fils chéri de la Livonie polonaise, ferme et courageux devant sa tombe, écouta impassible, pendant un quart d'heure, la lecture de l'acte de sa condamnation à mort ; puis il fit une prière en recommandant son âme à Dieu, et il embrassa son confesseur. Ensuite il s'enveloppa lui-même de son linceul, et il fut mené par ses bourreaux avec les yeux bandés.

Rien ne trahissait dans la démarche de cette noble victime de la barbarie moscovite la moindre appréhension de la mort.

Cent hommes étaient commandés pour l'exécution... A leur tête marchait le capitaine auquel Pierre avait parlé la veille ; il regarda avec tristesse le malheureux hetman qui ne pouvait le voir ; il fit avancer dix hommes, leur distribua des cartouches et leur commanda la charge, puis le feu.

Le colonel tomba en poussant un cri. Aussitôt trois soldats le prirent et le placèrent dans un cercueil ; le cercueil fut descendu dans une fosse et couvert de terre, puis gardé par une sentinelle...

Un poste de vingt soldats russes surveillaient cette tombe vénérée ; ils furent renforcés à minuit. A une heure passaient deux chariots : l'un contenait le poteau auprès duquel le noble fusillé avait reçu la mort ; l'autre transportait dans la forteresse le corps de la victime.

Le lendemain matin, dans une église, se trouvaient réunies les sœurs désolées de l'assassiné, sa famille et ses amis, réfugiés auprès des autels et offrant leur immense douleur au Dieu des miséricordes.

La noble mère de l'hetman, voyant son entourage fondre en larmes, le consolait en disant : « Ne pleurez pas, » mes chers amis, vous voyez bien que je ne pleure pas. » J'aurais eu des larmes si mon enfant chéri avait eu » peur de la condamnation moscovite ; je suis allée au- » jourd'hui le bénir, j'ai prié Dieu pour lui et avec lui. » C'est la foi dans la sainteté de la cause polonaise qui peut seule inspirer une persévérance et un courage aussi héroïque. Une nation qui produit de tels caractères ne peut mourir dans les chaînes moscovites.

Mais voilà que tout à coup un cri terrible retentit dans l'église. Le colonel Bataroff sortit de la sacristie et apparut pâle et défait devant les assistants épouvantés...

XI

LE MIRACLE.

L'apparition du colonel Baratoff avait lieu dans des conditions bien faites pour impressionner vivement les assistants.

L'église était remplie de patriotes, de femmes et d'enfants, qui assistaient au service mortuaire que l'on célébrait pour lui, malgré la défense de Mourawiew.

Les murs étaient tendus de draperies noires ; un catafalque était érigé au milieu du chœur ; la mère et les sœurs de la victime, enveloppées de vêtements de deuil, entouraient le funèbre monument, les cierges, brûlant au milieu des sombres reflets des tentures mortuaires, ne répandaient qu'une lumière terne et incertaine. A voir ces flambeaux aux pâles et vacillants rayons ; à voir les assistants, cloués par la douleur aux dalles de l'église, muets comme des trépassés, blancs comme des linceuls, on eût dit une assemblée d'outre-tombe sur laquelle de torches fantastiques jetaient des clartés sinistres et fugitives.

Au milieu d'un silence glacial, des vibrations sourdes descendirent du haut de l'orgue et firent tressaillir tous les échos de la nef ; il sembla que les pores de chaque pierre frissonnaient en exhalant une plainte vague presque insaisissable, mais profondément triste.

Puis tout à coup les cent voix sonores du royal instrument mugirent le *Dies iræ*, ce chant terrible, qui fit trembler l'église depuis le sommet des voûtes jusqu'au fond des cryptes.

Les assistants ne purent se défendre d'une impression de terreur ; les notes puissantes de cette harmonie lugubre font résonner dans les âmes toutes les cordes de l'effroi.

Mais voilà qu'au milieu du chœur apparut soudain celui que l'on pleurait ; l'hetman Baratoff avait soulevé la pierre tumulaire, encore mal affermie, qui couvrait le cercueil, et, malgré les gardes, il venait, comme le Christ à ses apôtres, parler aux fidèles patriotes pour affermir leur foi.

Il y eut d'abord un mouvement d'épouvante, la peur prit tous les assistants à la gorge et les jeta face contre terre.

Mais la mère de l'hetman se leva, et, sans songer à s'expliquer le miracle, elle courut à son fils pour l'embrasser, mort ou vivant, fantôme ou réalité.

Dans ses élans sublimes, l'amour maternel ne raisonne pas !

Quand les assistants relevèrent la tête, ils virent la noble dame et son fils dans les bras l'un de l'autre...

L'hetman, silencieux, solennel, l'œil fixe au milieu de sa figure de marbre, prit la main de sa mère, la conduisit à sa place et lui fit signe de prier. Puis il s'avança vers la foule et sortit du chœur, se dirigeant vers la porte.

Devant ce ressuscité, la multitude s'enfuit, ne pouvant maîtriser son trouble, et par les rues elle cria :

— L'hetman Bataroff ! l'hetman Bataroff...

Le colonel, à la porte de l'église, avait trouvé deux cavaliers couverts de manteaux noirs ; ils lui avaient présenté un coursier superbe sur lequel il était monté.

Tous trois ils se mirent à traverser Vilna lentement, précédés du peuple effaré qui criait toujours :

— Voilà le ressuscité !

Et tout le monde accourait voir le miracle de ses yeux, et chacun faisait un signe de croix, se jetant à genoux quand le cortége approchait.

Le colonel Bataroff s'avançait le premier ; il ressemblait à l'ange de la mort monté sur le coursier de l'Apocalypse...

Son cheval, de sa crinière et de sa queue flottantes, balayait le sol... Les deux cavaliers d'escorte avaient des montures étranges, enveloppées jusqu'à mi-jambes d'une espèce de linceul blanc semé de flammes rouges.

Ils portaient une bannière aux couleurs nationales, sur laquelle était écrit :

DE PAR DIEU ET LA PATRIE, LITHUANIENS, AUX ARMES !

Puis au bas :

MORT A MOURAWIEW !... GUERRE AUX TYRANS !

Le cortége passa devant des postes de cosaques et d'infanterie russe ; pas un soldat n'osa s'avancer ; tous mettaient un genou à terre ou s'enfuyaient. Et la foule grossissait toujours. La frayeur exerce une fascination magnétique. Quand l'hetman Bataroff parvint à la porte de Vilna, il était accompagné d'une population innombrable.

La porte était gardée par trois compagnies, sous les ordres d'un commandant, qui, entendant des clameurs, fit sortir tout son monde et le rangea en bataille après avoir fait charger les armes. Trois ou quatre fantassins qui se sauvaient vinrent à passer devant lui ; il les fit arrêter.

— Qu'y a-t-il ? et pourquoi vous sauvez-vous ? — leur demanda-t-il.

— Il vient ! il vient ! — crièrent les soldats dont les dents s'entre-choquèrent.

— Qui ? — demanda le commandant.

— Lui !

— Parlerez-vous ? — gronda le commandant.

— Le voilà ! — firent les soldats en se débattant avec rage pour échapper aux bras de ceux qui les retenaient.

— Mille tonnerres ! expliquez-vous, ou bien je vous fais...

Le commandant n'acheva pas. Il avait reconnu Bataroff qui venait à lui. Déjà les armes tombaient des mains de ses soldats, et dans les siennes son épée trembla. C'était bien Bataroff, avec la tenue qu'il avait au moment où on l'allait fusiller ; c'était bien ainsi qu'il avait défilé devant toute la garnison... Du reste, le commandant le connaissait particulièrement, ayant servi sous ses ordres comme sous-lieutenant ; il ne pouvait douter. Et pourtant on avait vu tomber Bataroff ; on avait vu des soldats le descendre dans la tombe ; un poste nombreux le gardait. Et voilà qu'il chevauchait dans la ville.

Le commandant ne put dire un seul mot à ses soldats. Instinctivement il baissa son épée quand l'hetman passa devant lui ; le ressuscité lui rendit son salut.

Arrivé sous la voûte, l'un des cavaliers d'escorte se retourna, faisant signe au peuple de ne pas aller plus loin. Le peuple s'arrêta. L'autre cavalier s'avança vers le poste, se dressa sur ses étriers, prit le drapeau russe qui flottait au dessus de l'écusson de la ville et le remplaça par une de ses bannières. Nul ne s'opposa à cet acte.

Il rejoignit ses compagnons, emportant le drapeau. Tous

trois enfoncèrent leurs éperons dans le flanc des coursiers et l'apparition disparut.

Et maintenant que nous avons raconté l'étrange événement qui mettait alors Vilna en émoi, nous allons expliquer le miracle.

Pierre était parti de Varsovie muni des signes de reconnaissance de la société secrète fondée par Nadieff. Il avait en outre un plein pouvoir du comité national polonais ; nous avons cité des pièces authentiques prouvant l'immense pouvoir de ce comité.

Pierre, par son intermédiaire, s'était fait remettre un ordre d'une prétendue mission secrète, qui lui permettait de circuler partout avec Bidou. Muni de lettres de recommandation, il obtenait ce qu'il voulait des Russes ; muni du pouvoir occulte de Nadieff, il faisait agir les *adeptes* à sa volonté.

Il s'était présenté au cercle des officiers, comme nous l'avons vu, avec son ami transformé en baron de Bidouskoff ; ils avaient, à eux deux, tué en duel des agents provocateurs, et enfin Pierre avait fait des recommandations à l'un des témoins, lequel était un *initié*, ainsi que ses camarades.

Or, voici en quoi consistaient ces instructions :

1° Grâce à un colonel d'état-major affilié à la secte de Nadieff, ce capitaine et sa compagnie devaient être désignés pour l'exécution ;

2° Le capitaine devait prendre dans sa compagnie quatorze initiés pour faire semblant de fusiller l'hetman Bataroff ;

3° Le docteur chargé de vérifier la mort, étant initié aussi, constaterait que l'hetman avait cessé de vivre ;

4° Les soldats tireraient en l'air ;

5° Le colonel d'état-major avait ordre de faire creuser la fosse par des ouvriers affiliés, au-dessus d'un fourneau de mine établi sous le fossé des remparts et correspondant à la contrescarpe ; une communication devait être faite entre la contrescarpe et la campagne.

Toute la nuit fut consacrée à ces préparatifs.

L'hetman fut prévenu par Bidou, déguisé en prêtre, de ce qu'on faisait pour lui ; il se prêta à la comédie qui allait se jouer.

Au jour de l'exécution, il fit semblant de tomber sous les balles. Les soldats, tous initiés, exécutèrent les ordres de leur capitaine ; ils placèrent dans le cercueil l'hetman sain et sauf, et le descendirent dans la fosse, qu'ils couvrirent de terre. Mais à peine l'hetman était-il au fond du trou, que quelques coups de pioche firent tomber la couche de terre qui retenait le cercueil au-dessus du fourneau de mine. Bientôt l'hetman fut délivré. Il se trouva entouré par Pierre, Bidou et plusieurs habitants de Vilna.

Le temps pressait ; on donna peu d'explications au colonel. On voulait frapper un grand coup, terrifier les Russes superstitieux, aviver le courage des Lithuaniens, remuer profondément tous les esprits. Pierre savait combien les prodiges agissent sur les foules. Il inventa la scène que nous avons décrite, et l'hetman était trop brave pour reculer devant le danger. Il vint donc se présenter à l'église, et nous avons vu quel effet son apparition produisit...

XI

LE CAMP.

Le colonel Bataroff et ses compagnons galopèrent pendant une demi-heure, puis ils ralentirent leur course.

— Cap-de-diou ! — dit l'un des cavaliers (c'était Bidou), — cache donc ce drapeau, Tête-de-Pioche ; si des Russes nous rencontraient, ils pourraient nous faire un mauvais parti.

Et puis il est temps de débarrasser nos montures de leur caparaçons.

— Mon commandant, — répondit Tête-de-Pioche, — m'est avis que nous pouvons aussi jeter nos manteaux noirs.

— Tu as raison, — fit Bidou.

Et tous deux ils mirent pied à terre.

— Descendez-vous, colonel ? — demandèrent-ils à l'hetman.

— Pourquoi, mes amis ?

— Pour endosser un habit bourgeois.

— Est-ce donc nécessaire ?

— Sans doute, un déguisement est de rigueur pour échapper aux recherches.

Le colonel sauta sur le sol.

— Voilà ! — fit Tête-de-Pioche, en prenant sur sa selle un paquet et en le tendant au colonel.

— Merci ! — fit ce dernier.

Et il s'habilla au plus vite.

Tête-de-Pioche tira son sabre, et, avec la lame, se mit à creuser la terre.

— Que diable fais-tu ? — demanda Bidou à l'ex-carrier.

— Un trou, mon commandant.

— Dans quel but ?

— Je veux enterrer l'uniforme du colonel et notre défroque de revenants ; cela pourrait nous trahir.

— Milla-diou ! ce Tête-de-Pioche a des idées superbes ! — s'écria Bidou.

Le commandant jeta dans le trou l'uniforme, ainsi que le drapeau pris par Tête-de-Pioche, qui poussa un gros soupir.

— Ah ! — fit Bidou, — cela te fait de la peine, mon vieux. Il le faut. Ce drapeau nous jouerait un mauvais tour, vois-tu, tout aussi bien que nos costumes de fantômes.

— C'est un trophée, — fit le colonel ; je conçois que le capitaine Tête-de-Pioche y tienne beaucoup. Moi-même, je le regretterai.

— Bah ! — fit Bidou, — on en reprendra d'autres, et Tête-de-Pioche complétera sa collection à son aise. Car, figurez-vous que ce brave capitaine est monomane ; il a la manie des étendards ; dès qu'il en voit, il court les prendre.

— Mon commandant, — fit Tête-de-Pioche, — c'est une *toquade* comme une autre.

— Avec cette différence qu'elle est sublime ! — s'écria Bataroff. — J'ai entendu parler de vous, capitaine ; vous êtes intrépide. Et, tenez, après tous les services que vous m'avez rendus, après ce qui vient de se passer, j'éprouve le besoin de vous presser tous deux sur mon cœur.

— Corne-de-bœuf ! à votre aise, colonel ! — dit Bidou ému. — Aussi bien je vous estime, moi, comme un vaillant et généreux soldat, comme un parfait gentilhomme.

— Et moi je vous aime presque autant que le commandant ! — fit Tête-de-Pioche. Ils s'embrassèrent tous trois, remontèrent à cheval et prirent leur course tout en causant : — C'est égal ! — fit Tête-de-Pioche, — les Moscoves (Russes) ont eu une fameuse peur. Il y en avait qui se prosternaient devant nous, le front dans la poussière. C'est très-amusant de jouer la comédie. Je ne regrette qu'une chose, c'est d'avoir vu la prison où mon ami Jean le Dogue est enfermé avec le capitaine Stanislas, et de ne pas leur en avoir ouvert les portes.

— Mordioux ! j'en eus l'idée, — fit Bidou en frisant sa moustache, — mais je n'ai pas voulu tenter l'entreprise, parce que j'ai craint de tout compromettre.

— Moi, — dit Tête-de-Pioche, — ce qui m'a arrêté, c'est que je sais que le colonel Pierre s'occupe de sauver nos amis.

— Quel homme ! — s'écria Bataroff. — Jamais la Pologne ne lui payera un tribut d'admiration assez grand. Pour ma part, je lui suis dévoué à la vie, à la mort ; ainsi qu'à vous, messieurs, — ajouta l'hetman.

— C'est un prêté pour un rendu, mon colonel, — dit

Tête-de-Pioche. — Demain vous nous rendrez service pour service.

— Oh ! certes, de tout cœur ! — s'écria l'hetman avec effusion. — Mais où allons-nous, maintenant ?— demanda-t-il.

— Au camp. — répondit Bidou.

— Vous avez donc des troupes ?

— Oui. Nous n'avons pas eu le temps de vous entretenir longuement ; mais vous allez bientôt voir de près quelles sont nos ressources.

— Aurons-nous beaucoup de chemin à faire pour arriver ?

— Non.

— Combien environ ?

— Une lieue.

— Dans quelle direction ?

— Devant vous.

— Je ne vois de ce côté aucune forêt capable d'abriter une bande ?...

— Aussi nos soldats ne sont-ils pas dans une forêt.

— Ils campent en plein vent ?

— Non.

— Dans des baraques ?

— Non.

— Dans des tentes, alors ?

— Encore moins.

— Mais enfin, mon cher commandant, expliquez-vous ? Cette énigme m'intrigue.

— Nous avons une forteresse.

— Vous plaisantez ?...

— Pas du tout.

— Je connais le pays et il n'y a aucun fort à cinq lieues à la ronde, excepté le château de Mourawiew qui est gardé. Vous en avez improvisé un, probablement ?

— Cher colonel, le fort était tout fait et prêt à nous recevoir. Et tenez, le voilà.

Pendant cette conversation, les trois cavaliers avaient fait du chemin ; on apercevait à gauche de la route une jolie villa appartenant à Mourawiew.

C'était elle que désignait Bidou comme contenant une armée polonaise ; Tête-de-Pioche riait dans sa barbe de l'air stupéfait du colonel Bataroff.

Ce dernier, en effet, apercevait un poste russe dans la cour de la villa, et une sentinelle russe se promenait de long en large devant le poste.

— Mais ! — s'écria Bataroff, — ceci est le château de Mourawiew, gardé par une compagnie d'infanterie, si j'ai bonne mémoire ; ce gredin de Mourawiew, craignant qu'une bande d'insurgés ne détruisît sa propriété, la fait garder par les troupes du czar.

— Colonel, nous allons entrer pourtant dans cette villa et nous y trouverons trois mille insurgés au moins.

— Sacrebleu ! c'est fort ! je reconnais un capitaine moscovite de ma connaissance à la tête du poste.

— Chut ! fit Bidou. Les trois cavaliers s'approchèrent de la villa, et Bidou fit quelques signes aux soldats du poste ; aussitôt un sergent vint à la rencontre des arrivants. Le commandant échangea avec lui un mot de passe, puis il se retourna et dit au colonel : — Suivez-moi.

Ils pénétrèrent tous trois au milieu d'une première cour, et le colonel fit un signe de tête au capitaine russe, qui lui rendit son salut en souriant malicieusement. La villa formait un quadrilatère au centre duquel était une seconde cour intérieure qui communiquait avec la première par une vaste allée de plain-pied. Les cavaliers traversèrent cette allée, au bout de laquelle une grande porte cochère s'ouvrit devant eux. Le colonel poussa un cri de surprise en voyant la scène qui se déroula devant ses yeux ravis.

Dans la cour intérieure, très-spacieuse, allaient et venaient un grand nombre de Polonais en uniforme de zouaves de la mort. A toutes les fenêtres apparaissaient des têtes de faucheurs, et deux ou trois cents chevaux hennissaient dans les écuries.

On entendait dans la cour et dans les salles des voix sonores qui commandaient l'exercice à des recrues levées depuis peu dans le pays. Le feu des cuisines flambait en plein air aux offices ; il y avait là, comme Bidou l'avait dit, tout un corps d'armée.

Les Polonais, en voyant entrer leur commandant, le saluèrent en jetant leur bonnet en l'air ; mais ils restèrent silencieux. C'était une nécessité de leur position, les passants ne devaient pas se douter de rien.

— Maintenant, commandant, — dit l'hetman, — allez-vous m'expliquer ce mystère ? Comment les zouaves de la mort se trouvent-ils ici, protégés par une compagnie russe tout entière ?

— Voici, — répondit Bidou. — Nous avons surpris le poste par une nuit pluvieuse ; nous avons garrotté tous les hommes de la compagnie ; nous les avons déshabillés et descendus dans les caves. Parmi les officiers, deux étaient de nos initiés ; ils ont consenti à nous seconder avec plusieurs sous-officiers adeptes. Une centaine des nôtres ont endossé les uniformes moscovites ; ils font le service comme autrefois ; Mourawiew viendrait lui-même qu'il ne se douterait de rien. Le capitaine, les officiers, les sergents se montreraient, ils avanceraient sans défiance, car il ne connaît pas les soldats et ne se douterait point de la supercherie.

— C'est superbe ! Mais espérez-vous que ce brigand viendra se faire prendre ?

— Oui.

— Vous vous promettez de le pendre haut et court ?

— Non. Nous voulons obtenir la vie et la liberté de prisonniers qui sont chers à la patrie et à nous ; mais nous ne voulons pas faire périr un homme si utile à notre cause.

— Utile ! dites-vous ?

— Eh ! sans doute. Ce massacreur n'exaspère-t-il pas l'Europe à ce point qu'elle se sentirait lâche si elle ne nous secourait. Et ensuite ces rigueurs ne poussent-elles pas dans nos rangs des natures faibles et indécises, qui, sans lui, ne se décideraient pas à combattre. Non, nous ne tuerons point le Mourawiew ; du moins pour le moment.

— Mais enfin, avez-vous quelques moyens de l'attirer ici ?

— Pierre est à Vilna. Il sonde le terrain ; il parviendra peut-être à ses fins. En attendant, si vous le permettez, nous allons réparer nos forces. Sandious ! mon estomac est plat comme une outre vide.

Tête-de-Pioche était déjà parti à l'office donner des ordres pour le dîner, qui fut bientôt servi.

XIII

LA PRISON.

Les captifs amenés par les cosaques du capitaine Bataroff avaient été conduits à la prison de Vilna. On les avait entassés tous dans des salles sans air, presque sans lumière.

Léda, la comtesse Volaska et sa fille avaient été placées ensemble dans une petite chambre carrée. Elles étaient séparées des autres femmes et des prisonniers.

De temps en temps un geôlier venait s'assurer de leur présence en leur apportant de l'eau et du pain. Une fois le geôlier vint accompagné. Alexandra, d'un œil distrait, examina l'aide qui le suivait ; il lui sembla reconnaître Pierre...

Le geôlier, tout en se promenant au milieu de la chambre, se frappa tout à coup le front comme un homme qui vient d'avoir une idée subite.

— J'ai oublié une clef, — dit-il, — je m'en vais la chercher. Pietro, — ajouta-t-il en se tournant vers son aide, — je te laisse ici et je vais revenir te prendre dans quelques instants, quand j'aurai fini ma tournée. Fais le service de cette chambre.

Et le geôlier s'éloigna. Dès que la porte fut retombée sur lui, Alexandra, à demi couchée sur un petit lit de fer, se leva et fixa ses grands yeux bleus sur l'aide-geôlier. Celui-ci sourit, s'approcha d'elle, prit ses deux mains dans les siennes et les couvrit de baisers brûlants.

— C'est bien moi ! — dit-il.

Alexandra éprouvait un trouble indicible, son sein palpitait avec une extrême violence ; elle avait rougi puis pâli ; elle n'avait plus la force de se soutenir. Mais elle aperçut les regards étonnés de sa mère et de Léda, et aussitôt elle revint à elle. Elle courut se jeter dans les bras de la comtesse en s'écriant :

— Ma mère, ne le reconnaissez-vous point ? C'est lui ! c'est lui !

Et sa tête charmante retomba sur l'épaule de la comtesse, et ses yeux s'emplirent de larmes : douce rosée d'amour !

La comtesse, éclairée par l'exclamation de son enfant, découvrit bientôt que sous les habits de l'aide-geôlier se cachait Pierre, le brillant colonel des zouaves de la mort. Ce dernier vint respectueusement baiser la main de la comtesse.

— Vous, ici, monsieur ! — s'écria la mère d'Alexandra.

— Oui, madame, — répondit Pierre ; — je viens essayer de vous sauver.

— C'est trop de dévouement! Vous exposez la vie précieuse d'un chef habile pour arracher à l'exil de pauvres femmes inutiles au pays. Il vaudrait mieux que nous accomplissions notre sacrifice jusqu'au bout que de priver notre patrie d'un défenseur.

— Je reconnais à ces nobles paroles la femme d'un héros ! — s'écria Pierre. Et il s'inclina avec admiration. Puis il reprit : — Je puis, madame, vous rendre à la liberté sans courir aucun danger. Le geôlier est un de nos affidés, et, en prenant quelques précautions, vous vous échapperez facilement ; seulement vous allez être forcées de vous déguiser.

— Monsieur, sauvez ma fille, sauvez mademoiselle, qui est presque mon enfant (la comtesse désignait Léda); mais laissez-moi ici, et, à ma place, tâchez, je vous en conjure, de rendre Stanislas à la liberté.

— Madame, Stanislas est mon compagnon d'armes, j'oserais presque dire mon frère (Pierre regarda Alexandra en disant ce mot), je ne pouvais songer à vous sans songer à lui.

— Oh ! que vous êtes bon, monsieur ! — s'écria Léda avec un élan de cœur.

Et tout aussitôt elle rougit de s'être laissé entraîner. Pierre sourit. D'un seul coup d'œil, il avait compris ce qui se passait dans l'âme de la fille du général Jaëgler.

— J'entends revenir le geôlier, — dit-il, — permettez-moi de vous recommander de suivre ses instructions de point en point, avant de prendre congé de vous. — Et Pierre s'inclina devant les prisonnières. On entendait les clefs grincer dans la serrure. Alexandra jeta sur son fiancé un regard passionné, plus éloquent que vingt paroles, aussi ardent qu'un baiser. La porte s'ouvrit. Le geôlier parut.

— A cette nuit ! — dit Pierre, et il sortit. — Aurais-tu le temps de me conduire auprès du comte Volaski ? — demanda le colonel des zouaves de la mort au geôlier.

— Monseigneur, il faudrait se hâter ; la ronde-major va venir.

— Je le sais. Mais il est important que je voie les deux captifs dont je veux la liberté pour ce soir.

— Alors, monseigneur, suivez-moi.

Le geôlier conduisit Pierre vers une grande salle carrée où une trentaine de Polonais étaient réunis ; il entrouvrit la porte et appela :

— Comte Volaski ! Jean le Dogue !

Deux hommes se levèrent.

— Mes amis, — dit l'un d'eux (c'était Stanislas), — on nous appelle ; peut-être Mouraview a-t-il envie de nous faire fusiller ? En ce cas, au revoir.

— Tonnerre ! — gronda une voix de Stentor — ça m'embête d'être réveillé. Je faisais un beau rêve. Nous jouions au tonneau devant le *Moulin de la Galette* avec Tête-de-Pioche et le Loup ; j'avais gagné trois litres.

C'était Jean le Dogue qui parlait ainsi en se frottant les yeux.

— Comte Volaski ! Jean le Dogue ! — cria le geôlier.

— On y va ! — fit le colosse. Et il ajouta : — Chien de pays ! On ne peut pas même y dormir tranquille.

Et l'ex-carrier suivit Stanislas, qui gagnait la porte d'un pas ferme et tranquille. Le jeune comte ne reconnut pas Pierre ; mais Jean le Dogue le devina du premier coup d'œil.

— Ah ! sacrebleu ! — fit-il.

— Chut ! — fit Pierre, — parle bas !

— C'est donc vous, mon colonel ?

— Oui, mon ami.

— Tonnerre ! si je m'attendais à vous voir, je veux être pendu !

— Ne devais-je pas vous sauver tous les deux.

— Mon colonel, rien ne vous y forçait ; ceux qui ont la bêtise de se laisser pincer doivent en subir les conséquences.

— Ce serait compter sans les amis.

— Oh ! prince, — dit à son tour Stanislas, — est-il possible que, pour deux hommes aussi obscurs que nous, vous fissiez des imprudences pareilles ?

— Madame la comtesse me tenait tout à l'heure un pareil langage ; la modestie et le désintéressement sont une vertu de famille chez les Volaski, — répondit Pierre. — Mais causons vite de nos affaires. Cette nuit sera celle de votre délivrance. Le geôlier ira ouvrir les portes de toutes les salles, et il vous conduira vers une une sortie secrète pratiquée dans un mur. Je serai là pour vous guider. Je compte sur vous pour prévenir tous vos compagnons.

— O monseigneur, que vous êtes bon !

— Vous vous entêtez à m'appeler monseigneur, cher Stanislas, vous savez pourtant que je suis colonel, pas autre chose. — Stanislas sourit, Jean le Dogue se gratta l'oreille. — Qu'as-tu ? — demanda Pierre.

— Sous votre respect, mon colonel, je voudrais bien avoir des nouvelles de Tête-de-Pioche et de Nicolas le Loup.

— Ils vont bien tous deux.

— Tant mieux. Seriez-vous assez bon pour leur donner une poignée de main de ma part.

— Certes, oui.

— Ça me fera plaisir et à eux aussi, je le parierais ! Voyez-vous, colonel, je pense souvent à mes vieilles coteries. Cette nuit encore, je rêvais que nous jouions au tonneau ; mais enfin, peu vous importe !

— Tu es un bon camarade, Jean, tu me fais plaisir. A bientôt, mes amis !

Et le colonel serra la main aux deux captifs.

— Quel homme ! — s'écria Jean le Dogue ; — a-t-il du toupet d'entrer dans la prison ! Et quel cœur !

— Jean, — dit Stanislas, — nous ne saurons jamais assez lui prouver notre reconnaissance.

— C'est vrai, — fit l'ex-carrier avec un soupir.

Le geôlier les renferma avec leurs camarades.

XIV

UNE JACQUERIE.

Le gouverneur Mourawiew, enfermé dans un cabinet, discutait avec Paulo le bossu un plan général de révolte des paysans contre les seigneurs, une sorte de jacquerie, quand Bataroff apparut aux siens dans l'église où on le pleurait.

— Monseigneur, — disait le bossu d'un air assuré, — je connais le cœur humain, j'en ai étudié tous les vices.

— Et toutes les vertus, sans doute ? — demanda Mourawiew.

— Non. J'ai laissé la vertu de côté ; il y a si peu de gens qui la pratiquent, que l'on perdrait son temps en étudiant ses quelques exceptions. En général, l'homme n'a que l'apparence de l'honnêteté, et quand on cherche bien au fond de son âme les vrais motifs de ses prétendues bonnes actions, on s'aperçoit le plus souvent qu'elles ont pour base un défaut ou un vice caractérisé.

— Vous êtes un profond philosophe, monsieur Paulo, — s'écria Mourawiew en éclatant de rire, — et votre avis sur l'humanité est de tous points conforme au mien.

— On dit en France : *Les beaux esprits se rencontrent.* C'est un honneur pour moi d'avoir eu la même pensée que vous.

— Vous êtes flatteur ; mais revenons à nos moutons, ou plutôt à nos paysans, qu'il s'agit de pousser à un massacre des seigneurs. Voyons votre plan ?

— Je disais donc que l'homme était poussé par ses vices, et que, dans toutes ses actions, il fallait chercher les vraies causes et non les causes apparentes. Or, je me suis demandé pourquoi les Polonais se révoltaient.

— Oh ! oh ! nous arrivons au cœur même de notre sujet. Continuez, continuez.

— Selon moi, ces gens-là ont pris les armes par orgueil, par ambition et par avarice, le tout dénommé amour de la patrie par eux, héroïsme par l'Europe.

— Bien, très-bien ! Oh ! décidément, vous êtes fort !

Paulo reprit :

— Oui, monseigneur, tous ces nobles, tous ces bourgeois, veulent secouer le joug russe parce qu'ils sont humiliés et que leur amour-propre souffre ; voilà pour l'orgueil : parce qu'ils espèrent tous conquérir quelque grade, ou quelque position occupée aujourd'hui par des serviteurs du czar ; voilà pour l'ambition ; parce que le cœur saigne de payer des impôts, voilà pour l'avarice.

Mourawiew se mit à rire aux éclats.

— Mon cher — dit-il, — j'enverrai cette définition au journal l'*Invalide russe*, qui va se gausser des héros polonais.

— Je reprends, — fit Paulo : — Il nous est à peu près impossible de satisfaire les vues de messieurs les bourgeois et les nobles. Je regarde ces gens-là comme insatiables ; mais, au-dessous d'eux, les paysans sont faciles à satisfaire. Eux aussi ont l'orgueil, l'ambition et l'avarice. Que la Russie les affranchisse de tout impôt (momentanément, bien entendu, et leur fasse payer un rude arriéré plus tard), voilà des gaillards qui vont aussitôt venir le czar. Que la Russie leur distribue les terres des seigneurs, et ces bons campagnards de se rallier autour du drapeau moscovite. Qu'enfin on dégrade un grand nombre de nobles, et ces bons cultivateurs tressailliront d'aise en voyant tomber à leur niveau des fronts qui les dépassaient de cent coudées. Mais il faut dire aussi à ces futurs alliés : « Nous voulons
» vous donner fortune, puissance et honneur ; mais tout
» cela est aux mains de nos ennemis, aidez-nous à le leur
» ravir, nous vous le donnerons après. »

— Ainsi ferai-je, — s'écria Mourawiew, transporté d'aise.

— Je me charge, moi, d'organiser la troupe d'agents qui ira prêcher la révolte et le massacre aux campagnes ; il me faudrait pour cela une autorisation de faire une visite au bagne. J'aurais besoin d'y choisir des hommes capables de tout oser.

— On vous donnera cette autorisation, — dit Mourawiew.

— Alors, monseigneur, nous stimulerons si bien la haine de ceux qui possèdent contre ceux qui ne possèdent point, que dans quelques jours la Lithuanie sera couverte de sang, de ruines et de cadavres.

— Allons, allons, monsieur Paulo, vous méritez les gages que vous avez réclamés ; je vous assure en plus des gratifications considérables.

— Mon général, je désirerais de suite un à-compte, — dit Paulo.

— Voyons, — fit Mourawiew.

— Vous avez parmi les prisonniers une jeune fille que j'aime et qui m'exècre ; je voudrais l'avoir en ma puissance, je vous en ai déjà parlé... Son frère et sa mère me jouent ; ils sont coupables tous deux ; je voudrais qu'on m'en débarrassât. Je tiens à faire le vide autour de ma petite colombe ; je suis laid, mais, n'ayant que moi, elle finira par m'aimer. Je suis sûr qu'une colombe en tête-à-tête avec un hibou finirait par lui trouver des charmes.

— C'est puissamment raisonné. Seulement...

Comme Mourawiew prononçait ces mots, on entendit de grands cris dans la rue.

— Qu'est-ce que cela ? — s'écria le gouverneur en pâlissant. On dirait une émeute.

Et il se précipita à la fenêtre. Le peuple en foule accompagnait Bataroff en criant miracle.

Le gouverneur tremblant, effaré, vit passer sous ses yeux Bataroff, qu'il avait fait assassiner. Lâche comme presque tous les gens bassement féroces et tenant de la hyène, Mourawiew sentit ses jambes fléchir sous lui. Il poussa un cri. Le bossu, un instant, fut vivement impressionné ; mais il se remit bien vite et examina attentivement le prétendu miracle qu'il voyait s'accomplir sous ses yeux. Or un miracle bien observé est bien près de laisser voir ses ficelles. C'est ce qui arriva.

— Que saint Serge me damne ! — dit Paulo, — si je ne reconnais pas les deux escogriffes qui accompagnent ce Bataroff. Je reconnais le damné Gascon à son tic nerveux, et ce jobard de Tête-de-Pioche à sa façon stupidement majestueuse de porter sa tête. Monseigneur ! monseigneur !

Et, en disant ces mots, le bossu secoua le gouverneur par le bras.

— Que veux-tu ? — s'écria Mourawiew, comme s'il sortait d'un rêve.

— Lancez des cavaliers après les prétendus fantômes et ils vous ramèneront des insurgés de ma connaissance.

— Que veux-tu dire ?

— Qu'on vous joue, parbleu !

— Ah ! mille tonnerres ! tu as raison, — s'écria Mourawiew revenu à lui. — Mais attends, je vais me venger.

Et le gouverneur courut au poste qui gardait l'hôtel ; les soldats avaient fui ou étaient abrutis de terreur. Il appela en vain, personne ne répondit.

Il trouva un cheval dans les écuries désertées par les soldats, sauta en selle, arriva à une caserne ; les soldats s'y étaient barricadés. C'était une panique complète et générale. Il revint au palais.

— Monseigneur, — lui dit Paulo, — je vois dans tout cela la main de Pierre, le colonel des zouaves de la mort ; il n'y a que lui pour nous jouer de ces tours-là, aidé de son damné compagnon.

— Il serait donc ici ce Pierre ?

— J'en mettrais ma main au feu, monseigneur. Du reste, j'ai un moyen de tout savoir : il doit nécessairement essayer de sauver Alexandra Volaski, qu'il aime ; aussi en m'embusquant dans la prison comme l'araignée dans sa toile, je finirai peut-être par prendre cette grosse mouche.

— Fais cela, Paulo, et la fortune te sourira.
— Aurai-je Alexandra ?
— Oui.
— Alors c'est fait.

XV

LA TORTURE

Paulo courut à la geôle, muni des ordres nécessaires pour y commander en maître. Au moment où il allait pénétrer dans la prison, la porte livra passage à un prêtre ; le bossu reconnut Pierre immédiatement.

Il s'arrêta, se cacha et observa. Il surprit un geste d'intelligence entre le geôlier et le faux abbé. Paulo était trop intelligent pour ne pas comprendre que le geôlier et Pierre étaient d'accord ; il se retira prudemment sans être aperçu. Une fois qu'il fut hors de vue, il se mit à courir précipitamment dans le palais de Mourawiew.

— Vite ! — cria-t-il à un valet ; — courez dire à monseigneur que je veux lui parler de suite.

— Son Altesse est à table, — répondit le laquais.

— N'importe, allez.

— C'est que...

— Ah ça ! coquin, tu désires donc être pendu ! Va, te dis-je.

La valetaille, ayant vu le bossu aller et venir dans les appartements du gouverneur, commençait à le regarder comme un de ses affidés ; le laquais s'empressa d'obéir.

Il revint bientôt et introduisit le bossu auprès de Mourawiew, qui était assis à table, ayant en face de lui un docteur militaire entouré de fioles. Dans chaque plat que l'on apportait, le docteur versait quelques gouttes de chacune de ses fioles et il examinait l'effet que cela produisait.

— Eh bien ! maître Paulo, — demanda le gouverneur, — quoi de nouveau ?

— Bonne nouvelle, monseigneur, — fit le bossu en se frottant les mains.

— Ah ! vraiment ! Vous avez découvert quelque chose de grandiose ?

— Oui, certes.

— Qu'est-ce donc ?

Le bossu montra le docteur d'un geste significatif.

— Oh ! vous pouvez parler. Le docteur est un homme savant, qui m'est doublement précieux : d'abord comme médecin, ensuite comme chirurgien, quand je fais donner la question à un criminel. Parlez et soyez sûr de sa discrétion dont je réponds.

— Monseigneur, en entrant à la prison, j'ai reconnu le colonel des zouaves de la mort qui en sortait.

— Que dites-vous ? — s'écria Mourawiew qui pâlit soudain.

— La vérité, monseigneur, — répondit le bossu avec assurance.

— Ce maudit Pierre est ici, dans Vilna ? — reprit le gouverneur. — C'est incroyable !

— Cela est, pourtant. Ah ! c'est un audacieux soldat ; mais son audace même va le perdre. Si Votre Altesse le veut, ce soir il sera entre nos mains.

— Si je le veux !... Faites cela, et, pour ma part, je vous récompenserai magnifiquement. Faites cela, maître Paulo ; faites cela et le czar vous comblera d'honneurs, de richesses et de décorations.

—Voici ce qui s'est passé : Pierre était déguisé en prêtre.

— Oh ! les prêtres ! — gronda Mourawiew, — je les maudis ; ils me gênent de toutes façons et en toutes circonstances. Il faut toujours et quand même respecter leur damnée soutane ; un espion est déguisé en abbé, on l'arrête, le peuple se révolte. Les paysans mêmes, qui nous sont dévoués, murmurent quand on touche au rabat de leur pasteur ; mais par saint Serge ! j'en finirai. — Et Mourawiew frappa du poing la table, puis il agita sa sonnette avec une sorte de frénésie. Un laquais montra timidement sa tête bouleversée par la peur.— Va chercher mon aide de camp de service ! — cria le gouverneur.

— Me voilà, mon général, — dit une voix derrière le laquais, qui se sauva bien vite.

— Colonel, montez à cheval, — cria Mourawiew, — et donnez l'ordre au chef de police d'arrêter deux des prêtres les plus compromis, de les faire juger et exécuter publiquement dans le plus bref délai possible, c'est-à-dire deux heures. Allez !

L'aide de camp partit, après s'être incliné profondément.

— Bravo ! — dit le bossu dont les yeux étincelaient. — Oh ! monseigneur, je vous admire ; vous êtes un homme de résolution, vous !

— Continue, — fit le gouverneur.

— Impossible à moi de faire arrêter ce gredin de Pierre ; il avait tourné tout à coup l'angle de la rue, puis il avait disparu Seulement je suis certain qu'il s'est introduit dans la prison par suite d'une connivence avec le geôlier, que j'ai surpris lui disant adieu.

— Sang et tonnerre ! tout le monde nous trahit,—hurla Mourawiew. Et il se leva, les poings fermés, les lèvres blêmes et écumantes, l'œil sanglant. — Il faut enfin que cela cesse ! — rugit-il. — Je sens la trahison m'enlacer dans un cercle de fer, qui m'étouffera si je ne le brise pas ; mais je le briserai comme je brise ce verre.— Il prit un verre et le lança contre un mur. Mais le verre, par un singulier hasard, rebondit contre un pan de boiserie, et roula sur les tapis sans se fracasser, sans même se fêler. Furieux de ce démenti muet donné à ses paroles, le farouche général courut au verre et, dans un accès de colère, l'écrasa du talon de sa botte ; le pied glissa sur le verre tout en le brisant, et l'un des éclats, coupant la semelle de cuir, pénétra dans les chairs et y fit une entaille. La rage de Mourawiew redoubla. — Chiens de Polonais ! scélérats de Lithuaniens ! — s'écria-t-il ; — malheur à vous tous ! je vous exterminerai par milliers. Je vais répandre tant de sang qu'il s'en formera une mer où vous serez noyés Ah ! vous luttez, brigands ! vous vous jouez de Mourawiew, vous le narguez, vous le bafouez, vous l'insultez ! Misérables ! vous y passerez tous : hommes, femmes et enfants ! Le fer, la corde, le feu, le poison, tout moyen sera bon pour me venger. Je voudrais tenir la Pologne de mes deux mains, la serrer à la gorge, et lui cracher au visage avant de l'entendre pousser son dernier râle. — Mourawiew était arrivé au paroxysme du délire ; il se fit en lui une réaction subite. Affaibli par l'émotion et la perte du sang, il se sentit faiblir et fut forcé de s'asseoir. Le docteur se mit à genoux devant lui, tira sa botte et le pansa, aidé du bossu : ensuite il lui fit respirer des sels. Revenu à lui, Mourawiew dit au bossu : — Continue. Cette égratignure insignifiante ne doit pas nous interrompre. Tu disais donc...

— Que le geôlier était d'accord avec Pierre,— continua le bossu.

— Je m'en souviens. Il est évident que ce Pierre veut délivrer les prisonniers.

— Je suis de cet avis. J'ai pensé que le geôlier avait combiné avec le colonel insurgé les moyens à employer pour arriver à ce but. Je crois même qu'ils sont convenus de l'heure et du mode de l'évasion. S'il plaisait à Votre Altesse de questionner ce geôlier, nous saurions sans doute à quoi nous en tenir sur ce point important. Alors on embusquerait des hommes aux abords de la prison, on s'emparerait de Pierre, qui probablement viendra en personne seconder la fuite des captifs, et en même temps on ferait peut-être d'autres prisonniers.

—Oui, l'idée est excellente,—Et Mourawiew donna l'ordre d'amener le geôlier ; puis il reprit : Je suis content de toi, Paulo ; je te donne mon estime.

— C'est trop d'honneur, et Votre Altesse est trop bonne, en vérité.

— Le mérite doit être récompensé. Voici déjà trois cents roubles à titre de gratification ; seulement, je te recommanderai une chose. Le grand-duc, qui est maître à Varsovie, m'a fait savoir que ses prisonniers devaient être respectés par moi ; je ne puis y toucher. Je serais heureux pourtant de faire expédier, et ces femmes de Siematyche, et ces rebelles pris les armes à la main, auxquels le prince Constantin fait grâce de la vie par faiblesse. Tâche donc de les laisser se compromettre dans une tentative d'évasion ; ce sera un prétexte pour passer outre aux ordres du grand-duc.

— Monseigneur, il sera fait comme vous le désirez. Mais où interrogera-t-on le geôlier, je vous prie ?

— Ici même.

— Devant vous !

— Devant moi.

— Et s'il refuse de parler, monseigneur ?

— On lui appliquera la question, et cela lui déliera la langue, fût-il muet de naissance.

— Ne vaudrait-il pas mieux se rendre de suite dans la salle où l'on donne ordinairement la question ?

— On la donnera dans cette chambre.

— Mais il n'y a pas d'instruments pour cela.

— Il y a un anneau scellé dans le mur, là, devant vous ; ne le voyez-vous pas ?

— Pardon, monseigneur.

— Il y a aussi des chaînes de fer derrière cette tenture ; soulevez-la, vous les apercevrez.

— Je m'en rapporte à Votre Altesse ; mais des chaînes et un anneau ne suffisent point pour appliquer une question vigoureuse.

— Non, mais avec ces chaînes et cet anneau on garrotte le coupable, on le met dans l'impossibilité de remuer, et la douleur fait le reste.

— Ah ! — fit le bossu.

— Oui. C'est un inventeur de génie que le docteur ; il ne se traîne pas dans la vieille ornière des tourmenteurs du moyen âge, lesquels n'exerçaient leur utile métier qu'à grand renfort de coins, de carcans, de crics, tout un attirail enfin. Le docteur a perfectionné, c'est-à-dire simplifié tout cela ; il a mis au rebut tous les instruments embarrassants et il n'emploie que des procédés chimiques, bien supérieurs à tout ce qu'on connaissait avant lui. Personne ne l'égale pour trouver le moyen d'obtenir des aveux d'un coupable entêté ; ce diable d'homme vous juge le patient d'un coup d'œil. Il a, dans certaines fioles, certaines liqueurs dont une goutte sur la peau fait frissonner un homme de la pointe des cheveux à la plante des pieds ; deux gouttes vous le font s'agiter comme un arbre que le vent secoue, trois gouttes le font se tordre comme un ver sur des charbons ardents.

— Admirable ! — s'écria le bossu.

— Ce n'est pas tout. Chaque liqueur convient à tel ou tel tempérament et réagit aussi bien sur le moral que sur le physique, si bien que les esprits les plus fermes se troublent, et que les cœurs les plus énergiques sont vite abattus.

— Alors, nous tenons Pierre, — dit le bossu. — Mais permettez-moi de vous donner un conseil, monseigneur : défiez-vous de tout le monde.

— Conseil inutile, car ma défiance est telle que ce cher docteur soumet tous les mets qu'on me prépare à des réactifs chimiques. En outre, je porte une cotte de mailles et je suis toujours entouré de gardes ou escorté quand je sors.

— Comme le gouverneur terminait ces mots, le geôlier entrait accompagné de deux agents qui le tenaient par le bras. Les agents amenèrent le malheureux complice de Pierre en face de Mourawiew, qui arrêta sur lui son regard de tigre. Le geôlier frissonna devant l'éclat de sa glauque prunelle ; on eût dit une souris sous l'œil du chat qui la guette. — Raconte-nous ce que tu sais, drôle ? — dit Mourawiew d'une voix brève.

— Sur quoi, monseigneur ? — demanda le geôlier en pâlissant.

— Sur ton crime.

— Quel crime ?

— Tu fais l'ignorant, traître !

— Je n'ai pas trahi.

— Ce scélérat plaisante ; sur mon honneur ! il a de l'audace.

— Je vous assure que je n'ai pas trahi ! — répéta le geôlier d'une voix mal assurée.

— Qu'était-ce donc que ce prêtre avec lequel tu as eu un entretien sur la porte de la prison ?

— C'était l'abbé Varezwich.

— De quel droit l'as-tu introduit auprès des prisonniers ?

— Il y en avait un qui allait mourir et demandait un prêtre pour se confesser à lui de ses péchés.

— Il est défendu de laisser pénétrer un prêtre dans les cachots sans autorisation écrite. Avais-tu cette autorisation ?

— Non, monseigneur.

— Eh bien alors, pourquoi as-tu contrevenu à mes ordres formels ?

— Le prisonnier était agonisant.

— Mauvaise raison. Ah ! chien, tu sais mentir !

— Je dis vrai, monseigneur.

— Tu mens, tu mens comme un coquin que tu es ! Ton faux abbé est le colonel des zouaves de la mort ; vous avez arrêté, toi et lui, un plan d'évasion, et vous alliez le mettre à exécution prochainement. — Le geôlier était atterré. Il se sentit tellement écrasé par cette révélation qu'il n'osa pas protester par un seul mot. — Tu reconnais ton crime ? — demanda Mourawiew. Le geôlier ne répondit pas. — Avoues-tu ? — gronda son terrible interlocuteur.

— Je nie, — fit le malheureux, prenant à deux mains son courage.

— Tu nies ! Mais, insensé, tu veux donc m'exaspérer tout à fait ! Ecoute ! il en est temps encore de te sauver. Dis-moi l'heure à laquelle le colonel doit revenir, s'il revient ; donne-moi le moyen de m'emparer de lui, et tu auras la vie sauve ?

— Monseigneur, je ne puis revenir sur mes premières dénégations. J'ai fait venir l'abbé Varezwich et personne autre.

— Tu le veux, soit. Qu'on lui applique la question !

Et Mourawiew désigna aux agents l'anneau et les chaînes. Le geôlier fut en quelques minutes dressé contre le mur, retenu droit par les chaînes qui l'entouraient et s'amarraient à l'anneau de fer. Il eût en vain cherché à se débattre.

Le docteur prit alors tranquillement une fiole grosse comme le petit doigt, dans une trousse qui en contenait plusieurs semblables ; il ordonna aux agents de pencher la tête du coupable sur la gauche, et il lui versa dans l'oreille droite deux gouttes d'une liqueur noirâtre. Il tira sa montre et dit :

— Il va parler dans deux minutes ; il est impossible qu'il résiste plus longtemps. Quand tu seras las de souffrir, — ajouta-t-il en s'adressant au patient, — tu me préviendras, je ferai cesser ton supplice ; seulement parle ; autrement je recommencerais et tu endurerais des tourments bien plus terribles.

Le geôlier commençait déjà à ressentir les premiers symptômes d'un mal étrange ; ses yeux s'injectaient de sang, les veines de son cou se gonflaient, ses tempes battaient avec force ; il respirait bruyamment. Peu à peu il lui sembla qu'un étau de fer broyait son crâne et le faisait éclater ; puis il éprouva des douleurs semblables à celles qu'eussent causé des milliers d'épingles s'enfonçant dans sa cervelle ; la sueur ruisselait sur son front et sur ses joues ; tous ses membres frémissaient, ses dents s'entrechoquaient avec violence. Il voulut lutter, mais il succomba ; la douleur acquit un degré d'intensité inouïe ; il poussa des cris étouffés d'abord, puis de plus en plus violents, et enfin, dans une angoisse qu'il ne put surmonter, il se sentit vaincu.

— Je me rends ! — dit-il entre deux sanglots étouffés. Le malheureux geôlier, vaincu, demanda grâce, conjurant le docteur d'arrêter ses souffrances.

— Voyons, — fit le docteur : — deux minutes, juste ; pas une seconde de plus.

En effet, au premier cri de pitié, il avait mis le doigt sur l'aiguille qui marquait les secondes au cadran de sa montre et il la fit voir à Mourawiew.

— Bien, docteur, vous êtes sans pareil ; mais faites taire ce braillard. — Le geôlier criait à réveiller les morts d'un cimetière. Le docteur tira de sa trousse une autre fiole un peu plus grande que la première, il en versa le contenu dans l'oreille du patient, puis il lui fit respirer certains sels de sa composition. La crise se calma peu à peu et les forces revinrent à la victime.

— Parle, — dit Mourawiew.

— Monseigneur, vous aviez deviné juste, — fit le malheureux d'une voix faible et toute tremblante encore.

— Aveu superflu. Je te demande quelles sont tes conventions avec le colonel ?

— Je dois venir à minuit et demi derrière le mur de la prison qui donne vers le nord.

— Après ?

— Ce mur est presque entièrement percé ; il reste à peine une épaisseur de quelques centimètres à abattre pour y ouvrir une large ouverture.

— Voyez-vous cela ? On dégrade les prisons d'État. Continue :

— Les prisonniers doivent sortir par là, et, une fois dehors, ils trouveront le colonel Pierre, qui les conduira à une maison d'où, paraît-il, ils pourront sans difficultés sortir de la ville.

— Ceci paraît difficile. Cette maison serait-elle en communication avec la campagne par un souterrain ? le fait n'est pas probable.

— Maintenant, monseigneur, je ne puis en dire plus long ; c'est là tout ce que je sais.

— Tu mens !

— Oh ! pour cette fois, non.

Le docteur fit un signe au général, qui comprit que le geôlier ne lui cachait rien.

— Retire-toi, — dit le général. Les deux agents détachèrent le patient et l'emmenèrent dans une pièce voisine, où ils le firent asseoir, pendant que le bossu et le gouverneur délibéraient sur ce qu'ils devaient faire. — Je suis d'avis, — dit Mourawiew, — qu'il faut ordonner au geôlier de jouer son rôle comme si rien n'était arrivé ; il ouvrira les portes aux captifs, et il les conduira au mur par lequel ils doivent sortir de la prison. Des détachements considérables seront embusqués dans les maisons voisines, et ils en sortiront au moment où Pierre s'avancera pour recevoir ses complices. On s'emparera de lui.

— Si nous plaçons des postes dans les maisons qui environnent la prison, — dit Paulo, — les espions du colonel le préviendront, il comprendra que l'affaire est éventée, il ne viendra pas.

— Vous avez autant de sagacité que d'imagination, — dit Mourawiew avec admiration. — Mais, — ajouta-t-il, — que feriez-vous ?

— Je ferais conduire à la prison une vingtaine de soldats déguisés en bourgeois et armés de couteaux et de revolvers. A minuit et demi ils joueraient le rôle de prisonniers qui s'évadent ; Pierre s'y tromperait ; quand il verrait s'écrouler le pan de mur, et par le trou se montrer des têtes, il avancerait. Alors nos soldats déguisés s'en rendraient maîtres par surprise.

— Bravo ! superbe ! Décidément, Paulo, tu iras loin — s'écria Mourawiew transporté. — Mais le geôlier, que m'engages-tu à en faire ? un pendu ?

— Pas encore.

— Il l'a bien mérité, pourtant !

— Il ne perdra rien pour attendre quelques heures de plus.

— Très-bien.

— Je prie Votre Altesse de lui promettre la vie sauve à la condition qu'il ne donnera pas l'éveil aux vrais prisonniers et agira comme si nous ne savions rien de leur complot. A minuit, il leur ouvrira les portes ; ils sortiront. Le poste de la prison sera dans un corridor, et, devant cette révolte en masse, il jouera de la baïonnette et les expédiera à l'arme blanche.

— Il y aura tumulte ; ne sera-ce pas une imprudence ?

— Une fusillade s'entendra au dehors, le râle des mourants sera étouffé par les murailles épaisses.

— Comme cela, je serai en règle vis-à-vis du prince ; j'aurai une excuse ; c'est que ses ordres sont formels : « Faire reposer les exilés pendant trois jours, organiser » pour eux un convoi, et les expédier pour la Sibérie. Le » général Mourawiew me répond d'eux sur sa tête. »

— Quel intérêt peut porter le grand-duc à ces brigands ?

— Il s'est laissé influencer par la fille du général Jaëgler, la nièce du colonel Alfort ; ce dernier a sauvé la vie au prince, qui paye sa dette en ce moment ; comme si on payait ces dettes-là ! A propos, sitôt l'affaire bâclée, on me préviendra ; quant au geôlier, on l'expédiera, malgré ses réclamations, dès que l'on n'aura plus besoin de lui. Allons ! à cette nuit, messieurs ! maître Paulo, vous avez carte blanche. Prenez bien toutes vos précautions...

— Un mot, monseigneur, — dit Paulo.

— J'écoute.

— Vous permettez que je sauve Alexandra ? c'est ma récompense.

— Sans doute, si vous réussissez, la fillette est à vous.

— Oh ! merci, monseigneur.

Et Paulo se retira, fou d'espérance et de joie.

XVI

MINUIT !...

Après leur courte entrevue avec Pierre, Jean le Dogue et Stanislas étaient rentrés dans leur prison. On les attendait avec anxiété ; on craignait même qu'ils ne revinssent pas.

— Eh bien ? — leur demanda-t-on.

— Rien, — firent-ils.

— On ne vous appelait point pour un interrogatoire ?

— Non.

— Oh ! tant mieux.

— Cependant, il y a du nouveau, — dit Stanislas à voix basse.

— Ah ! — fit-on avec curiosité.

— D'abord, mes amis, sondons les murs et assurons-nous si nous ne sommes pas espionnés. — Les prisonniers suivirent le conseil du jeune homme et s'assurèrent que les murailles ne recélaient aucune cachette à espion : chaque pierre sonnait plein. Une fois certain de n'être pas entendu, Stanislas fit ranger en cercle ses compagnons autour de lui : — Mes amis, — leur dit-il, — je viens de parler au colonel Pierre ; — des exclamations étouffées manifestèrent l'étonnement des auditeurs ; — ne vous étonnez pas, — reprit Stanislas ; — rien n'est impossible à un homme comme celui-là ; il va nous délivrer cette nuit ! — Un tressaillement de joie agita la ronde tous les captifs. — Le geôlier est pour nous, — continua Stanislas ; — il nous ouvrira les portes de la prison ; que chacun se tienne prêt au premier signal. Est-ce entendu ?

— Oui, oui,—fut-il répondu en chœur.
— Maintenant, à vos places! et le repas du soir pris, tâchons de faire semblant de dormir.
— C'est entendu,—dit-on.

Et les captifs, s'éparpillant dans la salle, reprirent les positions qu'ils occupaient avant cette conversation.

Les heures s'écoulèrent lentement; mais enfin la cloche annonçant le moment du dîner vibra; puis la nuit vint, et, avant la nuit, les Polonais firent mine de s'abandonner au sommeil; étendus sur la paille, ils tressaillaient au moindre bruit, écoutant sans cesse, croyant à chaque instant entendre une clef grincer dans la porte. Huit heures, neuf heures, dix heures, onze heures sonnèrent successivement, puis onze heures et demie, puis enfin le quart avant minuit.

Il sembla à Stanislas qu'il entendait des pas étouffés : il crut même entendre que le son du fer heurtant le fer arrivait jusqu'à lui; c'était quelque chose d'assez semblable au bruit d'une baïonnette résonnant contre un canon de fusil; mais tout rentra bientôt dans le silence, et Stanislas ne put vérifier ses soupçons. Une indicible émotion s'empara de tous les cœurs quand, se soulevant à demi, Stanislas fit circuler ce mot de bouche en bouche :
— Attention !

Il y eut dans le cachot un léger frémissement causé par les brins de paille que les captifs froissaient en s'agitant.

A mesure que le moment décisif approchait davantage, chacun sentait l'inquiétude le prendre à la gorge et l'étouffer dans son étreinte; les plus braves avaient des frissons dans le dos.

Ils auraient marché au feu sans crainte; mais cette fuite au milieu de la nuit, à travers les murs d'une prison et parmi mille dangers inconnus mais faciles à prévoir en masse, cette fuite, disons-nous, causait des sueurs froides à tous ceux qui allaient la tenter. L'inattendu du danger cause plus d'angoisses que le danger lui-même; beaucoup pâlissent avant la lutte, qui seront magnifiques d'énergie lorsqu'elle sera engagée.

L'horloge eut enfin ce râle sourd qui précède le premier coup du marteau sur le timbre; les quarts résonnèrent lentement, et, après les quarts, les douze heures tombèrent une à une, remuant toutes les fibres du cœur des prisonniers.

Une main à terre, un genou sur la paille, le corps ramassé, ils attendaient, retenant leur haleine, le cou tendu vers la porte. Soudain une clef heurta la serrure, s'engagea dans les ressorts et les fit jouer; les verrous grincèrent, les gonds crièrent, la porte était ouverte; une voix s'éleva qui cria :
— Ne bougez pas! les Russes veulent vous assassiner!...

C'était la voix du geôlier! Aussitôt tous les prisonniers s'affaissèrent sur leurs grabats, puis ils affectèrent de se réveiller en sursaut; Jean le Dogue eut la présence d'esprit de ronfler comme deux orgues.

En un instant, des soldats se montrèrent, portant des torches et suivis d'autres soldats armés; au milieu d'eux était le geôlier plus blanc qu'un linceul; le bossu était près de lui.
— Tu trahis encore, brigand!—gronda-t-il.

Le geôlier ne répondit pas.

Stanislas était levé, d'autres Polonais s'étaient placés sur leur séant.
— Qu'y a-t-il donc?—demanda Stanislas en jouant la surprise.
— C'est bon,—murmura le bossu,—vous êtes des hypocrites, c'est partie remise.

Stanislas, à la vue de Paulo, se sentait pris d'une terrible envie de le tuer; mais il se contint.
— J'ignore à quoi vous faites allusion,—dit-il tranquillement.
— Allons donc!—riposta le bossu ricanant amèrement; — vous aviez tramé un complot avec cet homme, et la preuve c'est qu'il a crié : Ne bougez pas.
— Monsieur, la recommandation était inutile; vous plaisantez, ou le geôlier vous abuse, ou, de concert avec lui, vous nous tendez un piége pour avoir prétexte à nous massacrer.
— A d'autres !—fit Paulo,—croyez-vous que je sois dupe! Voilà votre animal de Jean le Dogue qui souffle comme un taureau et qui veut m'en imposer; mais n'importe, nous nous retrouverons; en attendant, mon cher Stanislas, je vais m'emparer du colonel Pierre, qui doit venir vous attendre derrière un certain mur dont on vous a parlé sans doute. — Et, après avoir enfoncé ces mots comme un coup de poignard dans le cœur de Stanislas; il bossu donna aux Russes le signal de la retraite; il murmura entre ses dents:—Impossible de les égorger, le grand-duc ferait une enquête et il saurait qu'ils n'ont pas bougé!.. Pourquoi n'as-tu pas donné le signal? misérable, — demanda Paulo au geôlier, quand il fut dans le couloir, — on t'avait promis la vie sauve...
— Promesse menteuse,—fit le geôlier avec un amer sourire.
— Qu'en sais-tu ?
— Le passé répond du présent : c'est-à-dire que, geôlier depuis vingt ans, je sais à quoi les plus grands serments engagent les gouverneurs; ma mort était résolue quand même; mourir pour mourir, je préfère avoir sauvé mes compatriotes.
— Belle avance !
— C'est une consolation, une action méritoire devant Dieu, s'il en est un; et enfin c'est une vengeance !
— Ah! brigand, tu me braves!—s'écria le bossu;—eh bien! meurs. Allez!—fit-il aux soldats. Ceux-ci, avec une froide cruauté, criblèrent de coups de baïonnettes le pauvre geôlier, qui tomba expirant. Le bossu le regarda une dernière fois et lui dit : — Cette fois, du moins, tu ne crieras pas à Pierre, ton complice, de ne pas approcher. Celui-là est pris.

L'agonisant eut une crispation au coin des lèvres, qui pouvait aussi bien être un dernier effort pour sourire qu'une contraction causée par la douleur; le bossu, du reste, ne put s'assurer de rien, car le malheureux expira presque aussitôt.

Paulo fit aussitôt descendre dans la cour ses agents de police déguisés en bourgeois, et il les conduisit vers le mur où une brèche était pratiquée, et là il leur ordonna de se tenir prêts.

A leur tour, les Russes attendirent avec anxiété.
— Le prendrons-nous ? — pensaient-ils.

Paulo, surtout, était singulièrement agité; mais c'est qu'aussi il s'agissait pour lui de gagner Alexandra, qui résumait à ses yeux tout ce que l'on peut désirer sur terre et au ciel.

Alexandra! rien qu'à cette pensée il sentait son cœur palpiter avec une extrême violence : il n'était plus séparé que par quelques minutes de la suprême félicité; car Mouraview le lui avait promis et n'avait aucune raison pour se dédire; sitôt Pierre prisonnier, Alexandra était à lui. A lui, Paulo! qui aurait donné tout son sang pour la posséder une heure.

Et les minutes s'écoulaient pendant qu'il était en proie à cette fièvre. Il fut surpris de la demie.
— Vite !—s'écria-t-il,—poussez le mur et montrez-vous.—Un agent, à l'aide d'une pioche, démolit l'obstacle qui le séparait de la rue et le passage fut bientôt libre.
— Sortons, — dit le bossu;—les agents sortirent un à un. Personne ne se présenta; Paulo commençait à se désespérer, quand tout à coup un homme déboucha au détour d'une rue.—Sus! sus!—cria Paulo.

Les agents se précipitèrent sur cet homme qui cherchait à s'enfuir, et ils lui donnèrent la chasse à travers les rues... Enfin ils l'atteignirent...

XVII

UNE ERREUR DÉSAGRÉABLE.

Dès que les soldats se furent emparés de l'homme qui fuyait, ils le garrottèrent, et, comme il criait, ils étouffèrent sa voix en le bâillonnant avec un épais mouchoir qui couvrait en partie son visage.

Paulo voulait conduire le prisonnier sous un réverbère et s'assurer de son identité ; mais un des sbires fit observer que les rues n'étaient pas sûres à cette heure de la nuit, et que si l'homme arrêté était un conspirateur, il pouvait avoir de nombreux complices qui, au premier moment, pouvaient essayer de délivrer leur chef. Il était possible qu'une émeute fût imminente, et alors la prudence commandait de mettre en sûreté la proie que l'on tenait.

Paulo dut se rendre à ces raisons, rapidement développées pendant que les camarades du sbire transportaient le captif, en le tenant, les uns par la tête, les autres par les bras, d'autres enfin par les jambes.

Paulo n'avait même pas eu le temps d'examiner la taille de l'inconnu ; il avait de suite été roulé dans un épais manteau : minutieuse précaution employée ordinairement par la police russe.

On fit ainsi le tour de la prison, et l'on arriva en face de l'entrée principale, à l'intérieur de laquelle se trouvait le corps de garde du poste. Après avoir échangé le mot d'ordre avec une sentinelle placée derrière la porte, les sbires entrèrent.

Les soldats, sous les armes et baïonnette au canon, étaient rangés en bataille devant le corps de garde ; un homme causait avec l'officier du poste ; il était enveloppé d'une large capote, comme en portent parfois les officiers supérieurs moscovites quand ils sont en campagne.

Cet homme, en voyant le captif garrotté et porté à bras, poussa un ricanement sourd et fauve ; il fit signe aux sbires de pénétrer dans le corps de garde et d'y déposer leur capture ; ils obéirent.

L'homme à la capote leur distribua une centaine de roubles, qu'ils prirent silencieusement, mais avec des étincelles de joie dans les yeux. Après quoi ils s'en allèrent, laissant le poste dehors et l'homme à la capote seul en face de Paulo et du prisonnier.

Quand ils eurent disparu, l'homme à la capote leva un large béret russe qui retombait sur ses yeux ; il baissa le col de son ample vêtement, et à la lumière Paulo reconnut Mourawiew.

— Vous ici, mon général ! — s'écria le bossu un peu décontenancé.

— Oui, maître Paulo, — répondit le gouverneur avec un visage souriant. — Je viens à propos, à ce que je vois ; votre gaillard est pincé. Fameuse capture, mon ami, fameuse capture ! qui nous vaudra force roubles, et à moi les compliments les plus flatteurs de la cour. — Le prisonnier, toujours caché sous son manteau, gisait sur le lit de camp, ne pouvant ni crier ni remuer. — Savez-vous, — reprit Mourawiew, — que je commençais à m'impatienter ; le premier coup a manqué ?

— Hélas ! oui, mon général, — fit Paulo avec un soupir.

— Ces gredins de Polonais ont, — paraît-il, — refusé de donner dans le piège si habilement tendu par vous.

— Mon général, le geôlier leur a crié de ne pas bouger.

— O le brigand ! Vous avez eu tort de le faire tuer si vite ; ce misérable méritait un châtiment épouvantable. Sans votre précipitation, maître Paulo, j'aurais inventé pour ce scélérat quelque longue et terrible agonie.

— J'en suis au regret, monseigneur. Mais, que voulez-vous ? l'on n'est pas parfait, et l'homme écoute parfois trop vite son ressentiment.

— Il faudra te méfier de la colère, Paulo ; la colère nuit souvent à la vengeance et nous empêche de faire expier à nos ennemis les offenses qu'ils nous ont faites. Tuer comme cela, d'un seul coup, c'est stupide, en vérité ! On torture, que diable, on torture ! Mais je te formerai, mon ami.

— Monseigneur est trop bon ; je ne me consolerai jamais de ma maladresse...

— Mon brave, quand on répare une faute comme toi, on est vite pardonné, et je ne tiens pas rancune pour le geôlier, puisque le colonel des zouaves de la mort est entre nos mains. As-tu calculé les conséquences de cette arrestation ?

— A peu près, monseigneur.

— Eh bien ! tu te trompes ; je le crois, du moins. Voyons, as-tu songé, par exemple, que ce gaillard va nous livrer les noms des membres du comité ?

— Mon général, — fit Paulo tout bas, — n'y comptez pas ; je le connais ; il se fera plutôt hacher que de parler.

— Cause plus haut, ne te gêne pas... Il entend, eh ! que m'importe ! Oui, il nous dénoncera le comité, qu'il connaît certainement.

— Monseigneur...

— As-tu donc oublié, Paulo, les petits moyens de mon tourmenteur ordinaire et extraordinaire ?

— Le docteur aux fioles ! — dit en frissonnant le bossu. Et il reprit : — Oui, monseigneur, je crois maintenant qu'il avouera.

— Nous allons faire appeler de suite ce cher docteur ; j'ai une telle hâte d'envoyer un télégramme à Saint-Pétersbourg que nous allons, séance tenante, essayer le pouvoir des fioles.

— Un instant, monseigneur. Il faudrait auparavant...

— Quoi ? — fit Mourawiew fronçant le sourcil.

— Il faudrait s'assurer, monseigneur, si cet homme est bien le colonel des zouaves de la mort.

— Eh quoi ! vous seriez-vous donc trompé ? — demanda Mourawiew avec un accent de menace effrayant et en cessant de tutoyer son favori.

— Monseigneur, — fit Paulo en tremblant, — nous n'avons pas eu le temps de nous assurer de son identité.

— Mille tonnerres ! si une erreur a été commise, que l'enfer vous extermine ! — Mourawiew eut une sueur froide ; il regarda l'individu étalé sur le lit de camp, il éprouva un doute. Pierro lui semblait devoir être plus grand. — Allons, — dit Mourawiew, — assurez-vous au moins de la chose ; je bous d'impatience et de colère. — Le bossu grimpa sur le lit de camp et il dénoua le mouchoir qui servait de bâillon au prisonnier. Dans son anxiété, Mourawiew prit la lampe qui éclairait le corps de garde : il se hissa, lui aussi, sur le lit de camp, et, reconnaissant le captif, il s'écria avec fureur : — Mieski ! un de mes espions !

— Moi-même, monseigneur, — répondit ce dernier après avoir respiré bruyamment.

— Et c'est ainsi que vous arrêtez un homme de la police à la place d'un de nos ennemis ! Vous êtes bien niais, maître Paulo !

— Monseigneur, que voulez-vous ! Selon l'aveu du geôlier, Pierre devait se présenter à minuit et demi, au moment où les prisonniers sortiraient par la brèche ; à la place de Pierre cet homme est venu à notre rencontre. On pourrait se tromper à moins.

Mourawiew ne répondit rien. Il sortit du corps de garde en faisant signe au bossu de le suivre. En passant devant l'officier, il lui dit rapidement :

— Vous relâcherez l'homme qui est garrotté sur le lit de camp.

Puis il prit le chemin de son palais d'un air sombre et pensif. Paulo marchait derrière lui.

Tout d'un coup un bruit de chevaux se fit entendre dans une rue. Mourawiew, par instinct de poltron sanguinaire, se déroba sous une grande porte cochère ; cinq cavaliers passèrent au galop. Paulo s'était accroupi derrière une borne. Il aperçut, en tête des cavaliers, un homme dont le visage était éclairé par la lune : c'était Pierre. Quand la troupe fut passée, Paulo dit à Mourawiew :

— Monseigneur, c'était lui ! Il est probable que, par prudence, il était convenu de quelque signal avec le geôlier ; or, le geôlier n'ayant pas donné ce signal, Pierre aura flairé un piège et ne se sera pas montré. Puis, peut-être, m'avait-il reconnu au moment où je le reconnaissais moi-même sous sa soutane.

— Marchons, — fit Mourawiew tremblant, — je veux savoir comment ils sortiront. — Ils se mirent tous deux à suivre aussi vite qu'ils le purent les cinq cavaliers, et ils arrivèrent à un faubourg dont l'extrémité devait être barrée par une sotnia de cosaques. — Par saint Serge ! nous les tenons, — fit Mourawiew. — S'ils ont donné au milieu des cosaques, ils sont pris ; ces cosaques appartiennent au 3e régiment, qui est bien plus sûr que celui de Bataroff. On doit, par mon ordre, retenir piéton ou cavalier qui cherche à sortir de Vilna la nuit. Et, sur cette espérance, le gouverneur doubla le pas. Il arriva à la sotnia, où un certain brouhaha se manifestait encore. — Bon ! — pensa Mourawiew, — les brigands sont arrêtés ; de là cette agitation. — Mais au moment où il arrivait assez près pour voir ce qui se passait, le gouverneur aperçut le cordon de vedettes s'entr'ouvrir et les cinq cavaliers partir bride abattue. — Arrêtez ! arrêtez ! — cria-t-il. Les cosaques ne bougèrent pas plus que des bornes. Mourawiew, furieux et essoufflé, parvint enfin près d'eux, saisit par la bride le cheval d'un sous-lieutenant, et lui demanda avec rage : — Quelle est ta consigne ? drôle !

— Qu'est-ce que ce maroufle-là ? — s'écria le sous-lieutenant sans reconnaître le gouverneur. — Ma consigne est de te couper le poignet si tu ne lâches pas la bride de mon cheval.

Mourawiew comprit que l'officier ignorait son rang.

— Je suis le gouverneur, monsieur, — dit-il ; je fais ma ronde.

— Mille pardons ! monseigneur, — dit le sous-lieutenant en sautant à bas de son cheval ; — j'ignorais que ce fût vous.

— Faites venir votre capitaine ? — reprit Mourawiew d'un ton impératif. Le capitaine, appelé par le sous-lieutenant, se présenta. — Votre consigne, — dit Mourawiew, — est de retenir prisonnier quiconque tenterait de sortir de la ville. D'où vient que cinq cavaliers ont eu libre passage presque à l'instant ?

— Ils avaient un sauf-conduit, mon général.
— Signé de qui ?
— De vous.
Vous mentez !
— Monseigneur, un capitaine respecte trop son général pour lui en imposer.
— Voyons ce sauf-conduit ; vous l'avez dû retenir ?
— Oui, mon général.
— Eh ! montrez-le donc, monsieur ?
— Je vais le chercher.

Le capitaine entra dans une grange qui servait de corps de garde, il prit une lampe, un parchemin, et étala sous les yeux ébahis du gouverneur un sauf-conduit portant son sein et son sceau.

Mourawiew était consterné. Il n'aurait pas osé jurer que la signature était fausse, tant elle était bien imitée. Il jeta pourtant autour de lui un regard défiant, arrêta son œil sur celui du capitaine, sonda sur le front du sous-lieutenant sa pensée intime, examina chaque soldat avec une minutieuse attention, et, ne voyant rien qui accusât une complicité, il poussa un soupir rauque, tourna les talons en maugréant et emmena le bossu.

Le capitaine et le sous-lieutenant poussèrent, eux aussi, un soupir quand il les quitta ; mais c'était un soupir de satisfaction.

— Il paraît que c'était des insurgés, — fit le lieutenant.
— Ça m'en a tout l'air, — répondit le capitaine.

— Le sauf-conduit devait être faux alors, — continua le sous-lieutenant.
— Je le crois comme vous.
— Damnés Polonais ! ils nous trompent avec une habileté désolante, — murmura encore le sous-lieutenant.
— C'est désolant et décourageant de voir le czar ainsi trahi, — dit le capitaine à son tour.

Pendant tout ce dialogue, les deux officiers s'observaient d'une singulière façon ; ils pensaient tous deux le contraire de ce qu'ils disaient et ils se soupçonnaient d'accord. Le capitaine, sans avoir l'air de rien, passa sa main droite sur son cœur, puis il toucha ses tempes avec sa main gauche ; le sous-lieutenant répondit à ce signe par un autre signe semblable. Tout cela se faisait nonchalamment et d'une façon indifférente.

Au même moment un sous-officier s'approcha, et, se plantant devant le capitaine, il lui dit, une main levée vers le ciel :

— Mon capitaine, il me semble que l'heure approche où l'on doit écouter si l'alerte ne sonne pas.
— Chut ! — firent à la fois les deux officiers, mettant leurs doigts sur leurs lèvres.
— Rassurez-vous, — fit le sous-officier, — il n'y a rien à craindre ; les cosaques ici présents sont des initiés prêts à nous obéir en tout. Je vous ai vus échanger des signes de reconnaissance à l'instant même, et j'ai pensé que je ferais bien de vous prévenir qu'ici vous avez des frères dévoués à la bonne cause.
— Bien ! mes enfants, — dit le capitaine ; — le moment est venu de nous joindre aux rebelles ; l'Ukraine, notre patrie, se révolte contre le joug du czar, elle veut être libre. Sans doute l'émissaire qui m'a parlé à moi vous a aussi annoncé qu'il fallait saisir la première occasion propre pour déserter ?
— Oui, capitaine, — dirent les cosaques.
— Alors, partons ensemble.
— Partons !
— Parmi les cavaliers qui dorment, avez-vous des camarades ?
— Tous, capitaine.
— Vive l'Ukraine ! — s'écria le capitaine ; — éveillons les dormeurs et partons pour le camp des insurgés.

Cinq minutes après, tout le poste avait déserté.

Le lendemain matin, Mourawiew entra dans une furieuse colère. Pendant la nuit, trente postes du 3e régiment avaient passé à l'ennemi avec armes et bagages.

C'est ainsi que chaque jour s'écroulait ce fantôme de puissance que l'on appelle le trône de l'autocrate russe. Toutes les tyrannies sont bâties sur le sable, et un jour l'édifice, mal assis sur un terrain mouvant, s'effondre et disparaît !

XVIII

UNE DÉPÊCHE DU GRAND-DUC.

Mourawiew et le bossu étaient rentrés au palais vers deux heures du matin.

Le gouverneur n'avait pas dit un mot pendant la route. Une fois dans son cabinet, il se laissa tomber dans un fauteuil. Paulo resta debout.

Mourawiew semblait en proie à un violent désespoir ; il prit son front dans ses deux mains et il se mit à réfléchir longuement. Il cherchait un problème. Enfin il murmura le mot : Impossible ! En effet, la solution ne venait pas.

Ce que cherchait Mourawiew, c'était la façon dont on avait pu le trahir. Mais que faire quand on est entouré, cerné, acculé, par une trahison si générale qu'il faut soupçonner tout le monde et par conséquent personne ? Que faire? Force est d'attendre, de se résigner et de ne connaître les coupables qu'au fur et à mesure des désertions.

— Enfer et damnation ! — gronda le farouche proconsul, — en être réduit à trembler comme un renard enfermé dans son terrier et entendant les bassets aboyer et la pioche fouiller le sol. Moi général, gouverneur, bras droit du czar, j'ai peur ! Mon esprit s'effraye, mon énergie tombe, mon cœur s'amollit ; je n'ai plus la force de prendre une décision, je ne vois aucun moyen d'échapper aux pièges qui m'enlacent.

— Rien n'est désespéré pourtant, — fit le bossu.

— Mais ne vois-tu pas que je ne puis compter sur personne, malheureux ! Ce n'est pas une guerre ordinaire que celle-là ! Tout moyen est bon.

— Tant mieux ! — dit le bossu. — Nous opposerons trahison à trahison, nous emploierons les massacres en grand, nous déporterons le pays entier. Eh ! mon Dieu ! si je m'appelais Mourawiew, je triompherais.

— Comment ferais-tu ?

— Je dépasserais toujours mes adversaires dans les moyens que j'emploierais contre eux. Celui-là est vainqueur à coup sûr qui sait se grandir à la hauteur de la lutte... Alexandre a vaincu Napoléon par la famine et l'hiver ; l'Europe a écrasé la France et son génie sous deux millions de soldats.

— Tu es de bon conseil, Paulo, — reprit Mourawiew avec énergie. — Luttons, luttons à mort ! — Un coup de sonnette vibra d'une certaine manière. — Entrez ! — cria le gouverneur. Un employé du télégraphe se présenta un pli à la main. — Ah ! c'est une dépêche ? donnez, — dit Mourawiew. — D'où vient-elle ?

— De Varsovie ? — répondit l'employé en tendant le pli.

— Retirez-vous, — ordonna le gouverneur. Et Mourawiew lut attentivement, mais peu à peu ses yeux flamboyèrent, sa tête prit une expression sinistre, et il s'écria avec une vigueur qui fit trembler la salle : — Je donnerais vingt mille roubles pour que ce Stanislas Volaski et ses compagnons fussent pendus demain matin devant ma porte.

— Qui vous en empêche, en définitive ?

— Lisez... Paulo lut la dépêche, puis il la remit à Mourawiew. — Vous avez vu ! — demanda ce dernier, — vous avez vu !

— Oui, monseigneur.

— Le prince me reproche d'être sanguinaire, de compromettre la cause de la Russie aux yeux des nations civilisées.

— Il vous enjoint, — dit le bossu, — de lui faire savoir si les exilés sont partis pour la Sibérie dans un convoi de chemin de fer ?

— Et il ajoute, — reprit Mourawiew, — que si le départ n'a pas eu lieu, il doit s'exécuter dans un délai de douze heures au plus.

— Enfin, — dit encore Paulo, — il vous fait rappeler que s'il arrive malheur aux exilés, il fera faire une enquête minutieuse.

— A la suite de laquelle, — gronda Mourawiew furieux, — il me rendra responsable de ce qui sera arrivé, s'il y a de ma faute. En vérité, c'est humiliant ; le grand-duc me traite comme un petit garçon.

— Il est certain qu'à votre place... — murmura Paulo.

— Hein ? que ferais-tu ?

— Les exilés n'arriveraient pas en Sibérie ou y arriveraient morts.

— Oui, mais... et l'enquête ?

— On la laisse faire.

— Si par hasard elle amasse des preuves contre moi ?

— Elle n'en amassera pas.

— Paulo, pour parler ainsi, tu as une idée, bien certainement.

— Oui, monseigneur.

— Explique-toi.

— J'y consens.

— Va donc !

— Un instant.

— Ton idée n'est pas mûre ?

— Très-mûre.

— Alors, parle.

— Monseigneur, promettez-moi de garder ici, près de vous, Alexandra, ma future épouse.

— Décidément, tu y tiens.

— Plus qu'à la vie. Voyez-vous, monseigneur, j'ai mis dans ma tête que je l'épouserais, et je l'épouserai. Donc vous me la conserverez près de vous, n'est-ce pas ?

— Oui, après ?

— Après, monseigneur ! Vous tenez essentiellement à vous venger de ces exilés, qui semblent vous braver sous la protection du grand-duc, qui vous narguent sans doute ? Vous tenez à jouer un tour au grand-duc, qui vous fait sentir durement sa supériorité ? Vous y tenez ?

— Eh ! oui. Mais va donc, va donc !

— Seulement, — continua Paulo, — vous voulez mettre votre responsabilité à couvert ?

— C'est certain.

— Bien. Vous commandez un convoi spécial pour Pétersbourg...

— Je te suis.

— Vous y embarquez les exilés dans deux wagons fermés et cadenassés, mesure de précaution nécessaire...

— A laquelle personne ne peut trouver à redire. Continue, je commence à saisir ton plan.

— Vous donnez une garde de cinquante soldats à ces exilés ; si vous tenez à conserver ces soldats, choisissez-en surtout d'excellents nageurs.

— Je crois te comprendre.

— Il y a une ou deux rivières d'ici à Pétersbourg.

— Trois, quatre...

— Prenons la plus rapprochée.

— La Dvina...

— Elle est profonde et rapide ?

— Très-profonde et suffisamment rapide.

— Voilà la rivière dont nous avons besoin, vous allez voir.

— Oh ! je devine. En passant, les soldats jettent à l'eau les exilés, et ils affirment qu'il y a eu un accident ?

— Du tout ! il y aurait trop de complices. L'accident a lieu réellement, le train déraille.

— C'est mieux.

— Les soldats se sauvent à la nage, vu qu'ils savent nager.

— Parfait.

— Les exilés, enfermés, sont nécessairement noyés dans la Dvina.

— C'est magnifique !

— Vous trouvez, monseigneur !

— Oui, mais...

— Mais quoi, monseigneur ?

— Comment le train déraillera-t-il ? Il faudra gagner quelqu'un ?

— Dix hommes suffisent ; nous trouverons bien cela.

— Dix hommes sûrs, c'est difficile, — fit Mourawiew ; — il y a tant de traîtres inconnus.

— Oh ! sûrs ou pas, peu importe. Vous me donnez carte blanche par écrit, j'habille mes dix hommes en insurgés, je leur laisse ignorer le but que je me propose. S'il y a des traîtres parmi eux, je crois qu'ils seront en minorité : deux tout au plus.

— Il est probable même qu'il n'y en aura pas ; mais enfin n'importe, la prudence est la mère de la sûreté, mon cher Paulo.

— Donc je conduis mes hommes près du pont de la Dvina, d'où l'on aura éloigné tous les surveillants, et, une demi-heure avant l'arrivée du train, nous enlevons les rails. Le train arrive, il tombe à l'eau, le tour est joué. Seulement, comme ces dix hommes pourraient être gênants plus tard, et qu'il faut tout prévoir, un escadron de uhlans s'embusquera à quelques werstes du pont, et je

tirerai un coup de feu sitôt l'affaire bâclée. N'oubliez pas que mes hommes seront déguisés en insurgés polonais.
— Je n'oublie rien.
— Êtes-vous sûr de votre aide de camp?
— Oui.
— Qu'il commande l'escadron, alors.
— Il le commandera.
— Donc, quand il entendra un coup de feu, il accourra, fera mine de prendre mes hommes pour de vrais insurgés et les massacrera.
— Superbe, Paulo ! tu es un démon d'intelligence.
— Donnez-moi mes dix hommes, monseigneur, je pars de suite; envoyez aussi l'escadron. Dans douze heures, les exilés...
— Entendu, entendu !
— Et la petite ?
— Conservée ici, livrée au retour; voici un sac de roubles.
— Merci, mon général.
— Va, Paulo. Dans une demi-heure, tes dix compagnons seront à la gare.
Paulo partit.

XIX

A TROMPEUR TROMPEUR ET DEMI.

Dès que le bossu fut éloigné, Mourawiew donna tous les ordres nécessaires, puis il fit appeler son aide de camp.
— Mon cher, — lui dit-il, — il faudra partir dans une heure pour aller stationner avec un escadron au pont du chemin de fer qui traverse la Dvina.
— Bien, mon général.
— Quand je dis au pont, je me trompe,—fit Mourawiew;—vous vous cacherez à quelques verstes de là.
— Oui, mon général.
— Quand vous entendrez un coup de feu, vous courrez vers le pont, vous sabrerez une dizaine de Polonais qui s'y trouveront, et surtout un certain petit bossu très-dangereux. Je vous le recommande; qu'il n'échappe pas, surtout !
— Il suffit, mon général.
L'aide de camp s'éloigna à son tour, heureux de cette mission de confiance, et se promettant de ne pas laisser échapper le bossu.
Quant à Mourawiew, il se dit à lui-même :
— En faisant disparaître ce petit intrigant de Paulo, je supprime un témoin qui sait trop mes secrets; ce diable d'homme est si fin qu'il deviendrait un jour mon rival, mon maître peut-être ! En tout cas, j'ai eu ses meilleures idées, il ne me servirait plus guère.
Et Mourawiew se coucha parfaitement tranquille. Les scélérats, quoi qu'on en puisse dire, dorment parfois comme les honnêtes gens.

. . . .

Douze heures plus tard, tous les exilés montaient dans le convoi qui les conduisait à la mort; Alexandra faisait partie du convoi.
Le bossu devait mourir, Mourawiew avait jugé inutile de conserver celle qu'il aimait.
Le bossu et ses acolytes, l'aide de camp et son escadron avaient pris différents convois pour arriver à temps au lieu de leur destination.
Les exilés eurent leur tour. On les fit monter dans trois vagons qui furent placés immédiatement après la locomotive, et que, par mesure de précaution, on fit fermer avec de forts cadenas. Si les pauvres captifs eussent su ce qui les attendait, ils auraient éprouvé une bien terrible émotion en entendant les clefs grincer dans les serrures.

Au moment de quitter la prison, Stanislas se rencontra dans la cour avec sa mère, sa sœur et Léda. Le jeune homme, malgré l'opposition des gardiens, courut se jeter dans les bras de la comtesse, puis il embrassa Alexandra.
— Nous sommes presque sauvés,— leur dit-il; — après tout, j'ai du courage. En Sibérie, nous tâcherons de vous faire la vie douce; peut-être même parviendrons-nous à conquérir notre liberté.
Hélas, la liberté était plus proche qu'il ne le pensait ; cette liberté, c'était la mort, une mort affreuse au fond d'un tourbillon humide qui allait les engloutir.
Le convoi traversa la ville; à chaque pas, Stanislas échangeait avec la comtesse et sa fille des regards de tendresse. Souvent aussi l'œil du jeune homme, étincelant d'amour et de reconnaissance, se fixait sur Léda ; mais celle-ci tenait ses paupières baissées et ne les levait point.
L'on arriva à la gare. L'appel nominal se fit, les exilés montèrent un à un ; seul, Stanislas ne fut pas nommé.
Après les hommes vint le tour des femmes. Elles montèrent aussi dans les vagons. Mais, au dernier moment, Léda se trouva devoir occuper seule un compartiment ; ainsi le voulait le hasard. Elle frissonna en mettant le pied dans cette prison roulante, où elle allait être solitaire ; mais elle se rassura un peu en songeant qu'une épaisseur de planches seulement la séparait de ses compagnes.
Stanislas restait toujours sur le quai de la gare, étonné et se demandant ce qu'on allait faire de lui.
— Et toi, — lui demanda un officier, — que fais-tu là ?
— Vous ne m'avez pas appelé, — répondit le jeune homme.
— C'est une erreur commise à l'intendance. Monte toujours.
— Où cela ?
— Où tu voudras.
— Tout est plein.
— C'est faux.
— Mais si, voyez...
— Eh ! je vois un compartiment presque vide là-bas.
— Il est occupé par une femme toute seule.
— Ça t'effraye ?
— C'est peu convenable pour elle.
— Quoi ! des manières ! Tu es un triple sot, mon petit jeune homme ! — L'officier était un vétéran, une vieille barbe grise qui avait fait plus d'une farce à la cosaque. Il trouvait plaisant d'enfermer les deux jeunes gens.
— Allons, allons ! — dit-il, — monte.
— Encore une fois, vous allez compromettre une femme honorable, — fit Stanislas.
— Quels Scipions pour la continence, que ces Polonais ! — Et l'officier éclata de rire. Stanislas se dit que, après tout, il serait si plein d'égards et de respect pour Léda qu'elle ne serait pas gênée par sa présence. Il monta.
— Par saint Serge ! mon jeune drôle, — dit l'officier, — tu te fais bien prier pour grimper aussi légèrement le long du marche-pied.
— Si nous étions libres, vous payeriez cher vos insultes ! — gronda Stanislas, furieux de la remarque.
— Va toujours, — répondit l'officier en ricanant insolemment.
Et la portière du compartiment retomba sur eux, et pour eux aussi la clef grinça dans la serrure. Puis les soldats occupèrent les vagons à eux destinés, puis le sifflet de la machine retentit, le train se mit en mouvement, et il partit avec la rapidité d'une flèche.
Le convoi était en marche. Et Stanislas était seul, seul avec elle.
D'abord Léda avait tressailli en le voyant monter auprès d'elle ; elle s'attendait à ce que d'autres prisonniers suivraient le jeune homme, et, la présence de tiers

rassurant tous les scrupules de sa délicatesse, elle songeait au bonheur de passer de longues heures en face de celui qu'elle aimait et auquel elle avait sacrifié sa liberté. Mais quand Léda reconnut qu'elle allait se trouver en tête à tête avec Stanislas, elle éprouva un sentiment indéfinissable de malaise bizarre et de plaisir profond : c'était la pudeur innée de la vierge qui s'alarme d'un tête à tête, c'était aussi la joie instinctive de l'amante en présence de l'homme adoré.

Impuissante à cacher les émotions tumultueuses qui faisaient bondir son cœur dans sa poitrine, Léda laissa tomber sa belle tête sur son sein, et, trop troublée pour parler, elle n'osa même pas regarder Stanislas. Le jeune homme était tout aussi embarrassé qu'elle.

Jusqu'alors Stanislas avait pu avoir en amour ces curiosités de l'adolescent qui ne sont ni la passion violente ni la douce sympathie. Il avait voulu savoir. Mais en ce moment il aimait, il aimait avec toute la fougue d'une âme que n'avaient blasé ni les excès réels ni même les débauches de l'imagination.

Depuis qu'il avait connu le dévouement de Léda, il avait conçu pour elle une admiration, une gratitude immenses ; dans les heures oisives passées à la geôle de Vilna, il avait médité la noble action de la jeune fille, et il avait compris toute la candide tendresse qu'elle lui avait vouée.

Toutes les fibres du cœur de Stanislas, toutes les cordes de son âme avaient vibré quand passait et repassait devant ses yeux ravis le souvenir de l'acte accompli par cette enfant pure et charmante. Il avait ressenti une légitime fierté d'avoir inspiré à cette nature d'élite une affection aussi vive, prouvée par une de ces résolutions qui suffisent à honorer, à grandir, à poétiser celui qui en est l'objet, qui le pose enfin sur ce piédestal où la postérité admire et envie les héros légendaires de l'amour.

Sans Héloïse, Abailard serait ridicule ; sans Sophie, il manquerait un fleuron à la gloire de Mirabeau ; la fille du régent a donné à Richelieu un renom que ses victoires ne lui eussent pas acquis, et Lauzun ne serait qu'un faquin si une fille de France ne s'était pas mésalliée pour lui.

Aussi Stanislas s'était juré de prouver sa reconnaissance ; il avait ardemment désiré trouver l'occasion de se jeter aux pieds de Léda, de lui dire avec une ardente effusion les pensées chaleureuses, les sentiments passionnés qu'avait fait éclore son héroïque sacrifice. Mais maintenant qu'il était tout près d'elle, loin de tout œil indiscret, de toute oreille curieuse, il n'osait plus.

Enfin il s'approcha d'elle et voulut prendre sa main dans la sienne, mais elle le repoussa doucement. Stanislas pensa tout à coup que peut-être elle attribuait à une combinaison leur réunion due au hasard.

— Léda, — dit-il, — vous me retirez votre main que je voulais loyalement presser? Sans doute vous supposez que j'ai fait ensorte de me trouver seul avec vous?—Elle ne répondit pas, mais elle eut un geste de doute. — Oh ! — s'écria le jeune homme, — loin de vous cette pensée ! Un oubli, une erreur, ont causé notre rapprochement.

— Est-ce bien vrai ? — demanda-t-elle en arrêtant ses grands yeux limpides et francs sur Stanislas.

— Comment en doutez-vous ?

— C'est que...

— Ah! n'achevez pas, et bannissez vite les soupçons injurieux. Quoi ! nous partons pour un exil lointain, nous sommes jetés tous deux dans le creuset épurateur de la souffrance, nous avons uni nos larmes et nos prières, chaque heure rive plus solidement l'anneau de la sainte fraternité qui nous unit dans l'exil, et votre esprit si élevé s'arrête à cette idée odieuse que j'aurais pu concevoir un plan machiavélique ! Léda, par pitié ! dites-moi que vous avez repoussé cette pensée.

Et, sans que la jeune fille s'y opposât, cette fois il prit sa main et tomba à ses genoux.

— Mon Dieu ! que faites-vous ? — demanda-t-elle.

— Je demande mon pardon d'une erreur dont je ne suis pas cause, — répondit-il.

— Je l'accorde, mais relevez-vous. — Et elle rassembla ses efforts pour dégager sa main. Mais ses forces trahirent sa volonté ; cette main était si doucement pressée que Léda n'eut point l'énergie de la retirer. — De grâce ! — reprit-elle, — ne restez pas ainsi ; je vous crois, j'ai foi en vos paroles ; mais relevez-vous !

— Je vous en prie, un instant encore ; c'est à genoux que je dois faire à ma fiancée le serment de l'aimer toujours.

— Que dites-vous ? — murmura-t-elle avec un trouble inexprimable.

— Léda, croyez que je saurai respecter celle qui sera ma femme. Ne vous alarmez pas.

— Votre femme ! Mais vous disposez de moi comme si vous étiez sûr que j'accepterais votre main?

Stanislas sourit. Il se rappela que Léda ignorait qu'il fût instruit de ce qu'elle avait fait pour lui ; il se leva, s'assit à côté d'elle, passa son bras autour de sa taille, l'attira doucement vers lui et lui dit en la tenant fascinée sous son regard :

— Vous me repoussez donc ? — Il avait endormi, par sa câlinerie enchanteresse, ses résistances et ses pudiques alarmes ; elle ne chercha plus à refouler dans sa poitrine les soupirs qui l'étouffaient ; son amour eut une explosion irrésistible qui se traduisit en sanglots, comme toutes les émotions violentes ; elle croyait repousser son fiancé, et ses mains frémissantes, crispées aux siennes, les enlaçaient avec une fiévreuse énergie. Les cœurs de femmes sont des volcans dont les larmes brûlantes de la douleur ou de la joie sont la lave. Novice encore aux étranges manifestations des tendresses féminines, Stanislas se reprochait son audace, et si les lèvres de Léda ne fussent pas venues invinciblement se coller à son front, si ses deux bras ne l'avaient pas enlacé dans une étreinte presque convulsive, il se serait reculé, confus de son aveu. Mais il avait à peine senti le tendre et brûlante étreinte de Léda, que celle-ci, effrayée d'avoir cédé à un élan invincible, se rejeta violemment au fond du vagon, et, prenant sa tête à deux mains, y cacha la rougeur qui empourprait ses joues. Alors Stanislas, une seconde fois, se laissa glisser à ses pieds ; il souleva la tête de la jeune fille et força ses yeux humides à s'arrêter sur son visage souriant ; il lui dit avec un ineffable accent : — Léda, ne vous repentez pas, ne rougissez pas.

— Oh ! — murmura-t-elle, — qu'allez-vous penser de moi, Stanislas ? Oubliez un instant de folie, ne me méprisez pas.

— Vous mépriser, vous ! Ah ! si une femme a mérité d'être adorée à genoux, c'est vous ; je veux vous dire enfin quelle vénération je ressens pour vous. Si la tendresse ne se mêlait pas au respect, je n'oserais jamais vous demander un baiser ; je passerais ma vie à vos pieds, heureux de coller ma bouche aux plis de votre robe. Léda, regardez-moi donc, je vous en conjure, et vous lirez dans mes yeux.

— Taisez-vous, — murmura-t-elle, — vous me rendez trop heureuse, je ne mérite pas tout cela.

— Mais je sais tout ! — s'écria Stanislas.

— Quoi ?... que pensez-vous ?

— Ne vous appelait-on pas madame, il y a quelques jours ? — demanda Stanislas avec un sourire charmant.

— Le colonel a trahi mon secret, — fit Léda avec un geste de regret.

— Ne lui en voulez pas ; nous lui devrons le bonheur d'être unis bientôt. En arrivant en Sibérie, nous irons trouver un prêtre qui fera de vous ma compagne chérie. Si le colonel n'avait pas parlé, j'aurais tardé longtemps avant d'oser vous faire un aveu ; c'eût été de longues heures de félicité perdues, car, voyez-vous, je ne me croyais pas digne d'être aimé ainsi ; j'aurais hésité longtemps avant d'espérer obtenir votre main.

— Ce n'est pas seulement par reconnaissance que vous

m'épouserez? — demanda-t-elle avec une ravissante inquiétude.

— Je vous aimais déjà étant tout enfant ; ne vous souvient-il pas de nos jeux sous les grands marronniers des Tuileries?

— Oh ! oui, — dit-elle, — il m'en souvient.—Elle puisa une dernière fois dans les yeux étincelants de Stanislas une certitude qu'elle acquit ; du choc de leurs regards jaillit une étincelle ; leurs lèvres se cherchèrent, s'effleurèrent, puis se fuirent. Puis, toute heureuse, toute confiante, Léda se pelotonna voluptueusement au fond du vagon, écarta par un geste câlin et suppliant Stanislas, qui voulait s'approcher d'elle... trop près, et lui dit d'une voix joyeuse : — Causons !

Et ils causèrent, ces deux enfants qui partaient pour les glaces éternelles...ils causèrent de leur mariage futur, de la vie qui les attendait ; ils virent l'avenir se dérouler devant eux diapré des plus riches couleurs. Ils se sentaient forts, libres, riches, car ils allaient se posséder.

Quel prisme que l'amour, pour regarder le passé, le présent ou l'avenir !

Quelques minutes auparavant, l'horizon était sombre, menaçant pour eux ; un baiser reçu et donné avait suffi pour chasser tous les nuages et faire étinceler à leurs regards ravis les radieuses images des mille plaisirs du paradis de la volupté.

Hélas ! le convoi filait toujours rapide et coupant l'air en sifflant ; il allait atteindre un pont, sous lequel coulait une rivière profonde et rapide, un gouffre ! Deux rails coupés pouvaient ensevelir à jamais ceux qu'engloutiraient ses flots tourbillonnants.

XX

OU TÊTE-DE-PIOCHE ET BIDOU SE CREUSENT LA TÊTE POUR COMPRENDRE DES ORDRES INCOMPRÉHENSIBLES.

Pendant que les exilés couraient à grande vitesse vers la Sibérie, une dizaine d'hommes, revêtus du costume des paysans lithuaniens, tenaient conseil à une verste du pont, sur lequel la voie ferrée traverse la Dvina.

Ils étaient munis de pioches et de pelles ; mais on eût pu voir briller sous leurs vêtements des manches de poignards et des crosses de revolvers.

Assis en cercle autour d'un homme, petit de taille, mais singulièrement agile, ils écoutaient les ordres qu'il leur donnait.

— Par ordre du comité central, — disait-il, — vous allez vous rendre à la voie ferrée, au delà du pont. Vous verrez, passé le pont, un talus en pente douce ; vous arracherez les rails en cet endroit.

Parmi les paysans se trouvait un grand gaillard qui, par une étrange singularité, portait à son bonnet un plumet de colonel.

— Mon commandant, — dit-il à celui qui donnait des ordres, — est-il permis de questionner pour s'éclaircir l'entendement?

— Parle, Tête-de-Pioche, — répondit le commandant, qui n'était autre que Bidou.

— M'est avis que vous avez envie de faire dérailler le train ? — reprit Tête-de-Pioche.

— Oui, — fit Bidou.

— Pour lors, si au lieu d'un talus en pente douce on trouvait un talus en pente raide, est-ce qu'il ne vaudrait pas mieux enlever les rails en face du dernier ?

— Dans quel but ?

— Mon commandant, je me figure que dans le convoi il y a des Russes, auxquels Russes vous avez envie de donner un sauf-conduit pour aller voir le Père éternel,

et, sous votre respect, on simplifierait la chose en leur faisant piquer une tête dans un fossé conséquent ; plus il serait creux, mieux ça vaudrait.

— Mon pauvre Tête-de-Pioche, j'ai déjà fait le même raisonnement que toi à celui qui m'a donné l'ordre d'agir ; j'ai présenté mes observations, on m'a répondu : Obéissez !

— Mon commandant, j'obéirai. Mais si quelque surveillant nous empêchait d'agir

— Il paraît, — dit Bidou, — qu'il n'y aura pas de surveillants ; le comité national a pris des mesures pour cela.

— Nous partons, alors. Mais c'est égal, mon commandant, c'est assez singulier que nous ayons la même idée.

— Si Pierre était ici, — dit Bidou, — il m'expliquerait probablement tout ce mystère.

En ce moment un cavalier masqué s'approcha ; il avait entendu les réflexions du commandant.

— Monsieur, — dit-il, — l'heure avance et vos gens ne partent pas?

— Mon général, ils partent de suite, — répondit Bidou. Et il ajouta : — Allons, en route !

Tête-de-Pioche et ses hommes s'éloignèrent à pas rapides.

— Commandant, — reprit le général masqué, — nous avons sous la main deux compagnies ; prenez-en une et moi l'autre. Quand le train arrivera et aura déraillé, vous l'aborderez par la gauche et moi par la droite. Surtout, pas un coup de fusil.

— Si les Russes tiraient, mon général ?

— Répondez à coups de baïonnettes. A nos postes, maintenant !

Bidou alla prendre une compagnie, couchée à plat ventre dans un chemin creux, à cent pas de là.

Le général se dirigea un peu plus à droite.

— Sandious ! que le diable m'enlève si je comprends rien à ces dispositions ! — murmurait Bidou furieux. Et Pierre, — ajoutait-il, — Pierre, rappelé subitement à Varsovie au moment où sa fiancée est à Vilna, dans les cachots. Mille tonnerres ! quel ennui !

De son côté, le général se disait :

— L'ordre est formel : délivrer à tout prix les prisonniers que le convoi emporte, garder le secret envers tout le monde, conduire les Polonais délivrés à Varsovie dans le plus bref délai. Allons, j'ai bien pris toutes mes mesures.

Et, après ce monologue, le général disparut dans un bouquet d'arbres où l'autre compagnie l'attendait.

Tête-de-Pioche, pour gagner le pont, côtoyait la rivière avec sa bande ; il aperçut, à sa grande surprise, qu'une troupe pareille à la sienne côtoyait l'autre rive.

— Tiens ! — se dit-il, — qu'est-ce que ces gaillards vont faire ? — Et il observa. On aurait dit que les gens de l'autre rive voulaient copier ses manœuvres. Quand il faisait allonger le pas à sa bande, l'autre bande l'allongeait aussi. Cette bande paraissait guidée par un bossu. S'il retardait la marche, on raccourcissait le pas sur l'autre bord. Mais quand on arriva au pont, ce fut bien autre chose ; les gens du bossu se mirent en devoir d'arracher les rails.—Tiens, — pensa Tête-de-Pioche, — tiens, tiens, tiens, c'est assez drôle !—Et il passa le pont.—Dites donc, camarades, — cria-t-il, — qu'est-ce que vous faites là ?

Le bossu, entendant parler français, leva la tête avec une stupéfaction évidente ; puis il murmura quelques mots entre ses dents.

— Nous travaillons au chemin de fer, — dit-il, — et vous ?

— Nous aussi, — dit Tête-de-Pioche ; — seulement je crois que vous trompez de côté.

— Ah ! — fit le bossu, — et pourquoi ?

— Dame ! je crois qu'on vous envoie pour nous aider.

— Vous aider, à quoi ?
— A faire dérailler le train.
— C'est bien là notre intention ; mais par quel ordre agissez-vous ?
— Dame ! par ordre du comité polonais. Est-ce que vous n'êtes pas des insurgés comme nous ?
— Mais si, — fit le bossu.
— Eh bien ! camarade, je vous le déclare, — reprit Tête-de-Pioche, — vous vous trompez de côté. J'ai reçu l'ordre de mes deux oreilles, et je ne me trompe pas.

Pendant que Tête-de-Pioche parlait, le bossu réfléchissait.

— Il paraît, — songeait-il, — que ces Polonais veulent faire dérailler le train pour sauver les prisonniers. Ce grand niais doit être soutenu par quelque bande de révoltés. Le coup va manquer, que faire ? J'ai envie d'appeler à mon secours l'aide de camp du général Mourawiew ; le signal est un coup de feu. — Et, sur ce, le bossu examina attentivement Tête-de-Pioche, calcula la distance qui le séparait de ses camarades, lesquels s'étaient déjà mis à l'œuvre, et il se décida à agir. — Voyez donc un peu ce que font vos hommes ? — dit le bossu à Tête-de-Pioche, — ils sont fous, d'honneur !

— Qu'est-ce qu'il a donc ? — s'écria Tête-de-Pioche en se retournant.

— Que tu es un niais ! — s'écria le bossu en lui déchargeant dans le dos un coup de revolver.

Heureusement le coup rata. Tête-de-Pioche, entendant l'explosion de la capsule, fit un demi-tour qui le replaça en face du bossu ; il le vit au moment où il essayait de lui tirer un second coup de son revolver.

Alors Tête-de-Pioche, éclairé sur les intentions des travailleurs, prit par le cou son adversaire, et, le traînant vers le parapet, le lança à la rivière. Ensuite il cria :

— A moi !

Ses camarades accoururent aussitôt ; déjà la lutte était engagée entre Tête-de-Pioche et les agents amenés par le bossu. Les pistolets et les poignards faisaient merveille quand apparut un escadron russe, qui tomba sur les combattants et les sabra pêle-mêle. Mourawiew avait donné l'ordre de tout massacrer.

Mais bientôt une vive fusillade retentit, et l'escadron fut abordé à son tour par deux compagnies d'insurgés. Un combat terrible s'engagea ; les insurgés, excités par leurs chefs, voulaient gagner le chemin de fer ; les Russes, pensant que leur dessein était de couper les rails, s'efforcèrent de les arrêter. L'heure approchait où le train allait passer.

. . . .

Pendant que se passait cette scène, le comité national se préparait à entrer en séance solennelle dans les caveaux de Varsovie.

Dans une espèce de cabinet (si toutefois on peut donner ce nom à une grotte), dans un cabinet creusé à l'angle gauche d'un couloir aboutissant à la grande salle, deux hommes causaient à voix basse.

L'un était Pierre, l'autre était le président du comité. Pierre semblait profondément triste.

— Mon oncle, — disait-il, — vous avez en main le pouvoir, pourquoi m'imposer un sacrifice aussi dur ?

— Ne préjuge pas, Pierre, — répondit le président.

— Cependant...

— Oui, je sais ce que tu me reproches avec amertume.

— N'ai-je pas raison ?

— Tu as tort.

— Me faire revenir...

— De si loin, n'est-ce pas ?

— Et si vite surtout.

— Quand ta fiancée était dans les cachots de Vilna.

— Sous la main de Mourawiew, le fouetteur de femmes.

— Qui est inspiré maintenant par Paulo le bossu.

— Oh ! tenez, mon oncle, laissez-moi ! — s'écria Pierre avec une explosion de colère, — n'en demandez pas plus que je ne saurais donner.

— Eh ! eh ! — fit le président en riant, — tu t'emportes.

— Certes ! on serait furieux à moins.

— Sais-tu, Pierre, que pour un homme de ta trempe c'est toujours une faute que la colère ?

— Mais aussi quelle rage de retourner dans mon cœur le poignard que vous y avez planté !

— Allons, mon ami, je veux te calmer d'un mot.

— Vous serez habile.

— Écoute alors.

— Oh ! j'écoute, mais j'enrage.

— Tu surveillais un seul de tes adversaires, mon enfant ?

— Le bossu ?

— Précisément. Et Rita ?

— Je l'avais perdue de vue.

— Moi j'avais l'œil sur elle. Sais-tu ce qu'a fait cette maudite Espagnole ?

— Non.

— Elle a appris que ta fiancée était exilée.

— Je crains de comprendre.

— Elle s'est alors réconciliée avec son mari.

— Que j'ai eu la sottise de rendre à la liberté.

— Et qui va torturer ta fiancée imprudent que tu es.

— Elle a donc organisé quelque a..oce machination cette infâme Rita ?

— Oui, mon cher neveu, oui ; et c'est moi, que vous blâmiez si fort tout à l'heure, qui vais vous donner le moyen de déjouer ses plans.

— Mais enfin qu'a-t-elle inventé ?

— Elle a fait nommer son mari gouverneur de Berezow, et c'est dans le voisinage de cette ville que sera fixée la résidence des exilés. Qu'en penses-tu, mon neveu ? — Pierre était profondément découragé. — Allons, — lui dit son oncle, — après les mauvaises nouvelles, apprends les bonnes ; tu te consoleras. D'abord ta fiancée est peut-être délivrée en ce moment.

— Que dites-vous ? — s'écria Pierre.

— Je dis que j'ai envoyé d'ici un général qui a pris ton commandement, et qui a ordre de faire dérailler le train par lequel sont emportés les exilés.

— O mon oncle, mon cher oncle ! — fit Pierre ému jusqu'aux larmes.

— Attends donc ! Il peut se faire que cette tentative avorte.

Le front de Pierre se rembrunit.

— Si j'avais été à la tête de mes zouaves de la mort, l'entreprise aurait réussi.

— Mon cher enfant, celui qui te remplace est à la hauteur de sa mission.

— Qui est-ce ?

— Mon fils.

— Alors je suis plus tranquille ; tout ce que l'on peut faire, mon cousin le fera, j'en suis sûr.

— Oh ! oui, — fit le président. — Toi et lui vous êtes deux nobles cœurs. Mais j'entends le pas de mon courrier, voyons la nouvelle. Elle te concerne, Pierre.

La porte du cabinet s'ouvrit ; un courrier entra.

— Dépêche privée du bureau télégraphique de Son Excellence, — dit-il.

Et il tendit un pli.

— Tiens, lis, — dit le président en le tendant à Pierre.

Ce dernier lut à haute voix :

« Comme on enlevait les rails au delà du pont de la
» Dwina par ordre du comité, des Russes les enlevaient
» aussi en deçà du pont par ordre de Mourawiew, dans le
» but évident de précipiter le convoi dans la rivière.
» Il y a eu lutte.
» Un escadron chargea cinq fois de suite les deux com-
» pagnies, qui lui tuèrent cinquante-trois hommes.
» Au moment où on allait triompher, le convoi a
» passé.
» Ni en deçà, ni au delà du pont, la voie n'était assez
» endommagée pour faire dérailler.

» La lutte continua néanmoins, et l'escadron fut anéanti
» enfin, sauf une dizaine d'hommes.
» Nous avons vingt-huit blessés, parmi lesquels le
» commandant Bidou, assez légèrement atteint à la tête.
» Le capitaine Tête-de-Pioche a tué de sa main le chef
» de l'escadron russe et six cavaliers. »

Pierre poussa un soupir.

— Tu regrettes de n'avoir pas été là, mon enfant ? — demanda le président, interprétant ce soupir.

— Mon cher oncle, non-seulement mon cousin, mais Bidou et Tête-de-Pioche, ont combattu près de ce pont. S'ils n'ont pas réussi, c'est qu'il n'y avait aucun moyen d'y arriver.

— Maintenant, mon cher Pierre, accompagne-moi, et tu comprendras combien j'ai eu raison de te mander ici.

XXI

OU PIERRE REÇOIT UNE MISSION IMPORTANTE DU COMITÉ NATIONAL, ET PART POUR LA SIBÉRIE.

Le comité était en séance ; il n'attendait plus que son président. Celui-ci entra seul ; Pierre pénétra dans la salle quelques instants plus tard.

Il y eut entre les membres du comité une discussion provoquée par son chef ; Nadieff, qui occupait en face de ce dernier un siège aussi élevé que le sien, appuyait fortement ses idées.

Comme nous l'avons dit, le vieux Nadieff avait un pouvoir égal à celui du président du comité ; à lui seul, le vétéran représentait les sociétés secrètes de la Lithuanie et de l'Ukraine.

Enfin un vote eut lieu, et la proposition du président fut adoptée.

Alors sa sonnette s'agita.

— Colonel Pierre ! — s'écria-t-il. Pierre s'avança. — Vous avez rendu déjà, — lui dit le président, — de grands services à notre cause ; êtes-vous prêt à la servir encore ?

— Oui, — répondit Pierre.

— On veut vous donner une mission périlleuse qui vous fournira l'occasion d'être utile à la Pologne et de sauver en même temps des êtres qui vous sont chers. Jurez-vous, dans le cas où il faudrait sacrifier vos affections à la patrie, de ne pas hésiter et de choisir la patrie ?

— Je le jure sur l'honneur ! — dit Pierre. — Ma présence ici est la preuve de mon dévouement ; le comité doit savoir dans quelles circonstances j'ai quitté Vilna.

— Le comité vous félicite et vous remercie, colonel ; vous avez un noble cœur. Voilà, — continua le président, — ce que nous attendons de vous ; la Sibérie regorge en ce moment de Polonais et de Lithuaniens, dont le nombre va encore en augmentant, grâce aux déportations qui se succèdent sans relâche. Nous évaluons à quinze mille environ le nombre des exilés polonais qui se trouvent en Asie. C'est là un chiffre considérable. Mais il y a en outre une grande quantité de Russes qui ont en horreur le joug du czar. Ces déportés n'aspirent, eux aussi, quoique Moscovites, qu'à renverser le trône de celui qui les a relégués sur une terre lointaine et ingrate. Le comité a décidé qu'il fallait porter à ces quinze mille hommes l'ordre de se révolter en masse, et c'est vous que l'on a choisi pour cela. Nous avons là-bas de nombreux adeptes qui ont depuis longtemps préparé cette formidable explosion. Notre honorable frère Nadieff avait prévu l'heure présente, et ses affidés ont parcouru la Sibérie depuis tantôt cinq ans, y faisant la plus active propagande à l'aide des livres d'Hertzen, délivrés avec profusion. Dans les bureaux de l'administration, dans les gardiens des mines, dans la police, dans l'armée, nous comptons beaucoup d'hommes sûrs, intelligents, admirablement dévoués. On vous fournira tous les renseignements utiles. Le plus important à savoir, c'est que nous avons dans l'armée de l'Asie russe un noyau qui nous est acquis corps et âme ; ce sont d'abord, les Polonais condamnés à servir dans les garnisons sibériennes, les Russes cassés d'un grade et envoyés dans les compagnies de discipline, les anciens soldats qui ont pris part aux émeutes militaires. A un signal par vous donné, nos émissaires feront un appel à la désertion, et en peu de temps vous aurez sous la main un corps de troupes aguerri. Vous établirez un camp lorsque vous serez assez fort. Vous appellerez alors les exilés sous votre bannière et livrerez bataille. Ce doit être une guerre dans les formes ; il faut vous rendre maître des villes fortifiées. Avec vingt mille hommes vous pouvez tout entreprendre. Vous descendrez vers le sud et vous marcherez sur les monts Ourals, de là vers le Volga, puis vers le Don ; nous vous donnerons la main par l'Ukraine. De cette façon, les Russies du nord et du centre seront coupées du reste de l'empire et complètement isolées. Un cercle de fer les environnera, marqué par les monts Ourals, la mer Caspienne, le Volga, le Don, l'Ukraine, la Pologne et la Lithuanie. Le Caucase et ses montagnards vous appuieront à un moment donné ; l'entreprise est gigantesque, mais non au-dessus de vos forces. Acceptez-vous ?

En entendant l'exposé de ce plan immense et si audacieusement conçu, Pierre éprouva un sentiment d'admiration profonde.

— J'accepte ! — s'écria-t-il avec enthousiasme ; — j'accepte... Et je suis heureux et fier d'être le bras auquel on confie l'exécution de cette idée sublime.

— Colonel, — reprit le président, — vous avez en Sibérie des affaires de famille à régler. Au début de votre mission, vous aurez beaucoup de temps à perdre ; les émissaires travailleront pour vous. Le comité vous engage à mettre en sûreté ceux qui vous sont chers ; on vous y aidera.

— Je remercie le comité, — répondit Pierre d'une voix émue ; — mais je vous jure que si, pour faire triompher la Pologne, il fallait sacrifier mes plus chères affections, je n'hésiterais pas.

Le colonel fut invité à se retirer dans une pièce taillée sur les côtés de la grande salle avec deux des membres du gouvernement national, qui lui donnèrent, pendant toute la nuit, les instructions les plus détaillées. Au jour, il devait partir.

De Varsovie à Saint-Pétersbourg, Pierre, déguisé en Anglais, passa pour un attaché de l'ambassade britannique se rendant à son poste. A Saint-Pétersbourg, il trouva des affiliés qui le transformèrent en moujik, et lui firent jouer le rôle de cocher sur une des voitures de poste du service gouvernemental.

C'est ainsi qu'il arriva à Tobolsk.

Là il était en toute sûreté, pour ainsi dire. Il se mit en rapport avec les principaux affidés, et, à partir de cet instant, il pouvait déjouer tous les soupçons.

XXII

EN SIBÉRIE.

Les exilés, échappés comme par miracle à l'infernale combinaison du bossu, continuèrent sans incidents leur route sur Pétersbourg ; de là, ils furent dirigés sur Tobolsk, capitale de la Sibérie, et de Tobolsk sur Berezow ville très-importante située sur l'Obi ; ce fleuve se jette dans l'océan Glacial, à une centaine de lieues plus loin.

Le jour de leur arrivée dans cette ville, les Polonais, hommes et femmes, furent rassemblés sur la grande place ; là on leur lut à haute voix leur sentence. Jusquelà ils se savaient déportés en Sibérie ; mais ils ignoraient le lieu précis qui leur était assigné comme résidence. La peine de l'exil a plusieurs degrés plus ou moins rigoureux. Les condamnés les plus heureux peuvent résider dans les villes où ils trouvent des emplois, quelquefois assez lucratifs, pour se procurer une certaine aisance ; il en est d'autres qui sont relégués au fond des campagnes couvertes de glaces pendant sept mois, où le soleil éclaire à peine l'horizon. Là, on leur donne de quoi bâtir une cabane, quelques outils, quelques provisions, un champ ; et il faut vivre... Ce sont ordinairement des grands seigneurs ou des riches bourgeois qui sont exilés ; ils n'ont aucune notion d'agriculture, aucune habitude de travail. Comme il faut vivre pourtant, ces malheureux s'épuisent pendant un été fort court à gagner, au prix de leur sueur le pain de l'année ; combien meurent tués par la faim, les fatigues insolites, la température avec soixante degrés au-dessous de zéro !

Enfin il en est que l'on envoie aux mines avec les plus vils scélérats, avec ceux que la justice marquait à l'épaule en France, les forçats.

Et c'est un homme souvent fou, comme Ivan le Terrible, qui, sur un signe, peut envoyer dans les bagnes souterrains de la Sibérie celui de ses sujets qui lui déplaît ; et le malheureux, une fois descendu dans la mine, travaille jour et nuit sans jamais revoir la lumière ; il est comme un trépassé, errant dans les galeries des catacombes ; pour lui, plus d'air, plus de soleil, plus d'espoir ! et il faut travailler sans cesse sous le knout des gardiens.

Ce n'est qu'au moment où ils sont arrivés dans la ville dont relève le district qu'ils habiteront, que les condamnés apprennent leur sort définitif ; après les cruelles fatiguent d'un long voyage ils éprouvent la cruelle et poignante émotion d'une longue station sur la place publique, en attendant l'arrivée de l'officier qui doit couper le fil de l'épée de Damoclès suspendue sur leur tête.

Il n'est pas rare de voir des exilés se suicider, quand ils s'entendent condamner aux mines, tant ce supplice leur paraît horrible.

Les Polonais et les femmes de Siématyche, assis sur leurs paquets de hardes, causaient à voix basse au milieu de la place de Berezow. La Pologne était si loin que l'escorte veillait à peine sur les captifs. A quoi bon ! On ne peut guère se sauver une fois que l'on a mis le pied sur les steppes de l'Asie septentrionale.

Les Polonais et leurs compagnes tenaient une espèce de conseil.

Un des leurs, debout au milieu d'eux, les interrogeait à la ronde.

— Frères, — disait-il, — peut-être allons-nous être jetés au fond des puits de mine ; j'ai songé qu'en ce cas il vaudrait mieux mourir. Qu'en pensez-vous ?

— C'est notre avis, — répondit le plus grand nombre.

— Eh bien ! — continua l'orateur, — comme il vaut mieux périr en se battant que se suicider sans essayer au moins de se venger, je propose de nous jeter sur l'officier et sur l'escorte. Peut-être parviendrons-nous à tuer quelques-uns de nos bourreaux.

— Adopté, — dirent les hommes à l'unanimité.

Une femme se leva à son tour et dit :

— Nous avons tant souffert que nous sommes lasses de la vie. Si vous prenez une résolution suprême et désespérée, nous nous joindrons à vous et nous vous aiderons dans la dernière vengeance.

— Oui, — firent toutes les femmes, — nous sommes décidées.

— Et, — ajouta l'une d'elles, — notre escorte nous a traitées d'une façon si infâme, qu'il faut être sans pitié.

— Sœurs, avez-vous bien réfléchi ? — demanda un Polonais.

— Oui, oui, — répondirent les femmes.

— Alors nous périrons ensemble.

Stanislas et Jean le Dogue, un peu à l'écart, s'entretenaient avec la comtesse Volaska, sa fille et Léda. Ils n'entendaient rien du complot que préparaient leurs compagnons. Léda souriait à Stanislas. Pour elle, l'heure d'une grande félicité allait sonner. Elle pensait au prochain mariage qui allait l'unir à celui qu'elle aimait. Stanislas semblait inquiet.

— Qu'avez-vous ? — lui demanda Léda.

— Rien, — fit Stanislas en s'efforçant de sourire.

— Vous êtes plus triste que d'habitude ? — dit encore Léda.

— Non, je vous jure...

— Oh ! vous faites quelque sombre réflexion, bien certainement.

— En vérité...

— Monsieur le comte, — s'écria Jean le Dogue, — inutile de dissimuler ; vous êtes comme moi. Que diable ! la crainte d'aller aux mines peut faire sourciller les plus braves. Brrrr ! brrrr !... Rien que l'idée m'en fait frémir, et pourtant j'ai été carrier.

— Chut ! — fit Stanislas avec un mouvement d'humeur. Et il désigna la comtesse et Alexandra.

— Bigre ! — murmura Jean le Dogue, — j'ai fait une sottise.

En effet, les deux femmes étaient devenues pâles et tremblantes. Mais Léda saisit d'une main la comtesse défaillante et s'écria en fouillant dans son corsage :

— Rassurez-vous ! ils resteront avec nous et n'iront pas aux mines. J'ai la promesse écrite du grand-duc ; tenez, la voilà.

Et Léda tira de son sein un pli qu'elle montra à la comtesse.

— Oh ! merci, chère enfant, — s'écria celle-ci en se jetant dans les bras de la jeune fille.

— Sœur, — dit Alexandra en embrassant Léda, — vous nous avez sauvés deux fois par votre prévoyance. Puis elle ajouta avec un navrant sourire : — Bientôt vous serez récompensée, car vous l'épouserez...

Léda rougit. Pendant le voyage, Stanislas avait cru devoir faire à sa mère et à sa sœur la confidence de son amour et de ses projets d'union. Par délicatesse, ni Alexandra, ni la comtesse n'avaient jusqu'alors paru instruites de ce qui s'était passé. Pour la première fois, la sœur de Stanislas faisait allusion à ce sujet.

Le pli du grand-duc n'était pas cacheté ; Stanislas le déplia et le lut.

— Nous ne pouvons, — dit-il, — être condamnés aux mines que dans le cas de rébellion ; ainsi, en évitant de nous mettre en hostilité avec l'autorité, nous pourrons vivre tranquilles dans quelque cabane. Je me sens la force de travailler assez énergiquement pour nous procurer les choses les plus nécessaires.

— Et voire même le superflu, — ajouta Jean le Dogue en étalant ses bras robustes ; — allez ! nous ne serons pas trop malheureux ici. Et puisqu'il ne s'agit que d'être sage pour ne pas aller aux mines, on filera doux comme un agneau.

En ce moment un Polonais s'avançait vers Stanislas.

— Frères, et vous sœurs, — dit-il en s'adressant à tout le groupe, — je viens vous faire part d'une résolution.

— Laquelle ? — demanda Stanislas avec un pressentiment sinistre.

— Nous avons arrêté que, si l'on veut faire de nous des mineurs, nous chercherons un trépas libérateur en engageant une lutte acharnée contre les Russes.

— Ah ! — fit Stanislas d'une voix sombre.

— Et nous venons savoir si vous êtes des nôtres, — reprit le Polonais. Stanislas avait une nature chevaleresque qui poussait jusqu'à ses dernières limites la susceptibilité du point d'honneur. Il se regardait en ce moment comme solidairement uni à ses compagnons de captivité ; il regardait comme une lâcheté le refus de se joindre à eux dans un moment critique. Certes, s'il ne se fût agi que de lui-même, il n'eût pas hésité un seul instant ; mais il songeait à sa mère, à sa sœur, à sa fiancée, et un cruel combat se livrait dans son cœur entre le sentiment du devoir et l'affection qu'il portait aux siens. Son regard allait de l'un à l'autre des êtres qui lui étaient si chers, puis il retombait sur l'homme qui était venu détruire par un mot l'échafaudage de ses rêves. — Comte, — dit le Polonais sans amertume comme sans dédain, — vous espérez sans doute échapper aux mines ? Je vous souhaite ce bonheur et je retourne prévenir mes camarades qu'il ne faut pas compter sur vous.

L'œil de Stanislas rencontra en ce moment celui de Jean le Dogue, dont la figure était bouleversée ; il était évident que l'ex-carrier, dans sa nature loyale, quoique grossière, jugeait comme Stanislas qu'il eût été noble et loyal de se réunir aux Polonais.

La comtesse, Alexandra et Léda, anxieuses, attendaient la décision du jeune homme. Il n'hésita plus. D'un pas rapide, il alla presser sur son cœur sa mère et sa sœur, il baisa au front sa fiancée, et il se dirigea vers le groupe des exilés ; Jean le Dogue le suivit. Il n'osait pas lever les yeux sur les trois femmes ; celles-ci n'avaient répondu que par des soupirs au baiser muet de Stanislas. Seulement, quand il s'éloigna, elles se consultèrent d'un regard et marchèrent vers les héroïnes de Siematyche. Refoulant la douleur dont ce sacrifice le torturait, Stanislas ne se retourna point ; il eût craint de succomber. Mais Jean le Dogue, lui, par trois fois, tourna la tête ; il comprit l'intention des dames.

— Monsieur le comte ! — dit-il en poussant le coude du jeune homme, — monsieur le comte !

— Que veux-tu ? — demanda ce dernier en regardant Jean le Dogue.

Il y avait une expression de désespoir si poignante sur le visage de Stanislas, que Jean n'osait plus parler. Enfin il reprit :

— Tenez ! c'est trop cruel ce que nous faisons. Sous prétexte d'être *crânes* devant la mort, nous abandonnons des femmes. C'est *lâche* de n'avoir pas assez de force pour dominer son petit amour-propre. Regardez !… Votre mère veut aussi se faire tuer, et nous aurons été ses bourreaux !

Stanislas vit en effet les trois dames se mêler aux femmes qui avaient juré de se faire massacrer par les Russes; il frémit, et un sanglot entrecoupé s'échappa de sa poitrine oppressée.

— Allons, — dit-il, — sauvons-les, même au prix de l'honneur ! Et pourtant Dieu m'est témoin que je préférerais un coup de lance au cœur.

Il courut à sa mère. Celle-ci lui tendit ses deux bras et il s'y jeta.

Les larmes maternelles coulèrent sur ses joues.

— Adieu, mon enfant ! — murmura la comtesse ; — adieu et du courage !

— Non ! — s'écria Stanislas, je ne veux pas que vous soyez victimes de mon orgueil. Nous profiterons de la faveur accordée par le grand-duc.

La comtesse, à ces mots, se redressa, et, se raidissant contre la pitié, la tendresse et le désespoir, elle dit à son fils d'une voix noble et fière :

— Mon enfant, souviens-toi de ton père qui nous regarde là-haut ; il nous mépriserait si nous vous donnions en ce moment l'exemple d'une honteuse faiblesse. Retourne auprès de tes compagnons, et si l'un d'eux chancelait, soutiens son courage. C'est le devoir d'un noble Polonais, c'est le devoir du descendant de Volaski le martyr.

Stanislas ne prononça plus un seul mot ; il se mit à genoux avec admiration devant cette mère héroïque et sublime ; il prit sa main et y déposa un baiser. Plus faibles, Alexandra et Léda avaient passé chacune un bras au cou de la comtesse et elles pleuraient en silence, la tête appuyée sur l'épaule de madame Volaska.

L'officier attendu arriva. Stanislas, désormais inébranlable, rejoignit les Polonais. Dans un coin du cercle formé par ces derniers, il remarqua un homme qu'il n'avait pas encore vu,

— Qu'est-ce que celui-ci ? — demanda-t-il à ceux qui l'entouraient.

— Nous ne savons pas, — dirent-ils. — Pendant que vous causiez là-bas, il s'est glissé parmi nous ; il est couvert de haillons et paraît idiot.

— Chut ! — fit Stanislas, — méfions-nous et plus un mot. Sans doute c'est un espion qu'on nous envoie.

— Alors, — murmura Jean le Dogue dont les yeux s'injectèrent de sang, — alors, malheur à lui ! Il périra le premier tout à l'heure ; je l'étranglerai.

L'officier s'avançait. Les Russes firent ranger sur deux rangs les exilés et ils mirent leur lance en arrêt ; les femmes occupaient le troisième rang. L'heure solennelle allait sonner. Tous les prisonniers attendaient avec impatience l'arrêt qui allait décider de leur mort ou de leur vie.

L'officier déplia la sentence. L'homme aux haillons s'était rapproché de Jean le Dogue.

— Bon, — pensa celui-ci, — je n'aurai qu'à étendre la main…

Et, par un de ces mouvements d'irritabilité irrésistible, il saisit le bras de celui qu'il prenait pour un espion. L'homme aux haillons, sans rien dire, raidit ses muscles, tourna son biceps dans les doigts puissants du colosse, et le contraignit à les ouvrir et à lâcher prise. Étonné de rencontrer une pareille force dans son adversaire, Jean le Dogue jeta un regard stupéfait sur lui. Il crut le reconnaître pour l'avoir déjà vu ; mais c'était un souvenir confus.

— Capitaine Jean le Dogue, tenez-vous donc tranquille, — murmura l'homme aux haillons. Et il ajouta :
— Écoutez !

Jean le Dogue, de plus en plus surpris, prêta l'oreille aux paroles de l'officier.

Il terminait le premier paragraphe, qui condamnait Stanislas, Jean le Dogue, la comtesse, sa fille et Léda à habiter à vingt verstes de Berezow. Décidés à mourir, ceux que concernait cette sentence ne bougèrent pas et ne manifestèrent ni joie, ni douleur.

L'officier passa au second paragraphe. Tous les autres exilés étaient condamnés aux mines. A peine le dernier mot de la sentence était-il prononcé que Stanislas fit un pas en avant et donna le signal de l'attaque en disant :
— Frères ! sachons mourir…

C'en était fait !…

XXIII

EST-CE LUI ?

Stanislas ne put achever de donner le signal de la lutte ; de sa main droite, l'homme aux haillons l'avait saisi, le faisant rentrer dans le rang ; de sa main gauche, placée sur les lèvres du jeune homme, il avait étouffé sa voix. Puis, à son oreille, il avait murmuré ces mots :

— Silence, de par l'ordre du comité national !

Le jeune comte s'était tu aussitôt.

Le faux mendiant, quittant les rangs, se mit en serre-file et donna des avis mystérieux aux exilés, qui restèrent impassibles à partir de ce moment.

L'officier russe, un peu étonné du mouvement de Stanislas, l'avait regardé pendant quelques instants ; puis derrière lui il avait remarqué le mendiant. Cet homme lui parut suspect ; il fit signe à deux cosaques d'aller le chercher pour le lui ramener. Les cavaliers s'empressèrent d'exécuter cet ordre. Mais quand ils furent près du mendiant, celui-ci tira de dessous ses loques un revolver chargé, il brûla la cervelle à l'un des soldats et troua la poitrine de l'autre ; tous deux deux vidèrent les arçons.

Aussitôt le faux mendiant sauta sur le meilleur cheval, qu'il avait reconnu d'un coup d'œil : il piqua des deux et disparut. Il traversa la place avec la rapidité de l'éclair ; les Russes poussaient en le poursuivant des clameurs furieuses, les Polonais ébahis suivaient du regard l'envoyé du comité; car ils ne doutaient plus que ce ne fût un patriote en mission.

Les femmes de Siematyche comprirent que le faux mendiant était un important personnage ; elles se jetèrent à genoux priant pour son salut avec ferveur. Léda et la comtesse imitèrent leurs compagnes. Seule, Alexandra resta debout, en proie à un vague pressentiment qui faisait palpiter son sein.

— Serait-ce lui ? — murmurait-elle.

Et son œil avide ne quitta plus le hardi cavalier.

Les Russes furent sur le point de l'atteindre ; mais tout à coup il se trouva en face d'une rue étroite que barrait presque entièrement un fourgon d'artillerie.

Ce fourgon stationnait là depuis quelque temps. Touchant pour ainsi dire à l'un des côtés de la rue, il ne laissait d'espace libre que juste pour un cheval de l'autre côté. Le fuyard se jeta dans ce passage étroit. Le Russe le plus avancé s'y engagea derrière lui. Mais aussitôt le faux mendiant fit volte-face, lui déchargea à bout portant deux coups de revolver, et abattit le cheval avec une troisième balle. L'homme et la bête tombèrent, obstruant complétement la voie ; le faux mendiant était sauvé ; il disparut.

L'officier russe était furieux ; il retourna vers les Polonais.

— Quel était cet homme ? — demanda-t-il à Stanislas avec un geste menaçant.

— Je ne sais, — répondit le jeune homme avec sang-froid.

— Tu mens ! — gronda l'officier. — Ce traître était parmi vous ; donne-moi son nom ?

— Encore une fois, — fit Stanislas, — je ne puis vous répondre. Faites l'appel de tous ceux qui doivent se trouver dans notre troupe, vous verrez que pas un ne manque.

— Bien ! — murmura l'officier. — Nous allons essayer ; si tu m'as trompé, gare aux coups de knout !

Stanislas sourit avec dédain.

L'officier ordonna à un sergent de faire l'appel et de contrôler les noms avec soin. Personne ne manquait.

— Vous êtes convaincu, n'est-ce pas ? — dit Stanislas avec une nuance d'ironie.

L'officier se tut, mais son œil étincelait de colère.

On conduisit les exilés à la prison ; le lendemain on devait les diriger les uns sur les mines, les autres sur le point qu'ils devaient occuper. En chemin, Jean le Dogue demandait à Stanislas :

— Monsieur le comte, avez-vous reconnu celui qui nous a donné le conseil de ne pas bouger ?

— Non, — répondit Stanislas.

— Vous n'avez pas au moins quelque idée là-dessus ?

— Non.

— Eh bien ! moi je jurerais que c'est *lui*...

— *Lui* ?... Qu'entends-tu par là ?

— Lui, notre colonel, parbleu ! Le seul homme qui soit capable de dégager son bras de mon poignet ; le seul aussi qui puisse se tirer avec autant d'adresse d'un pas difficile. Avez-vous vu comme il a pris rapidement sa décision ?

— Serait-ce vrai ? — pensa Stanislas, tout joyeux de cette découverte. Et il reprit : — Je vais savoir si tu te trompes, mon brave Jean.

— Comment ferez-vous ?

— J'ai un moyen sûr. — Et, comme on entrait à la prison, Stanislas s'approcha d'Alexandra et lui demanda à mi-voix : — Sœur, est-ce Pierre ? — La jeune fille pâlit, puis elle rougit, puis elle se jeta au cou de son frère en balbutiant un *oui* timide. — Il nous sauvera, — dit Stanislas en l'embrassant avec effusion. Et il revint près de Jean, auquel il dit : — Tu ne t'es pas trompé.

Comme nous l'avons raconté, le bossu avait été lancé dans la rivière par Tête-de-Pioche.

Malheureusement ce dernier n'avait pas songé que, pour être jeté à l'eau, un homme n'est pas mort s'il sait nager suffisamment. Le bossu était un vrai canard. De tous les exercices du corps, la natation était le seul pour lequel il eût des aptitudes.

Comme tous les gens faibles de complexion, Paulo eût voulu exceller dans tout ce qui demande de la force musculaire, précisément parce qu'il était frêle et chétif. Ne pouvant être un gymnasiarque distingué, il s'était décidé à pousser jusqu'à ses dernières limites l'art de la natation, et il avait réussi. Son plus grand bonheur à Paris était d'exécuter devant une foule de badauds les plus merveilleuses évolutions par lesquelles un nageur attire les bravos des habitués des bains froids.

Donc Paulo, en tombant dans la rivière, se trouva en quelque sorte au milieu de son élément. Il fit un plongeon, se laissa glisser par prudence au fil de l'eau à quelques centaines de brasses, et aborda la rive pendant qu'on se battait sur le pont avec acharnement.

Une fois à bord, Paulo se secoua comme un caniche, puis il défit en hâte ses vêtements, les tordit, les remit humides encore, mais plus légers, et remonta rapidement la berge.

Arrivé en haut, il jeta un coup d'œil sur la scène. Grand fut son étonnement. Les dragons russes sabraient à la fois ses hommes à lui et ceux du capitaine Tête-de-Pioche. Il songea à faire cesser ce malentendu ; mais en s'approchant du champ de bataille il entendit un officier qui criait :

— Le bossu ! cherchez un bossu et sabrez-le !

C'était à lui qu'on en voulait ; il ne revenait pas de sa stupéfaction. Il avait reconnu l'aide de camp du général Mouraview. Enfin Paulo eut une lumineuse idée :

— Evidemment, — se dit il, — le général veut se défaire de moi. — Homme habile et circonspect, le bossu prit ses jambes à son cou et regagna la berge ; il dégringola plutôt qu'il ne redescendit au bord de la rivière, et il continua à fuir avec précipitation. Après avoir couru une demi-heure, il s'arrêta pour reprendre haleine et s'orienta un peu. Le combat continuait, mais l'écho des détonations s'affaiblissait de plus en plus. Paulo s'assit. — Que faire ? — pensa-t-il. — Les Polonais, que j'ai trahis, me fusilleraient si je retombais entre leurs mains ; Mouraview m'expédierait sans scrupule si j'avais la sottise de retourner vers lui. Que faire ? Que faire ?... — Et Paulo, la tête dans ses deux mains, réfléchissait sans trouver le moyen de sortir d'embarras. Mais comme il fit un mouvement, il entendit dans ses poches un son métallique qu'il reconnut. Ce son lui fit le plus grand plaisir et lui donna le commencement d'un plan de campagne. — Sacrebleu ! que je suis enfant, — pensa-t-il en frappant sur ses poches bien garnies d'or, lequel provenait d'un à-compte donné par Mouraview. — J'ai là, — continua-t-il, — le nerf de toutes choses : de l'or ! Et je suis assez sot pour me décourager, allons donc ! Voyons ! Paulo, que veux tu ? Alexandra ? Bien, tu l'auras. Pour l'avoir, il faut d'abord se rapprocher d'elle. Elle va en Sibérie, va en Sibérie aussi ! Comment ? Voilà la difficulté. — Le bossu se frappa le front. Quand Cadmus de son pied touchait le sol, il en jaillissait aussitôt une armée. Quand Paulo du doigt touchait à son cerveau, il en jaillissait des légions d'idées. Une étincelle fit resplendir sa glauque prunelle. — Trouvé ! j'ai trouvé ! — s'écria-t-il joyeusement. — Mouraview m'a donné une carte d'espion russe, un sauf-conduit, des signes de reconnaissance. Avec cet arsenal, je puis gagner la Sibérie, que diable ! J'inventerai une fable, une mission secrète importante. Je serai aidé même par tous les fonctionnaires. Et même qui m'empêche de dire que je suis chargé d'espionner Stanislas, auquel je prêterais des secrets que je prétendrai être chargé de découvrir? C'est cela. Parfait, parfait! — Et le bossu jeta sa toque en l'air, et il cria : — Vive Paulo! vive Alexandra, ma future épouse! — Ce diable de petit homme n'avait foi qu'en lui-même et en son amour insensé; il venait à la fois de pousser son cri de guerre et de triomphe. C'était là son Montjoie, Saint-Denis !... Homme d'action aussi bien qu'homme de tête, le bossu se mit à l'œuvre. Il pensa qu'il devait gagner la plus prochaine station, prendre le chemin de fer, et mettre entre lui et Mouraview le plus de distance possible. En conséquence, il se déshabilla, fit un paquet de ses hardes, se les plaça sur la tête et traversa la rivière, car il ne voulait pas repasser sur le théâtre de la lutte où il aurait dû périr. Il se revêtit de l'autre côté du cours d'eau et gagna la ferme la plus proche, où il entra avec un aplomb magnifique. — Par saint Serge! — dit-il en enflant sa voix, — où est le maître de cette maison?

Un homme se leva, et, toisant le bossu, lui demanda à son tour :

— Qui es-tu et que veux-tu?

— Drôle! tu questionnes, je crois? — s'écria Paulo. Et aussitôt il déplia son sauf-conduit, et montra le seing de Mouraview à son interlocuteur. Ce dernier se mit à trembler de tous ses membres.—J'ai par là une escorte de cosaques,—continua Paulo.—Faut-il l'appeler pour te rendre moins insolent, mon brave homme?

— J'ignorais qui vous étiez, — murmura le fermier humblement.

— A la bonne heure! — fit Paulo. Et il reprit : — Attelle à ta meilleure voiture ton cheval le plus rapide, et conduis-moi à la première station.

Le fermier obéit. Trois heures plus tard, le bossu arrivait à la station, se faisait reconnaître comme agent supérieur de la police, prenait le premier convoi, et partait pour Pétersbourg. De Pétersbourg, sans être inquiété, il gagnait Tobolsk et puis Berezow, où il se tint coi, attendant le moment d'agir.

Le jour de l'arrivée des exilés, qu'il avait devancés, il se hasarda à rôder sur la place, loin des regards de Stanislas et d'Alexandra toutefois. Il tenait à ne pas donner l'éveil, pour être plus sûr d'agir. Il avait vu toute la scène que nous avons décrite plus haut.

XXIV

OU LE BOSSU FAIT UNE HEUREUSE RENCONTRE A LAQUELLE IL NE S'ATTENDAIT GUÈRE.

Paulo, quand il eut reconnu Alexandra et son entourage, pensa que le moment était venu de dresser ses batteries contre les exilés.

Il résolut d'aller se présenter au gouverneur de la ville pour lui parler de sa prétendue mission et lui demander aide et protection.

La démarche qu'il voulait hasarder était délicate. Il fallait jouer serré, se faire croire d'emblée, éviter le moindre soupçon; sinon le gouverneur demandait des renseignements par le télégraphe, et Paulo, reconnu pour un imposteur, était jeté en prison ou envoyé aux mines, perspective peu agréable.

Le bossu pensa qu'il ferait bien de consulter quelqu'un au sujet du gouverneur. Il est bon de connaître un peu les gens avant de les aborder; on risque moins de commettre des erreurs. Donc Paulo, sous prétexte d'emplette, entra chez un marchand de fourrures dont la mine lui parut franche et le sourire communicatif.

Après avoir marchandé quelques peaux d'hermine, le bossu amena la conversation sur le sujet qu'il voulait.

— Je suis étranger, — dit-il, — et j'admire la bonne tenue des soldats de la garnison ; dans l'intérieur de la Russie, les troupes ne sont pas aussi bien tenues que dans cette cité à demi perdue de la Sibérie.

— Oui, oui, — fit le marchand, — nos militaires sont magnifiques.

— Comment donc s'appelle le gouverneur qui les tient sur un si bon pied?

— De Warenn.

— Ah! — fit le bossu. Et, quoique le nom lui fût totalement inconnu, il reprit : — J'ai entendu dire que c'était un homme bien habile. — Le marchand toisa son interlocuteur, et il commença à s'en défier ; il le prit pour un mouchard. Alors il se mit à faire un éloge si immodéré du gouverneur, que le bossu comprit les motifs qui lui inspiraient une admiration hyperbolique. — Je ne tirerai aucun indice sérieux de cet animal de marchand,—pensa dès lors Paulo. — Voyons ailleurs.

Il se retira, entra dans vingt magasins et ne fut pas plus heureux : partout on se défia de lui, partout on vanta outre mesure le gouverneur.

Tout ce qu'il put savoir, c'est que monsieur de Warenn était nouvellement installé à son poste.

Fort ennuyé du peu de succès qu'obtenaient ses recherches, Paulo allait, de guerre lasse, rentrer fort mécontent à son domicile. Mais voilà qu'au sortir d'une boutique il se heurta contre une dame fort élégamment mise, à laquelle il dut faire des excuses, quoique ce fût lui qui avait failli être renversé. La dame, à la vue de Paulo, poussa un cri de surprise, se pencha rapidement vers lui et lui dit :

— Ce soir, à l'hôtel du gouverneur; ne manquez pas!

Paulo, stupéfait, ne savait trop que penser; un voile épais couvrait le visage de la dame. Il ne parvint pas à découvrir ses traits, et il se retira sur un geste impératif que fit cette mystérieuse personne.

Paulo passa les quelques heures qui lui restaient avant le soir à chercher le mot de l'énigme.

Il débuta d'abord par se dire qu'évidemment ce n'était point une bonne fortune, vu sa tournure. Pauvre bossu! il était modeste... malgré ses vices, il faut lui savoir gré de cette qualité.

— Que peut me vouloir cette dame? — pensait-il. Et pendant longtemps il se répéta cette question sur tous les tons. Enfin le soir vint. Paulo se présenta à l'hôtel du gouverneur. Un valet l'attendait sur la porte ; il le fit entrer dans l'intérieur de la maison, le conduisit dans un petit boudoir, et, après lui avoir montré un divan, il se retira aussi muet qu'un poisson. — Cela se complique, — pensa Paulo fort intrigué, et même un peu ému par la crainte vague d'un péril. Pendant une demi-heure il eut le temps de réfléchir, car il resta seul, n'entendant aucun bruit. Au bout de trente longues minutes, il entendit des pas amortis par des tapis, une porte s'ouvrit doucement, une femme parut, et cette femme, sans voile cette fois, mais délicieusement parée, cette femme, c'était Rita. — Ah! — s'écria le bossu, — j'aurais dû deviner que c'était vous!

— Vous ne m'aviez donc point reconnue tantôt?

— Non, madame, votre voile me cachait entièrement votre visage.

La baronne s'assit et invita le bossu à l'imiter. Quand il fut installé, elle reprit la conversation :

— Nous voilà donc encore une fois sur le même chemin et marchant au même but, — fit-elle.

— Oui, madame, — répondit Paulo, — j'ajoute même que je suis fort heureux de vous rencontrer. Car je vous suppose puissante ici ; sans doute, monsieur de Warenn est tout à votre dévotion?

— Mais certainement ; comme par le passé, il fait ce que je veux.

— Par le passé? — répéta Paulo d'un air surpris ; — je ne comprends pas trop...

— Vous avez la mémoire courte, il paraît, mon ex-allié.

Oubliez-vous donc que mon mari a toujours été trop heureux de m'obéir?

— Pardon, madame, je saisis encore moins qu'avant. Vous parlez de votre époux et moi de monsieur de Warenn?

— Mais l'un et l'autre ne font qu'une même personne.

— Ah! ah! — fit Paulo, — le baron de Touïourskoff est mort; vous êtes remariée. Mes compliments, madame.

— Vous êtes encore dans l'erreur, et il faut que je vous explique tout. Mon mari a changé son nom, ridiculisé dans toute la Russie depuis sa sotte aventure de Varsovie. Il se nomme maintenant monsieur de Warenn; cela évite les réflexions désagréables que l'on pourrait faire. Revenons à nos affaires.

— Je disais, madame, que j'étais fort satisfait de vous avoir rencontrée, car, si vous m'aidez, vous pouvez être certaine que cette fois nous atteindrons notre but.

— Eh bien! maître Paulo, aujourd'hui comme autrefois ma protection vous est acquise. Notre pacte d'alliance est renoué plus solidement que jamais. Voici ma main.

Le bossu baisa respectueusement la main qu'on lui tendait. Après le tribut accordé aux usages de la galanterie, il reprit:

— Vous plaît-il, madame, d'arrêter avec moi dès ce soir une ligne de conduite contre nos ennemis?

— Certes! Je vous ai appelé près de moi dans l'espérance que nos efforts combinés nous donneraient un beau et rapide succès.

— Alors, madame, daignez commencer par me confier vos projets, je vous dirai les miens, et de la discussion jaillira la lumière.....

La baronne de Touïourskoff rassembla ses idées et dit:

— L'ordre d'exil signé par le grand-duc Constantin porte que le comte Stanislas et les siens seront seulement condamnés au second degré de la déportation.

— C'est vraiment fâcheux, — fit le bossu avec regret. — Encore si le Stanislas et Jean le Dogue avaient été envoyés aux mines, j'aurais pu facilement enlever la petite Alexandra.

— Attendez, — interrompit la baronne, — il y a une restriction.

— Ah! — s'écria Paulo, qui entrevit la possibilité de tourner la difficulté.

— Oui, il y a un cas où Stanislas et Jean le Dogue pourraient être condamnés aux mines tous deux.

— Voyons ce cas.

— L'ordre dit : « Si pourtant les exilés se révoltaient » ouvertement... »

— Bravo! — fit le bossu, sans laisser la baronne continuer.

— Vous voyez le joint, — demanda celle-ci en souriant.

— Si je le vois! Je tiens déjà l'épée que j'introduirai dans le défaut de la cuirasse qui protège ce maudit Stanislas.

— Expliquez-vous?

— Je veux organiser une révolte; vous m'y aiderez. Il doit certainement y avoir ici des hommes capables de jouer adroitement le rôle d'agents provocateurs?

— Certainement.

— Eh bien! deux ou trois de ces habiles gaillards parcourront les villages d'exilés avoisinant le lieu où Stanislas habitera bientôt; ces agents se donneront comme des envoyés du gouvernement national, et ils parviendront à fomenter une rebellion; ils désigneront un jour pour prendre les armes, en affirmant que ce jour-là tous les déportés se lèveront en masse.

— Quelle magnifique idée!

— Stanislas ne pourra faire autrement que de devenir le chef d'une bande, et il ne s'agira pas seulement des mines, mais de la peine capitale pour le punir.

— Ce qui me plaît le plus dans cette combinaison, c'est que mon mari, en écrasant cette émeute, va se signaler.

— Au fait, c'est vrai. Le baron va se relever aux yeux du czar et du grand-duc.

— Pour que tout fût au mieux, il serait nécessaire de donner une grande extension à cette prise d'armes. Ce n'est pas un, deux, cinq villages qu'il faut pousser à une prise d'armes, mais cent, deux cents même. Allons, monsieur Paulo, je vous devais beaucoup, je vous devrai plus encore, et je m'acquitterai.

— Plaise à Dieu! madame.

— Vous doutez?

— Je suis payé pour cela.

— Mon cher allié, souvenez-vous que les âmes tenaces dans la vengeance sont toujours reconnaissantes. Mourawiew n'est qu'un ambitieux; moi je suis une femme outragée qui hait, souffre et vit pour châtier l'homme par lequel elle fut avilie.

— Allons, je reprends confiance, — dit Paulo, — et je vais vous annoncer une bonne, une excellente nouvelle. Pierre est ici.

— Je m'en doutais. C'est probablement ce cavalier qui a fui après avoir tué plusieurs de nos soldats sur la grande place?

— Oui, madame, c'est lui.

— Nous le prendrons, monsieur Paulo, nous le prendrons! Quand son Alexandra sera entre nos mains, nous lui tendrons un piège dont elle sera l'appât; après quoi nous célébrerons votre mariage avec elle. Que n'avez-vous été plus... amoureux quand Jacob vous a laissé seul avec cette charmante enfant! Vous souvient-il? Une nuit...

— Oui, — murmura le bossu, frissonnant encore à ce souvenir.

— Ah! si vous aviez eu plus d'audace... je serais déjà presque vengée!

— Madame, — s'écria Paulo, — que pareille occasion se présente, et je vous assure que je ne serai plus aussi niais!

— Résumons-nous, — dit la baronne. — Nous fomentons une révolte.

— Oui, madame.

— Nous faisons fusiller Stanislas et Jean le Dogue sur-le-champ.

— Et sans pitié.

— Nous nous emparons de la petite Alexandra.

— Après nous être débarrassés de sa mère, ce qui me regarde.

— Soit, je continue. Nous tendons quelque souricière bien organisée à ce maudit Pierre.

— Nous le fusillons aussi.

— Et je vous donne votre fiancée avec une fortune assez raisonnable.

— Vous me comblez!

Et Paulo, sur ce mot, baisa galamment la main de Rita.

— J'espère, — dit-elle, — que nous nous entendons à merveille.

— Votre résumé, madame, est clair et concis comme un bulletin de Jules César; c'est un gage de victoire.

— Eh bien! monsieur Paulo, permettez-moi d'être votre hôtesse. Nous entrerons prochainement en campagne.

— Vous êtes vraiment trop bonne, madame la baronne.

La baronne frappa trois coups sur un timbre. Jacob le juif se présenta.

— Je vous recommande monsieur, — lui dit-elle en désignant le bossu.

— C'est une ancienne connaissance, — dit en souriant le vieux juif.

— Heureux de vous revoir, maître, — dit Paulo avec une grimace. — Si jamais vous me serviez encore de chambellan auprès d'une jolie femme, je vous affirme que je ne ressemblerais pas à Joseph, votre ancêtre.

— Jacob, — ordonna la baronne, — n'oubliez pas de donner à souper à notre hôte.

C'était un congé formel.

Le bossu et le juif quittèrent la chambre de la baronne.

XXV

LE LASSO.

C'était bien Pierre qu'avaient vu les exilés sur la grande place, le jour de leur arrivée dans la ville; depuis une semaine environ il était à Berezow.

Selon les instructions du comité, il s'était mis en rapport avec les principaux initiés de la société secrète organisée par le vieux Nadieff.

Cette société avait jeté de profondes racines en Sibérie; jamais sol ne fut mieux préparé pour être labouré par le soc de la charrue d'or et du progrès, pour recevoir dans ses sillons la semence des grandes vérités qui doivent être la moisson de l'avenir.

En Sibérie, il y avait trop de victimes du despotisme pour que le mot de liberté ne fît pas tressaillir les cœurs; trop de douleurs essuyées en commun avaient uni les exilés pour qu'ils ne comprissent pas l'association, cette force des faibles. Le knout avait trop bien nivelé les épaules des condamnés aux mines pour que l'espérance d'asservir ses frères pût naître dans l'âme de l'un d'eux.

Soif d'indépendance et union fraternelle, voilà ce que trouvèrent d'abord les envoyés de Nadieff; oubli des castes, des priviléges, dans un avenir plus heureux, voilà ce qu'ils n'eurent pas de peine à prêcher aux exilés; bientôt la société compta ses adeptes par milliers.

Nous avons dit pourquoi l'armée fut accessible aux missionnaires de la Sibérie; elle comptait dans ses rangs beaucoup de Polonais et de Russes mécontents des rigueurs disciplinaires. La bourgeoisie fut aussi très-facile à gagner. Malgré leurs richesses acquises par le commerce des huiles de poisson et des fourrures, les commerçants étaient sous le joug des fonctionnaires militaires, qui, loin de tout contrôle, les rançonnaient sans mesure et sans pudeur. L'abaissement du czar était pour ces riches ilotes l'émancipation désirée, caressée dans des rêves qui commençaient à prendre une forme moins vague.

Pierre était convenu avec les principaux chefs de la société secrète que l'on tiendrait un conseil général.

La franc-maçonnerie avait servi de base et de modèle à l'organisation de la secte fondée par Nadieff. Elle était divisée en loges composées de cent membres, en districts composés de cent loges, en provinces composées de cent districts, en nations qui réunissaient toutes les provinces d'une même nationalité. Les loges étaient sous les ordres d'un maître, les districts obéissaient à un grand maître, les provinces étaient commandées par un cophte, les nations par un grand cophte. Enfin Nadieff était le chef suprême. C'était la dictature du bien en face de celle du mal.

L'armée de l'indépendance avait besoin d'une sévère discipline et d'une seule direction pour triompher sûrement. Seulement le pouvoir des chefs était contrôlé et éclairé à chaque degré par un conseil qui avait droit de *veto*; ce conseil prenait le nom du degré de la hiérarchie qu'il occupait : conseil de la loge, conseil provincial, etc., etc. De plus, il avait la mission spéciale de surveiller les membres de la société et de veiller aux traîtres; on n'arrivait au titre d'initié qu'après les plus rudes épreuves; un maître ou un membre du conseil de loge devait avoir fourni des garanties bien grandes pour recevoir ce titre; enfin, plus les degrés de la hiérarchie s'élevaient, plus il était difficile d'y arriver. Du reste, on n'aspirait guère à monter; on n'acceptait un grade dangereux, une responsabilité effrayante que par devoir; on ne la briguait que par désir de rendre à la cause des services signalés.

Pour assurer la sécurité de tous, les membres d'une loge ne connaissaient pas leurs frères, fussent-ils dans la même ville. Un traître aurait pu livrer cent noms; cent martyrs auraient peut-être péri, mais là se fussent bornées les suites de sa délation.

Comme nous l'avons dit plus haut, Pierre avait fait convoquer le conseil de la province par le cophte de Berezow. A ce conseil devaient assister tous les grand maîtres de la province.

Le jour même où la réunion devait avoir lieu, le bossu, soigneusement déguisé, arrivait dans le village le plus rapproché du lieu que devait habiter Stanislas; on avait donné au jeune comte et aux siens une cabane désertée depuis quelques mois par ceux qui l'occupaient auparavant. C'étaient des condamnés qui avaient obtenu leur grâce par une intrigue de cour.

Paulo et ses acolytes portaient des costumes de mendiants; le bossu avait une grande barbe blanche et une perruque épaisse. Ainsi grimé, il était tout à fait méconnaissable.

Au moment où il s'engageait dans les rues du village, il aperçut deux cavaliers qui chevauchaient, venant de son côté; il les observa sans autre motif que l'habitude de tout observer.

L'un des cavaliers était un pope (prêtre du rite moscovite), l'autre ressemblait à un sacristain; le pope, bien vêtu et monté sur un bon cheval, devait au moins avoir des fonctions relevées à Berezow. Les acolytes du bossu ne le reconnurent cependant pas pour appartenir au clergé de la ville.

Le sacristain était juché sur un coursier d'aspect assez misérable; il avait une mise sordide, et l'on reconnaissait en lui un rat d'église.

Néanmoins, quand ces deux cavaliers passèrent, le bossu remarqua que le sacristain avait une certaine allure militaire qu'il s'efforçait de cacher sous un air gauche; il observa aussi que le cheval avait la jambe fine et la tête intelligente, quoiqu'il eût semblé le modèle des rosses à un observateur superficiel.

Les soupçons du bossu étant excités, il résolut de savoir à quoi s'en tenir.

Il s'approcha humblement, la main tendue pour mendier, et de son bâton il toucha légèrement le cheval du sacristain.

L'animal se cabra aussitôt, et se démena d'une telle façon qu'il fallait être un cavalier consommé pour ne pas être désarçonné; le sacristain resta cependant en selle. Au premier mouvement brusque de sa monture, il s'était dressé sur ses étriers, et en quelques tours de main il avait dompté son coursier rétif; pendant ce temps le pope jetait une menue pièce de monnaie au faux mendiant.

Cela fait, les cavaliers continuèrent leur route.

— Bon ! — pensa le bossu, — voilà du nouveau. Le sacristain me paraît avoir des allures bien militaires; son cheval a des jarrets d'acier. Le maître ne cache pas sans motifs son talent d'écuyer; la bête n'a pas été choisie sans dessein parmi celles qui ont plus de fonds que d'apparence. Mettons-nous en quête de ce mystère, car mystère il y a.

Et le bossu communiqua ses doutes à ses compagnons.

Ces derniers étaient trois coquins de la pire espèce; enrôlés dans l'armée russe, ils avaient mené une conduite de sacripans; mais, comme ils avaient montré tous trois du courage devant l'ennemi, au lieu d'être fusillés pour leurs méfaits, ils avaient été déportés dans les compagnies disciplinaires de la Sibérie. Là, le gouverneur, ayant besoin d'hommes de police, les avait choisis pour remplir l'honorable fonction d'argousin. Ils s'en acquittaient à merveille.

L'un d'eux, un grand gaillard, que l'on eût pris volontiers pour un singe gigantesque, était devenu borgne et portait sur le front la marque d'un cul de bouteille dont un de ses camarades l'avait meurtri dans une rixe. Les éclats du verre avaient fait des entailles ineffaçables, et le Borgne (c'était son surnom depuis lors) était devenu hideux ; il est vrai qu'avant son accident il l'était déjà. Le crime qui l'avait conduit en Sibérie consistait en un viol suivi d'assassinat. Cette légère peccadille indiquait suffisamment la nature de ses inclinations. Le Borgne adorait le beau sexe et ne s'en cachait pas ; quand, dans l'exercice de ses fonctions, il trouvait l'occasion de montrer sa galanterie aux dames, il n'y manquait jamais. Celles qui se plaignaient de ses façons d'agir avaient grand tort, en vérité ; il était brutal, c'est vrai, mais si épris...

Le Borgne était le chef de ses deux compagnons, lesquels avaient pour péchés mignons l'amour du *chnik* et du jeu. C'étaient du reste de charmants mauvais sujets ornés de plusieurs autres vices, mais à des degrés moindres ; en somme, les trois suppôts de police avaient de vilaines qualités. Gens de sac et de corde, capables de tout, même d'audace, ils auraient poignardé leur meilleur ami pour un copeck et massacré père et mère si on y avait mis le prix.

Le bossu dit avec une touchante familiarité à ces sbires :
— Mes enfants, il y a un coup à faire probablement.

Les drôles levèrent la tête aussitôt, comme des chevaux d'escadron entendant la trompette.
— *Petit père*, — demandèrent-ils avec un accent fraternel, — de quoi s'agit-il ?

Petit père est le titre donné à tout supérieur.
— Il s'agit, mes enfants, de suivre ces cavaliers, de savoir où ils vont et ce qu'ils sont.
— Y aura-t-il une gratification ? — demanda le Borgne.
— Six roubles, mes agneaux !

Les yeux des sbires étincelèrent.

Toutefois le Borgne demanda encore :
— Six roubles par tête, n'est-ce pas, petit père ?
— Oui, — fit Paulo ; — mais soyons prudents. Voyons comment nous y prendrons-nous pour arriver à nos fins ? Il ne faut pas que ces gaillards se doutent qu'on les observe.
— La chose devient difficile, — fit le Borgne. — En employant la force, on pourrait faire parler ces gens-là. Si ce sont des ennemis du czar, que gagnerons-nous à les ménager ? Si ce sont des amis de Sa Majesté, ils n'oseront pas se plaindre d'une violence commise dans l'intérêt du souverain.

C'était puissamment raisonné.
— Au fait, — pensa Paulo, — il est évident que Pierre est ici. S'il y est, il se cache ; ce peut être lui qui se trouve sous la robe du pope où les guenilles du sacristain. Et je le laisserais s'échapper ! Ce serait trop bête !
— Eh bien ? — demandèrent les sbires, qui attendaient.
— Mes enfants, il faut arrêter ces gens-là, — répondit Paulo. — Seulement, — ajouta-t-il, — nous ne sommes pas en force, car nous aurons affaire à de fameux et hardis compagnons, si les apparences ne m'induisent pas en erreur.

Le Borgne sourit. Ses amis haussèrent les épaules.
— A nous trois, — dit le Borgne, — nous nous chargerions de prendre le diable lui-même par les cornes, si on nous le montrait, et de lui faire un mauvais parti.
— Hum ! — fit Paulo.
— Quand je vous l'assure,
— Expliquez-moi comment vous espérez arrêter les deux cavaliers ?
— Voilà : nous allons gagner du terrain en prenant les champs à gauche de la route qui fait un détour.
— Ensuite ?
— Nous nous embusquerons.
— Après ?

— Nous lancerons sur chaque cavalier le lasso que nous portons toujours sur nous, et ils seront pincés.
— Etes-vous sûr de ne pas manquer d'adresse, au moins ?
— Petit père, en Crimée, nous allions chaque nuit rôder du côté des tranchées gardées par les Français, et chaque nuit nous en ramenions un dans Sébastopol. Nos généraux les payaient deux roubles pièce.
— Ah ! ah ! — fit Paulo, — me voilà rassuré ; j'ai entendu parler de vos exploits ; je puis maintenant compter sur vous. Les journaux de l'époque ont raconté qu'un soldat russe était si habile qu'à trente mètres il ne manquait jamais un cosaque lancé au galop.
— Ce soldat c'était moi. L'expérience s'est renouvelée souvent, à la suite de paris, devant le prince Gortschakoff.
— Alors, mes braves, allez ! Si les cavaliers sont bien ceux que je suppose, ce n'est pas six roubles, mais cinq cents que je promets.
— Plaisantes-tu, petit père ? — demandèrent les sbires presque défaillants de joie à cette promesse.
— Je vous jure cela sur saint Serge ! Mais hâtez-vous.

Les argousins prirent leurs jambes à leur cou, et décampèrent avec une vélocité extraordinaire. Quant à Paulo, il les suivit de loin. Il était en proie à une agitation extraordinaire ; ses lèvres étaient blêmes et collées à ses gencives ; ses grands yeux s'étaient dilatés démesurément ; une sueur froide inondait son corps, qui frémissait ; il fit quelques pas ; puis, vaincu par l'émotion, il fut forcé de s'asseoir. Il tira une gourde de sa poche, but quelques gorgées d'eau-de-vie, et parvint à se relever. — Serait-ce lui ? — pensait-il. Et sa tête était en feu, et son cœur palpitait avec violence. — Serait-ce lui ? — répétait-il. — Enfin je toucherais au but, je serais vainqueur dans cette lutte, et Alexandra m'appartiendrait...! — Le bossu continua à marcher. Il vit les dignes acolytes gagner rapidement du chemin, puis disparaître. Il se mit à courir à son tour. Il arriva sur une petite éminence d'où, par suite de la configuration du sol, il pouvait voir à la fois les deux cavaliers qui continuaient à suivre la route, et les sbires qui les devançaient en coupant par les champs. Le bossu s'installa sur le mamelon le plus commodément qu'il put. Les sbires parvinrent à un bouquet de pins qui bordait le chemin ; les cavaliers, sans avoir aperçu ces misérables, allaient toujours du même train paisible. Ils furent tout au plus dix minutes à s'approcher de l'embuscade. Paulo sentait son sang bouillonner dans ses veines ; il ne quittait plus les voyageurs du regard. Pourvu qu'ils réussissent, — pensait-il ; — s'ils les manquaient !... — Et ensuite une autre crainte traversait son cerveau. — Si ce n'était pas Pierre ! — se disait-il ; — ce sacristain ne lui ressemble que par la taille. Mais je suis déguisé, grimé, défiguré, pourquoi Pierre ne le serait-il point ? — Paulo se haussait sur la pointe du pied pour mieux voir. Un cavalier se retourna. Soit qu'il eût aperçu le bossu, soit tout autre motif, il donna un coup de houssine à son cheval ; celui de son compagnon en fit autant. — Mille démons ! ils s'échappent ! — s'écria Paulo furieux. — Et par ma faute ! — ajouta-t-il en s'arrachant les cheveux ; — le Borgne les manquera, malédiction !

En ce moment les cavaliers approchaient du bouquet d'arbres.

Pendant que Paulo faisait dresser une embuscade aux cavaliers suspects, sur les rives du fleuve l'Obi se glissaient des personnages mystérieux qui cherchaient à dissimuler leur présence aux yeux indiscrets.

Presque tous étaient venus à cheval ; mais, à une certaine distance du fleuve, ils abandonnaient leurs montures à un valet qui s'éloignait aussitôt bride abattue.

Alors le maître s'avançait avec précaution vers l'Obi, descendait le long de ses bords escarpés, et, à partir d'un certain roc en saillie, comptait ses pas.

Arrivé au deux centième pas, il tournait un peu à

gauche, à travers les sinuosités de la rive, et parvenait à un trou béant creusé au flanc d'un talus et large à peine de quoi donner passage à un homme.

Le voyageur, sans hésiter, se glissait par cette ouverture et se trouvait bientôt dans une obscurité profonde. Il sentait une main toucher la sienne, et à sa pression il répondait par une autre pression où les doigts s'enlaçaient d'une façon toute particulière. C'était un signe de reconnaissance.

Alors le voyageur disait :
— Frère, la grotte est sombre.
— Frère, — répondait celui qui, caché dans les ténèbres, recevait les adeptes, — frère, la lumière dissipe l'obscurité.
— Alors mène-moi vers cette lumière, — disait encore le voyageur.
— Tes yeux seront éblouis.
— Mes yeux sont purifiés depuis longtemps ; je ne suis pas un hibou, et, comme l'aigle, j'ai regardé le soleil en face.

Après cet échange de phrases qui indiquaient non-seulement que le voyageur était un initié de la société, mais un de ses hauts dignitaires, un coup de sifflet retentissait, un bruit de fer glissant sur le fer résonnait, et, à une distance immense, on voyait au milieu de l'obscurité briller la flamme rougeâtre d'un flambeau.

L'initié marchait vers ce point lumineux sans hésiter. A peine avait-il fait dix pas que les grincements du fer retentissaient de nouveau, puis on entendait des trappes se lever et retomber successivement dans les profondeurs les plus reculées de la grotte, et se perdre enfin dans les plus lointains échos.

Après, le silence le plus complet régnait dans la grotte jusqu'au moment où se présentait un autre initié. Alors la même cérémonie recommençait.

L'excavation dans laquelle s'introduisaient les adeptes était parfois visitée par des bateliers curieux ou des pâtres désœuvrés ; quand elle était éclairée par une torche de résine, elle présentait à l'œil un espace de trois mètres de profondeur sur deux de largeur tout au plus, et on aurait sondé ses murs avec le plus grand soin sans se douter que l'on se trouvait dans l'étrange antichambre de la salle des délibérations du grand conseil.

Mais, comme jadis les francs-maçons, les membres de la société s'étaient creusé, dans les sites les plus déserts, des retraites sauvages et mystérieuses où ils échappaient à tous les regards indiscrets.

Depuis une heure déjà, les voyageurs se succédaient presque sans interruption, et le conseil se trouvait presque au complet.

Cent frères environ se trouvaient réunis dans la salle des délibérations.

C'était un immense caveau que des centaines de flambeaux ne suffisaient pas à éclairer ; la lumière semblait lugubre sous ces voûtes bizarrement taillées, qui se succédaient sans interruption aussi loin que la vue pouvait s'étendre, et l'œil sondait avec effroi cette suite non interrompue d'excavations, d'une largeur et d'une hauteur effrayantes, que soutenaient des piliers géants. Jadis on avait exploité là une mine, abandonnée depuis Tamerlan. Le travail de dix générations avait creusé sous le sol une succession de souterrains dont les catacombes de Rome ou de Paris peuvent seules donner une idée.

L'aspect funèbre du lieu se reflétait sur la figure des initiés.

Enveloppés de robes longues et de couleur sombre semblables au froc des capucins, les assistants avaient tous des masques de velours noir. Ils étaient assis en cercle, le long des stalles creusées dans le roc aux parois du caveau ; ils gardaient un silence imposant, une immobilité majestueuse.

On aurait cru se trouver dans quelque crypte funéraire du moyen âge, destinée à servir de tombeau aux membres d'une communauté religieuse.

Les torches n'éclairaient que des physionomies impassibles.

Sur une stalle plus large, plus élevée que les autres, se tenait le cophte président de l'assemblée ; il attendait, lui aussi, mais parfois il donnait des signes d'impatience.

A différentes reprises, il poussa un bouton placé devant lui et correspondant à un fil électrique ; il adressait des questions à quelque correspondant invisible, qui répondait aussitôt.

Enfin le président se leva :
— Frères, — dit-il, — je vous ai réunis pour entendre les ordres du comité supérieur de Varsovie ; mais avant de vous les communiquer, je veux exposer la situation de la société. Nous comptons, frères, dans cette contrée, environ mille initiés qui sont dévoués corps et âme à notre cause. Ces mille initiés exercent une grande influence sur les adeptes qui, sans posséder nos secrets, sans être affiliés, sont néanmoins prêts à subir l'impulsion que nous donnerons. Dans tous les postes importants, un homme est à nous qui, sur un signe, sacrifiera sa liberté, sa vie, son honneur, pour le triomphe de la liberté. Frères, le moment est venu où la lutte va s'engager. Nous allons constituer ici un comité permanent qui dirigera le mouvement et organisera la victoire. De ce point part un fil électrique relié à toutes les lignes du gouvernement, et qui, par une invention due à un de nos membres, permet de surprendre le secret des dépêches sans les empêcher d'arriver à destination. C'est par l'intérieur d'un poteau creusé que notre fil se rattache à ceux des Russes. Dans chaque bureau, à certains moments, un employé à nous recueille nos dépêches et les expédie ; un de nos ordres peut être porté aux extrémités les plus reculées en quelques heures. La constitution de la société est telle que nous marcherons comme un seul homme à la conquête de l'indépendance. Nous devons, d'après les ordres du comité, exciter une révolte générale... — Ici le président développa le plan gigantesque que nous avons déjà exposé à nos lecteurs. Des murmures d'admiration approuvèrent la résolution du comité de Varsovie. — Frères, — reprit le président, — il faut un général aux troupes que nous lèverons ; ce général est arrivé de Pologne. C'est le fameux colonel Pierre, des zouaves de la mort. Je l'attends pour vous le présenter ; mais il tarde, et j'ignore ce qui peut mettre obstacle à son arrivée. J'ai envoyé des frères à sa rencontre ; je crains que quelque malheur ne soit venu entraver son voyage vers la grotte.

En ce moment l'aiguille de l'appareil électrique se mut avec rapidité et le président lut : « Deux frères ont été arrêtés sur le chemin de la grotte. »

XXVI

PRÉCAUTIONS INUTILES.

Étrange contrée que la Sibérie !

Le printemps y est inconnu, l'automne dure quelques jours à peine, l'hiver y est long, pénible, effrayant ; durant six mois, le soleil se montre tout au plus pendant quelques heures à l'horizon vaporeux ; son disque pâle, cerclé de brume, fait briller les plaines immenses, incultes, silencieuses, où le sol est diamanté de glace ; pendant la nuit, les aurores boréales ceignent le ciel de leurs écharpes diaprées, aux mille plis gigantesques et flamboyants, à travers lesquels on entrevoit l'azur semé d'étoiles scintillantes ; tout être vivant, engourdi dans la somnolence universelle de la nature, se tient caché, l'homme dans sa hutte, l'animal dans son repaire.

C'est le règne de la nuit, le règne du froid, du silence, de la mort.

En été, le soleil ne cesse pas d'éclairer et d'échauffer la terre ; il resplendit pendant vingt heures dans le ciel, et, quand il a disparu par delà l'océan Boréal, son rayonnement puissant et rapproché embrase et illumine l'atmosphère des feux du crépuscule et de ceux de l'aurore, qui se succèdent sans que les ténèbres aient assombri l'horizon.

La chaleur atteint un degré aussi intense que sous les tropiques ; l'air est sans cesse traversé par des gerbes de lumière qui l'enflamment ; le sol, imprégné par la fonte des neiges, s'échauffe et fermente ; une végétation luxuriante couvre les campagnes d'un manteau de verdure, que remplace bientôt l'immense tapis d'or des moissons jaunissantes ; en un mois, la semence a germé, poussé, grandi et mûri.

A peine a-t-on ouvert le sillon que la récolte est prête.

Une animation extrême agite les villes et les champs ; les travailleurs multiplient leurs efforts pour faire en un mois l'œuvre d'une année ; puis, quand la première bise commence à souffler, elle balaye la surface du sol, et devant elle tout le monde semble rentrer sous terre. Telle est la contrée qu'habitaient Stanislas et les siens.

Une petite cabane abandonnée par des rentrés en grâce, telle était la demeure qui devait abriter le comte Volaski et les siens.

En y arrivant, la comtesse avait senti son cœur se serrer à la vue du délabrement qui y régnait ; elle ne songeait pas à elle-même, mais à ses enfants qui allaient être privés pour toujours peut-être des recherches du luxe auquel ils étaient habitués. Encore s'il n'avait fallu renoncer qu'au luxe ! si l'on avait eu le nécessaire ! Mais l'on ne pouvait pas même espérer les satisfactions de la vie des ouvriers, où l'on a un certain bien-être relatif.

Non, c'était la misère, la misère profonde qui attendait la petite colonie d'exilés.

Comment gagner la nourriture de chaque jour dans un pareil pays ?

La comtesse, en poussant la porte vermoulue de la cabane, avait entrevu l'intérieur comme un grand trou noir, humide, nauséabond.

Elle avait pris son courage à deux mains et s'était avancée, suivie de Léda et d'Alexandra. Alexandra était résignée, trop profondément triste d'avoir été séparée de Pierre pour se laisser influencer par l'aspect lugubre de la chaumière.

Que lui importait !

Un palais sans lui, à quoi bon !

Palais ou masure, elle habiterait où l'on voudrait, du moment qu'il n'était point là.

Léda rayonnait de joie.

Elle allait épouser Stanislas, vivre près de lui, lui consacrer ses soins, ses pensées, ses moindres actes ; elle voyait la misère à travers un rayon d'amour qui enjolivait, colorait, empourprait tout.

Les trois femmes une fois entrées, Stanislas renvoya le guide et les agents qui avaient accompagné la petite colonie jusqu'à sa résidence.

Un des agents répéta pour la quatrième fois à Stanislas les instructions concernant ce qu'il appelait ses nouveaux devoirs.

Le comte, voyant Jean le Dogue froncer le sourcil d'une façon menaçante, parvint à échapper aux recommandations de l'agent en lui glissant quelques copecks dans la main, après quoi Jean et lui entrèrent à leur tour dans la cabane.

Jean le Dogue était trop peu fait aux aises de la vie pour se préoccuper beaucoup des privations auxquelles on devait s'attendre à l'avenir.

Rude nature, il aimait frotter l'écorce rugueuse de son âme aux difficultés de la vie, comme l'éléphant aime à polir aux troncs noueux des palmiers les rugosités de sa peau.

Travailleur énergique, stoïque de cœur, sobre en tout quand il fallait, Jean le Dogue se sentait capable de toutes les luttes qui demandent un grand déploiement de force physique et un renoncement complet au bien-être.

Et par-dessus tout cela, Jean avait une qualité éminemment précieuse, propre à la race celtique : il était insouciant.

Donc, dès qu'il eut mis le pied dans la cabane, il poussa un *hum !* sonore qui la fit trembler de la base au sommet.

— Il ne fait pas grand jour ici, — dit-il après avoir jeté autour de lui un regard circulaire ; — est-ce qu'il n'y a pas de fenêtres ? Tiens, en voilà une ! Je l'ouvre.

Et il ouvrit une sorte de châssis qui laissa pénétrer le soleil dans la cabane.

Stanislas, au moment où la lumière inonda la salle, surprit sur les joues de sa mère une larme qui coulait à travers une ride.

Il était presque gai en entrant dans la cabane ; il se sentit tout à coup saisi d'une immense douleur ; d'abord il n'avait songé qu'à Léda, aux fiançailles, aux joies de la lune de miel ; toutes les fibres de son cœur avaient vibré sous la touche des espérances riantes, des désirs passionnés que soulèvent les plis flottants de la robe blanche de l'ange des hymens, quand il plane au dessus de deux têtes belles, jeunes, ardentes, qui se caressent du sourire avant d'enlacer leurs mains frémissantes pour marcher dans le sentier de la vie.

Mais entre lui et Léda, que son regard cherchait pour lui dire : Ici nous serons heureux ! des pleurs tombaient de la paupière voilée d'une mère, et aussitôt Stanislas sentit le bonheur s'envoler.

Il vint s'agenouiller devant la comtesse, et, couvrant de baisers la main qui l'avait bercé, il murmura :

— Mère, pardonne !... C'est à cause de moi que tu souffres tout cela ; mais, à force de tendresse, je parviendrai à te faire oublier nos infortunes.

L'émotion de la comtesse devint si profonde que des sanglots entrecoupèrent sa voix ; elle ne put répondre, mais ses lèvres vinrent se coller au front de son enfant.

Navrant spectacle !

Cette noble femme, dont l'âge avait argenté les cheveux, dont le chagrin avait creusé le visage austère de ses sillons vénérables, après avoir courageusement lutté pendant de longues années, se sentait vaincue, brisée, anéantie par un long martyre, et au déclin de la vie son âme si forte se laissait abattre par un découragement profond. Mais c'est qu'il est des combats où les organisations les plus vigoureusement trempées finissent par succomber toujours.

Fille d'un noble seigneur, elle avait vu son père mourir sous le knout en 1830, et cette scène terrible avait jeté un reflet sinistre sur les premiers jours d'un mariage consommé depuis peu. Pour cadeau de noces un de ses parents, vendu aux Russes, lui avait fait remettre le knout qui avait flagellé les épaules de son père !

Et elle avait dû quitter Varsovie avec son mari, et l'insulte l'avait suivie jusque dans l'exil, car c'est à Paris que l'odieux envoi lui était parvenu.

De 1830 à 1848, il avait fallu quitter la France. Le couple exilé avait dû passer l'Océan se réfugier en Amérique. La haine d'un boyard avait soldé des assassins qui trois fois assaillirent le comte dont l'épouse, tremblait sans cesse pour une existence si chère.

Vint 1848.

Le comte partit, se mit à la tête d'une bande, et fut assassiné après avoir été fait prisonnier, assassiné à coups de crosses de fusil qui lui fracassèrent le crâne et brisèrent la poitrine.

Revenue à Paris, la comtesse dut veiller sans cesse sur ses deux enfants, avec les angoisses de la crainte pour l'avenir et les poignants souvenirs du passé.

Quand les jours, succédant aux jours comme la vague succède à la vague, commençaient à assoupir ses appréhensions et ses regrets, en imprimant à la pensée un roulis monotone qui berce le cerveau comme la mer berce un navire; quand l'apaisement allait se faire, soudain l'Europe entendit vibrer l'immortel clairon de la liberté dont les notes sonores conviaient la Pologne à la révolte contre le despotisme. Fatal appel qui résonne lugubrement dans le cœur des épouses et des mères! écho funèbre qui éveille de si sombres pressentiments!... Pauvres femmes! quelle funeste part leur est échue dans les douleurs de ce monde!

Vienne le jour des batailles, et l'homme part avec la conviction enthousiaste qui, exaltant le cerveau, comprime la sensibilité. La lutte s'engage et grise le guerrier de ses émotions enivrantes; il est distrait de ses pensées par les péripéties de chaque jour, la veille attentive ou le sommeil de plomb des nuits du bivac; il tombe sans avoir eu le temps de s'attendrir sur ceux qu'il a laissés derrière lui.

Mais la femme, elle, ne connaît pas les colères qui mettent les armes aux mains des jougs abrutissants; elle reste dans l'isolement de son deuil, et rien ne vient distraire son oreille craintive tendue vers les champs de bataille où chaque coup de canon qui tonne a un retentissement douloureux dans son cœur; arrive la nouvelle d'un trépas, et fiancée, épouse ou mère aura perdu à jamais l'être sur lequel reposaient tant de doux et si précieux espoirs... Aussi, lorsque Stanislas était parti pour la Pologne, la comtesse avait-elle ressenti cette commotion profonde que l'on éprouve quand une grande infortune vous atteint.

Et ses pressentiments s'étaient réalisés... Son martyre devait être complet... A la patrie elle avait donné son père, son mari; il fallait encore lui sacrifier son enfant. Mais, cette fois, le sacrifice était plus pénible, car il devait s'accomplir lentement, sous ses yeux, et ne se consommer que dans un temps assez éloigné, après une longue torture.

Nous tenions à jeter un coup d'œil rétrospectif et à montrer que tout ce que nous avons raconté dans le cours de ce drame est empreint de la plus grande vérité; nous tenions surtout à ne pas être accusés d'imaginer des crimes inouïs, et il fallait des preuves irréfutables que nous n'inventons rien, pas même nos héros, hélas!...

Pierre, qui a laissé tant de glorieux souvenirs en Algérie, et que nos camarades de régiment ont tant connu ;

Jean le Dogue, dont les ouvriers de Montmartre ont si longtemps admiré la force prodigieuse, en même temps qu'ils riaient de si bon cœur des étranges et naïves sorties de Tête-de-Pioche;

Et le comte Volaski, que ceux qui ont fréquenté les salons d'une illustration polonaise ont connu et aimé, en même temps qu'ils vénéraient sa mère et saluaient dans sa sœur la grâce et la beauté suprêmes.

Oh! non, nous n'inventons pas...

C'étaient bien des larmes, de vraies larmes, qui coulaient sur les joues de la comtesse, sur le front de son fils, et nous voudrions pouvoir écrire, comme il est écrit en toutes lettres dans notre correspondance, le formidable juron que lança Jean le Dogue à l'adresse de Mourawiew quand il vit pleurer la comtesse.

Il accourut près d'elle, se croisa les bras et devina la cause immédiate de sa douleur; les deux jeunes filles, au cou de la vieille dame, cherchaient déjà à la consoler; Jean alla droit au but, abordant franchement la question :

— Madame la comtesse, consolez-vous,—dit-il en relevant les manches de sa veste et en mettant à nu ses bras vigoureux. — Voyez-moi cela ! —ajouta-t-il avec un sourire de satisfaction; et il faisait craquer ses muscles.—Vous êtes une excellente mère, — reprit-il , — vous vous désolez en pensant que vos enfants vont être dans la gêne; je vous assure, moi, que nous vivrons très-gentiment ici. J'ai causé depuis quelques jours avec les autres exilés, qui m'ont renseigné, et je suis certain que nous trouverons de l'occupation. — Stanislas joignit sa voix à celle du colosse, et peu à peu sa voix se calma. Jean le Dogue, voyant son émotion diminuer petit à petit, songea que la première chose à faire pour le moment était de s'organiser dans la chaumière le plus tôt possible. Le jour y pénétrait par une fenêtre, ainsi que nous l'avons dit, et plusieurs objets frappèrent la vue de l'ex-carrier et lui causèrent un vif plaisir. — Tiens ! — s'écria-t-il, — on nous a laissé des meubles.—Il montra des coffres qui gisaient dans un coin et un ameublement complet approprié aux habitudes du pays. Les coffres étaient fermés. Mais Jean le Dogue aperçut une hache qui reluisait dans un coin, et, en la voulant prendre, il fit tomber une carabine accrochée contre un mur à un clou. — Des outils et des armes ! — dit-il ; — par ma foi ! nous sommes heureux.

— C'est étrange, — dit Stanislas à son tour, — voilà une panoplie complète. Ah! voilà qui est surprenant.

— Quoi donc?

— Je connais cette carabine.

— Par exemple !

Stanislas examinait l'arme.

— Mais oui ! — s'écriait-il, — c'est elle, c'est bien elle, ma carabine de combat; j'en suis sûr maintenant. Voici, sur la crosse, la trace d'une balle reçue à la première affaire.

— C'est, ma foi! vrai.

— Le canon est entamé par un coup de sabre,—continua Stanislas avec une joie enfantine; — quel bonheur, il n'y a plus à en douter ? Ça fait plaisir de retrouver son arme de prédilection.

— Hourra ! — cria Jean le Dogue tout à coup en brandissant une autre arme.

— Qu'y a-t-il ? — fit Stanislas.

— Moi aussi, j'ai mon fusil, mon vieux fusil de rempart. Tenez !

— C'est lui !

— Ah ! mille millions de tonnerres ! je suis bien content; c'est le colonel Pierre qui a fait ramasser nos armes et qui nous les a apportées ici ; nous n'y moisirons pas, allez !

— Nous sommes sauvés! Pierre est certainement en Sibérie; c'est lui que nous avons vu déguisé en mendiant le jour de notre arrivée à Berezow. Il vient pour nous faire évader des mains de nos ennemis.

— Hourra ! — s'écria de nouveau Jean le Dogue dans son enthousiasme.

Alexandra, la comtesse et Léda étaient accourues voir de près les preuves que Pierre devait se trouver en Sibérie. Le cœur d'Alexandra palpitait comme si, à chaque instant, son fiancé allait paraître.

— Mes enfants,—dit la comtesse d'une voix émue,—si le colonel est réellement en Sibérie, je commence à éprouver quelque espoir.

— Oh! mère, il veille sur nous, j'en suis sûre!—s'écria Alexandra.

Mais, aussitôt qu'elle eut laissé échapper cette phrase, elle rougit et se tut.

— Ah ça ! — dit Jean le Dogue, — nous allons défoncer ces coffres.

— Essayons, — répondit Stanislas.

— Oh ! — fit le colosse avec confiance,—l'essai réussira. Tenez ! — Et d'un seul coup il fit voler un couvercle en éclat. — Ceci regarde les dames, — dit-il en riant et en désignant le coffre.

Celui-ci contenait en effet une véritable garde-robe.

Les jeunes filles, avec une joie enfantine, déplièrent les étoffes, admirèrent et se récrièrent sur les merveilles qu'elles voyaient.

Quand on ouvrit les autres coffres, on y découvrit tout ce qui était nécessaire à un voyage assez long.

Sur une planche d'un couvercle, Stanislas remarqua des signes bizarres; observation faite, il reconnut une écriture de convention à l'usage de l'état-major polonais, qui employait ce moyen pour rendre illisible aux Russes les dépêches que ceux-ci pourraient saisir. Sur la planche, Stanislas lut :

« Se tenir toujours prêt à une fuite qui sera prochaine. »

Se tenir prêt à partir, tel était l'avis mystérieux que donnait un ami aux pauvres exilés ; telle était l'inscription qui resplendissait à leurs yeux ravis.

— C'est lui ! — s'écria Alexandra en frappant l'une contre l'autre ses deux petites mains mignonnes.

— C'est lui ! — murmura la comtesse avec l'accent de l'espérance.

— C'est lui ! — répétèrent-ils tous avec une vive reconnaissance.

Stanislas pressait avec force la robuste main de Jean le Dogue, dont les yeux étincelaient de joie.

— Monsieur Stanislas, — dit le colosse, — le colonel veille sur nous, vous voyez qu'il ne nous abandonne pas.

— Oh ! je connais Pierre, — répondit Stanislas, — et je savais que s'il pouvait nous venir en aide il le ferait, malgré tous les obstacles.

— Mais comment a-t-il pu nous adresser ces caisses?

— Grâce à quelque fonctionnaire affilié, sans doute.

— Alors il faut suivre l'avis qu'on nous donne ?

— Certainement.

— Ces dames pourtant n'ont pas l'air de se conformer au conseil que nous venons de lire à l'instant.

Et, en disant cela, Jean le Dogue montrait à Stanislas les jeunes filles qui s'empressaient de déballer les robes et les effets dont les caisses étaient pleines.

Stanislas sourit. Il remarqua qu'Alexandra montrait plus d'ardeur que Léda dans ce travail qu'inspirait la curiosité.

Il comprit le motif qui poussait sa sœur dans ses recherches fébriles ; il s'approcha d'elle.

— Tu es bien coquette, — dit-il en souriant malicieusement. Alexandra rougit et se releva confuse de cette remarque. — Est-ce que tu tiens beaucoup à te parer de tant de jolies choses au milieu de ce désert ? — reprit impitoyablement le jeune homme.

— Non, — fit-elle.

— Cependant...

— Frère, je t'assure que je ne songe guère à la coquetterie.

— Eh ! eh !...

— Dans un pareil moment surtout, — continua-t-elle, de plus en plus embarrassée par le regard railleur de son frère.

— Allons, — dit-il, — je te crois, chère petite sœur, et ce n'est pas la coquetterie qui te fait retourner toutes ces robes, tous ces colifichets avec tant de vivacité. C'est un désir.

— Ah ! — fit-elle, — plus inquiète encore qu'auparavant.

— Oui, c'est un désir.

— Mais enfin que veux-tu dire ?

— Que ma petite Alexandra espère trouver, au fond d'une de ces caisses ou dans le pli de quelque vêtement, un souvenir, peut-être un mot de quelqu'un que nous connaissons tous deux.

— Oh ! — murmura-t-elle en baissant les yeux tout à fait.

Stanislas lui prit la main et d'une voix douce reprit :

— Va, ma petite Alexandra, je ne te blâme pas. Ce quelqu'un n'est pas le premier venu pour nous. C'est d'abord un gentilhomme qui respectera toujours la femme aimée par lui ; il est aussi jaloux de l'honneur de sa fiancée que je le suis de la réputation de ma sœur chérie. Aussi n'hésitai-je pas à me faire le messager de sa tendresse.

— Que veux-tu dire ? — demanda Alexandra en levant les yeux.

— Qu'il t'a écrit.

— Sainte Vierge ! est-ce vrai ?

— Oui.

— Et il pense à moi !

— Il l'assure, et on peut le croire, car il ne ment pas.

— Mais où est la lettre ?

— Ici même, sur cette robe.

— Je vois des arabesques richement brodées, mais pas autre chose.

— Et l'on dit l'amour clairvoyant ! — s'écria Stanislas.

— Tiens, ces dessins bizarres sont une devise des anciens chevaliers.

— Que tu peux comprendre?

— Très-facilement. Autrefois, les preux avaient pour légende sur les rubans de leurs lances : *Mon roi et ma dame !*

— Et voilà ce qui est écrit ? — demanda-t-elle toute émue.

— Avec une modification, — fit-il.

— Parle donc ? tu t'arrêtes à chaque instant pour me regarder.

— Écoute donc, petite sœur, on ne traduit pas très-vite cette écriture-là. Voyons, il y a, au lieu de mon roi, *ma patrie*.

— Oh ! cela m'est égal.

— Attends, ce n'est pas tout ; outre une modification, il y a une adjonction.

— Tu te plais à me contrarier ; mon cher petit frère, je t'en prie, lis tout et lis vite.

Et Alexandra, d'impatience, froissait la robe dans ses mains fébriles et frappait le sol de son pied mutin.

— Chut ! — fit Stanislas, — voici notre mère ! — Et tout bas il ajouta : *Ma patrie et ma dame bien-aimée*. Alexandra, heureuse, se retourna, et, portant la robe à ses lèvres, y déposa un baiser à l'endroit de la devise.

— Ma mère, — dit Stanislas, — voilà deux jolies petites curieuses qui peuvent nous causer grand dommage. Vous avez entendu le conseil que l'on nous donne ; veuillez donc, je vous prie, ordonner à ces demoiselles de se tenir prêtes à tout événement.

— Tiens ! — s'écria Jean le Dogue en ce moment, — voilà quelqu'un qui s'avance de ce côté.

— Vite ! vite ! rangez cela, — dit Stanislas.

Et il courut vers la porte de la cabane.

XXVII

OU L'ON RETROUVE TÊTE-DE-PIOCHE ET BIDOU.

Jean le Dogue, à la façon des paysans, avait mis sa main au dessus de ses yeux pour voir de plus loin, et il contemplait un objet assez éloigné qui ressemblait à un homme.

Chose assez singulière, cette apparence d'homme, plus elle approchait, plus elle se transformait en apparence de bête. Et quelle bête!

D'abord on pouvait choisir entre l'ours et l'orangoutang, le loup ou tout autre ; on pouvait constater une masse informe ayant du poil sur tout le corps.

A part cela, Cuvier lui-même, le célèbre naturaliste, eût été fort embarrassé pour déterminer le genre et surtout l'espèce de cet animal.

— Pardieu ! — dit Stanislas, — voilà un objet bien singulier.

— Cela marche vite, — répondit Jean le Dogue étonné.

— Qu'est-ce que cela peut être ?

— Un ours.

— On le dirait.

— Cela se balance comme *Martin* du jardin des Plantes.

— Oui, mais il y a des ours blancs, des bruns, des noirs. Il n'y en a pas mi-partie bruns, mi-partie blancs, mi-partie noirs.

— En êtes-vous bien sûr? — fit Jean le Dogue d'un air de doute.

— Très-sûr.

— Moi je ne suis pas fort pour ce qui est des bêtes étrangères; mais, voyez-vous, je jurerais que cette bête-ci est un ours, vu qu'elle se dandine d'une crâne façon.

— Encore une fois c'est impossible ! Il n'y a pas au monde un mammifère semblable à cela.

— Ce n'est pas un homme cependant. Quel poil! Jamais sapeur n'a eu des crins comme ceux-là. Attendez donc !

— Quoi !

— Est-ce que les Russes ne sont pas en avance ou en retard sur notre calendrier français?

— Si fait.

— Eh bien! c'est que nous sommes dans le carnaval de ce pays-ci.

— Non, — dit Stanislas.

— Mais, nom de nom! il faut en avoir le cœur net; je vais voir ce que c'est.

— A quoi bon?

— Dame! c'est permis d'être curieux; parce que je suis dans une contrée étrangère, j'aime autant profiter de la circonstance pour examiner les choses que je ne connais pas.

— Reste, cela vient vers nous.

— En tout cas, à cause des dames, prenons nos armes et fermons la porte.

— Tu as raison, je vais prendre ma carabine et l'apporter ton fusil. — Stanislas entra dans la cabane. Pour occuper l'attention de sa mère et des jeunes filles, il leur avait recommandé de se hâter, parce que, dit-il, des Russes s'approchaient de la cabane. Quand il sortit, sa surprise fut extrême. Il aperçut Jean le Dogue qui courait rapidement vers l'étrange animal par lequel il était si fortement intrigué. La bête, à son tour, marchait vers le colosse en faisant des enjambées énormes. — Est-ce que je serais le jouet d'un rêve? — se demanda le jeune comte en passant sa main sur son front. Ce qui se passait était si fantastique qu'un spectateur de cette scène pouvait se croire halluciné. Enfin, comme Jean le Dogue courait rapidement et que la bête, tout en conservant une allure majestueuse, gagnait rapidement du terrain à cause de ses grandes jambes, Stanislas pensa que la rencontre allait bientôt avoir lieu. Il jugea que c'était le moment d'agir et non celui de réfléchir. En conséquence, il se lança sur la trace de son compagnon, qui avait une avance considérable. Celui-ci parvint à dix pas de l'animal, qui s'arrêta et ouvrit deux bras démesurés. — Arrête ! arrête! cria Stanislas à Jean le Dogue. Mais, loin de s'arrêter, Jean le Dogue courait plus fort; il ne fut bientôt plus qu'à trois pas de son adversaire, et, ouvrant les bras à son tour, il l'aborda, l'étreignit et le souleva comme une plume. Sans doute la bête était peu satisfaite de ce traitement, car elle remua ses grands bras et ses longues jambes d'une façon inquiétante et poussa un cri formidable. — Tudieu! — pensa Stanislas, Jean le Dogue est d'une force prodigieuse! Voilà l'animal étouffé; il pourrait chasser l'ours sans carabine et sans poignard. — En ce moment Jean le Dogue lâchait son adversaire et le déposait à terre. — Décidément l'animal est étouffé et il se pâme, — se dit Stanislas.

Il se remit à courir. Mais, chose qui le stupéfia, Jean le Dogue s'était mis à danser autour de son ennemi vaincu.

Mais Stanislas n'était pas au bout de ses étonnements. Quand il fut aperçu par Jean le Dogue, ce dernier lui cria:

— Venez, venez, monsieur le comte; ce n'était pas une bête.

— Ah! ah! — répondit Stanislas tout en se hâtant davantage.

— C'était un homme, — reprit le colosse avec joie.

— Malheureux!

— Quel bonheur!

— Mais tu es fou, Jean?

— Du tout.

— C'est un meurtre que tu as commis là !

— Il n'est pas mort; je l'avais serré un peu fort, voilà tout. Lève-toi, — ajouta-t-il, — et va serrer la main à monsieur le comte. Tu riras plus tard.

Stanislas était assez proche pour voir que le singulier personnage dont il s'agissait se tordait à terre dans les convulsions d'un rire inextinguible. Toutefois il se dressa; alors Stanislas, sous un accoutrement des plus étranges, crut reconnaître une figure qu'il avait déjà vue.

Toutefois il ne pouvait rassembler facilement ses souvenirs, car cette figure disparaissait au milieu d'une coiffe formée d'une fourrure épaisse, et le corps était enveloppé de peaux bizarrement cousues et taillées.

Enfin Stanislas put trouver un nom qu'il cherchait dans les coins de son cerveau.

— Tête-de-Pioche ! — s'écria-t-il.

— Oui, moi-même ! — s'écria l'homme aux fourrures; mais entrons vite dans votre cabane, car il ne faut pas que l'on me voie avec vous. Avant tout, monsieur le comte, voulez-vous serrer ma main ou plutôt ma patte, puisque je ressemble tant à un ours?

Et Tête-de-Pioche se remit à rire aux éclats, tout en pressant la main du comte.

— Jean le Dogue t'a donc conté notre méprise? — demanda Stanislas.

— Oui, en m'embrassant tout à l'heure, il m'a glissé deux mots à l'oreille là-dessus, et, dame! cela m'a un peu désopilé la rate. Mais avançons, car, je vous le répète, il ne faut pas que quelque Moscovite nous aperçoive ensemble.

— Un instant ! — dit Stanislas.

— Qu'y a-t-il?

— Il ne faut pas prendre les devants sur nous deux.

— Pourquoi?

— A cause des dames, qui se mourraient de peur en t'apercevant! — s'écria Jean le Dogue.

— C'est vrai, — murmura piteusement Tête-de-Pioche.

— Il est certain que, sous mon uniforme de capitaine, avec mon plumet, j'étais plus beau que maintenant.

— Oh! pour cela, oui, — fit Jean le Dogue.

— Patience! Tous ceux qui m'ont vu accoutré en bête me reverront avec un plumet grand comme cela.

Et il montra la longueur de son bras.

Le pauvre Tête-de-Pioche mesurait la gloire à la longueur du plumet.

— Il se trame donc quelque chose? — demanda Stanislas.

— Sans doute, — dit Tête-de-Pioche. — Nous allons... Mais courez vite annoncer mon arrivée à ces dames ; je rentrerai et je vous conterai tout cela.

Stanislas n'insista pas davantage et prit les devants. Quant à Tête-de-Pioche et à Jean le Dogue, ils allèrent à petits pas, l'un contemplant l'autre.

— Tonnerre ! — disait le colosse à son ami, — tonnerre ! que tu as l'air drôle ! Vrai, tu ressembles à ce superbe ours que l'on montrait dans la ménagerie des saltimbanques, à la dernière fête de Montmartre.

— Jean le Dogue, si tu veux me faire plaisir, ne te *fiche* pas de moi. Ça *m'embête* déjà assez d'être affublé de cette manière; quand je passe dans un village, tous les petits gamins courent après moi et me crient: Hou! hou! On me jette des ordures et on me bat souvent. Pour un capitaine des faucheurs de la mort, c'est humiliant. Il est inutile que les amis vous *blaguent* par-dessus le marché.

— C'est dit, on se taira, — répondit Jean le Dogue en étouffant son envie de rire. — Mais comment diable se fait-il que tu sois déguisé en bête ?

— Parce que je suis le courrier de notre société.

— Drôle d'uniforme pour un messager !

— C'est la défroque d'un fou qui parcourait les campagnes ainsi vêtu. Le grand-maître de cette province ayant besoin d'un émissaire qui pût sans se compromettre aborder les affiliés, eut l'idée de s'emparer du fou, de le mettre en sûreté dans un lieu où il est bien logé, bien nourri. Pendant ce temps-là, accoutré de ses fourrures, je me promène partout le pays sans exciter le moindre soupçon. — En ce moment on arrivait près de la cabane. Quoique prévenues par Stanislas, les dames ne purent retenir un cri d'épouvante à la vue de Tête-de-Pioche entrant dans la cabane. Mais quand il se fut incliné le plus gracieusement possible devant chacune d'elles, quand il eut dit d'une voix aussi polie que galante : — Salut, mesdames, mesdemoiselles et la compagnie, — elles furent rassurées. Tête-de-Pioche, s'apercevant qu'on n'avait plus peur de lui, s'assit fort satisfait sur l'une des caisses, croisa ses jambes l'une sur l'autre, ses bras sur sa poitrine, et commença ainsi : — Pour lors, je viens de la part du colonel, c'est-à-dire non, du général Pierre, car il est général maintenant.

On comprend qu'à ces mots Alexandra se rapprocha aussitôt du messager.

Tête-de-Pioche se recula un peu sur sa caisse pour faire une place à la jeune fille, qui s'assit et lui demanda :
— Il est donc ici ? nous pouvons en être bien sûres maintenant ?
— Il est ici, oui, mademoiselle, à preuve qu'il va venir.
— Alexandra pâlit soudainement. — Oui, — continua Tête-de-Pioche, — il m'a envoyé pour vous faire part de son arrivée. « Tête-de-Pioche, » m'a-t-il dit, « tu vas aller » vers le comte Stanislas ; lui et ces dames doivent se » douter que c'est moi qui ai paru sur la grande place de » Berezow ; mais enfin, ils n'en sont pas sûrs. Pour lors » il faut les avertir, afin que ma présence ne les sur- » prenne pas trop ; tu leur conteras cela en douceur. » Tiens ! voilà mademoiselle Alexandra qui se trouve mal ; pourtant j'ai dit la chose tranquillement.

. . . .

Alexandra avait en effet éprouvé une telle secousse qu'elle s'était évanouie ; sa tête s'était appuyée sur l'épaule de Tête-de-Pioche ; il venait seulement de s'en apercevoir ainsi que les assistants.

On s'empressa autour de la jeune fille et l'on tâcha de la faire revenir à elle.

Pendant ce temps Jean le Dogue allongeait une bourrade à son ami.
— Hein ! quoi ! — fit Tête-de-Pioche, — tu me bouscules ?
— Oui, imbécile, — fit le colosse.
— Et pourquoi cela ?
— Parbleu ! parce que si je ne me retenais pas je te flanquerais une bonne râclée.
— Dis donc, est-ce que cela te prend souvent maintenant d'assommer tes camarades ?
— Toutes les fois qu'ils font des sottises.
— Est-ce que j'ai fait une sottise, moi ? — s'écria Tête-de-Pioche.
— Animal ! tu vois bien que tu es cause de ce qui arrive. Sans toi...
— Sans moi !
— Mademoiselle Alexandra ne serait pas sans connaissance.
— Dame ! il fallait bien faire ma commission.
— En douceur.
— Sans doute ; je ne suis pas venu comme un jobard, en criant : « Ohé ! ohé ! v'la m'sieu Pierre qui arrive ! » On connaît son affaire. J'ai dit une voix douce et flûtée : « Monsieur Pierre va arriver ! »
— Tu es trop bête, tais-toi !

Soudain la porte s'ouvrit, et un homme vêtu d'un uniforme russe entra subitement.

Le personnage qui entrait jeta un coup d'œil sur la scène qui s'offrait l'intérieur de la cabane, et il murmura entre ses dents :
— Cap-de-diou ! j'arrive à propos ; elle est évanouie, cela simplifie beaucoup les choses. — Et aussitôt il s'avança vers Jean le Dogue, qui, sous le vêtement des paysans sibériens, avait reconnu Bidou. — Capitaine, — dit-il, — vous allez vous en aller du côté d'un petit bois qui se trouve derrière cette cabane. Vous trouverez là une compagnie qui vous attend et vous en prendrez le commandement.
— Comment ! — fit Jean le Dogue, — une compagnie ?
— Ce n'est pas le moment des explications ; allez, allez vite. Vous suivrez avec cette compagnie un sentier qui vous conduira, par un demi-cercle, à mille pas en avant de la route qui passe devant cette porte.
— Bien ! — fit Jean le Dogue, qui, sans chercher à s'expliquer ce qui devait se passer et s'être passé, résolut d'obéir passivement aux ordres de son supérieur.
— Si quelque détachement paraissait sur la route, vous l'arrêteriez, — reprit Bidou.
— Oui, mon commandant.
— Je vous ferai prévenir quand le moment de battre en retraite sera venu ; d'ici-là, ne bougez pas de votre poste ; je compte sur vous.
— On me tuera plutôt que de me faire reculer d'un pas.

Le colosse prit son tromblon sur son épaule, sortit et prit la direction du petit bois.
— A ton tour, Tête-de-Pioche, — dit Bidou ; — avance à l'ordre.
— Mon commandant, je ne m'attendais pas à vous voir, — observa l'ex-carrier, — et je suis bien content de vous revoir, allez !
— Allons ! serre-moi vite la main, — fit Bidou, qui avait un faible pour Tête-de-Pioche, — là, ça y est ! Tu vas suivre la route dans le sens qui mène au village.
— Après ? mon commandant.
— Tu verras sur ta gauche un champ de maïs très-élevé.
— Ensuite ?
— Tu y entreras.
— Et ?..
— Tu y verras deux cents faucheurs couchés à plat ventre.
— Ah ! ah !

Ici les yeux de Tête-de-Pioche étincelèrent de joie.
— Tu te feras reconnaître par eux comme capitaine.
— Mais...
— Oh ! ce sera facile, il y a quelques-uns de tes anciens volontaires dans les rangs. Ils sont prévenus, du reste.
— Que dois-je faire avec mes hommes ?
— Attendre le moment où passera un détachement de cosaques, une trentaine d'hommes environ.
— Rien que cela ?
— C'est déjà quelque chose ; mais plus tard nous aurons mieux. Tu as dans ta bande une cinquantaine de tireurs excellents qui portent des carabines Minié ; ils tireront sur l'escorte en ayant soin de ne point blesser un prisonnier qu'elle emmène.
— Ah ! il s'agit de délivrer un prisonnier ? Quelque personnage d'importance, probablement ?
— C'est le colonel Pierre.

Tête-de-Pioche tressaillit.
— Le colonel est pris ? — demanda-t-il.
— Oui, aujourd'hui même les Russes s'en sont emparés ; ils l'emmènent à Berezow, où l'on a déjà télégraphié la nouvelle. Un escadron doit marcher en ce moment à la rencontre de l'escorte de Pierre pour la renforcer. Jean le Dogue arrêtera l'escadron ; toi, tu massacreras l'escorte. Le reste me regarde. Pars !

Tête-de-Pioche se mit à courir dans la direction qu'indiquait Bidou.

Pendant toute cette scène, Stanislas, aux pieds de sa sœur, épiait avec anxiété le moment où elle ouvrirait les yeux.

Bidou toucha le jeune homme à l'épaule ; la comtesse et Léda, empressées auprès d'Alexandra, s'aperçurent de la présence d'un étranger, au cri de stupéfaction poussé par le jeune homme.
— Quoi ! vous ici, commandant ? — dit-il en pressant

les mains du Gascon. Et, rassurant les dames, il ajouta :
— C'est un ami...
— Qui veut vous parler un instant, pendant que cette belle enfant reviendra à la vie, — répondit Bidou.

En ce moment, Alexandra faisait un mouvement.
— Allons ! ce ne sera rien, — dit Stanislas en l'embrassant.
— Mère, je reviens, — ajouta-t-il.

Puis il sortit avec Bidou.
— Il est fâcheux que votre sœur soit sortie de sa torpeur, — dit le Gascon en s'asseyant sur un banc de pierre à l'entrée de la porte.
— Pourquoi ? — demanda Stanislas étonné de cette réflexion.
— Parce que, comme j'arrivais au camp qu'occupent les insurgés de cette province, j'ai reçu l'ordre de délivrer Pierre des mains des Russes.
— Quoi ! encore une fois il est captif !

Et Stanislas, le visage bouleversé, les mains crispées, frappa le sol d'un pied furieux.
— Du calme ! — fit Bidou. — J'ai cru vous dire que j'avais ordre de le délivrer. Eh bien ! il le sera.
— Mais quand ?
— Dans cinq minutes. Eh ! tenez, écoutez ; voilà Tête-de-Pioche qui attaque l'escorte. — Une vive fusillade se fit entendre du côté du champ de maïs, puis des clameurs ; puis le silence se fit. Stanislas courut chercher sa carabine dans la cabane et voulut s'élancer dans la direction des coups de feu ; Bidou l'arrêta par le bras. — Où diable allez-vous ? — demanda-t-il.
— Mais là où l'on se bat, — répondit le jeune homme.
— Sacrebleu ! tenez-vous donc tranquille ; vous avez une tête folle. Je suis le chef de l'expédition, vous êtes mon aide de camp ; j'ai choisi cet endroit pour mon quartier général, il ne faut pas le quitter sans mon ordre. Alexandra, que la fusillade avait tout à fait rappelée à elle, voulait sortir à toute force, malgré sa mère et les supplications de Léda, que Stanislas avait prévenues en quelques mots de ce qui allait se passer. — Sandious ! — fit Bidou en tortillant sa moustache, — laissez venir mademoiselle votre sœur.

Stanislas ouvrit la porte.
— Mon Dieu ! — s'écria Alexandra, — il se bat, ils vont le tuer.

Et ses yeux égarés interrogeaient l'horizon pour savoir où la fusillade avait eu lieu.
— Mademoiselle, — dit le Gascon, — vous êtes dans l'erreur, on ne se bat pas le moins du monde. Monsieur Pierre suit la coutume polonaise ; il fait tirer des coups de fusil en l'air pour saluer la fiancée qu'il vient chercher. Le voilà ! — Un cavalier accourait à toute bride vers la cabane. C'était bien Pierre. Il arrêta son cheval, par une volte d'une incroyable adresse, en face d'Alexandra, sauta à terre, prit la main de la jeune fille et la porta à ses lèvres. Elle lui sauta au cou. Stanislas souriait. En ce moment un épais nuage de poussière s'élevait dans la direction de Berezow ; la cavalerie de renfort arrivait. — Pierre, — dit Bidou, — il faut faire face aux événements. Regarde.

Pierre embrassa la situation d'un coup d'œil et se fit mettre au courant par Bidou, en quelques mots.
— Combien d'insurgés restent au camp ? — demanda-t-il.
— Cinq cents, — répondit Bidou.
— Bien ! Le camp n'a pas changé de place, n'est-ce pas ?
— Non.
— Qui est là-bas, en avant, pour barrer la route ?
— Jean le Dogue.
— Quelle troupe a-t-il sous ses ordres en ce moment ?
— Cent vingt tirailleurs.
— Avec ce que commande Tête-de-Pioche, cela forme trois cents hommes ?
— Environ.
— Des gens solides ?

— Oh ! pour cela, oui. Tous des mineurs évadés, que l'on massacrerait si on les prenait.
— Parfait ! Je retourne au camp avec ces dames, qu'en passant je laisserai en sûreté dans la grotte de notre société. Tu opéreras une retraite par échelons vers le bivac, et tu formeras le carré quand les cavaliers chargeront de trop près ; une fois au camp, tu y tiendras jusqu'à mon retour.
— Je ne t'y trouverai donc pas ?
— Non. J'ai un plan. — Pendant cette conversation, la fusillade avait commencé sur le point où Jean le Dogue se trouvait. En même temps, cinq mules, sous la conduite de plusieurs insurgés, étaient arrivées près de la cabane. Pierre fit monter sur des cacolets la comtesse, sa fille et Léda ; il fit charger leurs bagages au plus vite, forma une escorte de dix fantassins transformés en cavaliers à l'aide des montures prises aux Tartares qui devaient le conduire à Berezow, et qui avaient été exterminés jusqu'au dernier par les faucheurs de Tête-de-Pioche. Cela fait, il sauta en selle à son tour. — Stanislas, — dit-il au jeune comte, — vous m'accompagnez. — Le jeune comte prit un cheval et se rangea à côté de Pierre. — Allons, Bidou, — dit ce dernier, — au revoir ! Une retraite par échelons, des carrés sur la route, les fossés te garantissent. Si tu manœuvres bien, tu vas faire une boucherie de tous ces escadrons. Quatre balles dans les fusils !

Et, après ces recommandations, il rejoignit le convoi déjà en marche.

Bidou fit son devoir en bon et brave soldat. Il embusqua ses faucheurs et fit sonner la retraite à Jean le Dogue, qui se replia.

Les cavaliers accoururent, en hurlant, se jeter sur les faucheurs, qu'ils ne s'attendaient pas à rencontrer ; ils éprouvèrent d'énormes pertes.

Pendant une heure, Bidou arrêta successivement sept charges furieuses, puis il battit en retraite.

Ses adversaires étaient si découragés qu'ils ne le suivirent qu'à distance et abandonnèrent bientôt la poursuite.

XXVIII

UN DÉNOUEMENT IMPRÉVU

Paulo, aussitôt qu'il avait vu Pierre aux mains de ses agents, s'était empressé de se rendre au village le plus proche.

Il y avait trouvé un poste de Tartares et l'avait chargé d'escorter le prisonnier ; puis il avait télégraphié la nouvelle à Berezow et était parti à franc étrier pour cette ville, où il avait reçu de Rita l'accueil le plus flatteur et le plus charmant.

Ils causaient tous deux dans le grand salon de l'hôtel du gouverneur en attendant l'arrivée de Pierre.
— Cette fois, — disait le bossu, — c'est fini, bien fini, tout à fait fini.
— Oui, nous pouvons être sûrs qu'il n'échappera pas, — répondit la baronne avec un éclair d'orgueil, de triomphe et de haine.
— Vous le ferez rapidement exécuter, je suppose !
— En une heure.
— Voilà qui est parler.
— Si vous le voulez, vous assisterez à cette exécution.
— Oh ! avec plaisir. Ce damné Pierre est tellement redoutable que je ne serais pas tranquille si je ne l'avais pas vu mourir.
— Vous serez satisfait.
— Je pourrai savourer en paix ma lune de miel, — reprit Paulo en se frottant les mains. — Il est bon, pour bien goûter les joies de l'amour, d'avoir mis ordre à toutes

ses petites affaires. Pierre trépassé, je serai heureux, calme, et je jouirai de mon trésor sans crainte et sans regret. A propos, vous n'oubliez pas Stanislas et les autres?

— J'ai tout prévu. Les cavaliers que j'ai fait partir au-devant de Pierre ont ordre de ramener aussi tout l'entourage d'Alexandra et la jeune fille elle même. On la fera conduire ici.

— Quelle joie !

— Vous pourrez quitter la Sibérie et vous retirer où vous voudrez avec la récompense que je vous donnerai moi-même, jointe à celle déjà considérable que vous tiendrez du gouvernement.

— Ma foi ! je préfère demeurer ici, je serai à l'abri de toute tentative de séduction dirigée à l'endroit de ma femme ; car vous me continuerez votre protection, n'est-ce pas ?

— Oui, certes.

— Ah dame ! je serai jaloux comme plusieurs tigres.

— Je me souviendrai de vos services, et si quelque galant...

— Je vous remercie d'avance.

— Mais ce pays est triste ; l'hiver est affreux dans ces régions.

— Bah ! elle sera mon soleil.

— On dirait que l'on entend du bruit sur la place ? — fit la baronne.

— C'est vrai ! — fit Paulo surpris.

— Cela ressemble à des clameurs de révolte poussées par la populace.

— Une émeute !... — Et Paulo courut regarder par la fenêtre ce qui se passait hors de l'hôtel. — Ah ! mon Dieu ! — s'écria-t-il, — voilà que le peuple désarme le poste qui garde votre maison.

La baronne, pâle, épouvantée, vint coller à la vitre son œil hagard.

— Encore ! — dit-elle, — encore ! Oh ! le ciel est contre nous ; nous succomberons ! Une révolte ici, en pleine Sibérie ! Qui l'eût jamais pensé !

— Sauvons-nous, — dit Paulo.

— Oui, fuyons, — répéta la baronne ; — nos troupes reviendront, on expédiera des renforts de Tobolsk, et nous châtierons ces misérables ; Pierre n'en est pas moins pris.

— Le voilà !

— Libre ?

— Oui, madame. Tenez, il vient d'arriver avec cette bande qui paraît disciplinée ; c'est un soulèvement général ; nous sommes perdus !

— Et pas un misérable soldat ne fera usage de son arme ! — s'écria Rita avec fureur. — Il est facile à tuer cependant ; voyez, on l'aperçoit dominant la multitude sur son cheval.

— Ah ! c'est une idée ! — s'écria Paulo.

Et il saisit une carabine à une panoplie, arracha une poire à poudre, chargea son arme, ouvrit la fenêtre, ajusta Pierre et tira.

Pierre chancela sur sa monture, poussa un cri et tomba.

— Maintenant, fuyons, — dit Rita, — il est temps. Vous avez dû le toucher au cœur, il y a porté la main.

— Ainsi soit-il ! — fit Paulo. — Mais par où nous sauverons-nous ? la porte va céder sous les furieux efforts de la foule.

— Venez !

Et Rita, prenant le bossu par la main, l'entraîna vers une porte qui communiquait à un escalier de service. Mais, sur le seuil de cette porte, parut un homme dont la vue épouvanta les deux fugitifs.

— Le comte Stanislas ! — s'écria Paulo à la vue de celui qui lui barrait le passage.

— Moi-même ! — dit le jeune homme. Et, après un regard à la fois curieux et méprisant jeté sur Rita, il reprit : — Il paraît que j'arrive à temps pour vous empêcher de fuir. — Le bossu, avec sa décision habituelle, courait déjà vers une panoplie ; mais Stanislas, armant un pistolet, lui cria : — Un pas de plus, maître Paulo, et vous êtes un homme mort ! — Le bossu s'arrêta. — Ici ! — fit le jeune homme d'un ton dur et avec le geste du chasseur qui appelle son chien. Le bossu obéit. Il tenait encore en main la carabine avec laquelle il avait tiré sur Pierre. — Jette cela ! — ordonna Stanislas. — La, bien ! Que personne ne bouge maintenant.

Rita considérait attentivement le jeune comte ; elle étudiait son visage et cherchait par quelle corde elle pourrait faire vibrer dans son cœur le sentiment de la pitié.

Soudain elle prit sa résolution.

— Monsieur, — dit-elle, — de quel droit nous arrêtez-vous ?

— Ordre du comité, madame.

— Je n'aurais pas cru qu'un gentilhomme s'abaisserait au métier d'argousin ! Fi ! voir un Volaski venir, comme un suppôt de police ; mettre la main sur une femme ; vous vous déshonorez, comte ! — Le coup était bien porté. Stanislas pâlit. — Allons, monsieur, faites place ! — reprit la baronne en marchant vers lui.

— N'avancez pas, madame, — dit le jeune homme.

Et il reculait.

— Oh ! vous n'oseriez pas vous avilir en mettant la main sur une dame.

Et Rita marchait toujours.

Stanislas ne pouvait se décider à commettre une violence ; la sueur perlait à son front, la colère le mordait au cœur ; la délicatesse seule l'arrêtait.

En face de lui se trouvait la courtisane qui avait englobé dans sa haine contre Pierre tous ceux qui tenaient à lui ; il était sur le point de laisser échapper cette femme, qui avait poursuivi avec un acharnement féroce Pierre et ses amis. Tant de crimes tentés seraient donc impunis !

Stanislas, sous cette impression, se laissait repousser peu à peu par le regard magnétique que dardait sur lui la baronne ; mais, quand il sentit son pied toucher à la première marche de l'escalier secret, il sortit de son indécision.

— Madame, — dit-il d'une voix brève, — vous ne sortirez pas !

— Alors vous pousserez l'infamie jusqu'au bout, et vous maltraiterez une femme ?

— Vous vous trompez. Je ne vous frapperai pas, je vous tuerai.

Et il la coucha en joue. En ce moment un pâle visage parut derrière celui du comte. Rita fut terrifiée.

— Bien, Stanislas, bien ! — fit une voix grave. Et Pierre, écartant le jeune homme, entra dans le salon. Le général avait son uniforme taché de sang ; il était extrêmement pâle, il semblait cruellement souffrir. Paulo, comme un caniche effaré, s'était caché derrière un meuble ; la baronne était tombée sur un sofa. — Il paraît, madame, — dit Pierre, — que je vous gêne beaucoup, puisque vous avez voulu me faire assassiner ?

— On n'assassine pas quand on se défend, — répondit Rita en relevant la tête et en acceptant la lutte. — Vous attaquez mon palais, — reprit-elle, — avec une troupe de forçats, de brigands.

— Oh ! oh ! — fit Pierre.

— Oui, de forçats ! Est-ce que la Sibérie n'est pas pour la Russie ce que les présides sont pour l'Espagne, les bagnes pour la France. Vous avez rassemblé tous les condamnés des mines, toute la vile populace ; vous vous êtes mis à leur tête, digne de ce commandement ignoble ; comme un voleur de grand chemin, vous êtes venu mettre une ville à feu et à sang ; maintenant vous méditez contre moi, femme du gouverneur, du premier dignitaire du pays, quelque odieux projet. Vous faut-il une rançon, maître larron ? Prenez et partagez avec votre acolyte le comte Stanislas !

Et, magnifique de colère feinte, d'indignation jouée, la baronne jeta une bourse aux pieds de Pierre.

— Gardez cela pour vos laquais ! — dit Pierre en poussant la bourse du pied. — Vous jouez en vain la tragédie. A quoi bon vous draper? Personne ne vous regarde, sauf ceux qui vous connaissent. Il n'y a pas de galerie pour prendre parti en votre faveur. Le comte sait comme moi que, courtisane éhontée, vous avez mérité d'être châtiée par un mari pour un adultère. Il sait aussi avec quelle rage vous vous êtes acharnée contre des victimes aussi nobles qu'innocentes; avec quelle lâcheté vous avez abusé du pouvoir de vos amants. Il connaît le trafic que vous avez fait de vos charmes. Allons, à bas votre masque! laissez tomber votre manteau d'emprunt! Qui donc essayez-vous de tromper? Vous êtes Rita, la bohémienne sans cœur, ramassée dans la boue, retombée dans la fange. Quant à mes soldats, l'Europe les acclame comme des héros chevaleresques. — Rita courba la tête. — Vous allez, — reprit Pierre, — recevoir enfin le châtiment que vous méritez.

— Vous me tuerez? — dit-elle; — eh bien! soit. La mort ne m'effraye pas, si le nom de bourreau, une fois déjà mérité par vous, doit vous rester, car on dira en Europe que le chef des insurgés de Sibérie a fait massacrer la femme du gouverneur de Berezów.

— Vous vous trompez; je ne veux pas vous faire fusiller. Dans un temps, j'ai cru que mon amour trahi, ma générosité récompensée par une ignoble perfidie, mon nom bafoué, vous laissaient encore digne d'un coup de poignard. Je pensais que votre sang laverait votre honte et la mienne. J'espérais que les flots de la Méditerranée enseveliraient dans leurs abîmes les souvenirs du passé. Aujourd'hui, je ne vous regarde même plus ainsi, je vous laisse vivre.

Rita frissonna.

— Vous voulez me tourmenter! Vous êtes féroce, et je dois m'attendre à tout.

— Féroce, moi! Vous l'êtes bien plus que moi. N'avez-vous pas un fidèle amant qui vous a rendu d'inappréciables services, qui vous a fait ce que vous êtes, et auquel, depuis votre élévation, vous tenez rigueur?

— Que dites-vous ?

— Voyons, cherchez parmi vos nombreux adorateurs.

— Vous êtes un insolent !

— Moi ? du tout. Voyons, vous ne trouvez pas ?

— Assez; tuez-moi, ne m'injuriez pas.

— Est-ce là une injure? Les lorettes de votre trempe regardent en général ce que j'ai dit là pour un compliment des plus flatteurs. Vous allez voir votre amoureux. — Pierre se pencha vers l'escalier, et siffla d'une façon particulière. Un homme parut; c'était le juif Jacob, suivi de plusieurs valets armés. — Nous vous laisse en tête à tête avec votre fidèle et persévérant chevalier, — fit Pierre d'une voix ironique. Puis il marcha vers le fauteuil derrière lequel se cachait Paulo; il le prit par le cou, l'éleva au-dessus du sol, et l'y tint suspendu un instant. On entendit craquer les vertèbres du cou; les yeux s'injectèrent de sang, le visage devint violet, puis très-pâle. Un instant les jambes du bossu s'agitèrent, un râle sourd gronda au fond de sa poitrine, un frisson passa dans tout son corps, puis ce fut tout. Pierre avait concentré sur ce misérable un regard dévorant de haine, un de ces regards brûlants, terribles, qui percent comme des pointes d'aiguille. Quand le bossu ne fut plus qu'un cadavre, il le lança aux pieds de Rita. Et, avec un geste terrible, il lui dit : — Mieux vaudrait cela pour vous !

XXIX

ACOB.

Quand Stanislas et Pierre furent sortis, Rita poussa un soupir de satisfaction; elle se disait qu'après tout Jacob n'était qu'un de ces juifs dont on vient toujours à bout avec de l'argent.

Jacob l'avait arrachée jadis à la vie de courtisane qu'elle menait; mais il avait demandé le prix de ce service. La plus jolie fille du monde ne peut donner que ce qu'elle a. Rita donna ce qu'elle avait.

Plus tard, Jacob lui proposa, tout en restant son *ami*, de faire à eux deux une de ces spéculations où le cœur des riches est exploité par la beauté aidée d'un prôneur. Le juif joua le rôle de prôneur, d'entremetteur, voire même de père noble. Mais il arriva une chose à laquelle il ne s'attendait pas. Le baron Toujourskoff s'éprit si follement de Rita qu'il l'épousa. Voyant sa position solidement assise, Rita, tout en conservant le juif à son service, s'affranchit de ce que l'on pourrait appeler une corvée désagréable.

Patient, rusé, Jacob attendit, se faisant bien payer ses services ordinaires et extraordinaires, et espérant profiter de l'occasion si elle se présentait. Or l'occasion s'était présentée.

Le juif se tenait en face de la baronne et semblait attendre.

Rita le regarda, et sembla le questionner du regard.

— Quand tu seras prête, petite, — fit Jacob, — tu me feras plaisir.

— Vous dites ?... — s'écria la baronne exaspérée.

— Du calme, mon enfant, du calme! — reprit le juif. — Ce serait mal commencer notre nouvelle existence que d'avoir une querelle; d'abord, dans mon ménage je ne veux pas de dispute.

— Votre ménage?

— Eh! oui. Nous allons vivre désormais heureux, riches, amoureux comme un couple de colombes; ce sera ravissant.

— Vous êtes un insensé !

— Bah! Mais, cher ange (je puis bien t'appeler ainsi), tu ne te rappelles donc plus notre existence d'autrefois? Là-bas, en Espagne, tu m'étais si reconnaissante, si dévouée; tu m'adorais!

— Je vous exècre, misérable !

— Pas de ces bêtises-là, ma belle petite panthère. Nous allons partir pour un lointain voyage, et je préfère charmer les ennuis d'une traversée par des roucoulements d'amour que par des cris de pie. Tu seras charmante, pas vraie?

— En vérité, vous avez perdu la tête ! — s'écria la baronne avec un désespoir réel. — Que prétendez-vous donc?

— T'emmener sous un beau ciel, où nous habiterons une jolie maison qui abritera nos amours.

— Partout où vous me conduirez, je protesterai contre vous.

— Erreur! un petit navire nous attend sur l'Obi; il porte ta fortune et la mienne, plus une large gratification du prince. Nous irons dans un pays musulman où je me donnerai pour un islamite. Tu sais qu'on respecte le harem d'un serviteur d'Allah? Là je serai sûr de te conserver toujours.

Et Jacob fit un signe. Aussitôt les valets s'emparèrent de Rita, la bâillonnèrent et l'emportèrent.

Devant le palais, Jacob trouva des chevaux qu'il avait fait préparer d'avance; il fit placer Rita en croupe sur l'un d'eux, qu'il monta lui-même; ses valets armés se mirent en selle, et l'on se dirigea vers l'Obi, qui traverse Berezow.

La ville, au pouvoir des insurgés, avait arboré le drapeau national; la population était en fête; les troupes moscovites fraternisaient avec les insurgés.

Plusieurs fois Jacob fut arrêté. On lui demandait compte de cette femme qu'il enlevait; mais il montrait un laissez-passer, et on lui faisait place.

La petite troupe et lui parvinrent sur les rives de l'Obi, qu'ils suivirent pendant quelques lieues hors de la ville, en descendant son cours. Enfin l'on aperçut une barque pontée qui se tenait au milieu du courant. Jacob héla l'équipage. Un petit canot se détacha de la barque, s'approcha de la rive et l'accosta; deux matelots dirigeaient ce canot. L'un d'eux échangea un salut avec les nouveaux venus.

— Les vengeances du peuple vont commencer, — dit-il.

— Et la justice va se faire, — répondit le juif en souriant.

— Bien! — fit le matelot; — vous êtes celui que j'attends; congédiez ces valets et descendez à bord.

— Allez! — fit Jacob, — votre service est fini. — Et, avec une générosité peu ordinaire chez un juif, il jeta de l'or à ses gens. Ceux-ci avaient placé Rita dans le canot, et ils allaient se retirer à pied quand Jacob les rappela. — Vous oubliez les chevaux, — dit-il.

— Maître, où les mènera-t-on? — demandèrent les serviteurs.

— Chacun en gardera un pour lui. — C'était un cadeau superbe. Mais Jacob, joyeux, fier et ravi de posséder un aussi précieux trésor que la hautaine et superbe baronne de Touïourskoff; Jacob, amoureux et sûr de satisfaire l'espèce d'amour qu'il éprouvait; Jacob, disons-nous, se sentait au cœur une générosité qui avait besoin de s'épancher. Les juifs ne sont ladres que quand ils sont avilis. Là où leur niveau moral s'élève par la liberté, ils sont larges dans leurs actes et nobles dans leurs sentiments. Les deux matelots s'étaient placés au fond de leur canot. Ils semblaient attendre un ordre, penchés sur les avirons. — Nage! — cria Jacob.

Aussitôt les avirons effleurèrent les flots, et l'embarcation fila rapidement vers la barque.

On l'aborda bientôt. Les marins hissèrent Rita le long du bordage, et la déposèrent sur le pont; Jacob y fut bientôt aussi. Le canot fut remis en place, et les matelots attendirent.

Jacob leur fit signe de rendre à Rita la liberté de ses mouvements et de la parole. La baronne semblait si accablée qu'elle se laissa tomber sans force sur un paquet de cordages.

Jacob examinait la barque d'un œil connaisseur. Jadis corsaire avec les matelots barbaresques du dey d'Alger, il avait longtemps écumé la Méditerrannée; il avait même commandé une tartane qui avait eu un renom trop célèbre.

Lors de la prise d'Alger, le vieux Jacob s'était sauvé en Espagne et avait dû nécessairement renoncer à son métier de pirate; il se sentait tressaillir d'aise en se retrouvant chef d'un navire. Cela lui rappelait sa jeunesse.

La barque, vue du dehors, ressemblait assez à une balancelle pontée d'un fort tonnage, sauf toutefois ses formes effilées, élégantes, et son tirant d'eau peu considérable. Au dedans, elle présentait à l'œil une particularité singulière. Sur le pont était couchée une cheminée comme en ont les vapeurs des fleuves, cheminée que l'on dresse à volonté.

Le petit navire, muni d'une machine fabriquée par la maison Cail, d'une voilure et d'une mâture dues au meilleur constructeur de Nantes, ce navire, disons-nous, devait être un marcheur de premier ordre.

On ne voyait pas l'équipage.

Jacob se plaça à l'arrière, prit des mains d'un des deux matelots un sifflet d'argent, et fit un appel. Trente hommes sortirent des écoutilles, parurent sur le pont.

Le juif commanda l'appareillage lui-même, avec une sûreté de voix et de coup d'œil qui lui acquit les sympathies des marins.

La barque déploya ses voiles, la machine fut rapidement chauffée; par un nouveau procédé, le gaz remplaçait les fourneaux à charbon. Sous la pression du vent et l'impulsion d'une hélice habilement dissimulée, le petit navire vola sur les flots. Jacob, stupéfait de cette marche ou plutôt de cette course plus rapide que ce qu'il avait jamais vu, fit jeter le loch. On constata vingt-six nœuds à l'heure; les meilleurs bâtiments n'en font que dix-huit, encore!

Jacob, émerveillé, suivait d'un œil rêveur le sillage que laissait la barque derrière elle. Tout à coup Rita se leva, et, prompte comme l'éclair, courut aux bastingages et voulut se jeter dans le fleuve. Excellente nageuse, elle espérait gagner le bord facilement. Plus prompt qu'elle encore, un marin, qui sans avoir l'air de rien ne la quittait pas des yeux, l'arrêta.

— Eh! eh! — dit Jacob, — il paraît, ma chère, que vous avez confiance dans les caprices de l'onde, comme dirait un poëte. De ce que déjà les flots vous furent propices, il ne faut pas en conclure qu'ils le seraient encore. Descendez avec moi. — Rita résistait. Le même marin qui l'avait arrêtée la prit dans ses bras et la fit descendre dans l'entre-pont. Là, il fut congédié. Rita fut stupéfaite en voyant un canon énorme monté sur une plate-forme, et qui, vu de l'entrepont, semblait devoir dépasser le pont. — Ah! ah! — fit le juif en riant, — vous regardez notre ornement? ma chère.

— Vous revoilà pirate! — fit Rita avec un mépris profond.

— Mon Dieu! oui; mais nous n'en avons pas trop l'air; ce canon est caché sur le pont par un faux plancher très-facile à enlever. Au jour du combat, la plate-forme s'élève par un truc et tourne à volonté, mue par la vapeur. C'est une invention superbe.

— Et vous comptez, misérable, échapper avec cela aux navires russes?

— D'abord, ma chère, si j'avais un combat à engager avec les Russes, je vous jure qu'ils seraient pulvérisés en très-peu de temps.

— Avec votre canon?

— Avec mon canon.

— Quelle fable!

— Vous doutez? Voilà bien les femmes! N'avez-vous donc jamais entendu parler de ces *monitors* américains qui, avec un seul canon, coulaient bas les navires les plus grands? Mon canon envoie à d'incroyables distances d'énormes boulets rayés; ces boulets perforent la carcasse des bâtiments qu'ils atteignent, et ils éclatent à l'intérieur. Un seul cause d'effrayants ravages, et suffit le plus souvent pour mettre un navire hors de combat. Or, ma chère, votre Russie est restée fort en arrière des autres nations, comme marine; c'est une puissance qui n'a pas encore un seul bâtiment blindé dans ses ports. Que ferait sa flotte entière contre mon petit navire si léger? J'ai un équipage d'élite. Il se compose d'Américains, d'Anglais, de Français volontaires. Nous marchons bien plus vite que les plus légers bâtiments connus. Nous aurions la flotte entière de Cronstadt à nos trousses que nous nous moquerions d'elle. Nous nous ferions poursuivre. De temps à autre on s'arrêterait pour laisser arriver l'ennemi. Un coup de canon serait tiré, un navire russe coulerait. Nous avons à bord les meilleurs pointeurs des trois marines du monde.

— Soit! — fit Rita, — soit! Mais il faut passer dans le port de Birvasjha.

— Après.

— On vous visitera.

— Non.

— Comment, non ? On visite toujours les navires dans les ports ; je sais cela, et vous aussi.

— Nous avons été gouverneurs ensemble, c'est vrai, — dit Jacob en riant ; — nous savons bien des choses, j'en conviens. Ainsi, par exemple, nous n'ignorons pas que l'on ne visite pas les navires de plaisance des grands seigneurs.

— Vous n'êtes pas un boyard, je suppose ?

— Non, mais je suis l'intendant du prince Bandarozoff, membre de la famille impériale. Ce jeune homme voyage en Sibérie et dans l'Asie du nord pour étudier. Nous avons des lettres de recommandation, des papiers en règle et même des instructions secrètes, que l'on montre seulement aux grands fonctionnaires qui se voient dans le secret d'entreprises importantes. Allez, ma chère, nos mesures sont bien prises, croyez-le. Quand le gouvernement national fait quelque chose, il le fait bien. Voyez-vous, vos Moscovites, avec leurs ruses sauvages, ne sont pas à la hauteur des chefs polonais. L'intelligence des nations civilisées l'emporte sur l'astuce des peuples barbares.

— Allez ! — dit Rita, — vous êtes un imbécile, et vous parlez comme un Polonais.

— Madame, — répondit Jacob, — plût à Dieu qu'au lieu d'être un juif méprisable, trois fois renégat, sans cœur et sans principes, je fusse un des héros, voire même un des martyrs d'une cause sainte et noble !

— Qu'y gagneriez-vous ?

— De m'estimer, madame.

— Vous vous savez trop vil pour cela, maître usurier !

— Hélas ! oui. Aussi ma contenterai-je de me retirer dans un asile bien reculé. Là, je vivrai tranquille avec vous, honnête bien certainement, heureux si c'est possible.

— Honnête ?

— Oui, madame. Réhabilité même par une action bien méritante, je vous jure !

— Laquelle ?

— M'être fait le gardien d'un vampire femelle ; de vous, baronne. Dans les contes des fées, ceux qui ont ces charges-là sont récompensés par les bons esprits.

— Vous me garderez, scélérat, en m'imposant vos volontés infâmes ?

— Madame, les geôliers ont toujours eu certains privilèges sur certaine classe infâme et infime de prisonnières : ce sont les seuls dédommagements de leur triste métier. J'en profiterai, baronne. Mais veuillez venir.

— Où cela ?

— Dans le boudoir que je vous ai préparé, ma chère.

— La prison, vous voulez dire ?

— La prison, soit ! Mais vous n'y resterez pas longtemps ; le navire une fois en pleine mer, vous pourrez monter sur le pont. Plus tard, nous rencontrerons un autre bâtiment qui nous mènera dans la Turquie d'Asie ; car vous pensez bien que ce bâtiment, destiné à jouer un rôle dans l'insurrection, n'est que temporairement sous mes ordres. On ne consacre pas de pareils bijoux au transport des prisonniers. Il nous mènera en pleine mer, et de là sur un bâtiment anglais, dont le patron m'obéira aveuglément.

— Peut-être ?

— Madame, je l'ai acheté.

— Après ?

— Un Anglais qui a vendu quelque chose, fût-ce lui-même, ne se dédit jamais. Ensuite, — reprit Jacob, — cette barque-ci reviendra chercher mademoiselle Alexandra, son amie, sa mère et le prince, qui est blessé et doit être soigné. On les transportera en Suède, où le mariage aura lieu. Le prince guéri reviendra prendre le commandement de l'armée insurrectionnelle. A propos, puisque vous entrez dans le nid destiné à mademoiselle Alexandra, prenez garde de rien déranger ni salir. — Le juif, par ces mots méprisants, se vengeait de tous les dédains dont l'avait accablé Rita. Celle-ci n'entendit pas ; elle était rêveuse. Jacob poussa un panneau, qui s'ouvrit, et il introduisit la baronne dans un boudoir ravissant et coquet.

— Je vous laisse et reviens bientôt, — cria-t-il à la baronne. Et d'une voix railleuse il ajouta : — Faites-vous belle !

Dès qu'il fut parti, Rita aperçut une coupe d'or ciselé, qui faisait partie d'un magnifique cabaret.

L'Espagnole sourit de plaisir.

— C'est peut-être ma vengeance ! — dit-elle. Elle prit une petite boîte dans son corsage, en tira une pâte, en enduisit le fond de la coupe, et murmura : — Si elle boit, elle mourra !...

XXX

LES TARTARES.

Les peuples manquent difficilement à leurs origines, le passé influe sur l'avenir.

La Tartarie a donné naissance aux hordes de Rubek, qui conquirent la Ruthénie ; aujourd'hui encore les tribus tartares se sentent invinciblement unies de cœur et d'esprit aux Russes proprement dits, leurs frères.

En Sibérie, les hordes tartares sont au service des czars. Elles jouent le rôle des tribus cosaques du Don et du Volga.

Service de courriers, service d'éclaireurs pour l'armée, service de partisans en cas de guerre, service de gendarmes irréguliers pendant la paix, levées en masse dans les cas extraordinaires : les Kalmouks et les Mogols sont prêts à tout sur les ordres du czar.

Dernièrement ils lui ont envoyé une adresse de dévouement.

Or, dès que le bruit de la révolte de Berezow se fut répandu, les émissaires russes parcoururent le pays, appelant aux armes les cavaliers tartares. Ceux-ci accoururent en foule. L'espoir du pillage leur donnait le plus grand zèle. On leur promettait aussi une prime considérable.

Touïourskoff, qui était parvenu à fuir dès les premières apparences de rébellion, fut à la tête de cinq mille partisans en vingt-quatre heures.

La cavalerie, repoussée par Bidou pendant sa retraite, formait un noyau régulier, solide et discipliné. Avec cinq mille hommes, montés sur de bons chevaux, on fait des merveilles quand on sait commander.

Touïourskoff avait un excellent aide de camp qui l'engagea à cerner Berezow et à laisser peu à peu la populace abandonner les insurgés. Les renforts viendraient bientôt, on braverait les bandes du dehors et l'on prendrait celles qui occupaient la place avec Pierre ; Pierre pris, l'insurrection était en quelque sorte décapitée.

Pierre, qui occupait Berezow, faisait rassembler des vivres, des vêtements, des chariots, des munitions pour les insurgés. Il fit transporter par des convois, au camp de Bidou, une énorme quantité de poudre, d'armes, d'approvisionnements de toute espèce. L'intention du général n'était pas d'occuper Berezow.

Il laissait les habitants les plus riches qui s'étaient montrés favorables aux Russes et devaient leur fortune à des extorsions ; couché sur son lit, Pierre donnait des ordres, Stanislas les faisait exécuter.

Le soir du jour qui suivit la prise, Stanislas entra dans la salle où Pierre se trouvait.

— Mon général, — dit-il, — tout a marché au gré de nos désirs.

— Le dernier convoi est parti ?

— Oui, depuis deux heures.

— Très-bien. Nous allons abandonner la ville et regagner le camp. Avez-vous fait préparer une selle à la mode tartare pour moi ?

— Mon général, j'ai fait mieux.

— Ah ! voyons.

— J'ai pu trouver une selle d'amazone, sorte de fauteuil où vous serez commodément assis.

— Mon cher, vous avez cru bien faire ; soit, je vous remercie. Pourtant, vous avez eu tort.

— Vous seriez très à l'aise cependant sur votre cheval ?

— Je ressemblerais à une dame malade et craintive. Ne prêtons jamais le flanc au ridicule, mon cher Stanislas ; un chef doit tout souffrir pour conserver sa dignité. Que penseraient nos soldats s'ils me voyaient prendre mes aises ? Ma blessure me gêne, mais elle ne m'empêche pas de commander une troupe ; je souffrirai. — Un bruit se fit entendre. Un cavalier entrait bride abattue dans l'hôtel. Il monta dans l'appartement de Pierre et entra. C'était une vedette. — Qu'y a-t-il ? — demanda le général au soldat insurgé.

— Mon général, un corps de cavalerie est venu couper la route qui mène au camp du commandant Bidou.

— Bien ! — fit Pierre. — Descends et va donner ordre à ton poste de se retirer dans la ville. — Le soldat obéit. A peine avait-il disparu qu'un autre arriva aussitôt. — Qu'est-ce ? — lui demanda Pierre.

— Mon général, un corps de cavalerie coupe le chemin de Tobolsk.

— Ordre à ton poste de rentrer dans la ville au plus vite. On nous cerne ! — fit Pierre à Stanislas.

— Il reste encore d'autres routes ? — observa le jeune homme.

— Oh ! elles sont gardées. — En effet, les vedettes accouraient successivement, annonçant que la ville était entourée de troupes russes — Montez à cheval, — dit Pierre à Stanislas, — et tâchez de savoir à combien s'élève le corps qui barre la retraite sur le camp de notre ami Bidou. Ne vous exposez pas, surtout ; je vais avoir grand besoin de vous.

Stanislas partit au galop. Il revint une demi-heure après.

— Il y a quinze cents hommes environ qui bivaquent, — dit-il.

— Cela fait cinq cents sur chaque route, — répondit Pierre.

— J'ai cru en voir quinze cents ? — observa le jeune homme.

— Oui, sur le chemin qui conduit à notre camp; non, sur les autres. Sur ceux-là les forces doivent être moindres, j'en suis certain. On ne croit pas que nous essayerons de nous retirer sur Tobolsk, par exemple ; on croit que notre effort se portera vers le point où nous pourrons trouver un asile. Qu'on amène les guides. — Stanislas donna un ordre à un planton qui revint, suivi de plusieurs habitants des environs. — Lequel de vous, — demanda Pierre, — pourrait nous conduire, à travers champs, de la route de Tobolsk au camp ?

— Moi, — dit un guide.

— A combien de verstes passerait-on d'une troupe de cavalerie qui occupe le chemin de Voïkarsk ? (C'était là que se trouvaient les quinze cents cavaliers.)

— A trois verstes, — répondit le guide.

— C'est bon. Prépare-toi à nous conduire au camp, et rappelle tes souvenirs. — Les guides, tous fournis par la société secrète, se retirèrent. — Faites prendre les armes à tous nos volontaires, — dit Pierre. Rassemblez-les sur la grande place de Berezow. — Stanislas partit. Une heure plus tard la nuit était venue ; heureusement la saison n'était pas trop avancée, car on n'aurait pas eu de ténèbres, le soleil restant toujours sur l'horizon pendant les mois d'été. Pierre arriva sur la grande place occupée par ses soldats. — Qu'on illumine ! — cria-t-il. Des torches de résine étincelèrent de toutes parts. Pierre, à cheval, passa devant le front de deux compagnies, régulièrement organisées et armées parfaitement. Derrière ces compagnies, de cent hommes chacune environ, se tenaient cinq ou six cents volontaires recrutés dans Berezow même.

— Mes enfants ! — cria Pierre du haut de son cheval, — nous allons quitter la ville et gagner notre camp. Ceux qui, ayant pris part à l'insurrection, resteraient ici, seraient fusillés par les Russes qui vont rentrer ; alors il faut sauver sa tête. Si chacun fait son devoir, nous gagnerons notre bivac sans encombre après avoir remporté une victoire brillante ; mais il faut être brave. N'oubliez pas qu'il n'y a pas de quartier à espérer. Les Russes massacreraient tous ceux qui auraient la bêtise de se rendre ; défendons-nous donc en désespérés et ne nous rendons pas.

— Vive la Pologne ! — crièrent les insurgés.

— Vive la Russie libre ! — crièrent les troupes ralliées à l'insurrection.

Pierre fit avancer les deux compagnies et les sépara en quatre sections. Il ordonna ensuite à tous les volontaires qui avaient été soldats de s'avancer hors de la masse des irréguliers, et il les incorpora dans les sections, qu'il fractionna une seconde fois en huit groupes de quarante hommes chacun environ. Dans ces huit groupes il incorpora les volontaires qui n'avaient pas été soldats.

De cette façon, Pierre forma un bataillon de huit compagnies de cent hommes, en tout huit cents.

Il nomma des capitaines, des lieutenants, des sous-lieutenants. Ceux-ci, à leur tour, choisirent les sous-officiers et les caporaux.

Chaque capitaine expliqua à ses hommes la formation des carrés ; on fit deux ou trois fois les mouvements de détail, puis cinq fois le mouvement général. Former le carré et marcher en colonnes, c'était tout ce qui était nécessaire pour cette nuit-là.

Intelligents, résolus, les volontaires novices comprirent en une heure ce que les conscrits mettent des années à apprendre machinalement.

Du reste, par trois irréguliers, on comptait deux réguliers les encadrant ; on fait des merveilles avec cette organisation-là.

Pierre pouvait disposer de trois canons et de cinquante cavaliers.

Il donna ordre à Stanislas de se porter sur la route de Voïkarsk, où se tenaient les quinze cents Tartares, d'embusquer ses canons et de charger l'ennemi, en laissant un homme à chaque canon pour faire feu au moment propice.

Stanislas devait fuir, et à cent pas de la batterie se jeter à droite et à gauche du chemin ; les artilleurs feraient feu à mitraille, et cela suffirait pour arrêter la poursuite. Ensuite Stanislas devait tenir deux heures, pas davantage, en balayant la route ; il devait toutefois quitter le champ de bataille en abandonnant les canons, si la situation devenait par trop dangereuse.

Un guide le conduirait ensuite, lui et les siens, sur les traces de la colonne principale, dont la retraite s'opérait par la route de Tobolsk et ensuite à travers champs.

Stanislas partit avec ses canons et ses cavaliers, tous gens de cœur.

Pierre prit la tête de colonne et partit par le chemin opposé.

On arriva, après une demi-heure de marche, à un endroit d'où l'on voyait les feux des cinq cents cavaliers par qui la voie de Tobolsk était gardée.

— Halte ! — ordonna Pierre. — Deux compagnies à gauche, quatre à droite des fossés ; sur ces quatre, deux remonteront sur la route pour la fermer, sur mon ordre. Les deux autres compagnies vont marcher tout à l'heure et tirailler contre les postes ; puis elles se retireront en attirant l'ennemi à notre hauteur. Là elles s'arrêteront et feront volte-face. De la sorte, nous formerons un carré où les Tartares seront pris près cernés. On tire à la hauteur de la ceinture des cavaliers, de cette façon les balles passeront par-dessus nous autres fantassins.

On entendit tonner le canon de Stanislas en ce moment.

Pierre lança ses deux compagnies. Ce qu'il avait prévu arriva de point en point.

Les Tartares chargèrent avec de grands cris ; les compagnies reculèrent peu à peu sans se désorganiser.

Ayant dépassé l'embuscade, elle firent volte-face ; deux autres compagnies remontèrent sur la route, la barrant ; le feu commença à bout portant. Ce fut un effrayant massacre ; dès les premières décharges, plusieurs centaines de cavaliers tombèrent ; le reste, enfermé, tournait sur la route même dans un cercle de flammes. Les chevaux, furieux, se cabraient et ruaient avec fureur ; les hommes les poussaient sur le rempart de baïonnettes qui les entourait et ne pouvaient le rompre. Le feu continuait sans relâche au second rang du carré ; la mort pleuvait...

Peu à peu il ne resta plus que quelques cavaliers qui se laissaient glisser à terre. Le champ de bataille était jonché de cadavres, sur lesquels piétinaient les chevaux fous de terreur.

— Cessez le feu ! — commanda le général à ses hommes.

On obéit.

Les chevaux avaient été peu décimés ; comme l'avait recommandé Pierre, on avait surtout tiré sur les cavaliers. Quand le désordre fut moins grand, quand la terreur des coursiers fut apaisée, Pierre ordonna à ses gens de s'en emparer.

On le fit. Chaque compagnie eut environ cinquante chevaux : un pour deux soldats.

— A cheval, deux par deux ! — cria Pierre à ses insurgés.

— Bon ! — fit l'un, — les Tartares sont chargés de la remonte.

Tous se mirent à rire.

— Au trot ! — cria Pierre.

Et l'on se dirigea vers le camp, où l'on arriva sans encombre.

En chemin, on fut rejoint par Stanislas, qui n'avait perdu qu'un seul homme.

ÉPILOGUE.

Quinze jours plus tard, la barque de guerre du gouvernement national quittait l'embouchure du fleuve l'Obi et gagnait la pleine mer à toute vapeur.

Le drame que nous racontons arrivait à son dénouement.

Pierre avait laissé à Bidou le commandement des forces insurgées en Sibérie ; il s'était embarqué pour la Suède avec Stanislas, blessé dans une escarmouche.

La comtesse Volaska, sa fille, et celle du général Jaëgler avaient été embarquées avant eux.

On se souvient qu'elles étaient toutes trois cachées dans les souterrains de la société qui avait Nadieff pour chef.

Pierre, parfaitement tranquille sur le sort de ses compagnons d'armes, avait laissé les insurgés retranchés dans une formidable position, au nombre de cinq à six mille hommes.

Le camp était parfaitement pourvu de munitions de bouche et de guerre ; il eût fallu une armée de trente mille hommes avec des pièces de siège pour l'enlever après deux mois de tranchée ouverte.

Le reste de la Sibérie avait le temps de se soulever pour marcher au secours des assiégés.

Du reste, Pierre comptait organiser en Suède une expédition formidable, la placer sous l'escorte de son petit *monitor*, si redoutable malgré ses proportions modestes ; il comptait bien être de retour au bout de deux mois, consacrés à sa guérison et à la lune de miel.

La convalescence se ferait sur les champs de bataille.

Lors de la réunion de Pierre et de Stanislas à la famille de la comtesse, il y avait eu une de ces scènes émouvantes que les plus habiles pinceaux ne sauraient décrire.

Depuis, un peu de calme était revenu ; les grandes joies s'apaisent comme les grandes douleurs. Mais il y a cette différence, c'est que la quiétude dans le bonheur permet de le savourer davantage.

Pendant le jour, toute la famille causait sur la dunette ; le soir, on se réunissait dans le boudoir de l'entrepont.

Autant que le permettaient les convenances, chaque groupe trouvait le moyen de s'isoler dans cette petite pièce, dans un délicieux tête-à-tête que surveillait la comtesse, avec l'indulgente sollicitude des mères qui vont marier leurs enfants.

Un soir, Pierre annonça que l'on apercevait les côtes de Suède. C'était la délivrance complète, c'était le bonheur assuré. On devait à la nuit accoster la terre.

Jusqu'alors la coupe ciselée où Rita avait déposé un poison mortel n'avait pas servi.

Quand Pierre eut annoncé la nouvelle, il remonta sur le pont pour examiner le port avec sa longue-vue.

Son absence se prolongea.

La comtesse était assoupie ; Léda et Alexandra, heureuses, affolées de joie, s'embrassaient avec l'effusion des jeunes filles, et, les mains enlacées, se confiaient leurs projets.

C'était un babil charmant, avec des gestes de gazelles se jouant sur l'herbe, avec des rires d'enfants lutins, avec tous les trésors de coquetterie qu'à leur insu dépensent les jeunes filles.

Soudain Alexandra toussa ; c'était une toux sèche, irritée, comme on en éprouve après un entretien prolongé, semé d'éclats de rires stridents.

Léda se précipita vers la coupe, y versa quelques gouttes d'eau contenues dans un carafon de cristal, et présenta le breuvage à sa compagne.

Celle-ci le but à demi...

Léda éprouvait une légère envie de boire ; elle trempa ses lèvres dans la coupe et les humecta...

Toutes deux pâlirent presque aussitôt et se sentirent défaillir.

Elles s'assirent sur un sofa.

Peu à peu leur vue se troubla, leur tête s'alourdit et s'inclina.

Elles tombèrent évanouies dans les bras l'une de l'autre...

Quand Pierre entra, elles étaient mortes !

Deux jours après, sur la terre de Suède, toute la population d'une ville suivait un convoi funèbre.

On enterrait trois personnes !

La comtesse n'avait pu survivre à sa fille et avait été frappée d'apoplexie en la voyant étendue devant elle.

Quinze jours s'étaient écoulés.

On vit paraître dans les mers du Nord un petit navire qui portait à son mât un pavillon orné d'une tête de mort sur deux os en croix.

A la corne, le pavillon polonais déployait ses plis majestueux au souffle de la brise.

Ce navire est le *monitor* que nous avons décrit.

Il paraît qu'il est monté par deux hommes résolus à mourir dans une gigantesque entreprise : assurer la liberté de l'océan Glacé à l'insurrection en détruisant la flotte russe.

Sans doute l'histoire racontera les faits merveilleux que ce navire accomplira ; car son lieutenant s'appelle Stanislas, le capitaine se nomme Pierre.

On a vu ce qu'ils ont osé et accompli quand ils avaient des liens puissants sur la terre ; que ne feront-ils pas, maintenant que rien ne les rattache à la vie ?

FIN DES MARTYRS DE LA POLOGNE.

TABLE DES CHAPITRES CONTENUS DANS CET OUVRAGE.

PROLOGUE.

Chap.		Pages
I.	Où le lecteur fait connaissance avec Jean le Dogue, Tête-de-Pioche et Nicolas le Loup.	297
II.	Où Tête-de-Pioche fait des suppositions sur Pierre et sur Jacques Bidou	300
III.	Le premier soldat du monde	301
IV.	Un miracle d'adresse	304
V.	Où l'on a des nouvelles authentiques de l'introuvable Jud!	306
VI.	Une future princesse	307
VII.	Où l'on revoit Jean le Dogue, Nicolas le Loup, Tête-de-Pioche, et où l'on fait connais-	
VIII.	Une hyène	309
IX.	Une panthère	310
X.	Comment Bidou s'y prit pour vexer le colonel Hoffmann	312
XI.	Le duel	314

PREMIÈRE PARTIE.

LES ZOUAVES DE LA MORT.

Chap.		Pages
I.	Fous par amour	317
II.	Les souterrains de Varsovie	319
III.	Le cabaret du Dragon-d'Or	321
IV.	Une attaque nocturne	322
V.	Condamné à mort	325
VI.	Combat où Tête-de-Pioche prouve qu'il est un fameux lapin	326
VII.	Un projet odieux	328
VIII.	Le piège	329
IX.	Pauvre Paulo!	331
X.	Vierge et vampire	332
XI.	Comment on lave une faute avec du sang	333
XII.	Enlèvement du général Touïourskoff	334
XIII.	Le commandant Bidou dompteur d'animaux féroces à l'instar de sir Crockett	337
XIV.	Un défilé	338
XV.	Pour la patrie	339
XVI.	Un feu d'artifice	339
XVII.	Un terrier où se cachaient de fameux lapins	340
XVIII.	Madesko	341
XIX.	Complications	343
XX.	Du sang!	345
XXI.	Les loups	347
XXII.	Une mer de feu	350
XXIII.	Où le bossu reparaît	351
XXIV.	Le chercheur de pistes	353
XXV.	Où le docteur Zamidoff doit choisir entre le crime et la potence	355

Chap.		Pages
XXVI.	Comment l'amour vient aux femmes	357
XXVII.	Le docteur Zamidoff a des remords	258
XXVIII.	Un homme et un oncle	360
XXIX.	Le grand-duc Constantin et Rita	362
XXX.	Une fleur d'amour sur le bord d'une tombe.	364
XXXI.	L'opinion publique	366
XXXII.	La pitié d'un prince russe	367
XXXIII.	La grâce	369

DEUXIÈME PARTIE.

LA SIBÉRIE.

Chap.		Pages
I.	Quelle idée fut suggérée au commandan Bidou par une potion du docteur Zamidoff.	371
II.	Une gratification	372
III.	A travers les steppes... pour la Sibérie	373
IV.	Où le lecteur commence à espérer qu'Alexandra n'ira pas jusqu'en Sibérie.	375
V.	Les sociétés secrètes de la Russie	376
VI.	Les cosaques	379
VII.	Une exécution	380
VIII.	Mourawiew	382
IX.	Le tigre et le lynx	384
X.	Les agents provocateurs	385
XI.	Le miracle	387
XII.	Le camp	388
XIII.	La prison	389
XIV.	Une jacquerie	391
XV.	La torture	392
XVI.	Minuit!..	394
XVII.	Une erreur désagréable	396
XVIII.	Une dépêche du grand-duc	397
XIX.	A trompeur trompeur et demi	399
XX.	Où Tête-de-Pioche et Bidou se creusent la tête pour comprendre des ordres incompréhensibles	401
XXI.	Où Pierre reçoit une mission importante du comité national, et part pour la Sibérie	403
XXII.	En Sibérie	403
XXIII.	Est-ce lui?	405
XXIV.	Où le bossu fait une heureuse rencontre à laquelle il ne s'attendait guère	407
XXV.	Le lasso	409
XXVI.	Précautions inutiles	411
XXVII.	Où l'on retrouve Tête-de-Pioche et Bidou	414
XXVIII.	Un dénoûment imprévu	417
XXIX.	Jacob	419
XXX.	Les Tartares	421
	ÉPILOGUE	423

FIN DE LA TABLE DES CHAPITRES.

Paris. — Imprimerie J. Voisvenel, rue Chauchat, 14.

www.ingramcontent.com/pod-product-compliance
Lightning Source LLC
Chambersburg PA
CBHW060204100426
42744CB00007B/1162